高职交通运输与土建类专业规划教材

路基路面施工

叶 超 赵 东 主 编
李林军 李 文 主 审

人民交通出版社
China Communications Press

内 容 提 要

本书是高职高专交通运输与土建类专业规划教材之一。本书全面、系统地介绍了路基路面施工基本知识和技术。

本书可作为高职高专交通运输及土建类相关专业教材使用,也可供公路相关从业人员学习参考。

图书在版编目(CIP)数据

路基路面施工/叶超,赵东主编.——北京:人民交通出版社,2014.2
ISBN 978-7-114-11104-4

Ⅰ.①路… Ⅱ.①叶…②赵… Ⅲ.①路基工程—道路施工②路面施工 Ⅳ.①U416

中国版本图书馆 CIP 数据核字(2013)第 311858 号

书　　名:	路基路面施工
著 作 者:	叶　超　赵　东
责任编辑:	杜　琛　卢　珊
出版发行:	人民交通出版社
地　　址:	(100011)北京市朝阳区安定门外外馆斜街 3 号
网　　址:	http://www.ccpcl.com.cn
销售电话:	(010)59757973
总 经 销:	人民交通出版社发行部
经　　销:	各地新华书店
印　　刷:	北京虎彩文化传播有限公司
开　　本:	787×1092　1/16
印　　张:	23.25
字　　数:	575 千
版　　次:	2014 年 2 月　第 1 版
印　　次:	2023 年 6 月　第 6 次印刷
书　　号:	ISBN 978-7-114-11104-4
定　　价:	49.00 元

(如有印刷、装订质量问题的图书由本社负责调换)

前　言

路基路面施工是公路施工的主要内容。公路工程施工企业希望学生能够"毕业即上岗"，尽快进入工作角色，独立承担工作任务，这就要求教学内容与岗位工作内容相吻合，重点突出工作岗位对从业人员知识结构和职业能力的要求，加强学生职业能力的培养。

本教材是依据基于工作过程的职业教育理念，为适应道路桥梁工程技术专业高等职业教育而编写的教材。教材以交通运输部颁布的最新技术标准、规范和试验规程为依据，以技术员岗位工作内容为切入点，按照"职业岗位调研→工作任务分析→确定学习内容→设计学习情境"的思路，设计九个学习情境，基于公路路基路面施工的过程，选用"路线、路基、路面"的工程项目为载体进行教学内容设计，每个教学情境设置若干工作任务，在完成工作任务的过程中掌握知识，提高职业技能。

本教材由陕西铁路工程职业技术学院叶超、赵东主编，并负责全书统稿。全书具体编写分工如下：叶超编写学习情境三、情境六、情境九，赵东编写引言和学习情境一、情境二，欧阳志编写学习情境四、情境五，樊兴华编写学习情境七，杨健编写学习情境八。

陕西铁路工程职业技术学院李林军教授、中交第一公路工程局有限公司第三工程有限公司总工程师李文主审了本书，提出了许多建设性的意见和建议，在此表示衷心感谢。在本书编写过程中，中铁一局桥梁公司廖文华高级工程师、渭南市公路局唐娴博士提供了大量参考文献和资料，在此向他们表示感谢。

由于编者水平有限，书中难免有错误和不足之处，敬请读者批评指正。

同时，欢迎读者关注本课程的教学网址并提宝贵意见：http://jiaoxue.sxri.net/suite/solver/classView.do? classKey =589835。

编者
2014 年 1 月

目 录

引言 …………………………………………… 1
  0.1 认识公路 …………………………… 2
  0.2 公路基本建设程序 ………………… 7
  0.3 公路施工前准备工作 ……………… 10

学习情境1　公路施工图识读 …… 13
  任务 1.1 公路平面图的识读与里程
         计算 ………………………… 14
  任务 1.2 公路纵断面图识读
         与设计高程计算 ………… 27
  任务 1.3 公路横断面图的识读
         与绘制 …………………… 39
  任务 1.4 公路加宽的设计与计算 … 51
  任务 1.5 公路超高的设计与计算 … 55
  任务 1.6 土石方数量的计算与调配 … 68
  任务 1.7 公路交叉认知 …………… 74

学习情境2　路堤填筑施工 ……… 89
  任务 2.1 路堤填前基底处理 ……… 90
  任务 2.2 路堤填料选择 …………… 94
  任务 2.3 路堤的填筑压实施工 … 100
  任务 2.4 路基施工质量控制
         与验收 ………………… 117
  任务 2.5 路桥过渡段施工 ……… 124

学习情境3　路堑开挖施工 …… 131
  任务 3.1 土质路堑的开挖施工 … 132
  任务 3.2 石质路堑的开挖 ……… 137

学习情境4　特殊地区路基施工 … 147
  任务 4.1 软土地区路基施工 …… 148
  任务 4.2 冻土地区路基施工 …… 155
  任务 4.3 膨胀土地区路基的
         施工 …………………… 160
  任务 4.4 盐渍土地区路基
         施工 …………………… 165
  任务 4.5 黄土地区路基施工 …… 170
  任务 4.6 沙漠地区路基施工 …… 173

学习情境5　路基附属结构
              施工 …………………… 179
  任务 5.1 路基排水设施的施工 … 180
  任务 5.2 路基防护与加固结构的
         施工 …………………… 186
  任务 5.3 挡土墙的施工 ………… 195

学习情境6　路面基层(底基层)
              施工 …………………… 203
  任务 6.1 路面基层(底基层)
         认知 …………………… 204
  任务 6.2 基层(底基层)常用
         材料的要求 …………… 208
  任务 6.3 无机结合料稳定土配合比
         设计 …………………… 217
  任务 6.4 半刚性基层(底基层)
         施工 …………………… 224
  任务 6.5 嵌锁型基层(底基层)
         施工 …………………… 237
  任务 6.6 级配型基层(底基层)
         施工 …………………… 241
  任务 6.7 基层(底基层)施工质量控制
         与验收 ………………… 247

学习情境 7 沥青混合料路面施工 ………… 253

任务 7.1 沥青类结构层施工原材料选择 ………… 254
任务 7.2 热拌沥青混合料配合比设计 ………… 263
任务 7.3 热拌沥青混合料结构层施工 ………… 279
任务 7.4 冷拌沥青混合料结构层施工 ………… 290
任务 7.5 其他沥青路面施工 ………… 294
任务 7.6 沥青路面施工质量控制及验收 ………… 304

学习情境 8 水泥混凝土路面施工 ………… 311

任务 8.1 水泥混凝土路面认知 … 312
任务 8.2 水泥混凝土路面接缝类型与构造认知 ……… 317
任务 8.3 水泥混凝土路面小型机具法施工 ………… 325
任务 8.4 水泥混凝土路面的真空作业施工 ………… 334
任务 8.5 水泥混凝土路面轨道式摊铺机施工 ………… 337
任务 8.6 滑模式摊铺机施工 …… 343
任务 8.7 水泥混凝土路面施工质量控制与验收 ……… 347

学习情境 9 公路常见病害及防治 ………… 351

任务 9.1 路基常见病害及防治措施 ………… 352
任务 9.2 路面常见病害及防治措施 ………… 359

参考文献 ………… 366

引 言

0.1 认识公路

一、什么是公路

公路是指连接城市之间、城乡之间、乡村之间和工矿基地之间按照国家技术标准修建的,由公路主管部门验收认可的道路。

二、公路的分类与分级

1. 按行政等级分类

公路按行政等级分为国道、省道、县道、乡道以及专用公路5个等级,一般把国道和省道称为干线,县道和乡道称为支线。

(1)国道是指具有全国性政治、经济意义的主要干线公路,包括重要的国际公路,国防公路,连接首都与各省、自治区、直辖市首府的公路,连接各大经济中心、港站枢纽、商品生产基地和战略要地的公路。

(2)省道是指具有全省(自治区、直辖市)政治、经济意义,并由省(自治区、直辖市)公路主管部门负责修建、养护和管理的公路干线。

(3)县道是指具有全县(县级市)政治、经济意义,连接县城和县内乡镇、主要商品生产和集散地的公路,由县、市公路主管部门负责修建、养护和管理。

(4)乡道是指主要为乡(镇)村文化、经济、行政服务的公路,以及不属于县道以上公路的乡与乡及乡与外部联络的公路,由乡人民政府负责修建、养护和管理。

(5)专用公路是指专供或主要供厂矿、林区、农场、油田、旅游区、军事要地等与外部联系的公路,由专用单位负责修建、养护和管理。

2. 根据公路的功能和适用交通量分级

公路根据功能和适应的交通量分为高速公路、一级公路、二级公路、三级公路和四级公路五个等级。具体如表0-1-1。

公路的分级　　　　　表0-1-1

公路等级	车道数	适应的交通量(辆)	功　能
高速公路	4	25000~55000	专供汽车分向、分车道行驶,并应全部控制出入的多车道公路
	6	45000~80000	
	8	60000~100000	
一级公路	4	15000~30000	供汽车分向、分车道行驶,并可根据需要控制出入的多车道公路
	6	25000~55000	
二级公路	2	5000~15000	供汽车行驶的双车道公路
三级公路	2	2000~6000	主要供汽车行驶的双车道公路
四级公路	1	<2000	供汽车行驶的双车道或单车道公路
	2	<400	

注:交通量为将各种汽车折合成小客车的年平均日交通量。

三、公路的设计依据

公路设计应按勘测设计程序、已批准的计划任务书和《公路工程技术标准》(JTG B01—2003)(以下简称《标准》)等进行的。无论是新建公路或是改建公路,都应有充分的技术经济依据,其中最基本的设计依据是设计车辆、交通量和设计速度。

1. 设计车辆

在公路上行驶的车辆型号、规格各不相同,作为设计控制的应该是具有代表性的标准型号的汽车,称为"设计车辆"。根据公路的使用任务与性质,公路设计中把"设计车辆"分为小客车和中型载货汽车两类。

2. 设计速度

设计所采用的速度,称为计算行车速度,也称设计车速,它是在气候良好、交通量小、路面干净的条件下,具有中等水平的驾驶员在道路受限制部分能够保持安全、舒适行驶的最大速度。

3. 交通量

交通量是公路分级的主要依据。交通量是指在单位时间内(每小时或每昼夜)通过公路上某一断面处的往返车辆折合成"标准车"的车辆总数。各级公路均以小客车作为标准车,各种汽车均折合成小客车交通量。

四、公路技术标准

技术标准是根据公路设计交通量及设计速度对路线和各项工程结构设计的要求,把这些要求列成指标,用标准规定下来。它是根据理论计算和公路设计、修建的经验,并结合我国的国情确定下来的,反映了我国目前公路建设的技术方针,因此在公路设计和施工中都应遵守。归纳起来大致可分为"载重标准"、"净空标准"、"线形标准"三类。

五、公路的结构组成

公路是一个空间带状建筑物,由各种各样的构造物组成,根据各构造物的特点和用途,一般可以划分为路基、路面、桥涵、隧道、路线交叉、交通工程及沿线设施等。

1. 路基

路基是按照路线位置和一定技术要求修筑的,作为路面基础的带状构造物,一般由土、石按照一定结构尺寸要求构成,承受由路面传递下来的荷载,是支撑路面的基础。

(1)路基横断面的形式

路基横断面形式,通常有路堤、路堑、半填半挖路基三种基本形式,如图0-1-1所示。路堤是指路基顶面高于原地面时,在原地面上填筑构成的路基。路堑是指路基顶面低于原地面时,将原地面下挖构成的路基。在一个横断面内,部分为路堤,部分为路堑的路基,则称为半填半挖路基。

路基应具有足够的强度、变形小和足够的稳定性,并能防止水分及其他自然因素对路基本身的侵蚀和损害。

（2）排水系统

公路排水系统是为了排除地面水和地下水而设置的，由各种拦截、汇集、疏导及排放等排水设施组成的构造物。除桥梁、涵洞外，排水系统主要有路基边沟、截水沟、排水沟、暗沟、渗沟、渗井、跌水与急流槽、倒虹吸管、渡槽及蒸发池等。

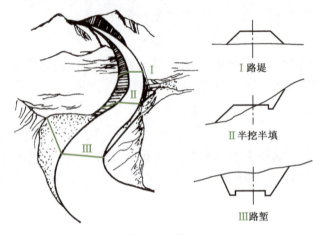

图 0-1-1　路基

（3）防护设施

防护设施是为了加固路基边坡，确保路基稳定而修建的结构物。按其作用不同，可分为坡面防护、冲刷防护及支挡结构物三大类。

2. 路面

路面是在路基顶面的结构层，是由各种符合规范质量要求的筑路材料或混合料分层铺筑的层状组合结构，在自然环境中直接承受行车荷载的作用，如图 0-1-2 所示。

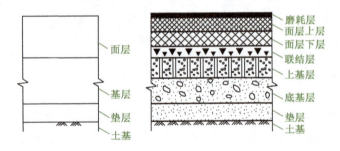

图 0-1-2　路面

路面是铺筑于路床顶面的不同层次的组合结构，从公路的横断面方向看，其表面一般是由行车道、(中央分隔带)、硬路肩和土路肩组成。路面的横断面形式通常分为槽式横断面和全铺式横断面，如图 0-1-3 所示。

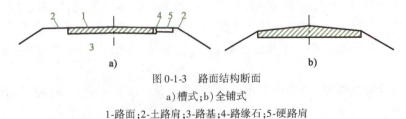

图 0-1-3　路面结构断面
a)槽式；b)全铺式
1-路面；2-土路肩；3-路基；4-路缘石；5-硬路肩

路基填挖到设计高程后,在路基上按路面设计宽度范围将路基挖成与路面厚度相同的浅槽;或路基填筑到路床顶面后,按路面设计宽度范围在两侧的路肩部位培土(压实)形成与路面厚度相同的浅槽;也可采用半挖半培的方法形成浅槽。然后在浅槽内铺筑路面。公路路面一般都采用槽式横断面,如图 0-1-3a) 所示。

全铺式横断面是在路基全部宽度内都铺筑路面。在高等级公路建设中,有时为了将路面结构内部的水分迅速排出,在全宽范围内铺筑基层材料,保证水分由横向排入边沟。有时考虑到道路交通的迅速增长,为适应扩建的需要,将硬路肩全部按行车道标准修筑面层。在盛产石料的山区或较窄的路基上,也可全宽铺筑砂石路面。全铺式路面横断面形式如图 0-1-3b) 所示。

(1) 面层

面层是直接承受车轮荷载反复作用和自然因素影响的结构层,它承受较大的行车荷载的垂直力、水平力和冲击力的作用,同时还受到降水的侵蚀和气温变化的影响。面层应具备较高的结构强度、抗变形能力、较好的水稳定性和温度稳定性,而且应当耐磨、不透水,其表面还应有良好的抗滑性和平整度。常用路面面层的材料类型及适用范围见表 0-1-2。

路面面层类型及适用范围 表 0-1-2

面层类型	适用范围
沥青混凝土	高速公路、一级公路、二级公路、三级公路、四级公路
水泥混凝土	高速公路、一级公路、二级公路、三级公路、四级公路
沥青贯入式、沥青碎石、沥青表面处治	三级公路、四级公路
砂石路面	四级公路

沥青类路面的面层可为单层、双层或三层。双层结构自上而下分别称之为表面层、下面层;三层结构自上而下分别称之为表面层、中面层、下面层。如高速公路沥青面层总厚度一般为 18~20cm,可分为表面层、中面层、下面层三层铺筑,并根据各分层的要求采用不同的级配组成。

水泥混凝土路面一层的铺筑厚度一般为 24~26cm,有的水泥混凝土路面也可分为上下两层铺筑,分别采用不同强度等级的水泥混凝土材料。有的水泥混凝土路面上铺筑 2~2.5cm 厚的应力吸收层后,再加铺沥青混凝土结构层(厚 5cm 左右)构成复合式结构,它是水泥混凝土路面改建工程中采用的一种结构形式。

(2) 基层与底基层

基层承受由面层传来的车轮荷载的反复作用(主要是垂直力作用),并将其传布到下面的(底基层)垫层和土基中。如图 0-1-4 所示。

在沥青路面结构中,基层是主要的承重层,它应具有足够的强度和稳定性、耐久性和较高的承载能力,并具有良好的扩散应力的能力;底基层是设置在基层之下,并与面层、基层一起承受车轮荷载的反复作用的次承重层,对底基层材料质量的要求和基层基本相同,可使用当地符合要求的材料来修筑。在水泥混凝土路面结构中,基层承受的垂直力作用较小,其应具有足够的抗冲刷能力和一定的刚度。

基层、底基层遭受自然因素的影响虽然比面层小,但仍然有可能经受地下水和通过面层渗入的雨水浸蚀,所以基层、底基层结构应具有足够的水稳定性和抗冲刷能力。基层表面虽不直接与车轮接触,但为了保证面层的平整性,其表面应有较好的平整度。

图 0-1-4　路面基层

(3) 垫层

垫层是设置在基层或底基层和土基之间的结构层,它的主要作用是加强土基、改善基层或底基层的工作条件,如图 0-1-5。垫层应具有排水、隔水、防冻等功能。

图 0-1-5　路面垫层

修筑垫层所用的材料,应具有一定的强度,且水稳性和隔热性要好。常用材料有两类:一类是用松散粒料,如粗砂、砾石和炉渣等组成的透水性垫层;另一类是整体性材料,如石灰粉煤灰稳定粗粒土或炉渣石灰稳定粗粒土等组成的稳定性垫层。

应当指出,不是任何路面结构都需要上述几个层次,各级公路应根据具体情况设置必要的结构层。目前,由于路基施工质量的提高,大都用底基层代替垫层。

3. 桥涵

桥梁是公路跨越河流、山谷或人工构造物而修建的建筑物。涵洞是为了排泄地面水流或满足农业需要而设置的横穿路基的小型排水构造物。当桥涵的单孔跨径大于或等于 5m、多孔跨径总长大于或等于 8m 时称为桥梁,反之则称为涵洞,如图 0-1-6。

4. 隧道

隧道是公路根据设计需要为穿越山岭、地下或水底而建造的构造物,如图 0-1-7。隧道在公路上能缩短里程,避免翻越山岭,保障行车的快速直捷,是山区公路中常用的构造物之一。

5. 交通工程沿线设施

为了保证行车安全、舒适和增加路容美观,公路除设置基本结构物和特殊结构物外,还需要设置各种交通工程及沿线设施,包括交通安全、管理、服务、环保等设施。

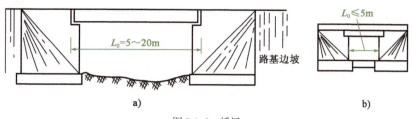

图 0-1-6　桥涵
a)小桥；b)涵洞

交通安全设施:主要包括人行地下通道、人行天桥、标志、标线、交通信号灯、护栏、防护网、反光标志等设施。

服务设施:主要包括服务区、停车区和公共汽车停靠站等。

管理设施:主要包括监控、收费、通信、配电、照明和管理养护等设施。

环保设施:主要包括声屏障设施、绿化和景观设计等。

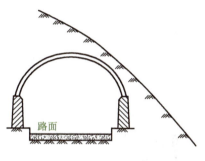

图 0-1-7　隧道

交通工程及沿线设施的建设规模与标准,应根据公路网规划、公路的功能、等级、交通量等确定,应按照"保障安全、提供服务、利于管理"的原则进行设计。交通工程及沿线设施等级分为 A、B、C、D 四级,各级公路交通工程及沿线设施等级与适用范围,应符合标准规定。

0.2　公路基本建设程序

公路基本建设的程序是:根据国民经济长远规划及布局所确定的公路网规划,提出项目建议书;通过调查,进行可行性研究,编制可行性研究报告;经批准后进行初步测量及编制初步设计文件;经批准后,列入国家年度基本建设计划,并进行定线测量编制施工图设计文件;经批准后组织施工;完工后,进行交工验收,交付试运营;经历缺陷责任期后,进行竣工验收,项目正式运营。

一、项目建议书

项目建议书是在经济规划、运输规划和道路规划的基础上产生的技术政策性文件,是按项目或年度列出的待建项目,它既是进行各项前期准备工作的依据,又是可行性研究的基础。项目建议书应对拟建项目的目的、要求、主要技术指标、原材料、投资估算及资金来源等提出文字说明。

二、可行性研究

项目建议书批准后,即可进行可行性研究,对项目在技术是否可行和经济上是否合理进行科学地分析和论证,以减少建设项目决策的盲目性。可行性研究应作为公路工程基本建设程序的首要环节,所有新建、扩建的大、中型项目都必须有可行性研究报告。

三、工程设计

工程设计是对工程对象进行构思,并进行计算、验算,编制设计文件的过程。设计文件是安排建设项目、控制投资、编制招标文件、组织施工和竣工验收的重要依据。设计文件的编制必须坚持精心设计,认真贯彻国家有关方针政策,严格执行基本建设程序的规定。根据基本建设项目的性质和设计内容不同,工程设计一般可分为"一阶段设计"、"两阶段设计"和"三阶段设计"三种类型。

1. 初步设计

初步设计应根据批准的可行性研究的要求和初测资料,拟订修建原则,选定设计方案,计算主要工程数量,提出施工方案的意见,编制设计概算,提供文字说明和图表资料。初步设计文件经审查批准后,是国家控制建设项目投资及编制施工图设计文件或技术设计文件(采用三阶段设计时)的依据,并且是订购或准备主要材料、机具设备,安排重大科研项目,筹划征用土地及控制项目投资的依据。

2. 技术设计

技术设计应根据已批准的初步设计和补充初测,对重大、复杂的技术问题通过科学试验、专题研究,加深勘探调查及分析比较,解决初步设计中未能解决的问题,进一步落实各项技术方案,计算工程数量,提出修正的施工方案,编制修正设计概算。批准后的技术设计文件将作为施工图设计的依据。技术设计文件的内容与初步设计类似,但此时的技术方案和技术细节都已基本确定。

3. 施工图设计

一阶段施工图设计应根据批准的可行性研究和定测资料,拟定修建原则,确定设计方案和工程数量,提出文字说明和图表资料以及施工组织计划,编制施工图预算,满足审批的要求,适应施工的需要。

两阶段(或三阶段)施工图设计应根据批准的初步设计(或技术设计)和定测(或补充初测)资料,进一步对所审定的修建原则、设计方案、技术决定加以具体和深化,最终确定工程数量,提出文字说明和适应施工需要的图表资料以及施工组织计划,编制施工图预算。

四、列入年度基本建设计划

当建设项目的初步设计和概算经上报批准后,才能列入国家基本建设年度计划。建设项目要根据批准的总概算和工期,合理地安排分年度投资。年度计划投资的安排要和长远规划的要求相适应,保证按期建成。年度计划安排的建设内容,要和当年分配的投资、材料、设备相适应。配套项目同时安排,相互衔接。

五、建设前的准备工作

建设主管部门,应根据计划要求的建设进度,组建基本建设项目的专门管理机构,办理登记及拆迁,做好施工沿线有关单位和部门的协调工作,抓紧配套工程项目的落实,提供技术资料,落实材料、设备的供应。

勘测设计单位,应按照技术资料供应协议,按时提供各种图纸资料,做好施工图纸的会审及移交工作。

施工招投标中中标并已签订工程承包合同的施工单位,应组织机具、人员进场,进行施工测量,修筑便道及生产、生活等临时设施,建立试验室,组织材料、物资采购、加工、运输、供应、储备,做好施工图纸的接收工作,熟悉图纸的要求,编制实施性施工组织设计和施工预算,提出开工报告。

监理招投标中中标并已签订监理合同的监理单位,应组织监理机构,建立监理组织体系,熟悉施工设计文件和合同文件;组织监理人员和设备进场,建立中心试验室;根据工程监理规划规定的程序和合同条款,对施工单位的各项准备工作进行检查、验收、审批,合格后,签发开工令。

六 工程施工

在具备开通条件并经批准后,项目即可开工建设,组织实施。施工是将设计图纸具体为实际工程的决定性环节,施工参与各方均应按合同的规定,严格履行各自承担的义务。在保证工程质量的前提下,缩短工期,节约投资。

七 竣工验收、交付使用

项目施工过程中,分项工程、分部工程、单位工程完成后,应按有关规定进行中间检查验收。项目施工完成后,施工单位按照《公路路基施工技术规范》(JTG F10—2006)和《公路工程质量检验评定标准 第一册 土建工程》(JTG F80/1—2004)的要求进行自检,自检合格后,编制符合要求的交工资料,申请进行交工验收。交工验收由项目法人负责,检查施工合同的执行情况,评价工程质量是否符合技术标准及设计要求,是否可以移交下一阶段施工或是否满足通车要求,对各参建单位工作进行初步评价;按交通运输部规定的办法对设计单位、监理单位、施工单位的工作进行初步评价。提出的工程质量缺陷等遗留问题,由施工单位限期完成。验收通过后,通车试运营 2 年方可进行竣工验收。

建设项目的竣工验收是基本建设全过程的最后一个程序。竣工验收是一项十分细致和严肃的工作,必须从国家和人民的利益出发,按照国家建委《关于基本建设项目竣工验收暂行规定》和交通运输部颁发的《公路工程竣工验收办法》的要求,认真负责地对全部基本建设工程进行总验收。竣工验收包括两部分内容,一是工程技术验收,二是工程资金决算,是对工程质量、数量、期限、生产能力、建设规模、使用条件的审查,应对建设单位和施工单位编制的固定资产移交清单、隐蔽工程说明和竣工决算等进行细致检查。

当全部基本建设工程经过验收合格,完全符合设计要求后,应立即移交给建设单位正式使用。

八 项目后评估

建设项目后评价是工程项目竣工运营一段时间后,再对项目的立项决策、设计施工、竣工投产、生产运营等全过程进行系统评价的一种技术经济活动,是固定资产投资管理的重要内容。通过建设项目后评价以达到肯定成绩、总结经验、研究问题、吸取教训、提出建议、改进工作、不断提高决策水平和投资效果的目的。

0.3 公路施工前准备工作

公路路基主要施工工序有开挖、运输、填筑、压实等,路面施工主要工序有拌和、运输、摊铺、碾压等。虽然施工工序简单,但由于工程量大、施工期长,需要的人力、物力资源大,因此施工前的准备工作极为重要。路基施工前的准备工作可大致归纳为组织准备、物资准备、技术准备三个方面。

一、组织准备

开工前的组织准备工作主要是建立和健全工程管理机构和施工队伍,明确各自的施工任务,制订施工过程中必要的规章制度,确定工程应达到的目标等。组织准备亦是做好一切准备工作的前提。

二、物资准备

施工要消耗大量的人工、材料和机具,因此开工前应进行所需材料的购进、采集、加工、调运和储备,同时要检修或购置施工机械,做好施工人员的生活、后勤保障准备。为使供应工作能适应基本工作的需要,物资准备工作必须制订具体计划。

三、技术准备

在工程项目开工之前,要先做好详细而充分的技术准备工作,使工程开工后能有条不紊地顺利进行,以避免开工后出现设计问题、现场地形地质与设计资料不符、测量试验不能配合施工等情况,导致工程延误甚至停工而造成不必要的损失。

1. 工程资料交接

工程中标后,施工单位应会同上级有关主管部门及时进行工程资料交接。需要交接的资料主要包括投标期间的现场考察技术资料、投标答疑资料、投标文件、中标通知书、合同文件、与业主签订的协议、投标承诺、图纸等。

设计文件是工程施工最重要的依据,组织技术人员熟悉和了解设计文件,明确设计者的设计意图,掌握图纸、资料的主要内容及有关的原始资料。在研究设计图纸、资料过程中,需与现场实际情况核对,必要时进行补充调查。发现差错应向设计单位提出,并要求补齐或更正,并作出记录。

2. 设计交桩及复测

工程开工前,在业主(或监理)的主持下,由设计单位向施工单位进行交桩,交桩应在现场进行。设计单位将路线勘测时所设置的导线控制点、水准控制点及其他重要点位的桩位及相关技术资料逐一交给施工单位。

施工单位接受导线控制点、水准控制点的桩位后,要及时对这些控制点进行复测,并将复测结果报监理工程师审核批准,为下一步的控制测量做好准备。开工前还应全面复测路线的交点、转点、曲线主点等主要控制点,恢复路线中线桩并设置护桩。高速公路和一级公路应采用坐标法恢复主要控制桩。若设计文件中公路路线主要由导线控制,施工测量时必须根据设计单位提供的导线点及其坐标做好导线的复测工作以准确控制路线的平面位置。当原有导线点不能满足施工要求时,应进行加密。若发现路线中线与相邻施工段的中线或结构物中轴线不闭合,应及时查明原因并上报有关部门。若原设计路线长度丈量有错误或局部改线时,应作断链处理并相应调整纵坡。

3.图纸复核

通过图纸复核,使参加施工的技术和管理人员提前熟悉图纸,了解工程的特点和设计意图,找出需要解决的技术难题,制订解决方案,进行工程管理策划。同时,可以发现图纸中存在的问题,减少图纸的差错,将图纸中的质量隐患消灭在萌芽之中。图纸复核中应重点关注的问题如下:

①是否符合现行相关技术标准、规范要求,有无重大原则错误。
②现有施工技术水平能否满足设计要求。
③是否符合现场和施工的实际条件。
④设计是否能够进一步优化。
⑤图纸本身有无矛盾。
⑥图纸中的工程数量表、材料表是否有误。
⑦控制测量数据是否准确。

图纸复核除工程量复核外,还要为设计交底和以后编制实施性施工组织设计及施工技术方案做准备。

4.现场核对

施工前,施工技术人员应对施工范围内的地质、地形、水文情况进行详细调查。根据设计文件提供的资料,对取自挖方、借土场、料场的路基填料进行复查和取样试验,并进行环境保护分析并提出报告,经批准后方可使用。

同时将设计文件与现场实际情况进行对照,查看路线的高填深挖地段与设计是否有大的出入、是否合理,地质不良地段采取的技术处理措施是否恰当,设计推荐或投标文件中编制的总体施工方案及临时设施、便道、便桥方案是否合理可行。

5.补充调查资料

公路施工涉及面广、战线长、受自然条件影响大,在编制施工组织设计前,有计划、有步骤地认真做好现场有关情况的调查,收集与工程施工相关的资料,并对这些情况和资料进行认真调研和分析,对编制施工组织设计和今后的工程实施是非常有益的。进行现场调查的主要内容有:施工现场的地形、地貌;工程所在地的地质情况、水文情况;当地的气象条件;当地交通、电力、通信、文物、工程附近的建筑物对施工的干扰情况;当地水电供应情况;当地风俗习惯、医疗条件、通信条件、生活物资供应等情况;当地政府对建设工程颁布的相关管理规定等。

6.编制实施性施工组织设计和专项施工技术方案

编制实施性施工组织设计,是施工前非常重要的技术准备工作。施工单位应根据设计文件、工程实际条件、工程量、施工难易程度以及设备、人员、材料供应情况和工期要求等认真编制。所编制的施工组织设计,应针对工程实际,科学合理,易于操作实施,有利于保证工程质量和工程进度,做到"运筹帷幄",使路基施工能连续、均衡地进行。在编制过程中,施工单位应对设计文件和设计交底全面熟悉、认真研究,组织有关人员进行现场核对和施工调查;若有必要,应按有关程序提出修改意见并报请变更设计。

对于施工技术难度大、采用新工艺和新方法的工程项目要编写专项施工技术方案,选用合理的施工方法,确定具体的施工工艺流程,确定恰当的施工参数,并针对施工过程中可预见性的问题提出预防措施和处理方法,确保工程项目的顺利进行。

7. 清理施工现场

施工前,应先办好有关土地的征用、占用手续,依法使用土地。对施工范围内的既有建筑物、道路、沟渠、通信及电力设施等,施工单位应协同有关部门事先拆除或迁建。对路基附近的危险建筑物应进行适当加固,对文物古迹应妥善保护。

8. 铺筑试验段

高速公路和一级公路以及在特殊地区或采用新技术、新工艺、新材料的路基、路面,在正式施工前,应采用不同的施工方案和施工方法,铺筑试验段并进行相关试验分析,从中选出最佳施工方案和施工方法以指导大面积路基施工。所铺筑的试验段应具有代表性,施工机械和工艺过程要与以后全面施工时相同。通过试验段铺筑可确定不同压实机械压实各种填料的最佳含水率、适宜的松铺厚度、相应的碾压遍数、最佳机械配置和施工组织方法等。

各项具体准备工作完成后,即可向建设单位或监理单位提出开工报告。开工报告必须按照规定的格式编写,并按上级要求或在工程合同规定的最后日期之前提出。

学习情境 1

公路施工图识读

任务1.1　公路平面图的识读与里程计算

学习目标

1. 了解公路的平面线形组成；
2. 知道公路里程的计算方法；
3. 分析公路曲线的线形组成；
4. 根据《公路路线设计规范》(JTG D20—2006)推算公路里程；
5. 正确完成直曲表填写和公路平面图的识读。

任务描述

通过学习公路平面的相关知识，计算公路平曲线里程桩号，填写直线、曲线及转角一览表，能熟练识读公路施工图。

学习引导

本工作任务沿着以下脉络进行学习：

平面基本概念 → 平面线形组成 → 平曲线要素计算 → 主点里程推算 → 公路平面图的识读和绘制 → 填写直线、曲线及转角一览表

一、相关知识

1. 平面的概念

公路是一种带状的三维空间体,它通过公路的平面设计、纵断面设计和横断面设计三个方面(即通常所称的平、纵、横设计)把设计成果反映出来,如图1-1-1。

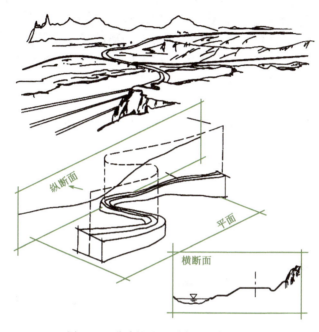

图1-1-1 公路的平面、纵断面和横断面图

公路的中心线是一条空间曲线,这条中心线在水平面上的投影简称为公路路线的平面;沿着中心线竖直剖切公路,再把这条竖直曲面展开成直面,即为公路路线的纵断面;中心线上任意一点处公路的法向剖面称为公路路线在该点处的横断面。

公路路线的平面、纵断面和横断面是公路的几何组成部分。公路平、纵、横相互关联,设计时既分别进行,又综合考虑。公路路线设计主要研究公路的平面、纵断面和横断面的设计原理和设计方法。

2. 公路平面线形组成

公路平面线形要素是由直线、圆曲线和缓和曲线构成的,通常称为"平面线形三要素"。直线是曲率为零的线形;圆曲线是曲率为常数的线形;缓和曲线是曲率逐渐变化的线形。三要素是公路平面线形最基本的组成。图1-1-2为某二级公路的一段俯视图。

1) 直线

两点之间的距离直线是最短的,在公路建设中,直线是最常用的线形要素之一。在一般选线和定线时,只要地势平坦,无大的地物、地形障碍,设计人员都会首选直线。

使用直线的优点:

图1-1-2 某二级公路俯视图

①直线距离短,直捷,通视条件好;
②汽车在直线上行驶受力简单,方向明确,驾驶操作简易;
③测设方便;
④易于排水。

但是过多、过长地采用直线也会对行车和公路建设造成如下影响:

①从线形美观和安全角度来看,过长的直线,线形呆板,行车单调,易使驾驶员产生疲劳,也容易发生超车和超速行驶,行车时驾驶员难以估计车间距离,在直线上夜间行车时,对向车容易产生眩光等,所以行车安全性差,直线段往往成为事故多发路段;

②直线虽然距离短,但是难以与周围环境相协调,在山区、丘陵区,采用过长的直线会破坏自然景观,并易造成大挖大填,工程的经济性较差。

2)圆曲线

在公路平面设计中,在两直线段相交处用曲线将其平顺地连接起来,以利于汽车安全通过,这段曲线称为平曲线。而圆曲线是平曲线中的主要组成部分,圆曲线具有易与地形相适应,可循性好、线形美观、易于测设等优点。在圆曲线和直线间还经常插入缓和曲线,如图1-1-3所示。

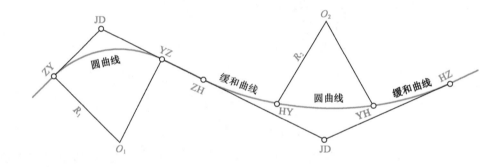

图 1-1-3　平曲线示意图

汽车在弯道上行驶时,除重力外还受到离心力的影响,如图1-1-4。

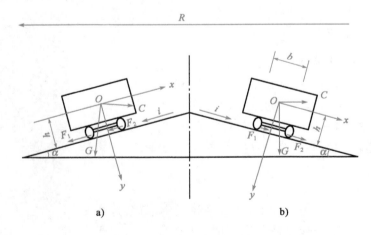

图 1-1-4　汽车在平曲线上行驶的受力情况
a)内侧;b)外侧

离心力的大小又与圆曲线半径密切相关,半径愈小愈不利,所以在选择平曲线半径时应尽可能采用较大的值,只有在地形或其他条件受到限制时才可使用较小的曲线半径。

根据汽车行驶在曲线上的力的平衡式得到

$$R = \frac{v^2}{127(\mu \pm i_b)} \tag{1-1-1}$$

式中：R——圆曲线半径(m)；

　　　v——行车速度(km/h)；

　　　μ——横向力系数；

　　　i_b——超高横坡度(%)。

为了行车安全与舒适,我国《标准》(注:《标准》在本书中均指《公路工程技术标准》)规定了三种圆曲线最小半径,即极限最小半径、一般最小半径、不设超高最小半径,如表1-1-1。

圆曲线最小半径　　　　　　　　　　　　　　表1-1-1

设计速度(km/h)		120	100	80	60	40	30	20
极限最小半径(m)		650	400	250	125	60	30	15
一般最小半径(m)		1000	700	400	200	100	65	30
不设超高最小半径(m)	路拱≤2.0%	5500	4000	2500	1500	600	350	150
	路拱>2.0%	7500	5250	3350	1900	800	450	200

平曲线半径的选用原则是:

①在路线设计中,如果条件允许应尽可能选用大于或等于"不设超高的最小半径",一般情况下应不小于"一般最小半径",只有在特殊情况下才考虑采用"极限最小半径"。

②最大圆曲线半径不宜超过10000m。

选用曲线半径时,应注意前后线形的协调,不应突然采用小半径曲线。长直线或线形较好的路段,不能采用最小圆曲线半径。从地形条件好的区段进入地形条件较差区段时,线形技术指标应逐渐过渡,防止突变。

3) 缓和曲线

(1) 设置缓和曲线的条件

为改善行车条件,在直线与圆曲线间插入的一条曲率半径由无穷大逐渐变到与圆曲线半径相同的曲线,称为缓和曲线。《标准》规定:当圆曲线半径小于不设超高最小半径,公路等级在三级及以上时,应在直线和圆曲线之间设置缓和曲线,以满足曲率半径逐渐过渡的要求。

(2) 设置缓和曲线的目的

①利于驾驶员操纵转向盘；

②消除离心力的突变,保证乘客乘车的舒适与稳定；

③满足超高和加宽的过渡,利于平稳行车；

④与圆曲线配合得当,增加线形美观。

(3) 缓和曲线的形式

汽车由直线驶入曲线的行驶轨迹,近似符合回旋曲线的形式,所以,我国《标准》规定缓和曲线采用回旋线的形式。即曲率半径由无穷大逐渐变到与圆曲线半径相同的曲线。其基本方程如下:

$$s = \frac{A^2}{\rho} \tag{1-1-2}$$

式中：s——汽车从曲线起点行驶至所求点之距离（m）；
  A——回旋线参数；
  ρ——回旋曲线上所求点的曲率半径（m）。

令
$$s = l_h, \rho = R$$

则由式（1-1-2）得

$$l_h = \frac{A^2}{R} \qquad (1\text{-}1\text{-}3)$$

式中：l_h——缓和曲线长度（m）。

回旋线在线形设计中应作为主要线形要素加以运用。在确定回旋线参数时，应在下述范围内选定：

$$\frac{R}{3} \leq A \leq R \qquad (1\text{-}1\text{-}4)$$

式中：A——回旋线参数；
  R——与回旋线相连接的圆曲线半径（m）。

当 R 接近于 100m 时，取 A 等于 R；当 R 小于 100m 时，则取 A 等于或大于 R。

当 R 较大或接近于 3000m 时，取 A 等于 $R/3$；当 R 大于 3000m 时，则取 A 小于 $R/3$。

(4) 缓和曲线最小长度

缓和曲线的最小长度应能满足使汽车平顺地由直线段过渡到曲线段，并对离心力的增长有一定的限制，还应满足驾驶员操纵转向盘所需的必要时间。所以，《标准》规定了公路的缓和曲线最小长度，如表 1-1-2。

公路缓和曲线最小长度　　　　表 1-1-2

设计速度（km/h）	120	100	80	60	40	30	20
最短缓和曲线长度（m）	100	85	70	50	35	25	20

在选定缓和曲线（或缓和段）长度时，应根据超高缓和段、加宽缓和段（详见本学习情境任务四、任务五相关内容）及缓和曲线三者之中选用最长值作为缓和曲线或缓和段长度，并取 5m 的整数倍。

4) 平面线形的组合形式

当直线、圆曲线、缓和曲线相互组合时，可根据具体情况选用以下几种线形组合形式，如图 1-1-5。

(1) 基本型

按直线—回旋线—圆曲线—回旋线—直线的顺序组合起来的线形称为基本型，如图 1-1-5a）。

两个回旋线可以根据地形条件设计成对称的或非对称的曲线。回旋线—圆曲线—回旋线的长度之比宜为 1:1:1。

(2) S 形

两个反向圆曲线用回旋线径向连接起来的组合线形称为 S 形，如图 1-1-5b）。

S 形相邻两个回旋线参数 A_1 与 A_2 宜相等。当采用不同参数时，A_1 与 A_2 之比应小于 2.0，有条件时以小于 1.5 为宜。

S 形的两个反向回旋线以径向衔接为宜，当地形等条件限制必须插入短直线或当两圆曲线的回旋线相互重合时，短直线或重合段的长度应符合式（1-1-5）规定：

$$l \leqslant \frac{A_1 + A_2}{40} \qquad (1\text{-}1\text{-}5)$$

式中：l——反向回旋线间短直线或重合段的长度（m）；
A_1、A_2——回旋线参数。

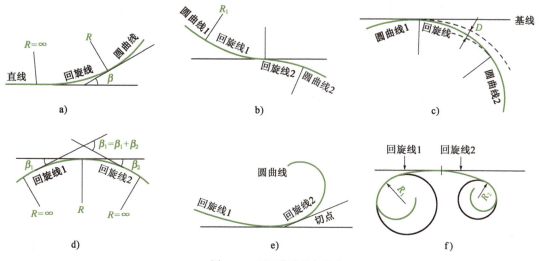

图 1-1-5 平面线形组合形式
a）基本型；b）S 形；c）卵形；d）凸形；e）复合型；f）C 形

两圆曲线半径之比不宜过大，以 $R_2/R_1 = 1 \sim 1/3$ 为宜。R_1 为大圆曲线半径（m）；R_2 为小圆曲线半径（m）。

S 形曲线设计计算时，曲线半径 R（或缓和曲线长度 L_s）必须依据组合要求的具体条件反算确定，并注意检验两圆曲线半径和回旋线参数是否满足路线规范的有关规定。

（3）卵形

用一个回旋线连接两个同向圆曲线的组合形式称为卵形，如图 1-1-5c）。

卵形回旋线的参数应符合下式规定：

$$\frac{R_2}{2} \leqslant A \leqslant R_2 \qquad (1\text{-}1\text{-}6)$$

式中：A——回旋线参数；
R_2——小圆的圆曲线半径（m）。

两相邻圆曲线半径之比，以 $\frac{R_2}{R_1} = 0.2 \sim 0.8$ 为宜。两圆曲线的间距，以 $\frac{D}{R_2} = 0.003 \sim 0.03$ 为宜。D 为两圆曲线间的最小间距（m）。

（4）凸形

两个同向回旋线间不插入圆曲线而径相衔接的平面线形称之凸形，如图 1-1-5d）。

凸形回旋线参数及其连接点的曲率半径，应分别符合容许最小回旋线参数和圆曲线一般最小半径的规定。通常，只有在路线严格受地形、地物限制处方可采用凸形。

（5）复合型

两个以上同向回旋线间在曲率相等处相互连接的形式为复合型，如图 1-1-5e）。

复合型仅在受地形或其他特殊原因限制时（互通式立体交叉除外）使用。复合型的两个回旋线参数之比以小于 1:1.5 为宜。

(6) C 形

同向曲线的两回旋线在曲率为零处径相衔接（即连接处曲率为 0，$R = \infty$）的形式称之为 C 形，如图 1-1-5f）。

C 形只有在特殊地形条件下方可采用。

3. 公路平面里程计算

1) 不设缓和曲线的平曲线

不设缓和曲线的平曲线也称为简单型曲线，其平面线形组成为"直线—圆曲线—直线"，是平曲线最为简单的一种形式。不同线形的分界点及曲线中点称为曲线主点，即直圆点（ZY）、曲中点（QZ）、圆直点（YZ），曲线的几何要素如图 1-1-6 所示。

(1) 圆曲线的几何要素

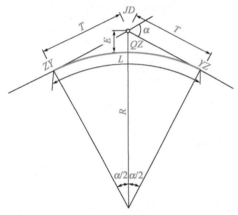

图 1-1-6 不设缓和曲线平曲线

切线长： $$T = R \cdot \tan \frac{\alpha}{2} \tag{1-1-7}$$

曲线长： $$L = \frac{\pi}{180} \alpha R \tag{1-1-8}$$

外距： $$E = R\left(\sec \frac{\alpha}{2} - 1\right) \tag{1-1-9}$$

校正值： $$J = 2T - L \tag{1-1-10}$$

式中：T——切线长（m）；

L——曲线长（m）；

E——外距（m）；

J——校正值（或校正值）（m）；

R——圆曲线半径（m）；

α——转角（°）。

(2) 曲线主点里程桩号计算

$$ZY = JD - T \tag{1-1-11}$$

$$YZ = ZY + L \tag{1-1-12}$$

$$QZ = YZ - \frac{L}{2} \tag{1-1-13}$$

$$JD = QZ + \frac{J}{2} \tag{1-1-14}$$

2) 基本型曲线的计算

基本型曲线是公路平面曲线最为常用的一种形式，其线形组成为"直线—缓和曲线—圆曲线—缓和曲线—直线"，不同线形的分界点及曲线中点称为曲线主点，即直缓点（ZH）、缓圆点（HY）、曲中点（QZ）、圆缓点（YH）、缓直点（HZ），基本型曲线的计算就是要通过曲线要素的计算最终确定主点的里程桩号，如图 1-1-7。

(1) 曲线要素计算

回旋线终点处内移值： $$p = \frac{L_s^2}{24R} - \frac{L_s^4}{2384R^3}(\text{m}) \tag{1-1-15}$$

缓和曲线切线增长值： $$q = \frac{L_s}{2} - \frac{L_s^3}{240R^2}(\text{m}) \tag{1-1-16}$$

回旋线终点处半径方向与 Y 轴的夹角：

$$\beta_0 = \frac{L_s}{2R} \times \frac{180°}{\pi} \text{ (°)} \qquad (1\text{-}1\text{-}17)$$

切线长：
$$T = (R + p)\tan\frac{\alpha}{2} + q \text{ (m)} \qquad (1\text{-}1\text{-}18)$$

曲线长：
$$L = (\alpha - 2\beta_0)\frac{\pi}{180}R + 2L_s \text{ (m)} \qquad (1\text{-}1\text{-}19)$$

外距：
$$E = (R + p)\sec\frac{\alpha}{2} - R \text{ (m)} \qquad (1\text{-}1\text{-}20)$$

校正值：
$$J = 2T - L \text{ (m)} \qquad (1\text{-}1\text{-}21)$$

（2）曲线主点里程桩号计算

以交点里程桩号为起算点：

$$ZH = JD - T \qquad (1\text{-}1\text{-}22)$$

$$HY = ZH + L_s \qquad (1\text{-}1\text{-}23)$$

$$QZ = ZH + \frac{L}{2} \qquad (1\text{-}1\text{-}24)$$

$$YH = HZ - L_s \qquad (1\text{-}1\text{-}25)$$

$$HZ = ZH + L \qquad (1\text{-}1\text{-}26)$$

4. 行车视距

汽车在公路上行驶时，必须使驾驶员能看清楚前方一定距离范围内的公路路面上的各种事物，遇到意外情况可及时处理，如避让、减速或紧急停车等，从而避免事故的发生。这一确保汽车紧急制动时看得见、停得住的必要距离称为行车视距。在公路交叉口、曲线内侧及公路上坡的转坡点等处均应保证行车视距的最短距离。

行车视距可分为停车视距、会车视距、超车视距三种。

1）停车视距

停车视距是指从驾驶员发现障碍物到立即采取制动措施，汽车沿着行驶路线到障碍物前能安全停车所需的最短距离，如图 1-1-8。

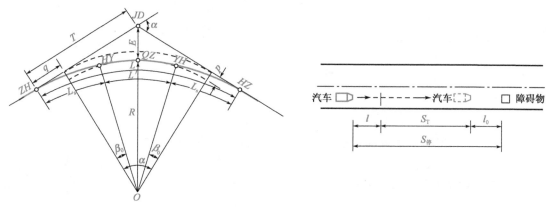

图 1-1-7　基本型曲线　　　　　　　　图 1-1-8　停车视距

各级公路的停车视距如表 1-1-3 及表 1-1-4。

高速公路和一级公路停车视距　　　　　　　　　　　表 1-1-3

设计速度(km/h)	120	100	80	60
停车视距(m)	210	160	110	75

二、三、四级公路停车视距、会车视距与超车视距　　　　　表 1-1-4

设计速度(km/h)	80	60	40	30	20
停车视距(m)	110	75	40	30	20
会车视距(m)	220	150	80	60	40
超车视距(m)	550	200	350	150	100

2）会车视距

当障碍物为对向来车时，就必须保证两倍的停车视距，即为会车视距。

由于高速公路和一级公路均采用中央分隔带分隔往返车辆，每一车道上只有同向行驶车辆而无对向行驶车辆，所以只需考虑停车视距。而二、三、四级公路一般不做分隔带，有对向行驶车辆，且这些对向行驶的车辆在一般情况下均愿在路面中间行驶，所以应考虑会车视距。会车视距的最小长度，如表 1-1-6。

3）超车视距

超车视距是指汽车超车后在与对向车辆相遇前驶回到原来的车道所必需的最短距离，如图 1-1-9。我国《标准》规定了超车视距的最小长度，如表 1-1-6。

二、三、四级公路除符合停车视距和会车视距的要求外，还应在适当间隔（宜在 3min 的行程）内提供一次满足超车视距要求的超车路段。

4）视距的保证

汽车在直线上行驶时，一般停车视距和超车视距是容易保证的。但当汽车在曲线上行驶时，其内侧行车视线可能被树木、建筑物、路堑边坡或其他障碍物所遮挡，因此，在设计时必须检查平曲线上的视距是否能满足要求，如不能满足，则必须清除视距范围内的障碍物，以保证汽车的行驶安全，如图 1-1-10。

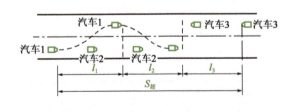

图 1-1-9　超车视距

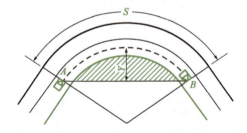

图 1-1-10　曲线平面视距障碍的清除

图 1-1-10 中阴影部分是阻碍驾驶员视线的范围，对其内的障碍物应加以清除。Y 为内侧车道上保证汽车行驶安全的横净距。一般在确定清除范围时，有几个断面处的横净距就可以了，而其中最主要的是最大横净距。这个值可以计算，也可以从视距包络图上直接量取，如图 1-1-11。

视距包络图的绘制方法如下：

(1)画出曲线平面图(包括路面边线、中线、行车轨迹线等);

(2)在整个曲线范围内,沿内侧行车轨迹线,以设计视距 S 为长度,定出多组的始终点,然后连接对应的各始终点,即得很多组交错的直线段,其视距包络线即为"视距线";

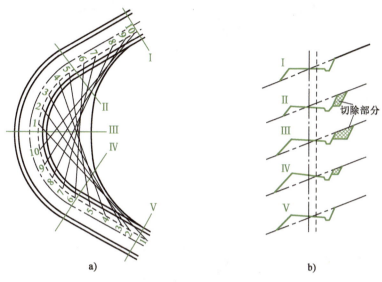

图 1-1-11　曲线上视距包络图及横净距范围
a)平面;b)横断面

(3)在图上量取几个断面处的横净距 Y,然后绘到相应的横断面图上,这样就可以在横断面上一目了然地看出清除范围。很显然,平曲线中点处的横净距为最大值,离中点越远则要求的横净距值越小。

总之,各级公路都应保证停车视距,无分隔带的双车道公路应保证两倍的停车视距(即会车视距),全路应有一定长度能保证超车视距的超车路段。

5. 平面设计成果

根据交通运输部颁布的《公路工程基本建设项目设计文件编制办法》之规定,体现路线平面设计成果的主要是路线设计的图纸和表格,主要包括公路平面设计图和直线、曲线及转角一览表。

二　任务实施

1. 填写"直线、曲线及转角一览表"

直线、曲线及转角一览表是平面设计的主要成果之一,它全面反映路线的平面位置和路线平面线形的各项指标。它是通过测角、丈量中线和设置曲线后获得的成果,反映了设计者对平面线形的布设意图,是绘制路线平面图的依据,同时也为路线纵断面设计和横断面设计提供了设计依据。其格式一般如表 1-1-5。

2. 识读公路平面图

路线平面图是平面设计的主要成果之一,也是路设计文件的重要组成部分。通过路线平面图可以体现出路线平面的位置、走向和高程,还可反映沿线人工构造物和工程设施的布置以及它们与地形、地物的关系,如图 1-1-12。

土建面路基路

直线、曲线及转角一览表

表 1-1-5

第　　页　共　　页

交点号	交点坐标		交点桩号	转角值	曲线要素值(m)						曲线主点桩号				直线长度及方向			测量断链		备注
	$N(X)$	$E(Y)$			半径	缓和曲线长度	缓和曲线参数	切线长度	曲线长度	外距	校正值	第一缓和曲线起点和曲线起点或圆曲线起点	第一缓和曲线终点和曲线终点或圆曲线终点	曲线中点	第二缓和曲线起点和曲线起点或圆曲线终点	第二缓和曲线终点和曲线终点或圆曲线终点	直线段长度(m)	交点间距(m)	计算方位角	桩号	增减长度(m)	
1	2	3	4	5	6	7	8	9	10	11	12	13	14	15	16	17	18	19	20	21	
起点																					
JD₁																					
JD₂																					
JD₃																					
JD₄																					
JD₅																					
终点																					

编制：　　　　　　　　　　　　　　　　　　　　　　　　　　复核：

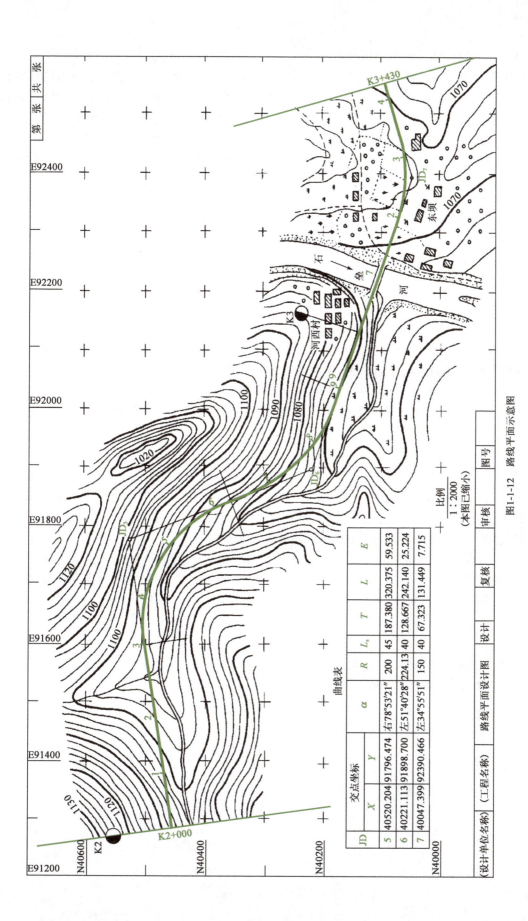

图1-1-12 路线平面示意图

1) 平面图的比例尺和测绘范围

路线平面图是指包括公路中线在内的有一定宽度的带状地形。若供工程可行性研究使用，可采用 1:10000 的比例尺测绘（或向国家测绘部门和其他工程单位收集），但初步设计、施工图设计的设计文件组成部分应采用较大的比例尺，一般测绘时常用 1:2000，在地形复杂地段的路线初步设计、施工图设计可采用 1:500 或 1:1000。路线带状地形图的测绘宽度，一般路中线两侧各 100~200m，对 1:5000 的地形图，测绘宽度每侧应不小于 250m，若有比较线，测绘宽度应将比较线包括进去。

路线平面图应示出地形、地物、路线位置及桩号、断链、平曲线主要桩位与其他主要交通路线的关系，以及县以上境界等，标注水准点、导线点及坐标格网或指北图式，示出特大桥、大桥、中桥、隧道、路线交叉位置等。图中还应列出平曲线要素表。

2) 路线平面图的展绘

(1) 导线或路中线的展绘

在初测阶段时应先沿着路线走廊布设附和导线，将导线点按其坐标 X、Y 准确地展绘到绘有坐标方格网的图纸上，以导线为基线，作为测绘地形图的依据。

在定测阶段时，先将交点按其坐标 X、Y 准确地展绘到绘有坐标方格网的图纸上，再按"逐桩坐标表"所提供得数据，展绘曲线，并注明百米桩、公里桩；以路线为基线，测绘地形。

(2) 控制点的展绘

各种比例尺的地形图，均应展绘出测绘宽度内的各等级三角点、导线点、图根点、水准点等，并按规定的符号表示。

(3) 各种构造物的测绘

各种比例尺的地形图，各类构造物、建筑物及其主要附属设施应按《公路勘测规范》(JTG C10—2007) 的规定测绘和表示。各种线状地物，如管线、高、低压电线等应实测其支架或电杆的位置。对穿越路线的高压线应实测其悬垂线距地面的高度并注明伏安。地下管线等应详细测定其位置。公路及其附属物应按实际形状测绘。

(4) 水系及其附属物的测绘

各种比例尺的地形图，均应展绘出测绘宽度内的海洋的海岸线位置；水渠顶边及底边高程；堤坝顶部及坡脚的高程；水井井台高程；水塘塘顶边及塘底的高程。河流、水沟等应注明水流流向。

(5) 地形、地貌的测绘

各种比例尺的地形图，地形、地貌、植被、不良地质地带等均应详细测绘并用等高线和国家测绘局制定的"地形图图式"符号及数字注明。

任务1.2 公路纵断面图识读与设计高程计算

学习目标

1. 了解公路纵断面图的组成；
2. 知道公路纵坡和竖曲线的设计方法；
3. 分析公路设计高程计算方法；
4. 根据《公路路线设计规范》(JTG D20—2006)完成公路设计高程的计算和路基设计表的填写；
5. 正确完成公路纵断面图的识读。

任务描述

通过学习公路纵断面图的基本概念和纵坡、竖曲线的设计计算方法，能够熟练计算公路的设计高程、填写公路路基设计表相关内容、正确识读公路纵断面图。

学习引导

本工作任务沿着以下脉络进行学习：

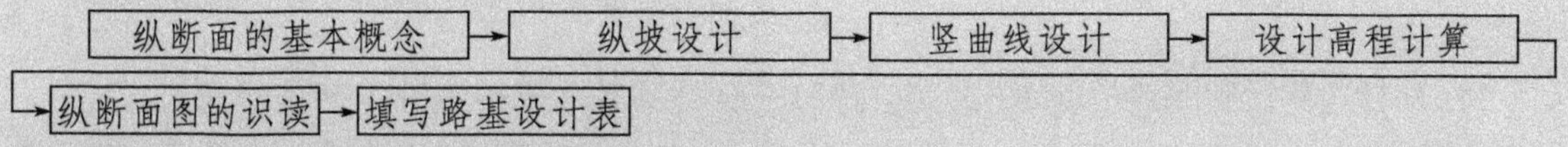

纵断面的基本概念 → 纵坡设计 → 竖曲线设计 → 设计高程计算 → 纵断面图的识读 → 填写路基设计表

 相关知识

1. 纵断面的概念

沿着公路中线进行竖直剖切后拉直即为公路的纵断面。由于地形、地物、地质、水文、汽车的动力性能等条件的限制,公路的纵断面是一条起伏的空间线,把公路的纵断面图和平面图结合起来,就能准确地定出公路的空间位置。

图 1-2-1 是公路路线的纵断面简图。在纵断面上有两条主要的线条:一条是地面线,它是根据中线上的各个桩点高程而点绘出来的一条不规则折线,基本上反映了公路中线所经处地面高低变化情况,各个桩点的高程称为地面高程;另一条是设计线,它是根据公路等级、地形条件等经过多方面比较后确定下来的,设计线由纵坡线(直线)和竖曲线组成,纵坡线有上坡和下坡,是用坡度和水平长度表示的,直线的坡度转折处为了保证平顺过度,要设置竖曲线。按坡度转折形式的不同,竖曲线有凹有凸,其大小用半径和长度表示。设计线主要反映路基的设计高程,《公路路线设计规范》(JTG D20—2006)规定如下:

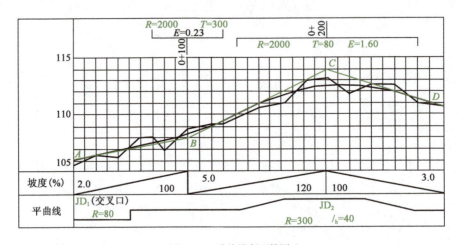

图 1-2-1 路线纵断面简图

(1)新建公路的路基设计高程:高速公路和一级公路宜采用中央分隔带的外侧边缘高程;二级公路、三级公路、四级公路宜采用路基边缘高程,在设置超高、加宽路段为设超高、加宽前该处边缘高程。

(2)改建公路的路基设计高程:宜按新建公路的规定执行,也可视具体情况而采用中央分隔带中线或行车道中线高程。

纵断面设计的主要任务就是根据汽车的动力特性、公路等级、地形、地物、水文地质,综合考虑路基稳定、排水以及工程经济性等,研究纵坡的大小、长短、竖曲线半径以及与平面线形的组合关系,既要使路线坡度均匀平缓,又要节约投资,还要考虑与周围景观的协调,达到行车安全迅速、运输经济合理及乘客感觉舒适的目的。

2. 纵坡设计

1)规定和要求

(1)纵坡坡度

纵断面设计线上每相邻两个变坡点之间连线的坡度称为纵坡度,如图 1-2-2 所示。纵坡

度 i 用高差 h 与水平长度 L 之比量度,即 $i=\frac{h}{L}(\%)$。按行车前进方向,上坡 i 为"+",下坡 i 为"-"。

（2）最大纵坡

越岭公路常采用较大的纵坡,这是因为纵坡越大,路程就越短,一般来说工程量也越省。但由于汽车牵引力有一定限度,故纵坡不能采用太大值,必须对最大纵坡加以限制。

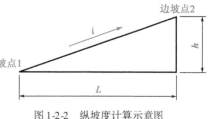

图 1-2-2　纵坡度计算示意图

最大纵坡是公路纵断面设计的重要控制指标,特别是在山岭地区,纵坡的大小直接影响到路线的长短、使用质量和工程造价。我国公路的最大纵坡规定如表 1-2-1 所示。

最　大　纵　坡　　　　　　　　表 1-2-1

设计速度(km/h)	120	100	80	60	40	30	20
最大纵坡(%)	3	4	5	5	6	8	9

在一些特殊情况下应对纵坡加以折减:

①海拔 3000m 以上高原地区,均应进行折减,但最小为 4%。

②桥涵处纵坡应按特殊规定办理;

③隧道内纵坡不宜大于 3%,并不应小于 0.3%。

最大纵坡只是在线形受地形限制严重的路段才准采用。在一般情况下应尽量采用较小的纵坡,以便改善行车条件及将来提高公路等级。

（3）最小纵坡

《标准》规定:各级公路的长路堑地段以及其他横向排水不畅的路段,均应采用不小于 0.3% 的纵坡,否则应对边沟做纵向排水设计。

（4）坡长限制

大量调查资料表明,过长的陡坡对行车十分不利。因此,当纵坡大于某一数值时,应限制其坡段长度,见表 1-2-2。

不同纵坡最大坡长(单位:m)　　　　　　　　表 1-2-2

	设计速度(km/h)	120	100	80	60	40	30	20
纵坡坡度(%)	3	900	1000	1100	1200	—	—	—
	4	700	800	900	1000	1100	1100	1200
	5	—	600	700	800	900	900	1000
	6	—	—	500	600	700	700	800
	7	—	—	—	—	500	500	600
	8	—	—	—	—	300	300	400
	9	—	—	—	—	—	200	200
	10	—	—	—	—	—	—	200

太长的纵坡对行车不利,太短的纵坡路段同样对行车不利,这是因为如果纵坡太短,使得纵坡上变坡点太多,车辆行驶上下颠簸频繁,所以应对最小坡长也加以限制,如表 1-2-3。

最 小 坡 长   表 1-2-3

设计速度(km/h)	120	100	80	60	40	30	20
最小坡长(m)	300	250	200	150	120	100	60

（5）合成坡度

公路在平曲线地段,若纵向有纵坡并且横向有超高横坡时,则最大纵坡不在纵坡上,也不在横坡上,而在其合成坡度上,如图1-2-3。

$$i_H = \sqrt{i_z^2 + i_c^2} \qquad (1-2-1)$$

式中：i_H——合成坡度；

i_z——路线纵坡；

i_c——超高横坡。

合成坡度不宜太大,否则高速行驶的车辆可能沿合成坡度方向冲出弯道之外,慢速行驶或停车时车辆可能沿合成坡度方向产生侧滑。我国《标准》规定各级公路的最大合成坡度如表1-2-4所示。

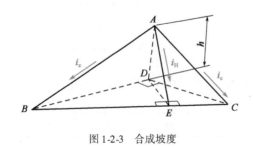

图 1-2-3 合成坡度

最大合成坡度值   表 1-2-4

设计速度(km/h)	120	100	80	60	40	30	20
合成坡度(%)	10	10	10.5	10.5	9.5	10	10

考虑到排水要求,合成坡度也不宜小于0.5%。

2）纵断面设计的步骤和方法

纵坡设计俗称拉坡,一般按如下步骤和方法进行：

（1）绘出原地面线

设计前根据平面设计的成果及现场勘测资料,先在图纸上按一定比例绘出里程桩号、直线及平曲线、各里程桩的地面高程,将各地面高程连接成线即为地面线,并标出桥涵、地质、土质等有关资料。通常横坐标比例采用1:2000,纵坐标比例采用1:200。

（2）标出沿线各控制点高程

控制点一般指公路起终点、垭口、桥涵、隧道、路线交叉点等。应在图上标出各控制点的高程,作为设计坡度的依据。

对山岭地区,还应考虑横断面上填挖基本平衡(一般以挖方略大于填方)的经济点,以求降低工程造价。

（3）拉坡设计

在标定全线的各控制点高程后,根据平面定线的意图,全面考虑地面线的情况以及控制点和经济点的要求,初步定出设计线各坡段的位置,俗称"拉坡"。

①试定：设计时应尽可能多的通过经济点,如与控制点有矛盾,应进一步研究能否有改动的余地,最后仍以控制点为依据。每定一转坡点,应综和考虑前后几个转坡点的情况。

②调整：试定出设计线后,应检查纵坡度、坡长和合成坡度等,如有不适,进行适当调整。调整纵坡的方法可以抬高或降低设计高程、延长或缩短坡长以及加大或减少纵坡度等。

③确定：试定的设计坡度经检查、调整、核对无误后,认为技术上、经济上较合理即可作为纵断面设计线最后确定下来。

（4）选定竖曲线半径并计算其要素

设计线确定后，即可根据公路等级和纵坡转坡角的大小选定竖曲线半径，并进行各要素计算。

3）坡段线上设计高程计算

通过纵坡设计确定某一坡段坡度后，即可计算出该坡段上任一点的设计高程，如图 1-2-4。

$$H_C = H_0 \pm L \cdot i (上坡取"+"，下坡取"-") \quad (1-2-2)$$

式中：H_C——某桩号处设计高程；

H_0——前方边坡点的设计高程；

L——该桩号处到前方边坡点的水平距离；

i——该坡段的坡度。

3. 竖曲线设计

当纵断面上两条坡度不同的相邻纵坡线相交时，就出现了变坡点。由于汽车在变坡点上行驶是不顺适的，故在变坡点处用曲线将相邻坡段顺适的连接起来，以利于行车，这条曲线称为竖曲线。《标准》规定各级公路在纵坡变更处，均应设置竖曲线。竖曲线可分为凸形竖曲线和凹形竖曲线两种形式，如图 1-2-5。所以纵断面设计线是由均坡段和竖曲线组成的。

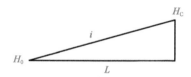

图 1-2-4　任一点高程计算示意图　　　　图 1-2-5　纵断面竖曲线

1）竖曲线要素的计算

（1）转坡角 ω

如图 1-2-14 所示：

$$\omega = i_1 - i_2 \quad (1-2-3)$$

式中：i_1、i_2——两相邻坡段的坡度值，上坡为"+"，下坡为"-"。

ω 为正时，为凸形竖曲线；ω 为负时，为凹形竖曲线。

我国《标准》规定：采用二次抛物线形作为竖曲线的基本线形。

（2）竖曲线要素计算

竖曲线的几何要素主要有：竖曲线长 L、切线长 T 和外矢距 E，如图 1-2-6。

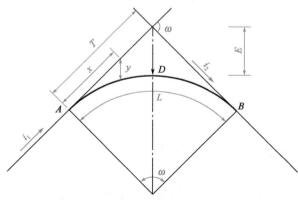

图 1-2-6　竖曲线要素计算图

$$L = R\omega \qquad (1\text{-}2\text{-}4)$$

$$T = \frac{L}{2} \qquad (1\text{-}2\text{-}5)$$

$$E = \frac{T^2}{2R} \qquad (1\text{-}2\text{-}6)$$

切线上任意一点至竖曲线上的竖向距离为:

$$y = \frac{x^2}{2R} \qquad (1\text{-}2\text{-}7)$$

式中:R——竖曲线半径(m);
　　　x——竖曲线上任意点距起点或终点的水平距离(m);
　　　y——竖曲线上任意点距切线的纵距(m)。

2)竖曲线的最小长度和半径

(1)凸形竖曲线

汽车在凸形竖曲线上行驶时,由于竖曲线向上凸起,驾驶员的视线会受到影响,产生盲区,如图1-2-7所示,所以凸形竖曲线的最小长度和半径是按视距的要求进行计算的。

我国各级公路凸形竖曲线的最小长度和半径如表1-2-5。

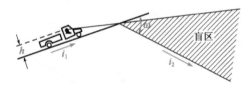

图1-2-7　凸形竖曲线上的视线盲区

竖曲线最小半径和最小长度　　　　表1-2-5

设计速度(km/h)		120	100	80	60	40	30	20
凸形竖曲线半径(m)	一般值	17000	10000	4500	2000	700	400	200
	极限值	11000	6500	3000	1400	450	250	100
凹形竖曲线半径(m)	一般值	6000	4500	3000	1500	700	400	200
	极限值	4000	3000	2000	1000	450	250	100
竖曲线最小长度(m)		100	85	70	50	35	25	20

(2)凹形竖曲线

汽车在竖曲线上行驶,会受到径向离心力作用。在凸形竖曲线上是使汽车减少重力,可以不考虑;而在凹形竖曲线上,如果这个力达到某种程度,旅客会产生不舒适的感觉,对汽车的悬挂系统也有不利影响。所以凹形竖曲线的最小长度和半径主要根据离心力来进行计算。

我国各级公路凹形竖曲线的最小长度和半径如表1-2-5。

选择竖曲线半径时应尽可能选用大半径。一般情况下应选用大于一般最小半径的值;只有当地形受限制或其他特殊情况下才选用极限最小半径。

3)竖曲线设计

竖曲线的设计一般按如下步骤进行:

(1)选定竖曲线半径;

(2)计算竖曲线要素,包括竖曲线长L、切线长T和外矢距E;

(3)计算竖曲线起、终点桩号:

　　　　竖曲线的起点的桩号 = 变坡点的桩号 - T
　　　　竖曲线的终点的桩号 = 变坡点的桩号 + T

(4)计算竖曲线上各里程桩号的切线设计高程;

切线高程 = 变坡点的高程 $\pm (T-l) \cdot i$

(5)计算相应桩号处的路基设计高程(即施工高程)。指定桩号的路基设计高程为:

凸形竖曲线:路基设计高程 = 切线设计高程 $-y$

凹形竖曲线:路基设计高程 = 切线设计高程 $+y$

例 1-2-1:某山岭区二级公路,转坡点设在 K6+140 桩号处,其高程为 428.90m,两相邻坡段的坡度分别为 $i_1 = +4\%$,$i_2 = -5\%$,选用竖曲线半径为 2000m。计算竖曲线要素及桩号 K6+080 及 K6+160 处的路基设计高程。

解:(1)计算竖曲线要素

转坡角:$\omega = i_1 - i_2 = 0.04 - (-0.05) = 0.09 > 0$,为凸形竖曲线

曲线长:$L = R\omega = 2000 \times 0.09 = 180(m)$

切线长:$T = \dfrac{L}{2} = \dfrac{R\omega}{2} = \dfrac{180}{2} = 90(m)$

外矢距:$E = \dfrac{T^2}{2R} = \dfrac{90^2}{2 \times 2000} = 2.03(m)$

(2)计算竖曲线的起、终点桩号

竖曲线起点桩号 = (K6+140) - 90 = K6+050

竖曲线终点桩号 = (K6+140) + 90 = K6+230

(3)计算路基设计高程

桩号 K6+080 处

平距:$x = (K6+080) - (K6+050) = 30(m)$

纵距:$y = \dfrac{x^2}{2R} = \dfrac{30^2}{2 \times 2000} = 0.23(m)$

切线设计高程 = $428.9 - 60 \times 0.04 = 426.50(m)$

路基设计高程 = $426.50 - 0.23 = 426.27(m)$

桩号 K6+160 处

平距:$x = (K6+230) - (K6+160) = 70(m)$

纵距:$y = \dfrac{x^2}{2R} = \dfrac{70^2}{2 \times 2000} = 1.23(m)$

切线设计高程 = $428.9 - 20 \times 0.05 = 427.90(m)$

路基设计高程 = $427.90 - 1.23 = 426.67(m)$

任务实施

公路纵断面设计的成果主要体现在纵断面图和路基设计表上。

1. 绘制纵断面图

纵断面设计图是公路设计的主要文件之一,它反映路线中心线所经地面的起伏情况与设计高程之间的关系。把它与平面线形结合起来,就能反映出公路中心线在空间的位置。

纵断面图采用直角坐标,以横坐标表示里程桩号,纵坐标表示高程,为了清楚地反映路中心线上地面起伏情况,通常将横坐标的比例尺采用 1:2000,纵坐标采用 1:200。

纵断面图由两部分内容组成。图的上半部主要是用来绘制地面线和纵坡设计线,同时根

据需要标注竖曲线位置及其要素、沿线桥涵及人工构造物的位置、结构类型、孔径与孔数,与公路、铁路交叉的桩号及路名,沿线跨越河流名称、桩号,现有水位及最高洪水位,水准点位置、编号和高程,断链桩位置、桩号及长短链关系等。图的下半部主要是用来填写有关数据,自下而上分别填写直线与平曲线、里程桩号、地面高程、设计高程、填挖高度、土质地质说明等。绘制纵断面图的步骤如下:

(1) 按一定的比例,在透明毫米方格计算纸上标出与本图适应的横向和纵向坐标,横向坐标标出百米桩号,纵向坐标标出整十米高程;

(2) 在坐标系中按水准测量提供的各桩号地面高程与相应的桩号配合点绘各桩号地面点,并将各地面高程点用直线依次连接后就成为纵断面图的地面线;

(3) 在坐标图上绘出各水准点的位置、编号,并注明高程;

(4) 将桥涵位置绘制在坐标图上,并注明孔数、孔径、结构类型、桩号等;

(5) 在纵断面设计图下部表内分别注明土质地质资料、绘出平面直线和平曲线的位置、转向(平曲线以开口梯形表示,开口向上为向左转,开口向下为向右转),并注明平曲线有关资料(一般只需注明交点编号和圆曲线半径);

(6) 纵坡和竖曲线确定后,将设计线(包括直线坡和竖曲线)绘出,并注明纵坡度、坡长(以分式表示,分子为纵坡度,分母为坡长),在各竖曲线范围内分别注明各竖曲线的基本要素(包括变坡点桩号、竖曲线半径、切线长、外距);

(7) 填注其他各有关资料或特定需要的资料。

绘制纵断面设计图,应按规定采用标准图纸和统一格式,以便装订成册,如图 1-2-8。

2. 填写路基设计表

路基设计表是公路设计文件的组成内容之一,它是综合路线平面设计、纵断面设计和横断面设计的成果汇编而成,它基本上可以代替平面、纵断面和横断面设计图,表中填列所有整桩、加桩的填挖高度、路基宽度(包括加宽)、超高值等有关资料,是路基横断面设计的基本数据,也是施工的依据之一。一般公路的路基设计表和高速公路的路基设计表也有所不同,分别见表 1-2-6 和表 1-2-7。

表 1-2-6 的填算方法如下:

第(1)栏"桩号"和第(5)栏"地面高程"都是从有关测量记录上抄录;

第(2)栏"平曲线"中,可只列转角号和半径,供计算加宽超高之用;

第(3)、(4)栏"坡度及竖曲线"是从纵断面图上抄录的,转坡点要注明桩号和高程,竖曲线要注明起、终点桩号;

第(6)栏"设计高程"在直坡段为切线高程,在竖曲线段应考虑"改正值",用公式 $Y = X^2/2R$ 算出,其中 X 为各桩距竖曲线起点或终点的距离,R 由第(4)栏或直接由纵断面图上抄录,凹形竖曲线改正值为" + "号,凸形竖曲线改正值为" - "号;第(6)栏"设计高程"在竖曲线内,则为该桩号的切线高程改正值的代数和;

第(7)、(8)栏的"填"、"挖"是第(5)栏与第(6)栏之差," + "号为填," - "号为挖;

第(9)、(10)栏为左、右路基宽度,当圆曲线半径小于或等于 250m 时,应考虑平曲线内侧加宽;

第(11)、(12)、(13)栏为路基两侧边缘及中桩与设计高程的差,当圆曲线半径小于不设超高最小半径时,应考虑平曲线段超高。

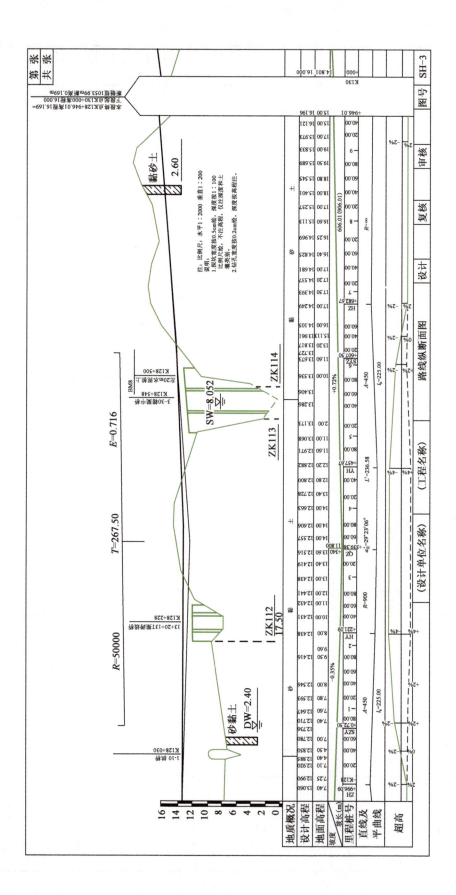

图1-2-8 纵断面设计图

路基路面施工

普通公路路基设计表

表1-2-6

桩号	平曲线	变坡点桩号及高程、纵坡坡度、坡长	竖曲线	地面高程	设计高程	填挖高度(m)		路基宽(m)		路边及中桩号设计高程之高差(m)			施工时中桩(m)		边坡1:m		护坡道		坡度1:m		坡度(%)		边沟				坡脚坡口至中桩距离(m)		备注
																	护坡道宽(m)						形状	底宽(m)	沟深(m)	内坡			
						填	挖	左	右	左	中桩	右	填	挖	左	右	左	右	左	右	左	右					左	右	
1	2	3	4	5	6	7	8	9	10	11	12	13	14	15	16	17	18	19	20	21	22	23	24	25	26	27	28	29	30

高速公路路基设计表

表 1-2-7

桩号	平曲线		变坡点桩号及高程坡度、坡长	竖曲线		地面高程	设计高程	填挖高度(m)		路基宽(m)			路基各特征点与设计高之高差(m)								备注
	左	右		凹	凸			填	挖	左路幅	中央分隔带	右路幅	左 路 幅				右 路 幅				
													D	C	B	A	A	B	C	D	
1	2	3	4	5	6	7	8	9	10	11	12	13	14	15	16	17	18	19	20	21	22

说明：A、B、C、D 特征点分别是指中央分隔带外侧边缘、行车道边缘、硬路肩边缘、土路肩边缘。

表 1-2-7 的填算方法如下：

第(1)栏"桩号"和第(6)栏"地面高程"都是从有关测量记录上抄录；

第(2)、(3)栏"平曲线"中，可只列转角号和半径，供计算加宽加高之用；

第(4)、(5)栏"坡度及竖曲线"是从纵断面图上抄录的，转坡点要注明桩号和高程，竖曲线要注明起、终点桩号；

第(7)栏"设计高程"在直坡段为切线高程，在竖曲线段应考虑"改正值"，用公式 $Y = X^2/2R$ 算出，其中 X 为各桩距竖曲线起点或终点的距离，R 由第(4)、(5)栏得或直接由纵断面图上抄录，凹形竖曲线改正值为"＋"号，凸形竖曲线改正值为"－"号；第(7)栏"设计高程"在竖曲线内应为该桩号的切线高程与改正值的代数和；

第(8)、(9)栏的"填"、"挖"是第(6)栏与第(7)栏之差，"＋"号为填，"—"号为挖；

第(10)、(11)、(12)、(13)、(14)、(15)、(16)、(17)、(18)栏"路基宽度"为左土路肩、左硬路肩、左行车道、左路缘带、中央分隔带、左路缘带、右行车道、右硬路肩、左土路肩宽度；

第(19)、(20)、(21)、(22)、(23)、(24)(25)、(26)栏为各点与设计高程的差；

第(27)、(30)栏"坡度"为边沟左、右纵坡；(28)、(31)为左、右侧边沟底宽；第(29)、(32)栏为左、右边沟沟底高程。

任务1.3 公路横断面图的识读与绘制

学习目标

1. 了解公路横断面的概念;
2. 知道公路标准横断面的组成及各组成部分的作用;
3. 分析公路典型横断面的类型和各自特点;
4. 根据《公路路线设计规范》(JTG D20—2006)完成公路横断面图的绘制,填写路基设计表相关内容;
5. 正确完成公路典型横断面图的绘制。

任务描述

通过对公路横断面相关知识的学习,掌握公路标准横断面图的组成及典型横断面图的绘制方法,能正确绘制和识读公路横断面图。

学习引导

本工作任务沿着以下脉络进行学习:

公路横断面的概念 → 标准横断面的组成 → 典型横断面图类型 → 典型横断面图的绘制 → 路基设计表相关内容的填写

一、相关知识

1. 横断面的概念

公路中线的法向剖面图称为公路的横断面图。公路横断面设计是根据行车对公路的要求,结合当地的地形、地质、气候、水文等自然因素,确定横断面的形式、各组成部分的位置和尺寸。设计的目的是保证足够的断面尺寸、强度和稳定性,使之经济合理,同时为路基土石方工程数量计算、公路的施工和养护提供依据。

2. 标准横断面

路基标准横断面是交通部门根据设计交通量、交通组成、设计速度、通行能力、公路等级、断面类型规定公路横断面各组成部分的横向尺寸的行业标准,各级公路的标准横断面图见图1-3-1。

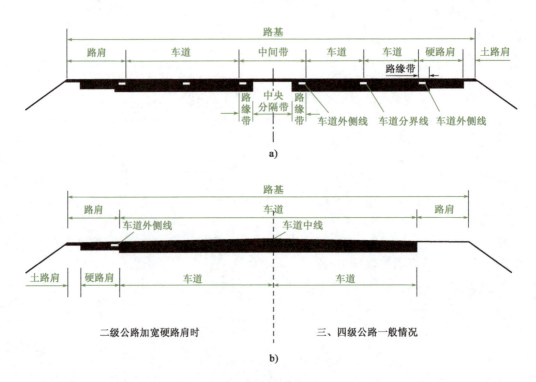

图1-3-1 各级公路标准横断面
a)高速公路、一级公路路基标准横断面;b)二、三、四级公路路基标准横断面

高速公路和一级公路的横断面形式有整体式和分离式两种。上下行的公路横断面由一个路基形成的称为整体式,由两个路基分别独立形成的称为分离式。整体式横断面上包括行车道、路肩、中间带、紧急停车带、爬坡车道、变速车道等;分离式的横断面上没有中间带,其他部分和整体式相同。

二、三、四级公路采用整体式横断面,不设置中间带,它的组成包括路肩、行车道、错车道等。

公路路幅是指公路路肩两侧外边缘之间的部分,路幅宽度即指路肩两侧外边缘之间的水平距离,即路基宽度。一般路幅布置包括行车道和路肩,除四级公路可设置为单车道外,公路按路幅布置形式主要分为单幅双车道和双幅多车道两种类型。我国公路中,二、三级和部分四级公路采用单幅双车道,在我国公路总里程中占比重最大。高速公路和一级公路为适应车辆速度快、交通量大的需要,设置中间带把对向行驶的车道分隔成两部分(即两幅),每幅包括两条或多条单向行车的车道。

我国《公路路线设计规范》(JTG D20—2006)规定了各级公路的路基宽度,见表1-3-1。一般情况下应取用表中的"一般值",有条件时还可适当增加硬路肩和路基宽度,便于以后拓宽行车道。地形困难或条件受限时,在局部路段可使用"变化值",但路段不宜太长。

各级公路路基宽度　　　　　表1-3-1

公路等级		高速公路、一级公路								
设计速度(km/h)		120			100			80		60
车道数		8	6	4	8	6	4	6	4	4
路基宽度(m)	一般值	45.00	34.50	28.00	44.00	33.50	26.00	32.00	24.50	23.00
	变化值	42.00	—	26.00	41.00	—	24.50	—	21.50	20.00
公路等级		二、三、四级公路								
设计速度(km/h)		80		60		40		30		20
车道数		2		2		2		2		2或1
路基宽度(m)	一般值	12.00		10.00		8.50		7.50		6.50(双车道) 4.50(单车道)
	变化值	10.00		8.50		—		—		—

1)行车道

公路上供各种车辆行驶部分的总称,包括快车行车道和慢车行车道。行车道应根据车辆组成和交通量等因素来选定,《标准》规定了各级公路一条车道的宽度,见表1-3-2。

车道宽度　　　　　表1-3-2

设计速度(km/h)	120	100	80	60	40	30	20
一条车道宽度(m)	3.75	3.75	3.75	3.50	3.50	3.25	3.00(单车道时为3.50)

2)路肩

路肩是指位于行车道外缘至路基边缘、具有一定宽度的带状结构部分,主要作用是保护行车道和临时停车。高速公路和一级公路的路肩包括硬路肩和土路肩两部分,在右侧硬路肩宽度内设置路缘带,其宽度值一般为0.50m。二、三、四级公路一般只设土路肩。

高速公路和一级公路当采用分离式路基或中间带宽度大于4.5m时,在行车道左侧也应设硬路肩,其作用在于使左侧路面与中间带连成整体,也可供紧急情况使用,且可起到安全带的作用。

我国《标准》规定了各级公路的路肩宽度,如表1-3-3及表1-3-4。

路肩宽度　　　　　表1-3-3

公路等级		高速公路、一级公路				二级公路、三级公路、四级公路				
设计速度(km/h)		120	100	80	60	80	60	40	30	20
右侧硬路肩宽度(m)	一般值	3.00或3.50	3.00	2.50	2.50	1.50	0.75	—	—	—
	极限值	3.00	2.50	1.50	1.50	0.75	0.25			

续上表

公 路 等 级		高速公路、一级公路				二级公路、三级公路、四级公路			
土路肩宽度 (m)	一般值	0.75	0.75	0.75	0.50	0.75	0.75	0.75	0.50	0.25(双车道)
	极限值	0.75	0.75	0.75	0.50	0.50	0.50		0.50	0.50(单车道)

分离式断面高速公路、一级公路左侧路肩宽度　　　　表1-3-4

设计速度(km/h)	120	100	80	60
左侧硬路肩宽度(m)	1.25	1.00	0.75	0.50
左侧土路肩宽度(m)	0.75	0.75	0.75	0.50

3) 中间带

中间带是用来分隔往返交通流的,以此可保证车速、减少事故、提高通行能力,也可作为设置路上设施和标志的场地。高速公路和一级公路应设置中间带。

中间带由中央分隔带和两条左侧路缘带组成,如图1-3-1a),路缘带应起到诱导驾驶员视线的作用。各国有宽、窄中间带之分,一般不应低于3m。我国中间带宽度见表1-3-5。

中间带宽度　　　　表1-3-5

设计速度(km/h)		120	100	80	60
中央分隔带宽度(m)	一般值	3.00	2.00	2.00	2.00
	最小值	2.00	2.00	1.00	1.00
左侧路缘带宽度(m)	一般值	0.75	0.75	0.50	0.50
	最小值	0.75	0.50	0.50	0.50
中间带宽度(m)	一般值	4.50	3.50	3.00	3.00
	最小值	3.50	3.00	2.00	2.00

4) 加(减)速车道

高速公路、一级公路的互通式立体交叉、服务区、停车区、公共汽车停靠站、管理设施等出入口处,应设置加(减)速车道,其宽度一般为3.5m,如图1-3-2所示。

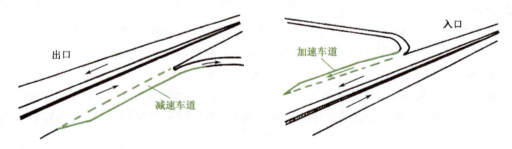

图1-3-2　变速车道

5) 错车道

四级公路路基宽度采用4.5m时,应在不大于300m的距离内选择有利地点设置错车道,使驾驶人员能看到相邻两错车道间驶来的车辆。错车道处的路基宽度应≥6.5m,错车道的有效长度应≥20m,渐变段长度应等于2×10m,如图1-3-3所示。

6) 紧急停车带

高速公路和一级公路,当右侧路肩宽度小于2.25m时,应设置紧急停车带。其设置间距:

平原微丘区为300m左右;山岭重丘区为500m左右。其宽度包括硬路肩在内为3m,有效长度应不小于30m。

紧急停车带原则上在往返方向的右侧对称设置。

7) 爬坡车道

爬坡车道是在陡坡路段正线行车道外侧增设的供载重汽车行驶的专用车道。

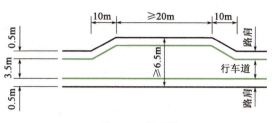

图1-3-3 错车道

我国《规范》规定:高速公路、一级公路纵坡长度受限制的路段,应对重载汽车上坡行驶速度的降低值和设计通行能力进行验算,符合下列情况之一者,可在上坡方向行车道右侧设置爬坡车道:

(1) 沿上坡方向重载汽车的行驶速度降低到表1-3-6的容允许最低速度以下时,可设置爬坡车道。

上坡方向允许最低速度　　　　　　　　　　　　　表1-3-6

设计速度(km/h)	120	100	80	60
容许最低速度(km/h)	60	55	50	40

(2) 上坡路段的设计通行能力小于设计小时交通量时,应设置爬坡车道。

(3) 经设置爬坡车道与改善主线纵坡不设爬坡车道技术经济比较论证,设置爬坡车道效益费用比、行车安全性较优。

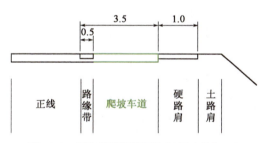

图1-3-4 爬坡车道横断面组成(尺寸单位:m)

爬坡车道设于上坡方向正线行车道右侧,如图1-3-4所示。爬坡车道的宽度为3.5m,包括设于其左侧的路缘带宽度0.5m。

爬坡车道的路肩和正线一样仍然由硬路肩和土路肩组成,但由于爬坡车道上行驶速度较低,其硬路肩宽度可以不按正线的安全标准要求设计,一般为1.0m,而土路肩宽度以按正线要求设计为宜。

3. 典型横断面

1) 典型横断面的形式

在公路线形设计中,我们把经常采用的具有代表性的公路路基横断面称为典型横断面。在典型横断面中,我们把高于原地面的填方路基称为路堤,低于原地面的挖方路基称为路堑,在一个断面内,部分要填,另一部分要挖的路基称为半填半挖路基,如图1-3-5。

为设计计算简便,通常用两侧路肩边缘的连线来代替路拱和路面。这样,在一般情况下,路基顶面为一水平线;有超高时,顶面则为超高横坡的坡线;加宽时则按规定予以加宽。

(1) 一般路堤

路基填土高度小于20m大于0.5m的路堤称为一般路堤,如图1-3-5a);路基填土高度小于0.5m的路堤称为矮路堤,矮路堤必须在边坡坡脚处设计边沟。当路堤高度大于2m时,可将边沟断面扩大成取土坑,以满足填土的需要,但此时为保证路边坡的稳定,应在坡脚与取土坑间设不小于1m宽的护坡道。当路堤边坡高度大于20m时,应另行设计。

(2) 一般路堑

一般路堑为路基挖方深度小于20m、一般地质条件下的路堑形式,如图1-3-5b)。

路堑路段均应设置边沟,边沟断面可根据土质情况采用梯形、矩形或三角形,内侧边坡的坡率可采用1:0(矩形)、1:0~1:1.5(梯形)、1:2~1:3(三角形),外侧边坡与路堑边坡相同。为拦截上侧地面迳流以保证边坡的稳定,应在坡顶外至少5m处设置截水沟,一般为底宽不小于0.5m的梯形断面。路堑路段所废弃的土石方,应做成规则形状的弃土堆,一般置于下侧坡顶外至少3m处。当路堑边坡高度大于6m或土质变化处,边坡应随之做成折线形。路堑边坡高度大于20m为深路堑,应另行设计。

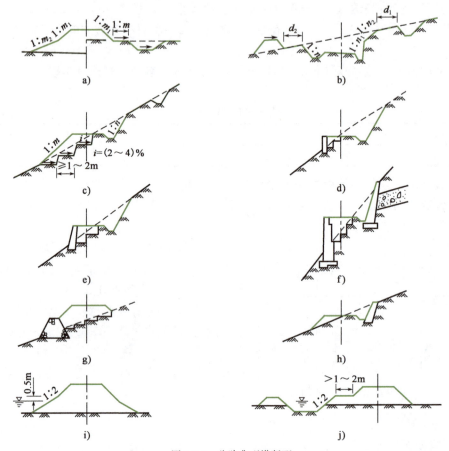

图1-3-5 公路典型横断面

a)一般路堤;b)一般路堑;c)半填半挖路基;d)护肩路基;e)砌石路基;f)挡土墙路基;g)护脚路基;h)矮墙路基;i)沿河路基;j)利用挖渠土填筑路基

(3) 半填半挖路基

半填半挖路基为一般山坡路段的路基常用形式,是路堤和路堑的结合形式,填方部分应按照路堤的要求填筑,挖方部分应按照路堑的要求开挖。

(4) 陡坡路基

陡坡路基为山区陡坡路段的路基常用形式,如图1-2-24d)~1-2-24h)。对应不同情况,可采用:护肩路基、挡土墙路基、护脚路基、矮墙路基等形式。

(5) 沿河路堤

沿河路基为桥头引道、河滩路堤的常用形式,如图1-2-24i)。

路堤浸水部分的边坡坡度,可采用较缓的坡度,并视水流情况采用相应的加固防护措施,如植草、铺草皮、干砌或浆砌片石等。

(6)利用挖渠土填筑路基

利用挖渠土填筑的路堤为与当地农田水利建设相结合的常用形式,如图1-2-24j)。此时,需综合考虑、慎重对待,尤其是渠道的设计流量、流速、水位、纵坡等是否危及公路的正常使用,路堤的高度和加固防护措施是否满足路基强度和稳定性的要求等。

2)路基的附属设施

(1)取土坑

路堤的填料除路堑开挖出的土石外,还有相当一部分需要从路基以外区域借土,借土后留下的整齐土坑称为取土坑。取土坑分路侧取土和路外集中取土两种。

路侧取土(如图1-3-6),此时对取土坑的要求如下。

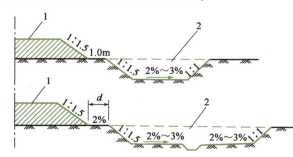

图 1-3-6 取土坑示意图
1-路堤;2-取土坑

①取土坑的位置:对横坡不大于1:10的平坦地区,可在路基两侧设置取土坑;对横坡大于1:10的不平坦地区,取土坑最好设置在地势较高的一侧,这样取土坑可兼作截水沟。

②取土坑的深度和宽度:应根据所取土的数量、施工方法和排水的要求而定,为保证路基的稳定,取土坑的深度建议不大于1m,但在农田地区,为少占耕地,宜深挖窄挖,其深度可根据地质和水文情况而定。

③取土坑的边坡坡度:一般内侧边坡坡率可采用1:1.5,外侧边坡不陡于1:1。

④取土坑的纵坡:为保证排水,取土坑的底面纵坡应不小于0.3%,同时取土坑的出水口处的坑底高程应不低于所流入的桥涵进口的高程。

路外集中取土:应尽量设在荒山、荒地和地势较高的山地上,取土坑的宽度和深度,应与当地联系,统筹规划、布置。

(2)弃土堆

将开挖路基所废弃的土按一定的规则形状堆放于公路沿线一定距离内称为弃土堆。设计时要防止废方堆置不当而影响路堑边坡,或因弃土不当造成水土流失,所以弃土堆的设置一般应满足以下要求。

①位置的选择:弃土堆通常选择路堑下方荒地或低洼处;当地面横坡小于1:5时,可在路堑两侧设置,此时,若路堑上方需设截水沟,截水沟应设在弃土堆外;弃土堆的内侧坡脚与路堑边坡坡顶的距离:当土质干燥坚硬时,应不小于3m,当土质潮湿软弱时应不小于$H+5m$,H为路堑深度。

②外形:弃土堆的形状应规则整齐,顶宽视弃土数量而定,顶面有2%的向外横坡,高度一

一般不超过3m,边坡不陡于1:1.5。

(3)护坡道

当路堤较高时,为保证边坡稳定,在取土坑与坡脚之间或边坡坡面上,沿纵向保留或筑成有一定宽度的平台称为护坡道,如图1-3-6中的d)。其目的是加宽边坡横距,减缓边坡平均坡度。一般当路堤填土高度超过2m时均应设置护坡道,其宽度至少为1m,并随填土高度增加而增大。

(4)碎落台

设在路堑边坡坡脚与边沟外侧边缘之间(有时也设在边坡中部)的平台,称为碎落台,如图1-3-7。其作用是防止土石碎落物落入边沟。碎落台的宽度一般为1~1.5m。

4. 路基边坡

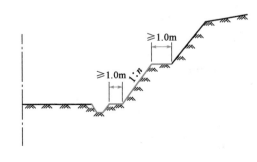

图1-3-7 碎落台示意图

路基边坡即路肩的外边缘与坡脚(路堑则为边沟外侧沟底与坡顶)所构成的坡面,是支撑路基主体的重要组成部分。路基边坡的坡率,习惯上用边坡的高度与宽度的比值来表示,如1:0.5、1:1、1:1.5、1:1.75等。

路基边坡坡度的大小,直接影响路基的稳定性和工程数量。坡度大,稳定性差,但工程数量少,坡度过大则边坡易产生滑塌等病害;坡率小,稳定性好,但工程数量大。因此,正确合理地确定边坡坡率,是公路横断面设计的主要内容之一。

1)路堤边坡

(1)填土路堤边坡

路堤边坡形式和坡率应根据填料的物理力学性质、气候条件、边坡高度及工程地质条件和水文地质条件确定。当地质条件良好,边坡高度不大于20m时,其边坡坡率不宜陡于表1-3-7的规定值。边坡高度大于20m时,边坡形式宜采用阶梯形,边坡坡度必须进行稳定性分析计算确定,并应进行个别设计。

路堤边坡坡率 表1-3-7

填料类别	边坡坡率	
	上部高度($H \leq 8m$)	下部高度($H \leq 12m$)
细粒土	1:1.5	1:1.75
粗粒土	1:1.5	1:1.75
巨粒土	1:1.3	1:1.5

浸水路堤在设计水位以下部分的边坡坡率,不宜陡于1:1.75。

为了必要时便于汽车驶下公路进行疏散,在平原微丘区高度不超过1.0m的路堤,如用地条件许可,可采用不陡于1:3的边坡。

(2)填石路堤边坡

填石路堤的边坡坡率应根据填石料种类、边坡高度和基底的地质条件确定。易风化岩石与软质岩石用作填料时,应按土质路堤边坡设计。但路堤基底良好时,填石路堤边坡坡率不宜陡于表1-3-8的规定值。

填石路堤边坡坡率　　　　　　　　　　　　　　　　　表 1-3-8

填石料种类	边坡高度(m)			边坡坡率	
	全部高度	上部高度	下部高度	上部	下部
硬质岩石	20	8	12	1:1.1	1:1.3
中硬岩石	20	8	12	1:1.3	1:1.5
软质岩石	20	8	12	1:1.5	1:1.75

对边坡高度超过 20m 的路堤,边坡形式宜采用阶梯形,边坡坡率应通过稳定性分析计算确定,并应进行个别设计。

（3）砌石路基边坡

砌石顶宽不小于 0.8m,基底面向内倾斜,砌石高度不宜超过 15m。砌石内、外坡率不宜大于表 1-3-9 的规定值。

砌石边坡坡率表　　　　　　　　　　　　　　　　　表 1-3-9

序　号	砌石高度(m)	内坡坡率	外坡坡率
1	≤5	1:0.3	1:0.5
2	≤10	1:0.5	1:0.67
3	≤15	1:0.6	1:0.75

2）路堑边坡

（1）土质路堑边坡

土质路堑边坡形式及坡度,应根据工程地质条件、边坡高度、排水措施、施工方法,并结合自然稳定和人工边坡的调查及力学分析综合确定。边坡高度不大于 20m 时,边坡坡度不宜大于表 1-3-10 的规定值。边坡高度大于 20m 时,应进行个别勘察设计。

土质路堑边坡坡率　　　　　　　　　　　　　　　　　表 1-3-10

土的类别		边坡坡率
黏土、粉质黏土、塑性指数大于 3 的粉土		1:1
中密以上的中砂、粗砂、砾砂		1:1.5
卵石土、碎石土、圆砾土、角砾土	胶结和密实	1:0.75
	中密	1:1

（2）岩质路堑边坡

岩质路堑边坡形式及坡率,应根据工程地质与水文地质条件、边坡高度、施工方法,结合自然稳定边坡和人工边坡的调查综合确定。必要时可采用稳定性分析方法予以检算。边坡高度不大于 30m 时,无外倾软弱结构面的边坡按表 1-3-11 确定。有外倾软弱结构面的岩质边坡、坡顶边缘附近有较大荷载的边坡、边坡高度超过表 1-3-11 规定范围的边坡,边坡坡率应按有关规定通过稳定性分析计算确定。

岩质路堑边坡坡率　　　　　　　　　　　　　　　　　表 1-3-11

边坡岩体类型	风化程度	边坡坡率	
		$H<15m$	$15m \leq H<30m$
Ⅰ类	未风化、微风化	1:0.1~1:0.3	1:0.1~1:0.3
	弱风化	1:0.1~1:0.3	1:0.3~1:0.5

续上表

边坡岩体类型	风化程度	边坡坡率 $H<15m$	边坡坡率 $15m \leq H<30m$
Ⅱ类	未风化、微风化	1:0.1～1:0.3	1:0.3～1:0.5
Ⅱ类	弱风化	1:0.3～1:0.5	1:0.5～1:0.75
Ⅲ类	未风化、微风化	1:0.3～1:0.5	
Ⅲ类	弱风化	1:0.5～1:0.75	
Ⅳ类	弱风化	1:0.5～1:1	
Ⅳ类	强风化	1:0.75～1:1	

5. 横断面设计的其他要求

1) 路拱和路肩横坡

为了便于排水,将公路顶面做成中间高两边低的形式称为路拱。路拱的形式有直线形、抛物线形、直线与弧形组合形等。《公路路线设计规范》(JTG D20—2006)对于路拱的横坡和路肩横坡做了如下规定:

(1) 高速公路、一级公路整体式路基的路拱宜采用双向路拱坡度,由路中央向两侧倾斜。位于中等强度降雨地区时,路拱坡度宜为2%;位于降雨强度较大地区时,路拱坡度可适当增大。

(2) 高速公路、一级公路分离式路基的路拱,宜采用单向横坡,并向路基外侧倾斜,也可采用双向路拱坡度。积雪、冰冻地区,宜采用双向路拱坡度。

(3) 六车道、八车道高速公路,六车道一级公路,当超高过渡段的路拱坡度过于平缓时,可设置两个路拱。

(4) 二级公路、三级公路、四级公路的路拱应采用双向路拱坡度,由路中央向两侧倾斜。路拱坡度应根据路面类型和当地自然条件确定,但不应小于1.5%。

(5) 直线路段的硬路肩应设置向外倾斜的横坡,其坡度值应与车道横坡值相同。路线纵坡平缓,且设置拦水带时,其横坡值宜采用3%～4%。

(6) 曲线路段内、外侧硬路肩横坡的横坡值及其方向:当曲线超高小于或等于5%时,其横坡值和方向应与相邻车道相同;当曲线超高大于5%时,其横坡值应不大于5%,且方向相同。

(7) 硬路肩的横坡应随邻近车道的横坡一同过渡,其过渡段的纵向渐变率应控制在小于1/150至大于1/330之间。

(8) 土路肩的横坡:位于直线路段或曲线路段内侧,且车道或硬路肩的横坡值大于或等于3%时,土路肩的横坡应与车道或硬路肩横坡值相同;小于3%时,土路肩的横坡应比车道或硬路肩的横坡值大1%或2%。位于曲线路段外侧的土路肩横坡,应采用3%或4%的反向横坡值。

2) 公路建筑限界

公路建筑限界是为了保证公路上规定的车辆正常运行与安全,在一定宽度和高度范围内,不得有任何障碍物侵入的空间范围。在公路横断面设计中,公路标志、护栏、照明灯柱、电杆、管线、绿化、行道树以及跨线桥的梁底、桥台、桥墩等的任何部分不得侵入公路建筑限界之内。各级公路的建筑限界规定,如图1-3-8。

当设置加(减)速车道、爬坡车道、慢车道、紧急停车带、错车道时,建筑限界应包括该部分的宽度。八车道及其以上整体式路基的高速公路,设置左侧硬路肩时,建筑限界应包括相应部分的宽度。

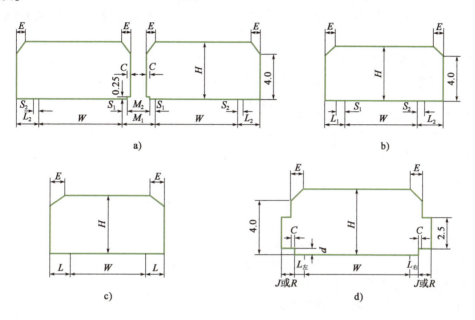

图 1-3-8　建筑限界(尺寸单位:m)
a)高速公路、一级公路(整体式)；b)高速公路、一级公路(分离式)；c)二、三、四级公路；d)公路隧道
W-行车道宽度；L_1-左侧硬路肩宽度；L_2-右侧硬路肩宽度；S_1-左侧路缘带宽度；S_2-右侧路缘带宽度；L-侧向宽度；高速公路、一级公路的侧向宽度为硬路肩宽度(L_1 或 L_2)；二、三、四级公路的侧向宽度为路肩宽度减去 0.25m；隧道内侧向宽度($L_左$ 或 $L_右$)应符合公路路线设计规范(JTG D20—2006)表 6.6.2 规定；C-当设计速度大于 100km/h 时为 0.5m,等于或小于 100km/h 时为 0.25m；M_1-中间带宽度；M_2-中央分隔带宽度；J-隧道内检修道宽度；R-隧道内人行道宽度；d-隧道内检修道或人行道高度；E-建筑限界顶角宽度：当 $L \leq 1m$ 时, $E = L$；当 $L > 1m$ 时, $E = 1m$；H-净空高度

3) 公路用地

公路用地是为修建、养护公路及其沿线设施,依照国家规定征用的土地。《公路路线设计规范》(JTG D20—2006)对公路用地规定如下:

(1) 公路路堤两侧排水沟外边缘(无排水沟时为路堤或护坡道坡脚)以外,或路堑坡顶截水沟外边缘(无截水沟为坡顶)以外不小于 1m 范围内的土地,在有条件的地段,高速公路和一级公路不小于 3m,二级公路不小于 2m 范围内的土地为公路路基用地范围。

(2) 在风沙、雪害等特殊地质地带,需设置防护林,种植固沙植物,安装防沙或防雪栅栏以及设置反压护道等设施时,应根据实际需要确定其用地范围。

(3) 桥梁、隧道、互通式立体交叉、分离式立体交叉、平面交叉、交通安全设施、服务设施、管理设施、绿化以及料场、苗圃等,应根据实际需要确定其用地范围。

(4) 有条件或环境保护要求种植多行林带的路段,应根据实际情况确定用地范围。

(5) 改建公路可参照新建公路用地范围的规定执行。

任务实施

横断面设计方法俗称"戴帽子"或"戴帽",即在横断面测量所得各桩号的横断面地面线上,按纵断面设计确定的填挖高度和平面设计确定的路基宽度、超高、加宽值,结合当地的地形、地质等自然条件,参考典型横断面图式,逐桩号绘出横断面图。横断面图的比例尺通常采用1:200,特殊情况下可采用1:100。在设计每个横断面时,应参考路基典型横断面图示,断面中的边坡坡率、边沟尺寸、挡土墙断面必须按《公路路基设计规范》(JTG D30—2004)的规定处理。

横断面图的绘制步骤如下:

(1)根据横断面地面线测量资料记录表(如表1-3-12),绘制地面横断面图。

横断面记录表　　　　　　　　　　　　表1-3-12

左　侧	桩　号	右　侧
$\dfrac{0.8-0.5-1.0-0.8}{2.5\ 2.0\ 3.0\ 2.5}$	K1+100	$\dfrac{0.6\ 0.8\ 1.2-0.7}{2.5\ 2.0\ 2.5\ 3.0}$
…………	K1+115	…………

记录自中桩分别向左、右两侧由近及远逐点按分数形式记录,其中分子表示相邻点间高差,"+"为升高,"-"为降低,分母表示相邻点间的水平距离。

(2)根据纵断面设计、平面设计或路基设计表的成果,在地面横断面图上,逐桩号标注填(T)挖(W)高度、路基宽度、超高的数值。

(3)按上述资料逐桩号绘出横断面。

①直线段

路堤:在中桩点上按填土高度作水平线,在其上截取路基宽度得左、右两侧路基的边缘点,再按边坡坡度绘出边坡线,与地面线相交得坡脚点。

路堑:按挖方高度及路基宽度得路基边缘点后,在路基边缘点外绘出边沟断面,在边沟沟底的外侧边缘点作边坡线,与地面线相交得坡顶点。

半填半挖:分别按路堤和路堑的方法得填挖部分的坡脚点或坡顶点。

②圆曲线段

无超高、加宽时:与直线段相同。

无超高,有加宽时:在加宽一侧按所需加宽值求得该侧路基边缘点,其他与直线段相同。

有超高,无加宽时:以超高前路基顶面水平线为准,按路基左、中、右的超高值绘得路基顶面横坡线及两侧路基边缘点,再绘出路基坡脚点。

有超高、有加宽时:按所需超高、加宽值,采用与上相同方法绘得。

③缓和曲线段

按各桩号断面所需的超高和加宽值,采用上述圆曲线段设计方法绘得。

其他如护坡道、边沟、截水沟、挡土墙等路基组成部分按尺寸分别绘出。

(4)分别计算各桩号断面的填方面积(A_T)和挖方面积(A_W)并标注于图上。

在以上横断面设计时,尽管在横断面图上按比例绘出了边沟、截水沟、挡土墙等设施,但一般不标注详细尺寸,仅注明其起讫桩号,其设计的详细尺寸,可参考该设计路段的标准横断面图。对采用挡土墙、护坡等结构物的路段,所采用结构物应绘于相应的横断面图上,并注明其起讫桩号、圬工种类和断面的尺寸,结构物的尺寸要根据土压力的大小、经稳定性验算确定。对高填、深挖、特殊地质、浸水路基等单独设计。

一条道路的横断面图数量极大,运用AutoCAD绘制横断面图,不但准确、效率高,还能自动计算横断面面积,便于计算工程数量,故建议采用AutoCAD绘图。

任务1.4　公路加宽的设计与计算

学习目标

1. 了解公路加宽的目的；
2. 知道公路加宽的方法；
3. 分析不同等级公路的加宽类型；
4. 根据《公路路线设计规范》(JTG D20—2006)完成公路曲线加宽值的计算；
5. 正确完成路基设计表中相关内容填写并绘制加宽路段的横断面图。

任务描述

通过学习公路加宽的原理和加宽方法，能够计算不同等级公路平曲线加宽值，完成路基设计表相关内容，绘制加宽路段横断面图。

学习引导

本工作任务沿着以下脉络进行学习：

加宽的原因 → 加宽的类型 → 全加宽路段加宽值的计算 → 加宽缓和段上加宽值的计算

路基设计表相关内容填写 → 加宽路段横断面图绘制

 相关知识

1. 圆曲线加宽的原因

汽车在曲线上行驶时,前轮可以自由地转动一定角度,而后轮只能直行,也就是说前后车轮的轨迹半径是不相等的,后轴内侧车轮的行驶轨迹半径最小,前轴外侧车轮的行驶半径最大,因而当圆曲线半径较小时,车道内侧需要更宽一些才能满足后轴外侧车轮的行驶轨迹要求,如图 1-4-1 所示。《标准》规定:当公路圆曲线半径≤250m 时,应在圆曲线的内侧设置加宽。

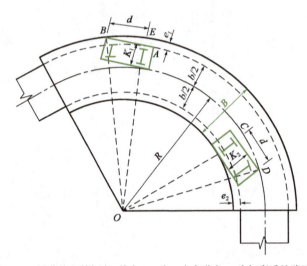

图 1-4-1 圆曲线上的加宽(其中 b/2 为一个车道宽,B 为加宽后的路面宽)

2. 加宽值的规定

二级公路、三级公路、四级公路的圆曲线半径小于或等于 250m 时,应设置加宽,双车道的加宽值见表 1-4-1。四级公路和设计速度为 30km/h 的三级公路采用第 1 类加宽值,但交通量很小的单车道公路,受条件限制时可不加宽;不经常通行集装箱运输半挂车的公路,宜采用第 2 类加宽值;经常有大型集装箱运输的半挂车行驶的公路,可采用第 3 类加宽,港口、场站联络公路半挂车的类型,必要时按大型超长车进行加宽验算。

双车道路面加宽值　　　　　表 1-4-1

加宽类别	加宽值(m)／汽车轴距加前悬(m)	圆曲线半径(m) 250~200	<200~150	<150~100	<100~70	<70~50	<50~30	<30~25	<25~20	<20~15
1	5	0.4	0.6	0.8	1.0	1.2	1.4	1.8	2.2	2.5
2	8	0.6	0.7	0.9	1.2	1.5	2.0			
3	5.2+8.8	0.8	1.0	1.5	2.0	2.5				

3. 加宽缓和段

1)设置加宽缓和段的原因

路面在圆曲线段设置全加宽,而直线段不加宽,所以为了使路面由直线段正常宽度过渡到

圆曲线全加宽断面,需要在直线和圆曲线之间插入一段缓和段用于加宽的过渡,即为加宽缓和段。在加宽缓和段上,路面宽度逐渐变化。

2)加宽缓和段长度的确定

为保证加宽缓和的效果,缓和段长度不宜太短,应满足以下要求:

(1)设置回旋线或超高过渡段时,加宽过渡段长度应采用与回旋线或超高过渡段长度相同的数值。

(2)不设回旋线或超高过渡段时,加宽过渡段长度应按渐变率为1∶15且长度不小于10m的要求设置。

3)加宽的过渡形式

(1)按线性比例加宽

二、三、四级公路加宽缓和段的设置,应该采用在相应的缓和曲线或超高、加宽缓和段全长范围内按长度成比例增加的方法,如图1-4-2所示。

加宽缓和段上任一点的加宽值B_{jx}按下列公式计算:

$$B_{jx} = \frac{L_x}{L_j} B_j \tag{1-4-1}$$

式中:B_{jx}——加宽缓和段上任意一点的加宽值(m);

L_x——计算断面至缓和段起点的距离(m);

L_j——加宽缓和段长度,可取缓和曲线长度或超高缓和段长度(m);

B_j——圆曲线上的全加宽值(m)。

(2)按高次抛物线方法过渡

这种加宽过渡方式相对线性比例加宽的过渡方式边缘线更圆滑、顺适,所以高速公路和一级公路一般都采用这种加宽方式,如图1-4-3所示。

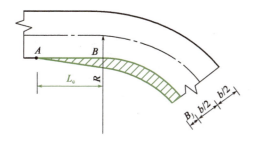

图1-4-2 按线性比例加宽过渡方式

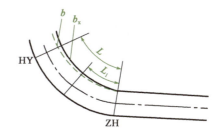

图1-4-3 按高次抛物线方法过渡的加宽形式

加宽缓和段上任意一点的加宽值B_{jx}为:

$$B_{jx} = \left[4\left(\frac{L_x}{L_j}\right)^3 - 3\left(\frac{L_x}{L_j}\right)^4 \right] B_j \tag{1-4-2}$$

式中各符号意义同前。

 **任务实施**

计算曲线加宽值的方法:

(1)根据曲线半径判断是否需要设置加宽,如需设置应采用加宽,并查阅《公路路线设计规范》(JTG D20—2006)获得圆曲线上的加宽值。

(2)确定加宽缓和段长度。

(3)确定加宽缓和段过渡方式,计算缓和段上某一点的加宽值。

(4)审核路基设计表中(9)、(10)列数值填写。

任务1.5　公路超高的设计与计算

学习目标

1. 了解设置公路超高的原因;
2. 知道公路超高横坡度的确定;
3. 分析公路超高的设置方法;
4. 根据《公路路线设计规范》(JTG D20—2006)完成公路超高值的计算;
5. 正确完成"路基设计表"中超高相关内容填写和超高图的识读。

任务描述

通过对设置超高的原因、超高横坡度、超高缓和段、超高过渡方式、超高值计算等内容的学习,能够进行公路超高值的计算,独立完成"路基设计表"中相关内容的填写和公路超高图的识读。

学习引导

本工作任务沿着以下脉络进行学习:

设置超高的原因 → 超高横坡度 → 超高缓和段 → 超高的过渡方式 → 超高值的计算 → 路基设计表填写 → 超高图的识读

一、相关知识

1. 设置超高的原因

在曲线上行驶的汽车,由于受到离心力的作用,影响行车的横向稳定,为了使汽车能够在曲线上不减速,获得一个向着平曲线内侧的自重分力以抵消一部分离心力的作用,也为了使乘客在曲线上没有不舒适的感觉,就需要把该部分的路面作成向曲线内侧倾斜的单向坡面,这就是平曲线的超高,如图1-5-1。

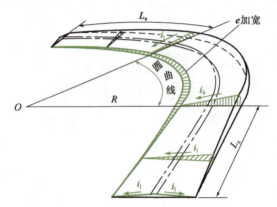

图1-5-1 平曲线上的超高示意图

汽车在曲线上行驶时,受到的离心力的大小与曲线半径有直接关系,曲线半径越小,离心力越大。当曲线半径大于不设超高的曲线半径时,离心力对汽车的影响可以忽略,此时,不用设置超高。

2. 超高横坡度

超高的大小,一般用超高横坡度 i_b 来表示,i_b 太小,会影响到乘客的舒适性,i_b 太大,车辆操纵又比较困难,所以《标准》规定了各级公路的最大全超高横坡度,一般地区为10%,积雪冰冻地区为6%。另外《标准》还规定了不同半径下的超高值,如表1-5-1。

当超高横坡度太大时,会导致车辆延超高横坡度向内侧下滑,特别是当路面上有积雪或结冰时,低速行车或停车时就更危险,因此《公路路线设计规范》(JTG D20—2006)规定了各级公路圆曲线部分最大可采用的超高值,见表1-5-2。

3. 超高缓和段

1)超高缓和段的形式

超高缓和段上超高的过程其实就是公路路面随前进方向在逐渐旋转的过程。按其超高旋转轴在公路横断面上的位置可分为两种情况(无中央分隔带和有中央分隔带)共六种形式,如图1-5-2。

(1)无中央分隔带公路的超高方式

①绕路面未加宽前的内侧边缘旋转,简称内边轴旋转。一般新建公路多采用此方式,如图1-5-2a)。

②绕路面中心线旋转,简称中轴旋转。一般改建公路多采用此方式,如图1-5-2b)。

③绕路面外侧边缘旋转,简称外边轴旋转。此种方式仅在高路堤或特殊设计中采用,以节省工程量,如图1-5-2c)。

(2)有中央分隔带公路的超高方式

①绕分隔带两侧边缘旋转,一般采用较多,如图1-5-2d);

②绕分隔带的中心线旋转,一般采用较少,只有行车道窄时才采用,如图1-5-2e);

③绕分隔带两侧路面中心旋转,一般多用于单方向大于4车道的公路,如图1-5-2f)。

圆曲线半径与超高　　　　　　　　　　　　　　　　　　　　　　　　表 1-5-1

设计速度 半径(m) 超高(%)	120km/h 一般情况	120km/h 积雪冰冻地区	100km/h 一般情况	100km/h 积雪冰冻地区	80km/h 一般情况	80km/h 积雪冰冻地区	60km/h 一般情况	60km/h 积雪冰冻地区	40km/h 一般情况	40km/h 积雪冰冻地区	30km/h 一般情况	30km/h 积雪冰冻地区	20km/h 一般情况	20km/h 积雪冰冻地区
2	<5500~3240	<5500~1940	<4000~1710	<4000~1550	<2500~1240	<2500~1130	<1500~810	<1500~720	<600~390	<600~360	<350~230	<350~210	<150~105	<150~95
3	<3240~2160	<1940~1290	<1710~1220	<1550~1050	<1240~830	<1130~750	<810~570	<720~460	<390~270	<360~230	<230~150	<210~130	<105~70	<95~60
4	<2160~1620	<1290~970	<1220~950	<1050~760	<830~620	<750~520	<570~430	<460~300	<270~200	<230~150	<150~110	<130~80	<70~55	<60~40
5	<1620~1300	<970~780	<950~770	<760~550	<620~500	<520~360	<430~340	<300~190	<200~150	<150~90	<110~80	<80~50	<55~40	<40~25
6	<1300~1080	<780~650	<770~650	<550~400	<500~410	<360~250	<340~280	<190~125	<150~120	<90~60	<80~60	<50~30	<40~30	<25~15
7	<1080~930	—	<650~560	—	<410~350	—	<280~230	—	<120~90	—	<60~50	—	<30~20	—
8	<930~810	—	<560~500	—	<350~310	—	<230~200	—	<90~60	—	<50~30	—	<20~15	—
9	<810~720	—	<500~440	—	<310~280	—	<200~160	—	—	—	—	—	—	—
10	<720~656	—	<440~400	—	<280~250	—	<160~125	—	—	—	—	—	—	—

各级公路圆曲线最大超高值 表 1-5-2

公路 等级	高速公路、一级公路	二级公路、三级公路、四级公路
一般地区(%)	8 或 10	8
积雪冰冻地区(%)	6	

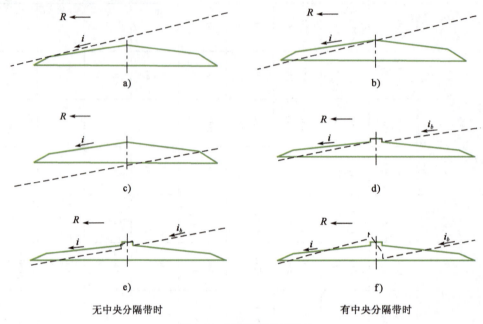

图 1-5-2 超高缓和段的形式

2) 超高缓和段的构成

在超高缓和段中,由双向坡逐渐向超高横坡过渡时,按有无中央分隔带及旋转基线的不同,超高缓和段的构成也不同。

(1) 无中央分隔带的公路

①绕内边轴旋转(图 1-5-3)

绕内边轴旋转是将路面未加宽时的内侧边缘线保留在原来位置不动。这种旋转形式,首先在超高缓和段之前,将两侧路肩的横坡度 i_0 分别同时绕内外侧路面未加宽时的边缘线旋转,使 i_0 逐渐变为路面的双向横坡度 i_1,这一段旋转过程的长度为 L_0,一般取 1~2m,但不计入超高缓和段长度内(因为路面尚未旋转),这时内外侧的路肩与路面均为双向横坡度 i_1;然后将外侧路面(连同外侧路肩)的 i_1 绕中轴旋转同时向前推进,直至使外侧路面的 i_1 逐渐变为内侧路面的 i_1,这时外侧的路面和路肩均与内侧路面的 i_1 相同,成为 i_1 的单向横坡度,在这旋转阶段中,所需长度为 L_1;最后将内外侧的路面和路肩的单向横坡度 i_1 整体绕路面未加宽时的内侧边缘线旋转同时向前推进,直至使单向横坡度 i_1 逐渐变为全超高横坡度 i_b 为止。在这旋转阶段中,所需长度为 L_2,所以,绕内边轴旋转的超高缓和段全长 $L_c = L_1 + L_2$。

②绕中轴旋转(图 1-5-4)

绕中轴旋转是将路面的中心线保留在原来位置不动。这种旋转形式,首先在超高缓和段之前,将两侧路肩的横坡度 i_0 分别同时绕内外侧路面未加宽时的边缘线旋转,使 i_0 逐渐变为

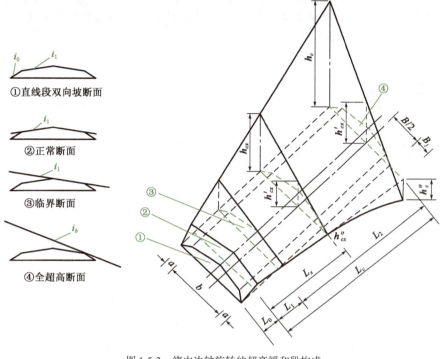

图 1-5-3　绕内边轴旋转的超高缓和段构成

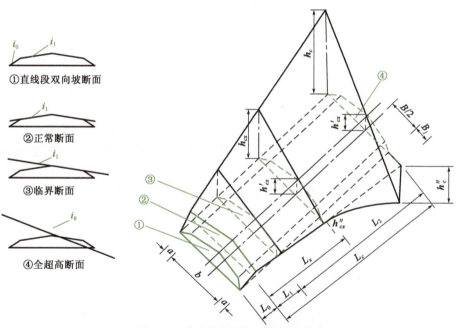

图 1-5-4　绕中轴旋转的超高缓和段构成

路面的双向横坡度 i_1，这一段旋转过程的长度为 L_0，一般取 1~2m，但不计入超高缓和段长度内（因为路面尚未旋转），这时内外侧的路肩与路面均为双向横坡度 i_1；然后将外侧路面（连同外侧路肩）的 i_1 绕中轴旋转同时向前推进，直至使外侧路面的 i_1 逐渐变为内侧路面的 i_1，这时外侧的路面和路肩均与内侧路面的 i_1 相同，成为 i_1 的单向横坡度，在这旋转阶段中，所需长度为 L_1。（L_0 和 L_1 的旋转过程与绕内边轴旋转的形式完全相同）；最后将内外侧的路面和路肩

的单向横坡度 i_1 整体绕中轴旋转同时向前推进,直至使单向横坡度 i_1 逐渐变为全超高横坡度 i_b 为止。在这旋转阶段中,所需长度为 L_2,所以,绕中轴旋转的超高缓和段全长 $L_c = L_1 + L_2$。

③绕外边轴旋转(图1-5-5)

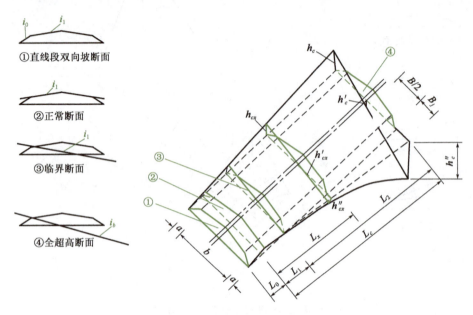

图1-5-5 绕外边轴旋转的超高缓和段构成

绕外边轴旋转是将路面的外侧边缘线保留在原来位置不动。这种旋转形式,首先在超高缓和段之前,将两侧路肩的横坡度 i_0 分别同时绕内外侧路面未加宽时的边缘线旋转,使 i_0 逐渐变为路面的双向横坡度 i_1,这一段旋转过程的长度为 L_0,一般取1~2m,但不计入超高缓和段长度内(因为路面尚未旋转),这时内外侧的路肩与路面均为双向横坡度 i_1;然后将外侧路面(连同外侧路肩)的 i_1 绕路面的外侧边缘线旋转并向前推进,在此同时,内侧路面和路肩随中心线的降低而相应降坡,使外侧路面和路肩的 i_1 与内侧路面和路肩的 i_1 相同,成为 i_1 的单向横坡度,在这旋转阶段中,所需长度为 L_1;最后将内外侧的路面和路肩的单向横坡度 i_1 整体绕路面的外侧边缘线旋转同时向前推进,直至使单向横坡度 i_1 逐渐变为全超高横坡度 i_b 为止。在这旋转阶段中,所需长度为 L_2,所以,绕外边轴旋转的超高缓和段全长 $L_c = L_1 + L_2$。

(2)有中央分隔带公路的超高方式

①绕中央分隔带的中心线旋转(图1-5-6)

绕中央分隔带的中心旋转是将超高前的中央分隔带中心线保留在原来位置不动。这种旋转形式,首先在超高缓和段之前,将两侧路肩的横坡度 i_0 分别同时绕内外侧路面未加宽时的边缘线旋转,使 i_0 逐渐变为路面的双向横坡度 i_1,这一段旋转过程的长度为 L_0,一般取1~2m,但不计入超高缓和段长度内(因为路面尚未旋转),这时内外侧的路肩与路面均为双向横坡度 i_1;然后将外侧路面(连同外侧路肩)的 i_1 绕中央分隔带的中心线旋转同时向前推进,直至使外侧 i_1 逐渐变为内侧路面的 i_1,这时外侧的路面和路肩均与内侧路面的 i_1 相同,成为 i_1 的单向横坡度,在这旋转阶段中,所需长度为 L_1(L_0 和 L_1 的旋转过程与绕内边轴旋转的形式完全相同);最后将中央分隔带两侧的路面和路肩的单向横坡度 i_1 整体绕中央分隔带的中心线旋转同时向前推进,直至使单向横坡度 i_1 逐渐变为全超高横坡度 i_b 为止。在这旋转阶段中,所需

长度为 L_2，此时，中央分隔带呈倾斜状，超高缓和段全长 $L_c = L_1 + L_2$。

②绕中央分隔带两侧边缘旋转（图 1-5-7）

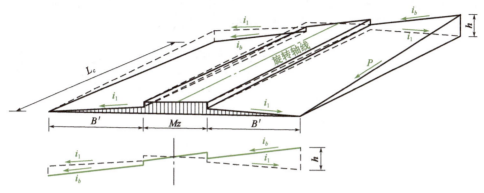

图 1-5-6　绕中央分隔带中心旋转的超高缓和段构成

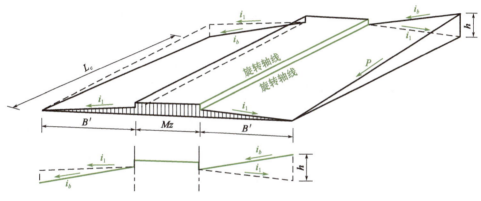

图 1-5-7　绕中央分隔带两侧边缘旋转的超高缓和段构成

绕中央分隔带的两侧边缘旋转是将超高前的中央分隔带两侧边缘保留在原来位置不动。这种旋转形式，首先在超高缓和段之前，将两侧路肩的横坡度 i_0 分别同时绕内外侧路面未加宽时的边缘线旋转，使 i_0 逐渐变为路面的双向横坡度 i_1，这一段旋转过程的长度为 L_0，一般取 1~2m，但不计入超高缓和段长度内（因为路面尚未旋转），这时内外侧的路肩与路面均为双向横坡度 i_1；然后将分隔带两侧的路面（连同外侧路肩）的 i_1 分别绕中央分隔带的边缘做做同方向的旋转同时向前推进，使分隔带两侧的路面和路肩逐渐超高，直至成为两个独立的单向全超高横坡度 i_b 为止。在这旋转阶段中，所需长度为 L_2，此时，中央分隔带仍保持水平状态，超高缓和段全长 $L_c = L_1 + L_2$。

③绕中央分隔带两侧路面中心旋转（图 1-5-8）

绕中央分隔带两侧路面的中心旋转是将超高前的中央分隔带两侧路面的中心线保留在原来位置不动。这种旋转形式，首先在超高缓和段之前，将两侧路肩的横坡度 i_0 分别同时绕内外侧路面未加宽时的边缘线旋转，使 i_0 逐渐变为路面的双向横坡度 i_1，这一段旋转过程的长度为 L_0，一般取 1~2m，但不计入超高缓和段长度内（因为路面尚未旋转），这时内外侧的路肩与路面均为双向横坡度 i_1；然后将中央分隔带两侧的路面分别绕各自的中心线旋转同时向前推进，使两侧的行车道分别逐渐超高，直至成为全超高单向横坡度 i_b 为止。在这旋转阶段中，所需长度为 L_1，此时，中央分隔带两边分别升高或降低而成为倾斜状，超

高缓和段全长 $L_c = L_1$。

有中央分隔带的公路,除上述介绍的超高缓和段形式外,也可以将它作为两条独立的公路分别处理,这样就和无中央分隔带的公路一样了。所以,本书只介绍无中央分隔带的公路超高缓和段计算,并只介绍常用的绕内边轴旋转和绕中轴旋转。

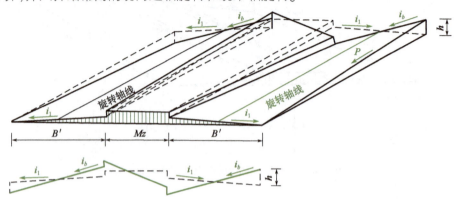

图 1-5-8 绕中央分隔带两侧路面中心旋转的超高缓和段构成

任务实施

1. 超高缓和段长度 L_c 的计算

为了满足行车舒适、路容美观及排水的要求,超高缓和段必须有一定的长度。超高缓和段长度的确定一般以"超高渐变率"来控制。所谓超高渐变率,是指在超高缓和段上由于曲线外侧路基抬高,使外侧路缘纵坡较原来设计纵坡增加了一个附加纵坡,如图 1-5-9。超高渐变率过大,会使行车不舒适,路容不美观;但超高渐变率过小,则易在路面上积水。我国采用的超高渐变率如表 1-5-3 所示。

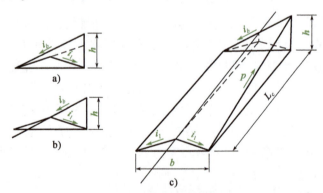

图 1-5-9 超高渐变率示意图

我国采用的超高渐变率　　　　表 1-5-3

设计速度(km/h)	超高旋转轴位置		设计速度(km/h)	超高旋转轴位置	
	中轴	边轴		中轴	边轴
120	1/250	1/200	40	1/150	1/100
100	1/225	1/175	30	1/125	1/75
80	1/200	1/150	20	1/100	1/50
60	1/175	1/125			

如图 1-5-9 中所示,超高渐变率可由下式计算:

$$p = \frac{h}{L_c} \tag{1-5-1}$$

式中:p——超高渐变率;

L_c——超高缓和段长度(m);

h——相应于超高缓和段 L_c 的路面外侧边缘全超高值(m)。

绕边轴旋转:
$$h = bi_b$$

绕中轴旋转:
$$h = \frac{b}{2}(i_1 + i_b)$$

则超高缓和段长度为:

$$L_c = \frac{h}{p} \tag{1-5-2}$$

超高缓和段长度按上述公式计算结果,应取为 5m 的整倍数。

(1)圆曲线上全超高值的计算

为便于公路的施工放样,在设计中一般要计算出路基的左、中、右的实际高程与设计高程的差值,这一差值即为"超高值"。在全超高断面上为"全超高值"。超高的计算与超高方式有关,在此仅介绍无中间带时全超高值的计算,有中间带时的全超高值可参照进行计算。

①绕内边轴旋转,如图 1-5-10 所示,路基右、中、左经超高后,其超高值 h_c、h_c'、h_c'' 分别为:

$$h_c = ai_0 + (a+b)i_b \tag{1-5-3}$$

$$h_c' = ai_0 + \frac{b}{2}i_b \tag{1-5-4}$$

$$h_c'' = ai_0 - (a + B_j)i_b \tag{1-5-5}$$

式中:a——土路肩宽度(m);

i_0——土路肩横坡度(%);

b——路面宽度(m);

i_b——全超高横坡度(%);

B_j——圆曲线部分的全加宽值(m)。

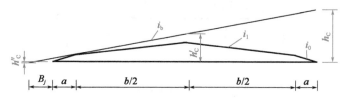

图 1-5-10 绕内边轴旋转的全超高断面

②绕中轴旋转,如图 1-5-11 所示,其超高值 h_c、h_c'、h_c'' 分别为:

$$h_c = ai_0 + \frac{b}{2}i_1 + (a + \frac{b}{2})i_b \tag{1-5-6}$$

$$h_c' = ai_0 + \frac{b}{2}i_1 \tag{1-5-7}$$

$$h_c'' = ai_0 + \frac{b}{2}i_1 - (a + \frac{b}{2} + B_j)i_b \tag{1-5-8}$$

（2）超高缓和段上的超高值的计算

超高缓和段上任意一点处的超高值都是变化的，路基右、中、左经超高后，其超高值一般用 h_{cx}、h'_{cx}、h''_{cx} 来表示，其值与临界长度 L_1 有关，具体计算方法如下：

①绕内边轴旋转

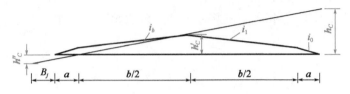

图 1-5-11　绕中轴旋转的全超高断面

a. 在临界断面之前：$0 \leqslant x \leqslant L_1$

$$L_1 = \frac{i_1}{i_b} L_c \tag{1-5-9}$$

式中：i_1——路拱横坡度（%）；
　　　i_b——超高横坡度（%）；
　　　L_c——超高缓和段长度（m）。

由图 1-5-12a）分析并经整理后得：

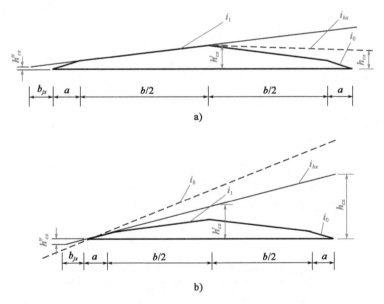

图 1-5-12　绕内边轴旋转的超高值计算示意图

$$h_{cx} = a(i_0 - i_1) + [ai_1 + (a+b)i_b] \frac{x}{L_c} \approx \frac{x}{L_c} h_c \tag{1-5-10}$$

$$h'_{cx} = ai_0 + \frac{b}{2} i_1 \tag{1-5-11}$$

$$h''_{cx} = ai_0 - (a + b_{jx}) i_1 \tag{1-5-12}$$

式中：b_{jx}——缓和段上的加宽值（m）；
　　　x——缓和段上任一断面至缓和段起点的距离（m）；

其余符号意义同前。

b. 在临界断面之后：$L_1 \leq x \leq L_c$

由图 1-5-12b) 分析并经整理后得：

$$h_{cx} = a(i_0 - i_1) + [ai_1 + (a+b)i_b] \frac{x}{L_c} \approx \frac{x}{L_c} h_c \qquad (1\text{-}5\text{-}13)$$

$$h'_{cx} = ai_0 + \frac{b}{2} i_{bx} \qquad (1\text{-}5\text{-}14)$$

$$h''_{cx} = ai_0 - (a + b_{jx}) i_{bx} \qquad (1\text{-}5\text{-}15)$$

式中：i_{bx}——临界断面之后，缓和段上任意断面的超高横坡度，按 $i_{bx} = \frac{x}{L_c} i_b$ 计算。

计算公式汇总如表 1-5-4。

绕内边轴旋转的超高值计算公式汇总表　　表 1-5-4

超高值	计算公式		备注
	$0 \leq x \leq L_1$	$L_1 \leq x \leq L_c$	
h_c	$ai_0 + (a+b)i_b$		各超高值均与设计高程比较。其中： $L_1 = \frac{i_1}{i_b} L_c$ $i_{bx} = \frac{x}{L_c} i_b$ $b_{jx} = \frac{x}{L_c} B_j$
h'_c	$ai_0 + \frac{b}{2} i_b$		
h''_c	$ai_0 - (a + B_j) i_b$		
h_{cx}	$a(i_0 - i_1) + [ai_1 + (a+b)i_b] \frac{x}{L_c}$ 或 $\frac{x}{L_c} h_c$		
h'_{cx}	$ai_0 + \frac{b}{2} i_1$	$ai_0 + \frac{b}{2} i_{bx}$	
h''_{cx}	$ai_0 - (a + b_{jx}) i_1$	$ai_0 - (a + b_{jx}) i_{bx}$	

②绕中轴旋转

根据绕中轴旋转的过程，同理可以建立其相应的超高值计算公式如表 1-5-5。

绕中轴旋转的超高值计算公式汇总表　　表 1-5-5

超高值	计算公式		备注
	$0 \leq x \leq L_1$	$L_1 \leq x \leq L_c$	
h_c	$ai_0 + \frac{b}{2} i_1 + (a + \frac{b}{2}) i_b$		各超高值均与设计高程比较。其中： $L_1 = \frac{2i_1}{i_1 + i_b} L_c$ $i_{bx} = \frac{x}{L_c} i_b$
h'_c	$ai_0 + \frac{b}{2} i_1$		
h''_c	$ai_0 + \frac{b}{2} i_1 - (a + \frac{b}{2} + B_j) i_b$		
h_{cx}	$a(i_0 - i_1) + (a + \frac{b}{2})(i_1 + i_b) \frac{x}{L_c}$ 或 $\frac{x}{L_c} h_c$		
h'_{cx}	$ai_0 + \frac{b}{2} i_1$		
h''_{cx}	$ai_0 - (a + b_{jx}) i_1$	$ai_0 + \frac{b}{2} i_1 - (a + \frac{b}{2} + b_{jx}) i_{bx}$	

(3) 有中间带公路超高值的计算

计算公式见表 1-5-6 和表 1-5-7，计算图示见图 1-5-13。

绕中央分隔带边缘旋转超高值的计算　　　　　　　　　　　　　表 1-5-6

超高位置		计算公式	X 距离处行车道横坡值	备 注
外侧	C	$(b_1 + B + b_2)i_x$	$i_x = \dfrac{i_G + i_b}{L_c}x - i_G$	1. 计算结果为与设计高程之高差； 2. 设计高程为中央分隔带外侧边缘的高程； 3. 加宽值 b_x 按加宽值计算公式计算； 4. 当 $x = b_x$ 时，为圆曲线上的超高值
	D	0		
内侧	C	0	$i_x = \dfrac{i_h - i_G}{L_c}x + i_G$	
	D	$-(b_1 + B + b_x + b_2)i_x$		

绕各自车道中心旋转超高值的计算公式　　　　　　　　　　　　表 1-5-7

超高位置		计算公式	X 距离处行车道横坡值	备 注
外侧	C	$\left(\dfrac{B}{2}+b_2\right)i_x - \left(\dfrac{B}{2}+b_1\right)i_x$	$i_x = \dfrac{i_G + i_h}{L_c}x - i_G$	1. 计算结果为与设计高程之高差； 2. 设计高程为中央分隔带外侧边缘的高程； 3. 加宽值 b_x 按加宽值计算公式计算； 4. 当 $x = b_x$ 时，为圆曲线上的超高值
	D	$-\left(\dfrac{B}{2}+b_1\right)(i_x+i_z)$		
内侧	C	$\left(\dfrac{B}{2}+b_1\right)(i_x-i_z)$	$i_x = \dfrac{i_h - i_G}{L_c}x + i_G$	
	D	$-\left(\dfrac{B}{2}+b_x+b_2\right)i_x - \left(\dfrac{B}{2}+b_1\right)i_x$		

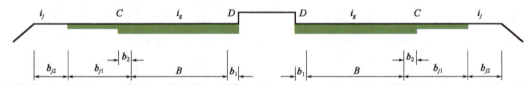

图 1-5-13　超高计算点位置图

表 1-5-6 和表 1-5-7 中符号如下：

B——左侧(或右侧)行车道宽度(m)；

b_1——左侧路缘带宽度；

b_2——右侧路缘带宽度；

b_x——x 距离处路基加宽值(m)；

i_h——超高横坡度；

i_G——路拱横坡度；

x——超高缓和段中任意一点至超高缓和段起点的距离(m)。

表 1-5-6 和表 1-5-7 中仅列出了行车道外侧边缘和中央分隔带边缘的超高计算，硬路肩外侧边缘、路基边缘的超高可根据路肩横坡和路肩宽度从车道外侧边缘推算。

2. 路基设计表填写

二、三、四级公路路基设计表(表 1-2-6)中设置超高路段，(11)、(12)、(13)三列内容分别为 h_c''、h_c'、h_c 值。

3. 超高图的识读(图 1-5-14)

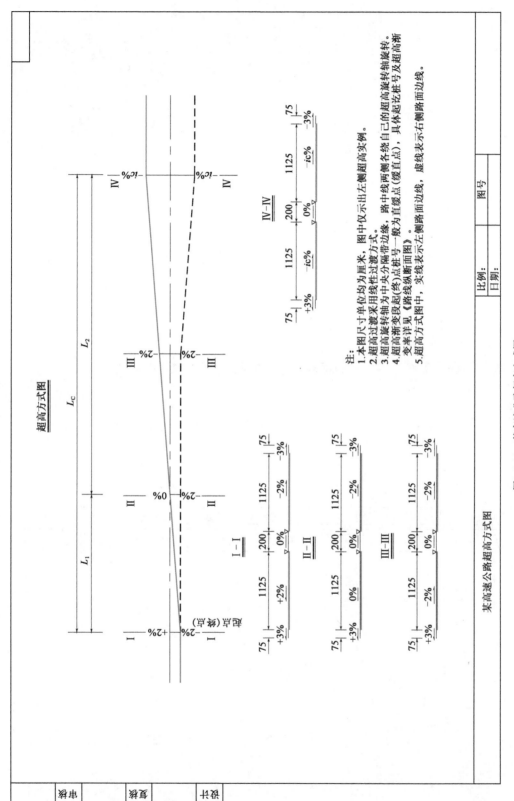

图1-5-14 某高速公路超高方式图

任务 1.6　土石方数量的计算与调配

学习目标

1. 了解土石方调配的目的；
2. 知道土石方数量的计算方法；
3. 分析土石方调配的方法；
4. 根据《公路路基施工技术规范》完成土石方数量的计算和调配作业；
5. 正确完成土石方数量计算及调配表的填写。

任务描述

学习土石方数量计算方法和调配原则，能够合理地进行土石方调配并填写"土石方数量计算与调配表"。

学习引导

本工作任务沿着以下脉络进行学习：

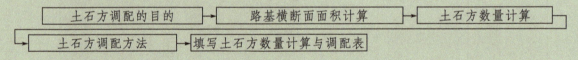

一、相关知识

路基土石方工程是公路工程的主体工程之一,在工程量中占有很大比例。土石方的数量及其调配关系着取土和弃土的地点和公路用地范围,同时还影响修建公路的工程造价、所需劳动力、机械及工期等。

土石方计算与调配的主要任务是,通过计算路基土石方工程数量,确定挖方的利用和填方的来源及运距,为编制公路概(预)算、进行公路施工组织设计和施工计量支付提供依据。

1. 横断面面积计算

横断面面积是指横断面图中地面线与路基各组成部分所围成的面积,计算时填、挖方面积应分别计算。路基横断面一般为不规则图形,计算方法有积距法、坐标法和方格法等多种方法。

积距法计算简便,精度已够,是目前广泛采用的方法,如图 1-6-1 所示,先将计算面积分成横距为 l 的若干三角形或梯形条块,每个条块的面积等于其平均高度 h_i 与横距 l 的乘积,则总面积为各条块面积累加之和,即:

$$A_1 = l \times h_1 \quad A_2 = l \times h_2 \quad A_3 = l \times h_3$$

总面积
$$A = \sum A_i = l \times \sum h_i \tag{1-6-1}$$

式中:A——横断面面积(m^2);

l——横断面所分成三角形或梯形条块的等分横距(m),一般取 1m 或 2m;

h_i——横断面所分成三角形或梯形条块的平均高度(m)。

此法的计算步骤如下:

①将横断面按填、挖分成独立的两部分,以相同的横距 l,将之划分为若干三角形或梯形条块;

②用"分规"在所计算部分自左到右量得各条块的平均高度之和 $\sum h_i$;

③将横距乘以积距 $\sum h_i$ 即得所求算面积的填、挖面积:

$$A_T = l \times \sum h_{iT}$$
$$A_W = l \times \sum h_{iW}$$

在实用中,也可用毫米方格纸折成窄条作为量尺,代替"分规"量取积距。

若用 AutoCAD 辅助设计,可直接利用计算机查询横断面面积。

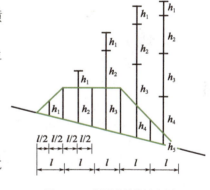

图 1-6-1 积距法计算示意图

2. 土石方数量计算

两相邻桩号横断面之间的体积即为土石方工程数量。为简化计算,通常假定两相邻横断面间为一棱柱体,如图 1-6-2 所示,计算公式为

$$V = \frac{1}{2}(A_1 + A_2)L \tag{1-6-2}$$

式中:V——两断面间的体积(m^3);

A_1、A_2——两桩号横断面填或挖的面积(m^2);

L——两断面间的中线距离(m)。

计算时应注意以下几点:
(1)应按填方体积和挖方体积分别计算;
(2)计算时应扣除大、中桥及隧道所占路线长度的体积(不扣除小桥涵);

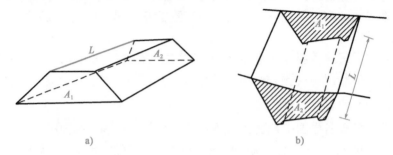

图 1-6-2　土石方数量计算示意图
a)路堤;b)路堑

(3)挖方按天然密实体积计算,填方按压实后体积计算,应考虑压实换算系数,当压实方为 1 时,各级公路各类土石的天然密实方换算系数如表 1-6-1 所示,计算填方体积时应乘以表中的系数值。

天然密实方换算系数表　　　　　　　　表 1-6-1

公 路 等 级	松　土	普 通 土	硬　土	石　方	土方运输
二级及以上公路	1.23	1.16	1.09	0.92	1.19
三、四级公路	1.11	1.05	1.00	0.84	1.08

3. 土石方调配方法

土石方调配是指路基挖方合理移用于路堤填筑,并且适当布置取土坑和弃土堆的土石方调运及运量计算工作。通过土石方调配,可以合理解决各路段土石方平衡与利用问题,达到填方有所"取",挖方有所"用",避免不必要的路外借土和弃土,尽量减少道路建设占用的耕地。

1) 土石方调配计算的几个概念

(1) 利用方、借方和废方

利用方:路堑挖方中调运于路堤填方的土石方。

借方:路堤填方中除利用方外需从路外取土的土石方。

废方:路堑挖方中除利用方外需处理弃掉的土石方。

(2) 免费运距、平均运距、超运运距和经济运距

①免费运距:土方作业包括挖、装、运、卸等工序,在某一特定距离内,只按土石方数量计价,而不另计算运费的特定距离。如人工运输的免费运距为 20m,铲运机的免费运距为 100m 等。各种运输的免费运距,可由《公路工程预算定额》中查得。

②平均运距:从挖方体积中心到填方体积中心的距离。

③超运运距:平均运距中超出免费运距的运距,应另加计运费。超运运距按运输方式不同,有不同的计算单位,如人工运输以每超运 10m 为一超运单位,铲运机以每超运 50m 为单位。各种运输方式的超运运距单位,可从《公路工程预算定额》中查得。

④经济运距:填方用土的来源,一是从路堑挖方纵向调运,一是就近路外取土。一般情况下,纵向调运比较经济,但如果调运距离太长,就不如就近取土经济了,这个移挖作填比横向借土经济的最大运距称经济运距,可按下式计算:

$$L_{经} = \frac{B}{T} + L_{免} \qquad (1\text{-}6\text{-}3)$$

式中：$L_{经}$——经济运距(m)；
　　　B——借方单价(元/m³)；
　　　T——超运运费单价(元/m³·m)；
　　　$L_{免}$——免费运距(m)。

(3) 运量

土石方运量即平均运距中的超运运距与调配土石方数量的乘积。即

$$W = Q \cdot n \qquad (1\text{-}6\text{-}4)$$

式中：W——运量(m³)；
　　　Q——调配土石方数量(m³)；
　　　n——平均超运运距的"级"数，其值为超运运距与超运运距单位的比值，如人工运输每10m 为一个运输单位，称之为级，10m 为一级，记作①级，20m 为②级，30m 为③级，以此类推。

(4) 计价土石方数量

在土石方计算与调配中，所有挖方均应予以计价，但填方则按土的来源决定是否计价，如为借方，则应计价，如为利用方，则不应再计价，否则形成了双重计价（即路堑挖方和路堤填方两次计价）。即计价土石方为

$$V_{计} = V_{挖} + V_{借} \qquad (1\text{-}6\text{-}5)$$

2) 土石方调配原则

①在半填半挖的断面中，应首先考虑在本路段内移挖作填进行横向平衡，多余的土石方再作纵向调配，以减少总的运量。

②土石方调配应考虑桥涵位置对施工运输的影响，一般大沟不作跨越运输，同时应注意施工的可能与方便，尽可能避免和减少上坡运土。

③为使调配合理，必须根据地形情况和施工条件，选用适当的运输方式，确定合理的经济运距，用以分析工程用土是调运还是外借。

④土方调配"移挖作填"固然要考虑经济运距问题，但这不是唯一的指标，还要综合考虑弃方和借方的占地，赔偿青苗损失及对农业生产影响等。有时路堑的挖方纵调作路堤的填方，虽然运距超出一些，运输费用可能高一些，但如能少占地、少影响农业生产，这样，对整体来说未必是不经济的。

⑤不同的土方和石方，应根据工程需要分别进行调配，以保证路基稳定和人工构造物的材料供应。

⑥位于山坡上的回头曲线路段，要优先考虑上下线的土方竖向调运。

⑦土方调配对于借土和弃土事先同地方商量，妥善处理。借土应结合地形、农田规划等选择借土地点，并综合考虑借土还田，整地造田等措施。弃土应不占或少占耕地，在可能条件下宜将弃土平整为可耕地，防止乱弃乱堆，或堵塞河流，损害农田。

任务实施

土石方调配方法有多种，公路施工中多用土石方数量计算表调配法，即在"土石方数量计算与调配表"上进行调配，见表1-6-2，其优点是方法简单，调配清晰，精度符合要求。该表也可由计算机自动完成。具体调配步骤如下：

路基土石方数量计算与调配表

表1-6-2

桩号	横断面面积 (m²)		平均面积 (m²)		距离 (m)	总数量	挖方分类及数量 (m³)											填方数量 (m³)		利用方数量 (m³)						借方数量 (m³)/反运距 (m)		远运利用纵向调配示意 (m)	借方数量 (m³)/反运距 (m)		总运距 (m)	
	挖	填	挖	填			松土		普通土		硬土		软石		次坚石		坚石				本桩利用		填缺		挖余						
		土	石	土	石			%	数量	%	数量	%	数量	%	数量	%	数量	%	数量	土	石	土	石	土	石	土	石	土	石		土	石	土	石
1	2	3	4	5	6	7	8	9	10	11	12	13	14	15	16	17	18	19	20	21	22	23	24	25	26	27	28	29	30	31	32	33	34	35	36
K14+000	60.0																																			
+017	82.2		10.0 *4.0		71.1		17	1209			20↓	242	242		121					604	20↓	242	40 *16	40				363	846	土:363 石:500 调至土公				346/③	35	1038
+025	86.4		5.0 *2.0		84.3		8	674				135	135		67					337	20↓	135			56			202	416					329/③		987
+037		78.0	5.0 *2.0		43.2	39.0	12	518				103			52					259	468		60 *24	(279) 155	84	295		104								
+041		69.6				73.8	4															295				34				土:202 石:(87)						
+050	78.4				39.2	34.8	9	353							71					176	313	71	(242)					113	40	石:(40)			443/②		886	
+060	34.4				56.4		10	564							113					282	169							451								
+072	86.8				60.6		12	727							145					364	218							145	582	土:113 石:						
+080	25.0				55.9		8	447							89					224	134							89	358	土:145 石:538 (44)					8	
+086		24.6	54.6		12.5	12.3	6	75							15					37	23			15	60	59	104			土:89 石:336 (44)					226	
+094		28.0	56.0		26.3	55.3	8																			210	442								33	
+100		20.0	56.0		24.0	56.0	6					20↓					50									144	336									
+108		24.0	44.0		22.0	50.0	8																			176	400			土:35 石:215 (129)					206	
+114	24.0		*2.0		12.0	22.0	6	72							14					36	22	132 *6		14	58	58	80	70	265	土:70 石:265						
+124	46.0		*1.0		35.0	*1.0	10	350							70					175	105	*15			15				389	①						
+140	16.0	8.0			31.0	4.0 *0.5	16	496							99					248	149	64	116 (24)	64	8			35					45			
+160	42.0	6.0			29.0	7.0	20								116					290	174	140		60					440	石:(215)			440			
+180	62.0				52.0	3.0	20	1040							208					520	312	60						148	832			148	832				
+190	14.0	21.0			38.0	10.5	10	380							76					190	114	105	76 (29)						275				60			
+200		36.0			7.0	18.5	10	70							14					35	21	285	14 (56)													
小计							200	7555				480			1270					3777	2028	2406	1574 *69	585 (630)	281	1191	1362	1654	894	土:654 石:1362 (537)		148	2495	35	3384

注：1. (4)、(7)、(23)栏中"*"表示砌石；
2. (2)、(24)、(30)栏中"( )"表示以石代土；
3. (31)、(32)、(33)、(34)栏中分子为数量，分母为运距；
4. (31)、(32)栏指普通土和次坚石，如有不同，须加注明；
5. (30)、(31)、(32)、(33)、(34)栏中"○"内数字为平均超运距运距单位数。

(1)土石方调配是在土石方数量计算与复核完毕的基础上进行的,调配前应将可能影响运输调配的桥涵位置、陡坡大沟等注明在表旁,供调配时参考。

(2)计算并填写表中"本桩利用"、"填缺"、"挖余"各栏。当以石作填土时,石方数应填入"本桩利用"的"土"一栏,并以符号区别。然后按填挖方分别进行闭合核算,其核算式为:

$$填方 = 本桩利用 + 填缺$$

$$挖方 = 本桩利用 + 挖余$$

(3)在作纵向调配前,根据"填缺"、"挖余"的分布情况,选择适当施工方法及可采用的运输方式定出合理的经济运距,供土方调配时参考。

(4)根据填缺、挖余分布情况,结合路线纵坡和自然条件,本着技术经济少占用农田的原则,具体拟定调配方案。将相邻路段的挖余就近纵向调配到填缺内加以利用,并把具体调运方向和数量用箭头表明在纵向调配栏中。

(5)经过纵向调配,如果仍有填缺或挖余,则应会同当地政府协商确定借土或弃土地点,然后将借土或弃土的数量和运距分别填注到借方或废方栏内。

(6)调配完成后,应分页进行闭合核算,核算式为:

$$填缺 = 远运利用 + 借方$$

$$挖余 = 远运利用 + 废方$$

(7)本公里调配完毕,应进行本公里合计,总闭合核算除上述外,尚有:

$$(跨公里调入方) + 挖方 + 借方 = (跨公里调出方) + 填方 + 废方$$

(8)土石方调配一般在本公里内进行,必要时也可跨公里调配,但需将调配的方向及数量分别注明,以免混淆。

(9)每公里土石方数量计算与调配完成后,须汇总列入"路基每公里土石方表",并进行全线总计与核算,至此完成全部土石方计算与调配工作。

任务1.7　公路交叉认知

学习目标

1. 了解公路交叉的概念；
2. 知道公路交叉的类型；
3. 分析公路立体交叉的组成；
4. 根据《公路路线设计规范》(JTG D20—2006)掌握公路交叉设计的一般要求；
5. 正确识读公路交叉的设计文件。

任务描述

通过对公路平面交叉和立体交叉基本知识的学习，掌握不同类型公路交叉的特点，能够识读公路交叉的设计文件。

学习引导

本工作任务沿着以下脉络进行学习：

公路交叉的概念 → 交叉口交通分析 → 公路平面交叉类型 → 公路立体交叉的类型及组成 → 立体交叉设计内容 → 公路交叉设计文件识读

一、基本知识

道路与道路、道路与铁路、道路与管线相交部位称为道路交叉口。根据相交道路交会点的竖向高程设置安排不同,可分为平面交叉口和立体交叉口两种类型,前者是道路在同一平面上相交,后者是道路在不同平面上相交。

1. 交叉口交通分析及基本要求

进出交叉口的车辆由于行驶方向不同,车辆与车辆之间的交错也有所不同,产生交错点的性质也不一样。同一方向的车辆向不同方向分开的地方称为分路点;来自不同的行驶方向的车辆以较小的角度向同一方向汇合的地点,称为合流点;来自不同行驶方向的车辆以较大角度(≥90°)相互交叉的地点,称为冲突点(危险点),如图 1-7-1 所示。上述不同类型的交错点是影响交叉口行车速度和发生交通事故的主要原因,其中车辆左转和直行形成的冲突点对交通的影响最大,车辆最容易碰撞;其次是合流点,是车辆产生过挤撞的危险地点,对交通安全不利。所以,在交叉口设计中,要尽量设法减少冲突点和合流点,尤其是要减少或消灭冲突点。

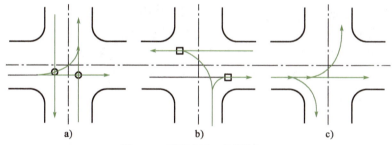

图 1-7-1 平面交叉口的危险点
a)冲突点;b)合流点;c)分路点

在没有交通管制的情况下,三条、四条、五条道路平面相交时的冲突点如图 1-7-2 所示,图中"△"为分路点,"□"为合流点,"○"为冲突点。

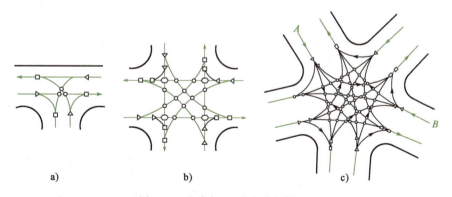

图 1-7-2 公路交叉口的交错点分析

分析图 1-7-2 后可知:

(1)交叉口危险点的多少,随交叉口相交路线数量的增加而显著增加。如图 1-7-2a)为三路相交的交叉口,有 3 个冲突点、3 个合流点;图 b)为四路十字形交叉口,有 16 个冲突点、8 个合流点;c)为五路交叉口,有 50 个冲突点、15 个合流点。因此,在规划设计交叉口时,除特殊情况外,交会的岔路不得多于 4 条。并采用合理的交叉口布置形式,以简化交通,减少危险点。

(2)产生冲突点最多的是左转车辆。如图1-7-2所示,如果没有左转车辆,则冲突点从16个减少为4个;同样是四路十字形交叉口,如果采用信号灯或交通警察的指挥等交通管制后,冲突点减少为2个、合流点减少为4个。因此,在交叉设计中,如何处理和组织左转车辆,采取必要的交通管制措施,是保证交叉口交通安全和畅通的关键之一。

减少或消灭冲突点的措施有如下几种。

①进行交通管制。

即在交叉口处设置交通信号灯或由交警指挥,使直行车和左转弯车在通行时间上错开。

②采用渠化交通。

合理布置交通岛、交通标志和标线、或增设行车道等(如采用环形交叉,俗称转盘),引导各方向车流沿一定方向行进,减少车辆之间的相互干扰,使车流像水流一样被渠化。

③采用立体交叉。

将相互冲突的车流从空间上分开,使其互不干扰。这是彻底解决交叉口交通问题的最有效的方法。但立体交叉造价高,有的立体交叉仍有平面交叉问题,所以,不能随意采用立体交叉。

为了交通安全,应在交叉口设置标志牌,使驾驶员有精神准备;同时,交叉口应具有足够的视距,使驾驶员能看到各方向来车情况,以便及时采取措施。

为确保交叉口过往行人的安全和减少行人对交通的影响和干扰,除加强交通法规的宣传教育外,必要时应在交叉口设置人行横道和其他交通安全设施。

2. 公路平面交叉

1)平面交叉口的基本类型和特点

平面交叉的类型按几何形状可分为"十"字形、"T"形及其演变而来的X形、Y形、错位、多路交叉等。

(1)十字形交叉:相交公路夹角90°±15°范围内的四路交叉,如图1-7-3a)。

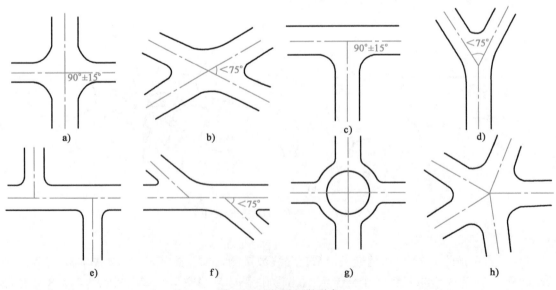

图1-7-3 平面交叉的形式

(2)X形交叉:相交公路交角小于75°或大于105°的四路交叉,如图1-7-3b)。

(3) T形交叉：相交公路交角为90°或在90°±15°范围的三路交叉，如图1-7-3c）。

(4) Y形交叉：夹角小于75°或大于105°的三路交叉，如图1-7-3d）。

(5) 错位交叉：由两个方向相反距离相近的T形交叉所组成的交叉口，如图1-7-3e）；若由两个Y形交叉所组成的则为斜交错位交叉，如图1-7-3f）。

(6) 环形交叉：在交叉口中央设置较大的圆形或其他形状的中央岛，所有车辆绕岛作逆时针行驶直至离岛驶去，如图1-7-3g）。

(7) 复合交叉：指五条及以上的公路交汇的地方，交叉口中心较突出，但交通组织不便，且占地较大，必须慎重全面地考虑，如图1-7-3h）。

按布置形式一般可分为加铺转角式、分道转弯式、加宽路口式和环形交叉四类。

①加铺转角式

在平面交叉转弯处，用适当半径的圆曲线平顺连接相交公路的路基和路面的形式称为加铺转角式，如图1-7-3。此类交叉形式简单，占地少，造价低，设计方便，但行车速度低，通行能力小。一般适用于交通量不大、车速不高、转弯车辆少的三、四级公路或地方公路。设计时主要解决合适的转角曲线半径和足够的视距问题。

②分道转弯式

通过在路面上设置导流岛、分隔器、分隔带、交通岛或划分车道等限制行车路线，使不同车型、车速和行驶方向的车辆，沿着指定方向通过交叉口的形式，称为分道转弯式，如图1-7-4。分道转弯式适用于交通量不大、车速较高、转弯车辆较多的三、四级公路。设计时主要解决分道转弯半径、保证足够的视距和满足导流岛端部半径的要求。分道转弯式交叉也起到渠化交通的作用。

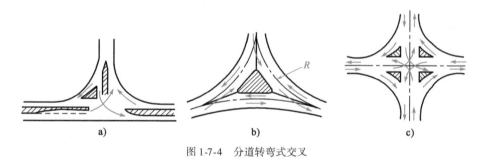

图1-7-4 分道转弯式交叉

③加宽路口式

为避免转弯车辆阻塞直行车和其他交叉公路的车辆，可以采用加宽路口增设转弯车道或变速车道或附加车道的平面交叉，称为加宽路口式，如图1-7-5。这种交叉可以单增右转或左转车道，也可同时增设左、右转车道。此类交叉可以减少转弯车辆对直行车辆的干扰，车速较高，事故率低，通行能力较大，但占地多，投资大，适用于交通量较大、转弯车辆较多的二级公路。设计时主要解决扩宽的车道数，同时也要满足视距和转弯半径的要求。

④环形交叉

在交叉口中央设置中心岛，用环道组织渠化交通，使所有车辆进入环道后均按逆时针方向绕岛单向行驶，直至所要去的路口离岛驶出的平面交叉，称为环形交叉，如图1-7-6。环形交叉的优点是各种车辆可以连续不断地单向行驶，没有停滞，减少了车辆在交叉口的延误时间，环道上的行车只有交织的分流，消除了冲突点，提高了行车安全性，交通组合简便，不需信号管制，但占地较多，造价较高，直行车和左转弯车绕行的距离较长。适用于多路交叉和畸形交叉。

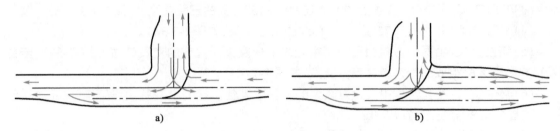

图 1-7-5　加宽路口式交叉
a) 增设左转弯车道；b) 增设左、右转弯车道

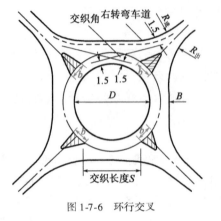

图 1-7-6　环行交叉

2) 平面交叉口的视距保证

为了保证交叉口的行车安全，驾驶员在进入交叉口前的一段距离内，必须能看清楚相交公路上车辆的行驶情况，以便能顺利驶过交叉口或及时采取相应措施，避免相撞。这段必要的距离必须大于或等于停车视距 S_T。

由两条相交公路的 S_T 作为边长，在交叉口处所组成的三角形成为视距三角形，如图 1-7-7 中阴影部分所示。在视距三角形内不得有阻碍驾驶员视线的障碍物存在。

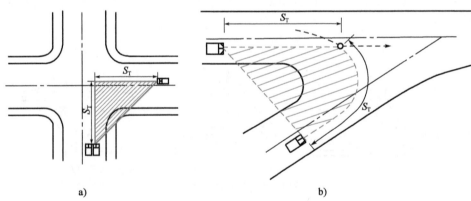

图 1-7-7　交叉口的视距三角形
a) 十字形交叉口的视距三角形；b) Y 形交叉口的视距三角形

3. 公路与公路的立体交叉

立体交叉是两条道路在不同高程上交叉，两条道路上的车流能够互不干扰，各自保持原有车速通过交叉口。因此，道路的立体交叉是一种保证行车安全和提高交叉口通行能力的最有效办法，但立体交叉与平面交叉比较，立体交叉技术复杂，占地面积大，造价高。

1) 立体交叉的组成

立体交叉的交通组织方式不同，其组成部分也有所不同，一般互通式立体交叉通常由跨线构造物、主线、匝道、出入口、变速车道（加速、减速车道）等部分组成，如图 1-7-8 所示。

(1) 跨线构造物：是立体交叉实现车流空间分离的主体构造物，包括设于地面以上的跨线桥（上跨式）以及设于地面以下的地道（下穿式）。

(2) 主线：它是组成立体交叉的主体，指两条相交公路的直行车道，主要包括连接跨线构造物两端到地坪高程的引道和交叉范围内引道以外的直行路段。

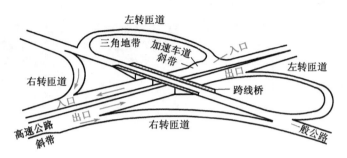

图 1-7-8　立体交叉的组成

(3) 匝道：它是立交的重要组成部分，是指供上、下相交公路转弯车辆行驶的连接道，有时包括匝道与主线以及匝道与匝道之间的跨线桥（或地道）。依作用有右转匝道和左转匝道之分。右转匝道即从公路右侧驶出后直接右转约 90°，至相交公路右侧进入，一般不需跨线构造物。其特点是形式简单，车辆行驶方便，行车安全。左转匝道即车辆约需转 90°～270°越过对向车道，至少要设置一座跨线构造物。

(4) 出入口：由主线驶出进入匝道的路口为出口；由匝道驶入主线的路口为入口。

(5) 变速车道：由于匝道采用比主线低的车速，因此进出主线都要改变车速。为车辆进出变速而设的附加车道，称为变速车道，入口处为加速车道，出口处为减速车道。

(6) 斜带及三角形地带：变速车道与主线衔接的三角形渐变段称为斜带。匝道与主线间、或匝道与匝道间所围成的地区统称为三角形地带。三角形地带是交叉口绿化、美化环境、照明等的用地。

2) 立体交叉的类型

(1) 按结构物形式分类

立体交叉按相交公路结构物形式划分为上跨式和下穿式两类。

①上跨式

上跨式是指用跨线桥从相交公路上方跨过的交叉形式。这种立交施工方便，造价较低，排水易处理，但占地大，引道较长，高架桥影响视线和市容，宜用于市区以外或周围有高大建筑物处。

②下穿式

下穿式是指用地道（或隧道）从相交公路下方穿过的交叉形式。这种立交占地较少，立面易处理，对视线和市容影响小，但施工期较长，造价较高，排水困难。多用于市区。

(2) 按交通功能分类

按交通功能可划分为分离式立交和互通式立交两类。

①分离式立体交叉

分离式立体交叉是指采用上跨或下穿方式相交的立体交叉，如图 1-7-9 所示。车辆只能直行通过交叉口，不能互相转道。这种立交不多占地，构造简单，设计的重点考虑路线的上下位置。

②互通式立体交叉

互通式立体交叉不仅设跨线构造物使相交公路空间分离，而且上、下公路之间有匝道连接,以供转弯车辆行驶的交叉形式。这种立交构造较复杂,占地亦多,但车辆可安全转道、连续行驶。互通式立交适用于高速公路与其他各类公路、大中城市出入口公路以及重要港口、机场或游览胜地的公路相交处。

图 1-7-9　分离式立体交叉

互通式立体交叉按其功能不同,可分为枢纽互通式立体交叉和一般互通式立体交叉。枢纽互通式立体交叉一般为高速公路间或高速公路与具有干线功能的一级公路间交叉;一般互通式立体交叉为除枢纽互通式立体交叉之外的其他互通式立体交叉,一般用于高速公路或一级公路间及其与其他公路之间的交叉。

互通式立交根据交叉处车流轨迹线的交错方式和几何形状的不同,又可分为部分互通式、完全互通式和环形立交三种类型。

a. 部分互通式立交:相交公路的车流轨迹线之间至少有一个平面冲突点的交叉。这是一种低级的互通式立体交叉,代表形式有菱形立交(图 1-7-10)和部分苜蓿叶式立交(图 1-7-11)。其特点是形式简单,仅需一座跨线的构造物,用地和工程费用小,但次线与匝道连接处为平面交叉,影响了通行能力和行车安全。

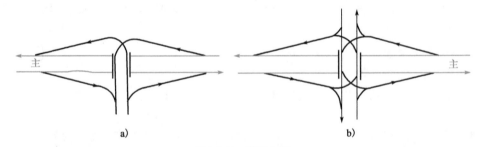

图 1-7-10　菱形立交
a)三路立交;b)四路立交

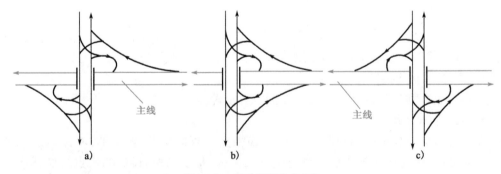

图 1-7-11　部分苜蓿叶式立交

b. 完全互通式立交:相交公路的车流轨迹线全部在空间分离的交叉。它是一种比较完善的高级形式立交,代表形式有喇叭形立交(图 1-7-12)、苜蓿叶形立交(图 1-7-13)、Y 形立交

(图1-7-14)、X形立交(图1-7-15)等。其特点是匝道数与转弯方向数相等,各转向都有专用匝道,无冲突点,行车安全,通行能力大,但立交占地面积大、造价高。完全互通式立交适用于高速公路之间及高等级公路与其他较高等级公路相交。

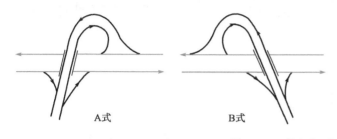 

图1-7-12　喇叭形立交

图1-7-13　苜蓿叶形立交

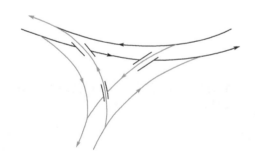 

图1-7-14　Y形立交

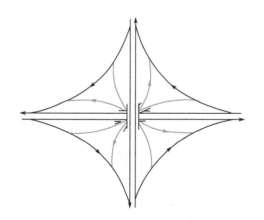 

图1-7-15　X形立交

c. 环形立交：相交公路的车流轨迹线因匝道数不足而共同使用，且有交织路段的交叉，如图 1-7-16。其特点是保证主要公路直通，交通组织方便，占地少且无冲突点，但通行能力受到环道交织能力的限制。车速也受到环岛半径的限制，绕行距离长，构造物多。适用于较高等级公路与次高等级公路之间的交叉，以用于五条以上公路相交为宜。布设时应让主线直通，中心岛可采用圆形、椭圆形或其他形状。

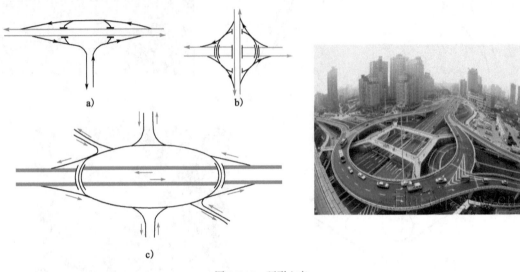

图 1-7-16　环形立交
a) 三路立交；b) 四路立交；c) 多路立交

3) 立体交叉的设计内容与一般要求

(1) 一般要求

当高等级公路相交或交通量过大而平面交叉无法适应时，或是行车速度高、地形条件许可的情况下，经过技术和经济综合评定，可采用立体交叉。立体交叉分互通式和分离式两种。互通式立体交叉结构复杂、占地多，但车辆可以近距离安全转道、连续行驶。互通式立体交叉的间距最小 4km，最大 30km。分离式立体交叉是指无特设匝道的立体交叉。

在设置立体交叉时，应遵循《标准》和《公路路线设计规范》（JTG D20—2006）的规定。

①高速公路与其他各级公路交叉时，必须采用立体交叉。交叉形式除在控制出入的地方设互通式立体交叉外，均采用分离式立体交叉。互通式立体交叉的形式、设置的间距及加(减)速车道、匝道的设计，应根据有关规定及具体情况确定。

②一级公路与其他公路交叉时，应尽量采用立体交叉。交叉形式可根据具体情况采用互通式或分离式立体交叉。

③其他各级公路的交叉，当交通条件需要或有条件的地点，也可采用立体交叉。

④立体交叉的建筑限界应满足要求。

(2) 互通式立体交叉范围内主线线形的主要技术指标见表 1-7-1。

互通式立体交叉范围内主线线形的主要技术指标　　　表 1-7-1

设计速度(km/h)		120	100	80	60
最小平曲线半径(m)	一般值	2000	1500	1100	500
	极限值	1500	1000	700	350

续上表

设计速度(km/h)			120	100	80	60
最小竖曲线半径(m)	凸形	一般值	45000	25000	12000	6000
		极限值	23000	15000	6000	3000
	凹形	一般值	16000	12000	8000	4000
		极限值	12000	8000	4000	2000
最大纵坡(%)		一般值	2	2	3	4.5(4)
		极限值	2	2	4(3.5)	5.5(4.5)

注：当主要公路以较大的下坡进入互通式立体交叉，且所接的减速车道为下坡时，同时，后随的匝道线形指标较低时，主要公路的纵坡不得大于括号内的值。

(3) 视距

互通式立体交叉区域应具有良好的通视条件，在主线分流之前应保证判断出口所需的识别视距，如表 1-7-2 所示。

识别视距 表 1-7-2

设计速度(km/h)	120	100	80	60
识别视距(m)	350～460	290～380	230～300	170～240

注：当驾驶者需接受的信息较多时，宜采用较大(接近高限)值。

在条件受限制时，识别视距应大于 1.25 倍的主线停车视距。

匝道全长范围内应具有不小于表 1-7-3 规定的停车视距。

匝道停车视距 表 1-7-3

设计速度(km/h)	80	70	60	50	40	35	30
停车视距(m)	110(135)	95(120)	75(100)	65(70)	40(45)	35	30

注：积雪冰冻地区应不小于括号内的值。

(4) 匝道设计

匝道是连接立体交叉上、下路线的通道，是互通式立体交叉的重要组成部分。

①匝道的设计速度，如表 1-7-4 所示。

匝道设计速度(km/h) 表 1-7-4

匝道形式		直连式	半直连式	环形匝道
匝道设计速度(km/h)	枢纽式互通立体交叉	80、70、60、50	80、70、60、50、40	40
	一般式互通立体交叉	60、50、40	60、50、40	40、35、30

②匝道的横断面设计要求如图 1-7-17 所示。

③匝道的平面线形设计。匝道的平面线形应根据匝道设计速度、交叉类型、交通量、地形、用地条件、造价等因素确定。

匝道圆曲线最小半径见表 1-7-5。匝道的端部设置回旋线时，其参数及长度宜不小于表 1-7-6 所列值。驶入匝道的分流点应具有较大的曲率半径，并使曲率变化适应行驶速度的变化，分流处的曲率半径见表 1-7-7。

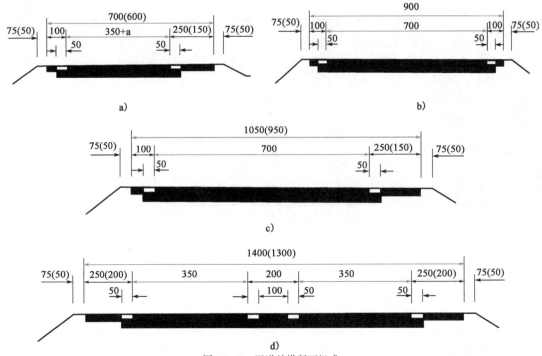

图 1-7-17 匝道的横断面组成

a)单车道；b)无紧急停车带的双车道；c)设紧急停车带的双车道；d)对向分隔式双车道

注：①不包括曲线上的加宽值。②尺寸单位：cm。

匝道圆曲线最小半径　　　　　　　　　　　　　　表 1-7-5

设计速度(km/h)		80	70	60	50	40	35	30
圆曲线最小半径(m)	一般值	280	210	150	100	60	40	30
	最小值	230	175	120	80	50	35	25

匝道回旋线参数及长度　　　　　　　　　　　　　表 1-7-6

设计速度(km/h)	80	70	60	50	40	35	30
回旋线参数 A(m)	140	100	70	50	35	30	20
回旋线长度(m)	70	60	50	40	35	30	25

分流处匝道平曲线的最小曲率半径　　　　　　　　表 1-7-7

设计速度(km/h)		120	100	≤80
最小曲率半径(m)	一般值	350	300	250
	最小值	300	250	200

④匝道的纵断面线形设计。匝道最大纵坡如表 1-7-8 所示，竖曲线半径最小半径及最小长度如表 1-7-9 所示。

匝道的最大纵坡　　　　　　　　　　　　　　　　表 1-7-8

匝道设计速度(km/h)			80、70	60、50	40、35、30
最大纵坡(%)	出口匝道	上坡	3	4	5
		下坡	3	3	4
	入口匝道	上坡	3	3	4
		下坡	3	4	5

匝道竖曲线的最小半径及长度　　　　　　　表 1-7-9

设计速度(km/h)			80	70	60	50	40	35	30
竖曲线最小半径(m)	凸形	一般值	4500	3500	2000	1600	900	700	500
		最小值	3000	2000	1400	800	450	350	250
	凹形	一般值	3000	2000	1500	1400	900	700	400
		最小值	2000	1500	1000	700	450	350	300
竖曲线最小长度(m)		一般值	100	90	70	60	40	35	30
		最小值	75	60	50	40	35	30	25

⑤匝道上的圆曲线超高设计和公路上圆曲线超高值计算方法相同,但应与匝道上变速过程中的行驶速度相适应,超高和加宽应设置缓和段。

⑥匝道出入口端部设计:

a. 互通式应立体交叉的出入口一般应设置在主线行车道的右侧。主线与匝道分流处,行车道边缘应设置偏置加宽。

b. 在匝道与主线连接的路段,应设置变速车道以适应车辆变速行驶的需要。变速车道分为直接式和平行式两种,见《公路路线设计规范》(JTG D20—2006)。

4. 公路与其他路线交叉

1) 公路与铁路相交叉

高速公路、一级公路与铁路交叉时必须采用立体交叉,其他各级公路与铁路交叉时应尽可能采用立交。公路与铁路立体交叉时,桥下净空应满足有关要求;公路与铁路平面交叉时交叉角宜为正交,必须斜交时交叉角应大于45°。

2) 公路与乡村道路相交叉

高速公路、一级公路与乡村道路交叉时必须采用立体交叉,其他各级公路与乡村道路交叉时可采用平面交叉。公路与乡村道路立体交叉时,桥下净空应满足有关要求。

3) 公路与管线等相交叉

各种管线和管道均不得侵入公路建筑限界。架空管线和管道与公路交叉时宜为正交,其距离路面的最小垂直距离应满足有关规定;埋入地下的管线和管道其埋置深度应满足有关规定。

任务实施

1. 平面交叉设计成果

(1) 平面交叉口平面布置图:比例尺用 1∶500 ~ 1∶1000,图中示出路中心线和路面边缘线,注明交叉点、各岔道其终点、加桩、控制断面的位置和桩号,并列出平曲线要素表。图中还应标出各控制断面的宽度、横坡度和两侧路面边缘设计高程,并注明交叉口处各坡段的纵坡等。

(2) 纵横断面图:除横断面图可用 1∶100 ~ 1∶200 比例尺外,其余要求与一般路线设计的相同。

(3)交叉口地形图和竖向设计图以及交叉口的工程数量等资料。图1-7-18为一交叉口立面设计的例图。

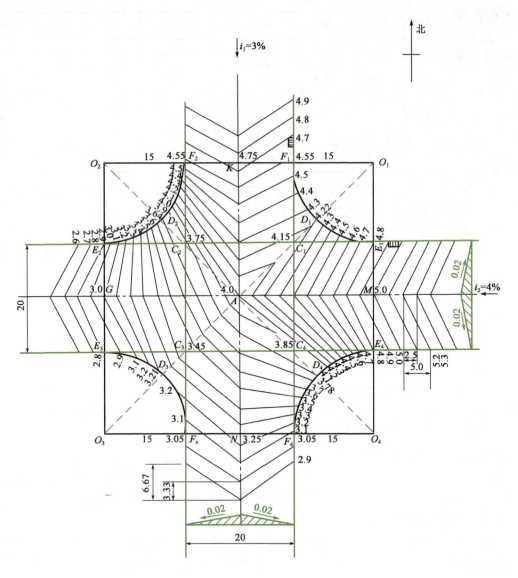

图1-7-18 交叉口立面设计例图

2. 公路与公路立体交叉设计成果

(1)布置图:比例尺一般用1:500~2:1000。内容包括地形、地物、路线(包括匝道)、跨线桥及其他构造物等。

(2)纵、横断面图:比例尺和要求与平面交叉相同。

(3)跨线桥设计图:其要求与一般桥梁设计相同。

(4)如有挡土墙、窨井、排水管、排水泵站等其他构造物,均需附设计图。

(5)有比较方案时,应绘制布置图并提供有关资料。

(6)交叉口的工程数量等资料。

综合练习题

1. 设置缓和曲线的目的是什么？对缓和曲线有哪些规定和要求？
2. 直线、缓和曲线、圆曲线的组合形式有哪些？
3. 已知两相邻平曲线：JD_{50} 桩号为 $K9+977.54$，$T=65.42m$，缓和曲线长 35m，校正值 $J=1.25m$；JD_{51} 桩号为 $K10+182.69$，$T=45.83m$。

   试计算（1）JD_{50} 平曲线五个主点桩桩号；

   （2）$JD_{50} \sim JD_{51}$ 交点间的距离；

   （3）两曲线间的直线长度为多少。

4. 某二级公路有一弯道，其平曲线半径 $R=400m$，交点桩号为 $K8+075.756$，偏角 $\alpha=20°00'00''$，若缓和曲线长度为 70m，试计算该平曲线的五个基本桩号。
5. 纵断面图上为什么要设置竖曲线？
6. 纵断面设计成果有哪些？
7. 某公路转坡点设在 $K5+280$ 桩号处，转坡点高程为 325.24m，两相邻坡段的坡度为 $i_1=6\%$，$i_2=-2\%$，选用竖曲线半径为 1800m，试计算竖曲线要素和 $K5+300$ 处的路基设计高程。
8. 如图所示，立交桥下有一转坡点，其桩号为 $K2+230$，立交桥下净空要求为 5.00m，设 $K2+230$ 高程为 180.40m。问该转坡点处最大能设多大的竖曲线半径（取 5m 整数倍）？根据所设半径求 A、B 和 $K2+230$ 处的路线设计高程。
9. 简述公路横断面图的绘制步骤。
10. 公路设计高程如何确定？路基设计高程和路基高度何有不同？
11. 路基填挖高度和边坡高度有何不同？
12. 简述公路标准横断面的组成。
13. 高速公路超高缓和段有哪几种形式？如何选用？

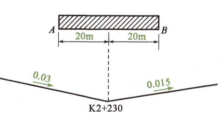

14. 某山岭积雪冰冻地区新建二级公路，路面宽 7.0m，路肩宽 0.75m，路拱横坡度 $i_1=1.5\%$，路肩横坡度 $i_0=3\%$。有一平曲线半径 $R=200m$，超高缓和段长度 $L_c=50m$，加宽按正比例过渡。试完成下表关于该平曲线路基顶面的超高与加宽计算。

桩 号	路基设计高程(m)	加宽值(m)	超 高 值(m)			各点实际高程(m)		
			外	中	内	外	中	内
ZHK2+487.21	89.07							
+500	89.32							
+520	89.72							
HY +537.21	90.07							
+540	90.12							
+560	90.52							

续上表

桩 号	路基设计高程(m)	加宽值(m)	超 高 值(m)			各点实际高程(m)		
			外	中	内	外	中	内
QZ +571.02	90.75							
+580	90.92							
+600	91.32							
YH +604.84	91.42							
+620	91.72							
+640	92.12							
HZK2 +654.84	92.42							

15. 公路加宽的原因是什么？在哪一侧加宽？

16. 公路加宽缓和段过渡方式有哪些？加宽值如何计算？

17. 简述土石方调配的基本思路。

18. 完成下表的土石方数量计算。

桩号	横断面积(m²)			平均面积(m²)			距离(m)	挖 方					填 方	
	挖	填		挖	填			总数量	土		石		土	石
		土	石		土	石			%	数量	%	数量		
1	2	3	4	5	6	7	8	9	10	11	12	13	14	15
K1+000	80.0		10.0											
+020		44.0							60		40			
+035	26.4	12.0												
小计														

19. 公路交叉有哪两种形式，各有何优缺点？

20. 画图说明互通式交叉的组成结构。

21. 互通式立体交叉有哪些类型？

学习情境2

路堤填筑施工

任务 2.1　路堤填前基底处理

学习目标

1. 了解路堤填筑施工工艺流程；
2. 知道基底处理的要求；
3. 分析不同区域基底处理的项目；
4. 根据《公路路基施工技术规范》(JTG F10—2006)完成基底处理的内容；
5. 正确完成公路路基基底处理施工技术交底。

任务描述

通过对路堤填筑施工工艺流程和基底处理要求的学习，掌握路堤填筑施工工艺和基底处理的方法，能独立完成公路路基施工中"基底处理技术交底"的编制。

学习引导

本工作任务沿着以下脉络进行学习：

路堤填筑施工工艺流程 → 基底处理要求 → 基底处理方法 → 完成基底处理技术交底

一、相关知识

1. 路堤填筑施工流程

填方路堤施工是公路工程施工中一个非常重要的环节，需要精心组织、精心施工，确保工程质量。同时，由于高速公路特殊的交通功能，对路基施工质量有着更高的要求。因此，路堤施工必须从基底处理、填料选择、压实、排水、防护等各方面加以重视，依靠科技进步，采用新技术、新材料、新的检测手段，保证路基具有足够的水温稳定性及耐久性。

填方路堤施工工艺流程如图 2-1-1。

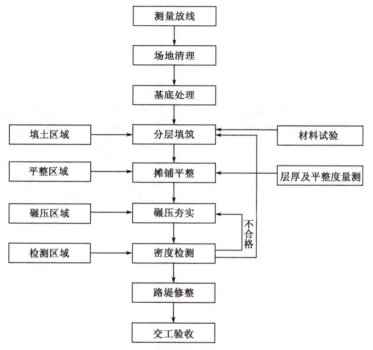

图 2-1-1 路堤填筑施工工艺流程

按照系统分析的原理，将整个路堤填筑过程划分为三阶段、四区域、八流程，即：准备阶段→施工阶段→竣工阶段；填筑区域→平整区域→碾压区域→检测区域；施工准备→基底处理→分层填筑→摊铺整平→洒水或晾晒→机械碾压→检验签发。

2. 基底处理要求

路堤基底是指土石填料与原地面的接触部分，基底处理是保证路堤稳定及坚固的一项极为重要的措施。在路堤填筑施工前进行基底处理使填土与原来表土密切结合，使初期填土顺利进行；能使地基保持稳定，增加承载能力；能防止因草皮、树根腐烂而引起的路堤沉陷。按照《公路路基施工技术规范》（JTG F10—2006），路堤基底处理应达到以下要求：

（1）二级及二级以上公路路堤基底的压实度应不小于 90%；三、四级公路应不小于 85%。路堤填土高度小于路面和路床总厚度时，基底应按设计要求处理。

（2）原地面坑、洞、穴等，应在清除沉积物后，用合格填料分层回填分层压实，压实度符合上一条要求。

（3）泉眼或露头地下水，应采取有效导排措施后方可填筑路堤。

(4)地基为耕地、土质松散、水稻田、湖塘、软土、高液限土等时,应进行处理,局部软弹的部分也采取有效的处理措施。

(5)地下水位较高时,应采取相应的隔、排措施。

(6)陡坡地段、土石混合地基、填挖界面、高填方地基等都应按设计要求进行处理。

任务实施

1. 基底处理方法

基底处理通常采用推土机或装载机进行,如图 2-1-2,有时也用挖掘机或平地机配合进行。对于一般的路堤基底处理,应按下列规定执行:

图 2-1-2　清表作业
a)装载机;b)推土机

(1)应做好原地面临时排水工作。临时排水设施要与永久排水设施相结合,排走的雨水不得流入农田、耕地,也不得引起水沟淤积和冲刷路基。

(2)原地面易积水的坑、洞、墓穴等应用原地土或砂性土回填,并按规定进行压实。

(3)路基用地范围内的树木、灌木丛等均应在施工前砍伐或移植清理,砍伐的树木应移植于路基用地之外,进行妥善处理。高速公路、一级公路和填方高度小于1m的其他公路应将路基范围内的树根全部挖除并将坑穴填平夯实;填方高度大于1m的其他公路允许保留树根但根部露出地面不得超过20cm。取土坑范围内的树根也应全部挖除。

(4)路堤基底为耕地或松土时,应先清除有机土、种植土,平整后按规定要求压实。在深耕地段,必要时应将松土翻挖,土块打碎,然后回填、整平、压实。

(5)路堤基底原状土的强度不符合要求时,应进行换填处理(或采取其他地基加固方法),换填深度应不小于30cm,并分层找平压实。

(6)山坡路堤,地面横坡不陡于1:5,而基底土质密实稳定时,可将路堤直接修筑在天然地面上;当地面横坡陡于1:5时,应将原地面挖成台阶并夯实,台阶宽度不小于1m。对于原地面横坡较陡的高速公路和一级公路半填半挖路基,必须在山坡上从填方坡脚向上挖成向内倾斜的台阶,台阶宽度不小于1m,台阶高度不小于0.5m,台阶顶面做成

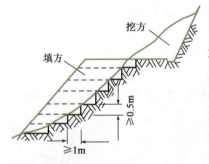

图 2-1-3　斜坡基底处理

2%~4%的内倾斜坡,并用小型机具夯实,再填筑路堤,如图2-1-3。

(7)当路堤稳定受到地下水位影响时,应在路堤底部填以水稳性优良、不易风化的砂、砂砾、碎石等材料或采用无机结合料(生石灰粉、水泥等固化材料)进行加固处理,使基底形成水稳性好、厚约30cm的稳定层。

(8)地基承载力不足的湿软地基,采用相应的地基处理措施,保证承载能力达到设计要求。

2. 实训项目

参观某一区域的地形情况、地质情况和周边环境,假定在此修筑高速公路路基,完成基底处理施工技术交底。

任务2.2　路堤填料选择

学习目标

1. 了解路基土的种类；
2. 知道路堤填料选用的方法和程序；
3. 分析不同路堤填料的工程性质；
4. 根据《公路路基施工技术规范》(JTG F10—2006)、《公路土工试验规程》(JTG E40—2007)完成路堤填料的选用；
5. 正确完成土体最佳含水率和最大干密度的确定。

任务描述

通过对路基土的类型、各类土的工程性质、填料选用要求等内容的学习，掌握路基填料的选用方法和步骤，能够结合施工条件，选用合理的、规范的路堤填料。

学习引导

本工作任务沿着以下脉络进行学习：

路基土的分类 → 各类土的工程性质 → 路基填料的基本要求 → 路基施工取土要求 → 路堤填料的选用方法和步骤

一、相关知识

1. 路基土的分类

世界各国公路用土的分类方法虽然不尽相同,但是分类的依据则大致相近,一般都根据土颗粒的粒径组成,土颗粒的矿物成分或其余物质的含量,土的塑性指标进行区划。我国公路用土依据土的颗粒组成特征,土的塑性指标和土中有机质存在情况进行分类。首先,按有机质含量多少,划分成有机土和无机土两大类;其次,将无机土按粒组含量由粗到细划分为巨粒土、粗粒土和细粒土三类;最后,若为巨粒土和粗粒土,则按其细粒土含量和级配情况进一步细分,若为细粒土,则按其塑性指数(I_P)和液限(W_L)在塑性图上的位置进一步细分。

土可以分为巨粒土、粗粒土、细粒土和特殊土四类,细分为 11 种,如图 2-2-1 所示。

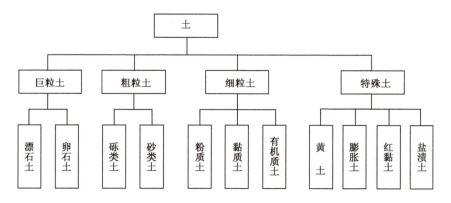

图 2-2-1 土的分类总体系

不同粒组的划分界限及范围,见表 2-2-1。

粒 组 划 分 表　　　　　　　　　　　表 2-2-1

200	60	20	5	2	0.5	0.25	0.074	0.002(mm)	
巨粒土		粗 粒 土						细 粒 土	
漂石	卵石	砾 类			砂 类			粉粒	黏粒
(块石)	(小块石)	粗	中	细	粗	中	细		

(1) 巨粒土

巨粒组质量多于总质量的 75% 的土称为漂(卵)石土。

巨粒组质量为总质量的 50%～75%(含 75%)的土称为漂(卵)石夹土。

巨粒组质量为总质量 15%～50%(含 50%)的土称为漂(卵)石质土。

巨粒组质量小于或等于总质量 15% 的土,可扣除巨粒,按粗粒土或细粒土相应规定分类定名。

(2) 粗粒土

试样中巨粒组土粒质量少于或等于总质量 15%,且巨粒组土粒与粗粒组土粒质量之和多于总图质量 50% 的土称为粗粒土。

粗粒土中砾粒组质量多于砂粒组质量的土称砾类土。砾类土按照细粒含量和类别及粗粒组的级配进行分类。细粒含量≤5% 的称为砾;5% < 细粒含量≤15% 的土,称为含细粒土砾;15% < 细粒含量≤50% 的土,称为细粒土质砾。

粗粒土中砾粒组质量少于或等于砂粒组质量的土称为砂类土。砂类土应根据其中细粒含量和类别，以及粗粒组的级配进行分类。细粒含量≤5%的称为砂；5%＜细粒含量≤15%的土，称为含细粒土砂；15%＜细粒含量≤50%的土，称为细粒土质砂。

（3）细粒土

试样中细粒组土粒质量多于或等于总质量50%的土称为细粒土。细粒土中粗粒组质量少于或等于总质量25%的土称为粉质土或黏质土；细粒土中粗粒组质量为总质量25%～50%（含50%）的土称为含粗粒的粉质土或含粗粒的黏质土；试样中有机质含量多于或等于总质量的5%，且少于总质量10%的土称有机质土；试样中有机质含量多于或等于10%的土称为有机土。

2. 各类土的工程性质

（1）石质土，孔隙度大，透水性强，压缩性低，内摩擦角大，强度高，属于较好的路基填料。用以填筑路堤时，应正确选用边坡值，以保证路基稳定。

（2）砂土，没有塑性，透水性好，毛细水上升高度很小，具有较大的摩擦系数。砂土路基强度高，水稳定性好。但砂土黏性小，易于松散，受水流冲刷和风蚀易损坏，在使用时可掺入黏性大的土改善质量。

（3）砂性土，是良好的路基填料，既有足够的内摩擦力，又有一定的黏聚力。一般遇水干得快、不膨胀，易被压实，易构成平整坚实的表面。

（4）粉质土不宜直接填筑路床，必须掺入较好的土体后才能用作路基填料，且在高等级公路中，只能用于路堤下层（距路槽底0.8m以下）。

（5）轻、重黏土，不是理想的路基填料，《公路路基施工技术规范》（JTG F10—2006）规定：液限大于50%、塑性指数大于26、含水率不适宜直接压实的细粒土，不得直接作为路基材料，需使用时，必须采取技术措施进行处理，经检查满足设计要求后方可使用。

（6）黄土、膨胀土、盐渍土等特殊土，不得已必须用作路基填料时，应严格按其特殊的施工要求进行施工（见学习情境4）。泥炭、淤泥、冻土、有机质土、强膨胀土、含草皮土、生活垃圾、树根和含有腐殖质的土不得用作路基填料。

（7）满足要求（最小强度CBR、最大粒径、有害物质含量等）或经过处理之后满足要求的煤渣、高炉矿渣、钢渣、电石渣等工业废料可用作路基填料，但在使用过程中应注意避免造成环境污染。

3. 路基填料的选择方法

填料的选择首先考虑挖方能否利用，其次选择借土，最后于周边环境、经济等方面综合确定。挖方、借方现场，填土高度小于2m以下的填方段原状土，均需现场取样进行土工试验，以判断土质是否能直接利用，据以确定施工现场质量控制的标准干密度、最佳含水率、天然含水率、天然稠度等指标。

施工前，根据设计勘探资料，现场核对上述地段土质是否与设计资料相符。有针对性地选择代表性地点，人工挖坑观察和沿深度分层取土。施工时再根据土质的变化情况，并要求在土质基本一致情况下，按每5000m³土取样一次，及时取样再试验。根据土工试验资料，把试验结果、可用数量标于纵断面图上。

初步根据设计文件中路基土的数量计算及现场核对情况，确定填料采用填土、填石或土石混填，用于哪一压实层位，填筑厚度。

4. 路基施工取土要求

(1) 路基填方取土,应根据设计要求,结合路基排水和当地土地规划、环境保护要求进行,不得任意挖取。

(2) 施工取土应不占或少占良田,尽量利用荒坡、荒地,取土深度应结合地下水等因素考虑,利于复耕。原地面耕植土应先集中存放,以利再用。

(3) 自行选定取土方案时,应符合下列技术要求:

①地面横向坡度陡于 1∶10 时,取土坑应设在路堤上侧。

②桥头两侧不宜设置取土坑。

③取土坑与路基之间的距离,应满足路基边坡稳定的要求。取土坑与路基坡脚之间的护坡道应平整密实,表面设 1%～2%向外倾斜的横坡。

④取土坑兼作排水沟时,其底面宜高出附近水域的常水位或与永久排水系统及桥涵出水口的高程相适应,纵坡不宜小于 0.2%,平坦地段不宜小于 0.1%。

⑤线外取土坑等与排水沟、鱼塘、水库等蓄水(排洪)设施连接时,应采取防冲刷、防污染的措施。

(4) 对取土造成的裸露面,应采取整治或防护措施。

任务实施

路基填料的选用,依据《公路路基施工技术规范》(JTG F10—2006)的相关规定,采用《公路土工试验规程》(JTG E40—2007)中的试验规程,按图 2-2-2 所示流程进行确定。

1. 路基土的现场取样

(1) 土样要求

①采取原状土或扰动土视工程对象而定。凡属桥梁、涵洞、隧道、挡土墙、房屋建筑物的天然地基以及挖方边坡、渠道等,应采取原状土;如为填土路基、堤坝、取土坑(场)或只要求土的分类试验者,可采用扰动土样。冻土采取原状土样时,应保持原土样温度,保持土样结构和含水率不变。

②土样可在试坑、平洞、竖井、天然地面及钻孔中采取。取原状土样时,必须保持土样的原状结构及天然含水率,并使土样不受扰动。用钻机取土时,土样直径不得小于 10cm,并使用专门的薄壁取土器;在试坑中或天然地面下挖取原状土

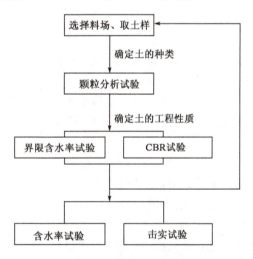

图 2-2-2 路基填料确定流程

时,可用有上、下盖的取土筒,打开下盖,扣在欲取的土层上,边挖筒周围土,边压土筒至筒内装满土样,然后挖断筒底土层(或左、右摆动即断),取出土筒,翻转削平筒内土样。若周围有空隙,可用原土填满,盖好下盖,密封取土筒。采取扰动土时,应先清除表层土,然后分层用四分法取样。对于盐渍土,一般应分别在 0～0.05m、0.05～0.25m、0.25～0.50m、0.50～0.75m、0.75～1.0m 垂直深度处,分层取样。同时,应测记采样季节、时间和气温。

③无论采用什么方法取样,均应用"取样记录簿"记录并撕下其一半作为标签,贴在取土筒上(原状土)或折叠后放入取土袋内。"取样记录簿"宜用韧质纸并必须用铅笔填写各项记

录。取样记录薄记录内容应包含工程名称、路线里程(或地点)、记录开始日期、记录完毕日期、取样单位、采取土样的特征、试坑号、取样深度、土样号、取土袋号、土样名、用途、要求试验项目或取样说明、取样者、取样日期等。对取样方法、扰动或原状、取样方向以及取土过程中出现的现象等,应记入取样说明栏内。

(2) 土样包装和运输

①原状土或需要保持天然含水率的扰动土,在取样后,应立即密封取土筒,即先用胶布贴封取土筒上的所有缝隙,在两端盖上用红油漆写明"上、下"字样,以示土样层位。在筒壁贴上"取样记录薄"中扯下的标签,然后用纱布包裹,再浇筑融蜡,以防止水分散失。原状土样应保持土样结构不变;对于冻土,原状土还应保持温度不变。

②密封后的原状土在装箱之前应放于阴凉处,冻土土样应保持温度不变。不需保持天然含水率的扰动土,最好风干稍加粉碎后装入袋内。

③土样装箱时,应与"取样记录薄"对照清点,无误后再装入,并在记录薄存根上注明装入箱号。对原状土应按上、下部位将筒立放,木箱中筒间空隙宜以稻(麦)草或软物填紧,以免在运输过程中受振、受冻。木箱上应编号并写明"小心轻放"、"切勿倒置"、"上"、"下"等字样。对已取好的扰动土样的土袋,在对照清点后可以装入麻袋内,扎紧袋口,麻袋上写明编号并拴上标签(如同行李签),签上注明麻袋号数、袋内共装的土袋数和土袋号。

④盐渍土的扰动土样宜用塑料袋装。为防止取样记录标签在袋内湿烂,可用另一小塑料袋装标签,再放入土袋中;或将标签折叠后放在盛土的塑料袋口,并将塑料袋折叠收口,用橡皮圈绕扎袋口标签以下,再将放标签的袋口向下折叠,然后再以未绕完的橡皮圈绕扎系紧。每一盐渍土剖面所取的 5 塑料袋土,可以合装于一个稍大的布袋内。同样在装入布袋前要与记录薄存根清点对照,并将布袋号补记在原始记录薄中。

(3) 土样的接受与管理

①土样运到试验单位,应主动附送"试验委托书",委托书内容各栏根据"取样记录薄"的存根填写清楚,若还有其他试验要求,可在委托书内注明。土样试验委托书应包括试验室名称、委托日期、土样编号、试验室编号、土样编号(野外鉴别)、取样地点或里程桩号、孔(坑)号、取样深度、试验目的、试验项目等,以及责任人(如主管、主管工程师审核、委托单位及联系人等)。

②试验单位在接到土样之后,即按照"试验委托书"清点土样,核对编号并检查所送土样是否满足试验项目的需要等。同时,每清点一个土样,即在委托书中的试验编号栏内进行统一编号,并将此编号记入原标签上,以免与其他工程所送土样编号相重而发生错误。

③土样清点验收后,即根据"试验委托书"登记于"土样收发登记簿"内,并将土样交试验负责人员妥善保存,按要求逐项进行试验。土样试验完毕,将余土仍装入袋内,待试验结果发出,并在委托单位收到报告书一个月后,若仍无人查询,即可将土样处理。若有疑问,尚可用余土复试。试验结果报告书发出时,即在原来"土样收发登记簿"内注明发出日期。

2. 路堤填料的选用要求

(1) 根据《公路路基施工技术规范》(JTG F10—2006),路基填料应满足以下要求:

①含草皮、生活垃圾、树根、腐殖质的土严禁作为填料。

②填料强度和粒径,应符合表 2-2-2 的规定。

③路堤填料粒径应不大于 500mm,并不超过层厚的 2/3,不均匀系数宜为 15~20,路床底面以下 400mm 范围内,填料粒径应小于 150mm。

路基填料最小强度和最大粒径要求 表 2-2-2

填料应用部位 （路面底高程以下深度 m）		填料最小强度（CBR）（%）			填料最大粒径 （mm）
		高速公路 一级公路	二级公路	三、四级公路	
路堤	上路床（0～0.30）	8	6	5	100
	下路床（0.30～0.80）	5	4	3	100
	上路堤（0.80～1.50）	4	3	3	150
	下路堤（>1.50）	3	2	2	150
零填及 挖方路基	（0～0.30）	8	6	5	100
	（0.30～0.80）	5	4	3	100

注：①表列强度按《公路土工试验规程》（JTG E40—2007）规定的浸水 96h 的 CBR 试验方法测定。
②三、四级公路铺筑沥青混凝土和水泥混凝土路面时，应采用二级公路的规定。
③表中上、下路堤填料最大粒径 150mm 的规定不适用于填石路堤和土石路堤。
④路床填料粒径应小于 100mm。

（2）路堤填料的选取步骤
①按照土的取样方法取扰动土样。
②进行土的颗粒分析。对于大于 0.074mm 的土粒常用筛分的方法；对于小于 0.074mm 的土粒则用沉降分析法；进行颗粒分析试验，计算小于某粒径颗粒的质量百分数和计算不均匀系数。
③确定土的种类。
④采用液塑限联合测定仪确定土的液限、塑限和塑性指数。
⑤对选择的土样做承载比（CBR）试验，确定路基的 CBR 值。
⑥整理实验数据并进行分析，确定路堤填料是否可用。
⑦通过击实试验或振动台法确定土压实的最佳含水率和最大干密度。由于土的性质、颗粒的差别，确定土最大干密度的方法也有所不用，具体如表 2-2-3 所示。

以上提到的土的颗粒分析实验、液塑限联合测定试验、CBR 试验、含水率试验、击实试验的操作规程见《公路土工试验规程》（JTG E40—2007）。

土的最大干密度确定方法 表 2-2-3

试验方法	适用范围	土的粒组
轻型、重型击实试验	小试筒适用于粒径不大于 25mm 的土； 大试筒适用于粒径不大于 38mm 的土	细粒土 粗粒土
振动台法	①测定无黏性自由排水粗粒土和巨粒土（包括堆石料）的最大干密度； ②适用于通过 0.074mm 标准筛的干颗粒质量百分数不大于 15%的无黏性自由排水粗粒土和巨粒土； ③对于最大颗粒大于 60mm 的巨粒土，因受试筒容许最大粒径的限制，宜按相似级配法的规定处理	粗粒土 巨粒土
表面振动击实试验	同上	粗粒土 巨粒

任务 2.3　路堤的填筑压实施工

学习目标

1. 了解路堤填筑和压实施工基本要求；
2. 知道路堤填筑和压实的方法；
3. 分析不同区域路堤填筑的作业方式和压实方法；
4. 根据《公路路基施工技术规范》(JTG F10—2006)指导完成路堤填筑和压实作业；
5. 正确完成公路路基填筑施工技术方案。

任务描述

通过对路堤填筑方法、压实方法、压实标准等内容的学习，掌握不同路堤填筑、压实的施工要点，能够编制路基填筑施工技术方案并指导路堤填筑和压实施工。

学习引导

本工作任务沿着以下脉络进行学习：

路堤填筑基本要求 → 路堤填筑方法 → 路堤填土的压实标准 → 影响压实效果因素

→ 路堤填筑施工工艺 → 压实前的准备 → 压实施工 → 压实效果评定 → 边坡整修

一 基本知识

1. 路堤填筑

1) 土质路堤

(1) 土质路堤填筑要求

①性质不同的填料,应水平分层、分段填筑,分层压实。同一水平层路基的全宽应采用同一种填料,不得混合填筑。每种填料的填筑层压实后的连续厚度不宜小于500mm。填筑路床顶最后一层时,压实后的厚度应不小于100mm。

②对潮湿或冻融敏感性小的填料应填筑在路基上层。强度较小的填料应填筑在下层。在有地下水的路段或临水路基范围内,宜填筑透水性好的填料。

③在透水性不好的压实层上填筑透水性较好的填料前,应在其表面设2%~4%的双向横坡,并采取相应的防水措施。不得在由透水性较好的填料所填筑的路堤边坡上覆盖透水性不好的填料。

④每种填料的松铺厚度应通过试验确定。

⑤每一填筑层压实后的宽度不得小于设计宽度。

⑥路堤填筑时,应从最低处起分层填筑,逐层压实;当原地面纵坡大于12%或横坡陡于1:5时,应按设计要求挖台阶,或设置坡度向内并大于4%、宽度大于2m的台阶。

⑦填方分几个作业段施工时,接头部位如不能交替填筑,则先填路段,应按1:1坡度分层留台阶;如能交替填筑,则应分层相互交替搭接,搭接长度不小于2m。

(2) 土质路堤填筑方法

土方路堤常根据路段地形情况的不同分别采用水平分层填筑法、纵向分层填筑法、横向填筑法和混合填筑法四种形式。

①水平分层填筑法

水平分层填筑法,即按照路基设计横断面全宽分成水平层次逐层向上填筑,如图2-3-1。如原地面不平,应由最低处分层填筑,每填一层,需

图2-3-1 水平分层填筑法

经压实符合规定后,再填上一层。路堤填土宽度每侧应宽于填层设计宽度,压实宽度不得小于设计宽度,逐层填、压密实,最后整修削坡。路堤两侧超填宽度一般应控制在0.3~0.5m。水平分层填筑法是填筑路堤的基本方法,它最能保证填土质量,一般均应优先采用。

用透水性不良的土填筑路堤时,应控制其含水率在最佳压实含水率±2%之内。采用机械压实时,分层的最大松铺厚度,高速公路和一级公路不应超过30cm;其他公路,按土质类别、压实机具功能、碾压遍数等,经过试验确定。但最大松铺厚度,不宜超过50cm。填筑至路床顶面最后一层的最小压实厚度,不应小于8cm。

若填方分几个作业段施工,两段衔接处,必须采取分层相互搭接、相互覆盖的做法,以利路基整体稳定,如图2-3-2。若两个地段不在同一时间填筑,则先填地段,应按1:1坡度分层留台阶。若两个地段同时填筑,则应分层相互交叠衔接,其搭接长度不得小于2m。

加宽旧路堤时,所用填土宜与旧路相同或选用透水性较好的土,并将老路加宽一侧(单面加宽法)或两侧(双面加宽法)沿边坡挖成向内倾斜的台阶,台阶宽度一般不小于1m,台阶高

度不小于 0.5m。然后分层填筑,分层碾压,以利新、老路堤紧密结合。在新、老路基已达到相同高度时,加高部分再按断面全宽度分层填筑。旧路堤加宽如图 2-3-3。

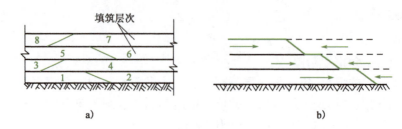

图 2-3-2　填筑层次的衔接
a)相互覆盖;b)分层搭接

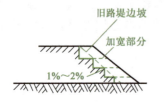 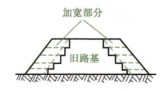 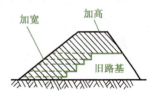

图 2-3-3　旧路堤加宽

新填筑的路堤或旧路加高,在填筑过程中应随时注意防止雨水聚集浸湿,必须留有一定横坡,并做好路堤边沟,以利纵、横向排水通畅、及时,如图 2-3-4。

在施工中,沿线的土质经常发生变化,为不致将不同性质的土任意混填,以致造成路基病害,必须在施工前进行现场调查,作出正确的规划,拟定合理的调配方案。

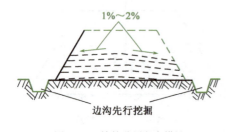

图 2-3-4　填筑分层留有横坡

不同土质混合填筑时,应遵循以下原则:

用透水性较小的土填筑路堤下层时,其顶面应设 4% 的双向横坡,以保证来自上面透水性填土层的水及时排出。

路堤上层用透水性较差的土填筑时,不应覆盖封闭其下层透水性较大的填料,以保证路堤内的水分蒸发。

不得将透水性不同的土混杂填筑,以免形成水囊或滑动面。每种填料层累计总厚度不宜小于 0.5m。

根据强度和稳定性要求,合理安排不同土质的层位,不因潮湿及冻融而改变其体积的优良土质应填筑在路堤上层,强度较低的土填筑在下层。

沿公路纵向用不同的土质填筑路堤时,为防止在相接处发生不均匀变形,应在交接处做成斜面,并将透水性差的土安排在斜面下方。

不同土质混合填筑路堤的方案,如图 2-3-5。

②纵向分层填筑法

原地面纵坡大于 12% 的地段,可采用纵向分层法施工,沿纵坡分层,逐层填压密实。适用于推土机或铲运机从路堑取土填筑运距较短的路堤,如图 2-3-6。

③横向填筑法

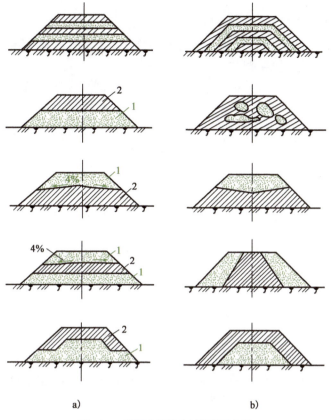

图 2-3-5 不同土质混合填筑路堤方案
a) 正确的；b) 不正确的
1-透水性较大的土壤；2-透水性较小的土壤

填筑陡坡路堤时，往往受地形限制，运土车辆难以通行，需要从横向直接卸土在路堤底上，然后逐渐沿纵向展开工作，如图 2-3-7。由于此法填土过厚，不易压实，为此宜采用必要的技术措施。如选用振动式或锤式夯击机，选用沉陷量较小及粒径较均匀的砂石材料，暂不修建较高级的路面，容许短期内自然沉落。

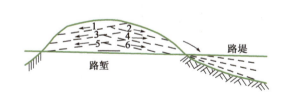

图 2-3-6 纵向分层填筑法

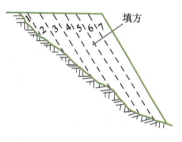

图 2-3-7 陡坡横向填筑法

④混合填筑法

混合填筑法亦称路堤联合填筑法。在陡坡路段，下层采用横向填筑方式，上层(至填筑一定高度后)改用水平分层填筑法，其大约深度相当于路基应力工作区深度，这样可使上部填土获得足够的压实度，如图 2-3-8。

横向填筑法和混合填筑法，压实度难以保证，自身稳定性差，存在安全隐患，较少采用。

2) 石质路堤

（1）石质路堤填筑要求

①路堤施工前，应先修筑试验路段，确定满足表2-3-2中孔隙率标准的松铺厚度、压实机械型号及组合、压实速度及压实遍数、沉降差等参数。

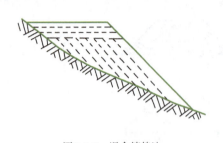

图2-3-8 混合填筑法

②路床施工前，应先修筑试验路段，确定能达到最大压实干密度的松铺厚度、压实机械型号及组合、压实速度及压实遍数、沉降差等参数。

③二级及二级以上公路的填石路堤应分层填筑压实。二级以下砂石路面公路在陡峻山坡地段施工特别困难时，可采用倾填的方式将石料填筑于路堤下部，但在路床底面以下不小于1.0m范围内仍应分层填筑压实。

④岩性相差较大的填料应分层或分段填筑。严禁将软质石料与硬质石料混合使用。

⑤中硬、硬质石料填筑路堤时，应进行边坡码砌，码砌边坡的石料强度、尺寸及码砌厚度应符合设计要求。边坡码砌与路基填筑宜基本同步进行。

⑥压实机械宜选用自重不小于18t的振动压路机。

⑦在填石路堤顶面与细粒土填土层之间应按设计要求设过渡层。

（2）石质路堤填筑方法

①竖向填筑法（倾填法）：以路基一端按横断面的部分或全部高度自上而下倾卸石料，逐步推进填筑。主要用于二级及二级以下公路，且铺设低级路面的公路，也可用在陡峻山坡施工特别困难或大量以爆破方式挖开填筑的路段；以及无法自下而上分层填筑的陡坡、断岩、泥沼地区和水中作业的填石路堤。由于压实困难，该方法施工路基稳定性问题较多。

②分层压实法（碾压法）：自下而上水平分层，逐层填筑，逐层压实，是普遍采用且能保证填石路堤质量的方法。一般用于高速公路、一级公路及铺设高级路面的其他等级公路的填石路堤。填石作业自最低处开始，逐层水平填筑，每一分层先是机械摊铺主骨料，平整作业铺撒嵌缝料，将填石空隙以小石或石屑填满铺平，采用重型振动压路机碾压，压至填筑层面石块稳定。

③冲击压实法：利用冲击压实机械的冲击碾压周期性、大振幅、低频率地的对路基填料进行冲击，压密填方。这种方法具有分层法连续性的优点，又具有强力夯实法压实厚度深的优点，但在周围有建筑物时，使用受限。

3）土石路堤

（1）土石路堤填筑要求

①压实机械宜选用自重不小于18t的振动压路机。

②施工前，应根据土石混合材料的类别分别进行试验路段施工，确定能达到最大压实干密度的松铺厚度、压实机械型号及组合、压实速度及压实遍数、沉降差等参数。

③土石路堤不得倾填，应分层填筑压实。

④碾压前应使大粒径石料均匀分散在填料中，石料间孔隙应填充小粒径石料、土和石渣。

⑤压实后透水性差异大的土石混合材料，应分层或分段填筑，不宜纵向分幅填筑；如确需纵向分幅填筑，应将压实后渗水良好的土石混合材料填筑于路堤两侧。

⑥土石混合材料来自不同料场,其岩性或土石比例相差较大时,宜分层或分段填筑。

⑦填料由土石混合材料变化为其他填料时,土石混合材料最后一层的压实厚度应小于300mm,该层填料最大粒径宜小于150mm,压实后,该层表面应无孔洞。

⑧中硬、硬质石料的土石路堤,应进行边坡码砌,码砌边坡的石料强度、尺寸及码砌厚度应符合设计要求。边坡码砌与路堤填筑宜基本同步进行。软质石料土石路堤的边坡按土质路堤边坡处理。

(2) 土石路堤填筑方法

土石路堤不得采用倾填法,只能采用分层填筑,分层压实的方法。当土石混合料中石料含量超过70%时,宜采用人工铺填,整平应采用大型推土机辅以人工按填石路堤的方法进行;当土石混合料中石料含量小于70%时,可用推土机铺填,松铺厚度控制在40cm以内,接近路基设计高程时,需改用土方填筑。

4) 高填路堤

水田或常年积水地带,用细粒土填筑路堤高度在6m以上,其他地带填土或填石路堤高度在20m以上时,称为高填方路堤。

(1) 高填路堤填筑要求

①施工中应按设计要求预留路堤高度与宽度,并进行动态监控。

②施工过程中宜进行沉降观测,按照设计要求控制填筑速率。

③高填方路堤宜优先安排施工。

(2) 高填路堤填筑方法

高填方路堤应采用分层填筑、分层压实的方法施工,每层填筑厚度根据填料确定。

2. 路基压实

1) 压实目的

路堤填筑所用的土体,由于开挖扰动破坏了原来紧密的状态,致使结构松散,颗粒间需要重新密实组合,通过压实,以提高其密实程度,从而使路基具有足够的强度和稳定性。

通过压实还可提高路基承载力和隔温性能,降低渗透系数和塑性变形等。

2) 压实标准

(1) 压实度

为了便于检查和控制压实质量,路基的压实标准常用压实度来表示。路基的压实度(压实系数)K是工地路基土经压实后实际达到的干密度ρ_d与其室内标准击实试验所得的最大干密度$\rho_{d\max}$的比值,用百分数表示。即

$$K = \frac{\rho_d}{\rho_{d\max}} \times 100\% \tag{2-3-1}$$

式中:K——压实度(%);

ρ_d——压实土的干密度(g/cm^3),$\rho_d = \frac{\rho}{1+0.01W}$,其中,$\rho$为工地压实土的湿密度;

W——为工地压实土的实测含水率百分数;

$\rho_{d\max}$——压实土的标准最大干密度(g/cm^3)。

(2) 土质路堤压实标准

填土路堤的压实标准,见表2-3-1。

土质路基压实度标准 表 2-3-1

填挖类别		路床顶面以下深度(m)	路基压实度(%)		
			高速公路、一级公路	二级公路	三级公路、四级公路
零填及挖方		0~0.30	≥96	≥95	≥94
		0.30~0.80	≥96	≥95	—
填方	路床	0~0.80	≥96	≥95	≥94
	上路堤	0.80~1.50	≥94	≥94	≥93
	下路堤	>1.50	≥93	≥92	≥90

注:①表列压实度以《公路土工试验规程》(JTG E40—2007)重型击实试验法为准。
②三、四级公路铺筑水泥混凝土路面或沥青混凝土路面时,其压实度应采用二级公路的规定值。
③路堤采用特殊填料或处于特殊气候地区时,压实度标准根据试验路在保证路基强度要求的前提下可适当降低。
④特别干旱地区的压实度标准可降低2%~3%。

(3)填石路堤压实标准

膨胀性岩石、易溶性岩石不宜直接用于路堤填筑,强风化石料、崩解性岩石和盐化岩石不得直接用于路堤材料。路堤填料粒径不应大于500mm,并不宜超过层厚的2/3,不均匀系数宜为15~20。路床底面以下400mm范围内,填料粒径应小于150mm。路床填料粒径应小于100mm。

填石上、下路堤的压实质量标准,见表2-3-2。

填石路堤上、下路堤压实质量标准 表 2-3-2

分区	路床顶面以下深度(m)	硬质石料孔隙率(%)	中硬石料孔隙率(%)	软质石料孔隙率(%)
上路堤	0.8~1.50	≤23	≤22	≤20
下路堤	>1.50	≤25	≤24	≤22

填石路堤施工过程中的每一压实层,可用试验路段确定的工艺流程和工艺参数,控制压实过程;用试验路段确定的沉降差指标检测压实质量。

3)影响压实效果的因素

在室内对细粒土进行击实试验时,影响土或路面材料达到规定密实度的主要因素有:含水率、土或材料的颗粒组成以及击实功。

在施工现场碾压细粒土的路基时,影响路基达到规定压实度的主要因素有:土的含水率、碾压层的厚度、压实机械的类型和功能、碾压遍数以及地基的强度。

在施工现场碾压级配集料时,影响集料达到规定密实度的主要因素,除上述因素外,还有集料的特性(包括质量、级配的均匀性和细料的塑性指数)以及下承层的强度。

此外,土和路面材料的类型对所能达到压实度也有明显影响。

(1)含水率

通过室内击实试验绘制的密实度(干密度)与含水率之间的关系曲线(击实曲线)如图2-3-9。在压实过程中,土或材料的含水率对所能达到的密实度起着非常大的作用。锤击或碾压的功需要克服土颗粒间的内摩阻力和凝聚力,才能使土颗粒产生位移并互相靠近。土的内摩阻力和凝聚力是随密实度而增加的。土的含水率小时,土颗粒间的内摩阻力大,压实到一定程度后,某一压实功不再能克服土的抗力,压实所得的干密度小。当土的含水量逐渐增加时,水在土颗粒间起着润滑作用,使土的内摩阻力减小,因此同样的压实功可以得到较大的干密度。在这个过程中,单位土体中空气的体积逐渐减小,而固体体积和水的体积则逐渐增加。当土的含水率继续增加到超过某一限度后,虽然土的内摩阻力还在减小,但单位土体中的空气体积已减到最小限度,而水的体积却在不断增加。由于水是不可压缩的,因此在同样的压实功下,土的干密度反而逐渐减小。在击实曲线上与最大干密度对应的含水率称为最佳含水率。土的含水率是影响压实效果的决定性因素,在最佳含水率下,最容易获得最佳压实效果。但是,某一种土或路面材料的最佳含水率和最大干密度不是固定不变的,它随压实功能而变。在室内进行击实试验时,它随所用的击实功而变。在工地碾压时,它随所用压路机的重量或功能以及碾压遍数而变。

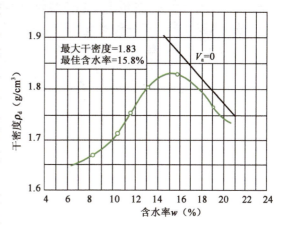

图 2-3-9 干密度和含水率关系曲线

在施工现场,用某种压路机碾压含水率过小的土或级配集料,要达到高的压实度是困难的;如土的含水率超过最佳值过多,要达到较大的压实度同样是困难的。因此,在特殊干旱和特殊潮湿地区,在无法或不能采取合适措施的情况下,实际施工中往往不得不降低对压实度的要求。对含水量过大的土、砂砾土、无机结合料稳定土等路面材料进行碾压时,经常会发生"弹簧"现象,而不能压实。

(2)压实功能

压实功能包括压实机械质量、碾压遍数或锤落高度、作用时间等。压实功能是影响压实效果的另一重要因素。

对同一类土,最佳含水率随压实功能的增加而降低,而最大干密度则随压实功能的增加而增加;在相同含水率条件下,压实功能愈高,土基密实度愈高。据此规律,工程实践中可以增加压实功能(选用重碾,增加碾压遍数或延长碾压时间等),以提高其压实度。然而,用增加压实功能的办法来提高土的密实度是有限度的,当压实功能增大到一定程度后,土的密实度增加较缓慢,在经济效益和施工组织上不够合理,甚至功能过大,破坏土基结构,效果适得其反。相比之下,严格控制最佳含水率,要比增加压实功能收效大得多。当含水率不足,洒水有困难时,适当增大压实功能,可以收效。如果土的含水率过大,此时如果增大压实功能,必将出现"弹簧"现象,压实效果很差,造成返工浪费。所以,土基压实施工中,控制最佳含水率,是首要关键,在此前提下采取分层填土,控制有效土层厚度,必要时适当增大压实功能,乃土基压实工作的基本要领。

(3)土质

土质不同压实效果也不同,一般情况是在同一压实功能作用下,粗颗粒含量多的土,最大干密度较大,最佳含水率较小,比较容易压实。土中粉粒和黏粒含量愈多,土的塑性指数愈大,土的最佳含水率也就愈大,同时其最大干密度愈小。各种不同土的最佳含水率和最大干密度虽然不同,它们击实曲线的性质却是基本相同的。砂土易散失水分,松散不易压实,最佳含水率的概念,没有多大的实际意义。

路基施工最好的土质是亚砂土和亚黏土,它们压实性好,容易施工,水稳性良好。重黏土塑性指数高,成团不易打碎,造成压实困难。

(4)压实机械

压实机具的选择,以及合理的操作,亦是影响土基压实效果的另一些综合因素。

土基压实机具的类型很多,大致分为碾压式、夯击式和振动式三大类型。碾压式(又称静力碾压式),包括光面碾(普通的两轮和三轮压路机)、羊足碾和气胎碾等几种。夯击式中除人工使用的石硪、木夯外,还包括机动设备中的夯锤、夯板、风动夯及蛙式夯机等。振动式中有振动器、振动压路机等。每一种类型的压路机都有多种不同的重量。此外,运土工具中的汽车、拖拉机以及土方机械等,亦可用于路基压实。常用压路机的分类如下:

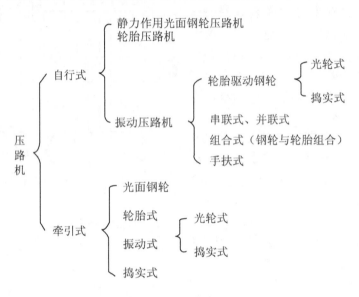

在公路路基路面施工中,通常采用自行式压路机。

不同压实机具,适用于不同土质及不同土层厚度等条件,这亦是选择压实机具的主要依据。

采用光面钢轮压路机碾压时,由于碾压轮与土或路面结构层材料的接触面积大,单位压力小,且压实工作系由层的表面向下,上层密实度大于下层,因此其压实厚度较小。用光面钢轮压路机碾压一定厚度的填土及路面结构层,既可以获得密实的结果,又可以得到平整的表面。

轻型和中型光面钢轮压路机可以用作预压,普通的中型光面钢轮压路机更适宜于压实低黏性土和非黏性土。重型光面钢轮压路机可以成功地压实黏性土。对于无黏性的砂,不适宜用重型光面钢轮压路机碾压。通常光面钢轮压路机还用于碾压路面结构层。

轮胎压路机是以充气轮胎对铺筑材料进行压实,它可以用增加配重改变每个轮胎的负荷和变更轮胎的内压使接触压力改变,因此能适应各种土壤的压实,适用范围广,压实深度大,压实效果好。由于轮胎对被碾压材料的揉压作用,使其在压实沥青路面时,更显其优越性。轮胎压路机的另一优点是机动性能好,便于运输。

振动压路机的压实功能很高,它兼有重量轻、体积小、速度快、效率高、操纵灵活等优点。振动压路机特别适宜于压实黏性小的土体,对黏性土,其压实效果较差。手扶式的小型振动压路机特别适宜于碾压路肩及台背填土。

(5)碾压层的厚度和碾压遍数

碾压层的厚度应该适当。碾压层过厚,非但该层的下部的压实度达不到要求,而且该层的上部的压实度也要受到不利影响。同时,碾压层的厚度应该与所用压路机的质量或功能相适应,它也随压路机的类型而变。不同压路机的一层的压实厚度具体多少比较合适,应通过现场的碾压试验及分层测定干密度来确定。

用同一压路机对同一种材料进行碾压时,最初的若干遍碾压,对增高材料的干密度影响很大;碾压遍数继续增加,干密度的增长率就逐渐减小;碾压遍数超过一定数值后,干密度实际上就不再增加了。

路基施工时,首先需要确定每层填土的厚度以及压路机的碾压遍数,以保证达到要求的密实度。在解决这个问题时,还应该将机械压实作用能够达到的深度与符合要求密实度的压实深度区别开来,通常前者大于后者。实际施工中,重要的是能符合要求密实度的有效压实深度,这个深度也就是每层填土的合适压实厚度。有效压实深度主要与压实机械类型、碾压遍数或夯击次数、土的性质和含水率有关。若压实遍数超过10遍,应考虑减少填土层厚。

(6) 碾压速度

不管使用哪种型式或质量的压路机进行碾压,其碾压速度对路基土或路面材料层所能达到的密实度有明显影响。在相同碾压遍数的情况下,碾压速度愈高,所得的压实度愈小;为了达到同样的压实度,碾压速度愈高,所需要的碾压遍数就愈多。虽然采用高碾压速度要比采用低碾压速度的压实生产率高而且比较经济,但速度过快,容易导致被压层的平整度变差(形成小波浪)。因此,应针对具体碾压的材料层和所用的压路机,通过铺筑试验段选择合适的碾压速度。通常,碾压层厚和难以压实的材料,应采用较低的碾压速度。

(7) 地基或下承层的强度

实践证明,在填筑路堤时,如地基没有足够的强度,路堤的第一层是难于达到较高压实度的。因此,在填筑路堤之前,必须先碾压地基(在清场后),使其达到足够的压实度和强度。如地基本身比较湿软(在水稻田地区常有这种情况),直接在上填筑路堤,往往会发生困难,路堤的第一层(每层以压实厚度20cm考虑)甚至第二层上,重型压路机无法进行碾压;重型压路机进行碾压,土层就发生"弹簧"现象,碾压得愈多,"弹簧现象"愈严重。在这种情况下,应该先采用石灰或固化剂处理地基,或者先将地基土用砂、砂砾、砂砾土或其他类似的材料换填1～3层,进行适当碾压后,再进行填土。

由于原状结构土的密实度不够、强度不足,如直接用压路机在路堑表面碾压,经常达不到所要求的压实度。因此,应该首先将路堑上层厚30～40cm的土推出路外,用重型压路机将下层碾压密实(通常需压5～6遍)后,再将土分两层回填,并分别碾压,才能达到要求的压实度。在某些情况下,甚至需要先推出60cm,并分三层回填和压实。

下承层的强弱对所需压实层的密实度也有明显的影响。试验表明,直接铺筑在土基上的同一种级配集料,用相同的压实机械和压实方法碾压时,如土基强度高,集料的密实度就大;反之,集料的密实度就小。

(8) 碾压方式

路基、路面基层和沥青面层的施工技术规范都要求碾压时必须"先轻后重",即先用轻型压路机碾压一定遍数后,再用重型压路机碾压。这种合适的碾压方式既有利于提高压实度,又有利于提高平整度。

任务实施

1. 填筑施工

1) 分层填筑

按横断面全宽纵向水平分层填筑压实,每200m左右或两结构物之间划分为一个施工区。

分层厚度根据试验路段确定的数据严格控制，路堤每20m设一组高程点，填筑虚铺厚度一般为30~40cm，地形起伏时由低处分层填筑，边坡两侧各加宽40~50cm，以方便机械压实作业，保证完工后路堤边缘的压实质量。自卸车卸土时，根据车容量计算堆土间距，以便平整时控制层厚均匀，通常采用网格法，如图2-3-10。

图2-3-10 网格法上土
a)白灰线撒出网格；b)网格法上土效果

2)摊铺整平

填土区段完成一层填筑后，先用推土机进行初平，再用平地机进行精平，控制层面平整、均匀，如图2-3-11所示(推土机推土、平地机刮平)。摊铺时层面作成向两侧倾斜2%~3%的横向排水坡，以利雨天路基面排水。

图2-3-11 摊铺整平
a)推土机初平；b)平地机精平

2. 压实

1)通过试验路段确定路基压实的最佳方案

影响路基压实的主要因素有土的力学性质和压实功能、土的含水率、铺层厚度、土的级配以及底层的强度和压实度等。路基碾压时，并不是这些因素独立起作用，而是这些因素共同起作用。因此，高速公路、一级公路以及在特殊地区或采用新技术、新工艺、新材料进行路基施工时，施工单位应采用不同的施工方案做试验路段，从中选出路基压实的最佳方案。

铺筑试验段需制订试验方案，其目的是在给定压路机的情况下，找出达到压实标准的最经济的铺层厚度和碾压遍数。确切地说，就是寻求铺层厚度与碾压遍数之比的极大值。试验路段位置应选择在地质条件、断面型式均具有代表性的地段，路段长度不宜小于100m。具体实施可以按以下步骤进行：

（1）取代表性土样做重型击实试验，绘制干密度 ρ_d 与含水率 w 的关系曲线，确定土的最佳含水率 w_0 和最大干密度 ρ_{dmax}，如图2-3-9。

（2）根据土的干密度与含水率关系曲线控制土的含水率 w。

（3）确定铺层厚度和碾压遍数。一般可根据压路机械的功能及土质情况确定铺层厚度，高速公路和一级公路按松铺厚度30cm进行试验，以确保压实层的均匀性。其他公路，按土质类别、压实机具功能、碾压遍数等，经过试验确定，但最大松铺厚度，不宜超过50cm。

砂性土需碾压遍数少，黏性土需碾压遍数多。光轮压路机碾压遍数较高，轮胎压路机次之，振动压路机和夯击机遍数最少。

通过试验段的铺筑及有关数据的检测，写出试验报告，最后确定土的适宜铺筑厚度、所需碾压遍数及填土的实际含水率，以利施工中掌握控制。

2）压实机械选用和组合

不同的压实机具，适用于不同土质和不同土层厚度等条件，这是选用压实机具的主要依据。常见的压实机具的技术性能如表2-3-3所示。正常条件下，对于砂性土的压实效果，振动式较好，夯击式次之，碾压式较差。对于黏性土，则宜选用碾压式和夯击式，振动式较差甚至无效。不同压实机具，在最佳含水率条件下，适应于一定的最佳压实厚度以及通常的压实遍数。

压实机具的技术性能　　　表2-3-3

机具名称	最大有效压实厚度(m)	碾压行程遍数				适宜的土类
		黏性土	亚黏土	粉砂土	砂黏土	
人工夯实	0.10	3～4	3～4	2～3	2～3	黏性土与砂性土
牵引式光面碾	0.15	—	—	7	5	黏性土与砂性土
羊足碾(2个)	0.20	10	8	6	—	黏性土
自动式光面碾5t	0.15	12	10	7	—	黏性土与砂性土
自动式光面碾10t	0.25	10	8	6	—	黏性土与砂性土
气胎路碾25t	0.45	5～6	4～5	3～4	2～3	黏性土与砂性土
气胎路碾50t	0.70	5～6	4～5	3～4	2～3	黏性土与砂性土
夯击机0.5t	0.40	4	3	2	1	砂性土
夯击机1.0t	0.60	5	4	3	2	砂性土
夯板1.5t 落高2m	0.65	6	5	2	1	砂性土
履带式	0.25	6～8		6～8		黏性土与砂性土
振动式	0.40	—		2～3		砂性土

正常条件下，对于砂性土的压实效果，振动式较好，夯击式次之，碾压式较差。对于黏性土，则宜选用碾压式或夯击式，振动式较差甚至无效果。不同的压实机械采用通常的压实遍数，在最佳含水率条件下，适应于一定的最佳压实厚度。各种土质适宜的碾压机械，如表2-3-4所示。

各种土质适宜的碾压机械　　　表2-3-4

机械名称 \ 土的类别	细粒土	砂类土	砾石土	巨粒土	备注
6～8t 两轮光轮压路机	A	A	A	A	用于预压整平
12～18t 三轮光轮压路机	A	A	A	B	最常使用

续上表

机械名称 \ 土的类别	细粒土	砂类土	砾石土	巨粒土	备 注
25~50t 轮胎压路机	A	A	A	A	最常使用
羊足碾	A	C 或 B	C	C	粉、黏土质砂可用
振动压路机	B	A	A	A	最常使用
凸块式振动压路机	A	A	A	A	最宜使用含水量较高的细粒土
手扶式振动压路机	B	A	A	C	用于狭窄地点
振动平板夯	B	A	A	B 或 C	用于狭窄地点,机械质量 800kg 的可用于巨粒土
手扶式振动夯	A	A	A	B	用于狭窄地点
夯锤(板)	A	A	A	A	夯击影响深度最大
推土机、铲运机	A	A	A	A	仅用于摊平土层和预压

注：表中符号 A 代表适用；B 代表无适当的机械时可用；C 代表不适用。

3) 含水率的检测与控制

路基的强度与稳定性主要是通过压实得以提高,压实度受含水率的制约,有效地控制含水率后,才能可靠地压实到压实标准。一般控制压实时土的含水率在最佳含水率 ±2% 以内。当土的实际含水率超过上述范围时,应将土摊开、晾晒或适当洒水以达到要求后方可进行压实。当需要对土采用人工洒水时,达到最佳含水率所需洒水量可按下式估算:

$$m = (w_0 - w)\frac{Q}{1+w} \quad (2\text{-}3\text{-}2)$$

式中：m——所需加水量(kg)；

w——土原来的含水率(以小数计)；

w_0——土的压实最佳含水率(以小数计)；

Q——需要加水的土的质量(kg)。

需要加的水宜在取土的前一天浇洒在取土坑内的表面,使其均匀渗透入土中,也可将土运至路堤上后,用水车均匀、适量地浇洒在土中,并用拌和设备拌和均匀。

此外还应增加洒水至碾压时的水分蒸发消耗量。

4) 压实施工

通过上述的准备工作,在确定了所采用的压实机械、需要的碾压遍数、最佳含水率后,即可对路基进行压实施工。路堤、路堑和路堤基底均应进行压实。

碾压前应对填土层的松铺厚度、平整度和含水率进行检查,如果不合要求,不要急于碾压,而必须采取处理措施,如减少填土层厚、平地机整平、晾晒或洒水。

各种压路机的碾压行驶速度开始时宜用慢速,最大速度不宜超过 4km/h；碾压时直线段由两边向中间,小半径曲线段由内侧向外侧,纵向进退式进行；横向接头对振动压路机一般重叠 0.4~0.5m,对三轮压路机一般重叠后轮宽的 1/2,前后相邻两区段(碾压区段之前的平整预压区段与其后的检验区段)宜纵向重叠 1.0~1.5m。应达到无漏压、无死角,确保碾压均匀。采用振动压路机碾压时,第一遍应不振动静压,然后先慢后快,由弱振至强振。

有大型运载车辆的标段,应合理安排行车路线,充分利用大型车辆对路基的压实作用。大型车辆轴载大,对路基具有压实作用,但长时间在同一路线上行驶,会导致过度碾压,形成车辙,反而对路基有害。因此,施工时应尽量让车辆在路基全幅宽度内分开行驶。

高速公路、一级公路填方路基压实施工流程如图 2-3-12。

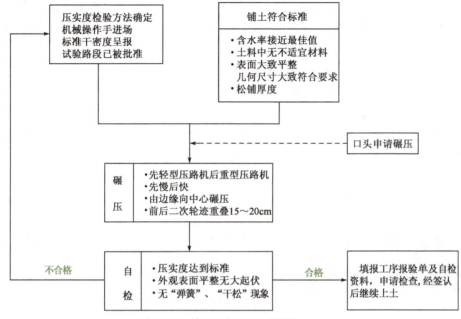

图 2-3-12 填土压实施工工艺流程

5) 压实质量的检查和评价

为确保路基达到规定的压实度要求,必须认真做好压实质量的检查与监理工作。

在压实过程中,施工单位的自检人员应经常检查压实度是否符合要求。压实度测试方法可采用环刀法、蜡封法、灌水法(水袋法)、灌砂法或核子密度湿度仪测定。细粒土现场压实度检查可采用环刀法或灌砂法;粗粒土及路面结构层压实度检查可以采用灌砂法、水袋法或钻孔取样蜡封法。核子密度湿度仪应与环刀法、灌砂法等进行对比标定后才可应用。每一压实层均应检验压实度。

路基压实度检验频率为每 2000m² 每压实层测 4 处;路面结构层压实度检验频率为每 200m 每车道 2 处(沥青混凝土面层和沥青碎(砾)石面层为每 200m 每车道 1 处)。必要时可根据需要增加检验点,以防止压实不足处漏检。检验合格后方可填筑其上一层。若检验不合格,则应查明原因,进行补压,直至符合要求为止。

路基、路面压实度的评定以 1~3km 长的路段为检验评定单元,按其检测频率进行现场压实度抽样检查,求算每一测点的压实度 K_i。检验评定段的压实度代表值 K(算术平均值的下置信界限)按下式计算,若 K 大于或等于压实度的标准值 K_0,则为合格。

$$K = \overline{K} - \frac{t_\alpha S}{\sqrt{n}} \geqslant K_0 \tag{2-3-3}$$

式中:$\overline{K}$——检验评定段内各检验点压实度的平均值;

t_α——t 分布表中随测点数和保证率(或置信率 α)而变的系数,见表 2-3-5。采用的保证率:高速公路、一级公路:基层、底基层为 99%,路基、路面面层为 95%;其他公路:基层、底基层为 95%,路基、路面面层为 90%;

S——检验值的均方差;

n——检验点数;

K_0——压实度标准值(规定值)。

路基、基层和底基层:$K \geq K_0$,且单点压实度 K_i 全部大于等于规定值减 2 个百分点时,评定路段的压实度可得规定满分;当 $K \geq K_0$,且单点压实度全部大于等于规定极值时,对于测定值低于规定值减 2 个百分点的测点,按其占总检查点数的百分率计算扣分值。

$K < K_0$ 或某一单点压实度 K_i 小于规定极值时,该评定路段压实度为不合格,评为零分。

路堤施工段落短时,分层压实度控制要求每个点符合要求,且实际样本数不少于 6 个。

路基压实度极值为路基压实度规定值减去 5 个百分点。

沥青面层:当 $K \geq K_0$ 且全部测点大于等于规定值减 1 个百分点时,评定路段的压实度可得规定的满分;当 $K \geq K_0$ 时,对于测定值低于规定值减 1 个百分点的测点,按其占总检查点数的百分率计算扣分值。

$K < K_0$ 时,评定路段的压实度为不合格,评为零分。

$t_\alpha/\sqrt{n}$ 值   表2-3-5

保证率 n	99%	95%	90%	保证率 n	99%	95%	90%
2	22.501	4.465	2.176	20	0.568	0.387	0.297
3	4.021	1.686	1.089	21	0.552	0.376	0.289
4	2.270	1.177	0.819	22	0.537	0.367	0.282
5	1.676	0.953	0.686	23	0.523	0.358	0.275
6	1.374	0.823	0.603	24	0.510	0.350	0.269
7	1.188	0.734	0.544	25	0.498	0.342	0.264
8	1.060	0.670	0.500	26	0.487	0.335	0.258
9	0.966	0.620	0.466	27	0.477	0.328	0.253
10	0.892	0.580	0.437	28	0.467	0.322	0.248
11	0.833	0.546	0.414	29	0.458	0.316	0.244
12	0.785	0.518	0.393	30	0.449	0.310	0.239
13	0.744	0.494	0.376	40	0.383	0.266	0.206
14	0.708	0.473	0.361	50	0.340	0.237	0.184
15	0.678	0.455	0.347	60	0.308	0.216	0.167
16	0.651	0.438	0.335	70	0.285	0.199	0.155
17	0.626	0.423	0.324	80	0.266	0.186	0.145
18	0.605	0.410	0.314	90	0.249	0.175	0.136
19	0.586	0.398	0.305	100	0.236	0.166	0.129

土质路基顶面及沥青路面压实完成后还应进行弯沉测试,以检查路基、路面的刚度是否符合设计要求。弯沉值用贝克曼梁或自动弯沉仪测量。检验频率为每一双车道评定路段(不超过1km)检查 80~100 个点,多车道公路必须按车道数与双车道之比,相应增加测点。

弯沉代表值为弯沉测量值的上波动界限,用下式计算:

$$l_r = \bar{l} + Z_\alpha S \tag{2-3-4}$$

式中：l_r——弯沉代表值；

$\bar{l}$——测量弯沉的平均值；

S——标准差；

Z_α——与要求保证率有关的系数,当设计弯沉值按《公路沥青路面设计规范》(JTJ D50—2006)确定时,采用表2-3-6。

与要求保证率有关的系数 Z_α 表2-3-6

层 位	Z_α	
	高速公路、一级公路	二、三级公路
沥青面层	1.645	1.5
路 基	2.0	1.645

计算平均值和标准差时,可将超出 $\bar{l} \pm (2\sim3)S$ 的弯沉特异值舍弃。对舍弃的弯沉值过大的点,应找出其周围界限,进行局部处理。用两台弯沉仪同时进行左右轮弯沉值测定时,应按两个独立测点计,不能采用左右两点的平均值。

弯沉代表值不大于设计要求的弯沉值时得满分,大于设计值时得零分。

弯沉值测试在不利季节进行。若在非不利季节测定时,应乘以季节影响系数。

弯沉值反映路基上部的整体强度,而压实度反映路基每一层的密实状态,只有弯沉值和压实度两者都合格,路基的整体强度、稳定性和耐久性才能符合要求。

路基达到碾压遍数后,均由施工单位(承包人)按上述规定自己检测,检验不合格时,自行补压。若检验合格,应填写工序报验单,附上检测记录,报监理工程师进行抽检,或者在碾压到规定遍数后,施工单位(承包人)会同监理工程师共同到达工地,监理工程师旁站监督检验(两种检测方法各有所长,施工中均有采用)。旁站检测合格时即可签定认可,不合格时承包人自费进行补压或返工。无论何时,在摊铺下一层之前,每一层的压实都必须经监理工程师批准。监理工作流程如图2-3-13。

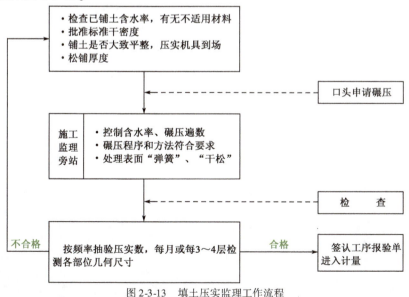

图2-3-13 填土压实监理工作流程

3. 路基整修

1) 路床顶面整修

土质路床顶面的整修，可用机械配合人工切土或补土，并配合碾压机械压实，不得有松散、软弹及表面不平整现象。石质路基表面应用石屑嵌缝密实、平整、不得有坑槽和松石。

2) 边坡整修

(1) 路堤填筑达到设计路肩高程后，先恢复中线，每 20m 设置一桩，进行水准测量，计算平整高度，放样路肩边桩，按设计要求修筑路拱，并进行压实。

(2) 路面整形须保证基床表层质量，做好路拱、路肩的整修压实。边坡整修须按设计坡率刷除超填部分，要尽力避免超刷并及时整修夯拍。

(3) 表面需补填时，如补填厚度小于 10cm，将压实层翻挖 10cm 以上，再补填同类土重新整平压实。

(4) 路堤边坡缺土帮坡时，须挖出台阶，分层夯实。路基加宽部分在整修阶段人工挂线清刷夯拍。路基经过整修后，做到肩棱明显、路拱坡面符合设计要求。

(5) 非绿化区边坡压实采用改装的挖掘机进行边坡夯实；对于设计有绿化要求的坡面用人工夯实与种植植被相结合的方法进行。

4. 实训项目

根据给定的工程概况，完成路堤填筑施工技术方案。

任务 2.4　路基施工质量控制与验收

学习目标

1. 了解建设项目的划分；
2. 知道路基工程质量评定方法；
3. 分析不同阶段路基检查的内容和检查项目；
4. 根据《公路工程质量检验评定标准　第一册　土建工程》(JTG F80/1—2004)完成路基质量评定资料的准备；
5. 正确完成路基施工质量评定工作。

任务描述

通过对路基施工质量评定等内容的学习，掌握路基施工质量评定的一般要求、评定方法和具体检测项目，能完成公路路基施工质量评定相关资料的准备和施工质量评定工作。

学习引导

本工作任务沿着以下脉络进行学习：

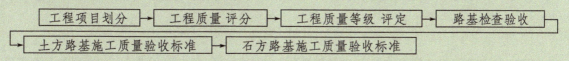

 相关知识

1. 建设项目划分

工程质量评定,应按分项、分部、单位工程、合同段和建设项目逐级评定。

(1) 单位工程:在建设项目中,根据签订的合同,具有独立施工条件的工程。

(2) 分部工程:在单位工程中,应按结构部位、路段长度及施工特点或施工任务划分为若干个分部工程。

(3) 分项工程:在分部工程中,应按不同的施工方法、材料、工序及路段长度等划分为若干个分项工程。

2. 工程质量评分

工程质量检验评分以分项工程为单元,采用100分制进行。在分项工程评分的基础上,主机计算各相应分部工程、单位工程、合同段和建设项目评分值。

(1) 分项工程评分

检验内容包括基本要求、实测项目、外观鉴定、质量保证资料四个部分。分项工程的评分值满分为100分,按实测项目采用加权平均法计算,存在外观质量缺陷或资料不全时,予以减分。

$$分项工程评分值 = 分项工程得分 - 外观缺陷减分 - 资料不全减分 \tag{2-4-1}$$

$$分项工程得分 = \frac{\sum [检查项目得分 \times 权值]}{\sum 检查项目权值} \tag{2-4-2}$$

$$检查项目得分 = 检查项目合格率 \times 100 \tag{2-4-3}$$

$$检查项目合格率 = \frac{检查合格的点(组)数}{该检查项目的全部检查点(组)数} \times 100\% \tag{2-4-4}$$

外观缺陷减分:对工程外表状况应逐项进行全面检查,如发现外观缺陷,应行减分。对较严重的外观缺陷,施工单位须采取措施进行整修处理。

资料不全减分:分项工程的施工资料和图表残缺,缺乏最基本的数据,或有伪造涂改者,不予检查和评定。资料不全者予以减分,视具体情况每条减1~3分。

(2) 分部工程和单位工程质量评分

分项工程和分部工程分为一般工程和主要(主体)工程,分别给以1和2的权值。进行分部工程和单位工程评分时,采用加权平均值计算法确定相应的评分值。

$$分部(单位)工程评分值 = \frac{\sum [分项(分部)工程评分值 \times 相应权值]}{\sum 分项(分部)工程权值} \tag{2-4-5}$$

(3) 质量保证资料

施工单位应有完整的施工原始记录、实验数据、分项工程自查数据等质量保证资料,并进行分析整理,负责提交齐全、真实和系统的施工资料和图表。应包括以下六个方面:

①所有原材料、半成品和成品质量检验结果。

②材料配比、拌和加工控制检验和试验数据。

③地基处理、隐蔽工程施工记录和大桥、隧道施工监控资料。

④各项质量控制指标的试验记录和质量检验汇总图表。

⑤施工过程中遇到的非正常情况记录及其对工程质量影响分析。

⑥施工过程中如发生质量事故,经处理补救后,达到设计要求的认可证明文件。

3. 工程质量等级评定

1) 分项工程质量等级评定

分项工程评分制不小于 75 分者为合格,小于 75 分者为不合格。评定为不合格的分项工程,经加固、补强或返工、调测,满足设计要求后,可以重新评定其质量等级,但计算分部工程评分值时按其复评分值的 90% 计算。

2) 分部工程质量等级评定

所属各分项工程全部合格,则该分部工程评为合格;所属任一项分项工程不合格,则该分部工程为不合格。

3) 单位工程质量等级评定

所属各分部工程全部合格,则该单位工程评为合格;所属任一分部工程不合格,则该分部工程为不合格。

4) 合同段和建设项目质量等级评定

合同段和建设项目所含单位工程全部合格,其工程质量等级为合格;所属任一单位工程不合格,则合同段和建设项目为不合格。

4. 检查验收

1) 中间检查

施工过程中当每一分项、分部工程完成后,应按设计文件及施工规范等进行中间检查。如路基原地面处理完毕,应检查基底处理情况;边坡加固前,应对加固方法、加固形式、填挖方边坡加固的适用性、边坡坡度是否适当等进行检查;若发现已完工路基受水浸淹损坏、取土及弃土超过设计、意外的填土下陷、填挖方边坡坍塌需增加土方及边坡加固工程数量时应进行中间检查。此外,在路基渗沟回填土前、路基换土工作完成后、各类防护加固工程基坑开挖后必须进行中间检查验收,检查不合格不得进行下一工序的施工。

2) 竣工检查

对路基进行竣工验收时,应对以下项目进行检查、验收:路基的平面位置、路基宽度、高程、横坡和平整度;边坡坡度及加固设施;边沟等排水设施的尺寸及沟底纵坡;防护工程的修建位置和各部尺寸;填土压实度及表面弯沉;取土坑、弃土堆、护坡道、截水沟、渗水井等的位置和形式;隐蔽工程施工记录等。这些项目的评定按《公路工程质量检验评定标准 第一册 土建工程》(JTG F80/1—2004)进行。

任务实施

1. 路基土石方验收一般规定

(1) 土方路基和石方路基的实测项目技术指标的规定值或允许偏差按高速公路、一级公路和其他公路两档设定,土方路基压实度按高速公路和一级公路、二级公路、三级公路和四级公路三档设定。

(2) 路肩工程可作为路面工程的一个分项工程进行检查评定。

(3) 服务区停车场、收费广场的土方工程压实标准可按土方路基要求进行监控。

2. 土方路基施工质量验收标准

1) 基本要求

（1）在路基用地和取土坑范围内，应清除植被、杂物、积水、淤泥和表土，处理坑塘，并按规范和设计要求对基底进行压实。

（2）路基填料应符合规范和设计的规定，经认真调查、试验后合理选用。

（3）填方路基须分层填筑压实，每层表面平整，路拱合适，排水良好。

（4）施工临时排水系统应与设计排水系统结合，避免冲刷边坡，勿使路基附近积水。

（5）在设定取土区内合理取土，不得滥开滥挖。完工后应按要求对取土坑和弃土场进行修整，保持合理的几何外形。

2）实测项目

土方路基实测项目，见表2-4-1。

土方路基实测项目　　　　表2-4-1

项次	检查项目		规定值或允许偏差			检查方法和频率	权值
			高速公路一级公路	其他公路			
				二级公路	三、四级公路		
1	压实度(%)	零填及挖方(m) 0~0.30	—	—	94	每200m每压实层测4处	
		0~0.80	≥96	≥95	—		
		填方(m) 0~0.80	≥96	≥95	≥94		
		0.80~1.50	≥94	≥94	≥93		
		>1.50	≥93	≥92	≥90		
2	弯沉(0.01mm)		不大于设计要求值				3
3	纵断高程(mm)		+10，-15	+10，-20		水准仪：每200m测4断面	2
4	中线偏位(mm)		50	100		经纬仪：每200m测4点，弯道加HY、YH两点	2
5	宽度(mm)		符合设计要求			米尺：每200m测4处	2
6	平整度(mm)		15	20		3米直尺：每200m测2处×10尺	2
7	横坡(%)		±0.3	±0.5		水准仪：每200m测4个断面	1
8	边坡		符合设计要求			尺量：每200m测4处	1

注：①表列压实度以重型击实试验法为准，评定路段内的压实度平均值下置信界限不得小于规定标准，单个测定值不得小于极值（表列规定值减5个百分点）。小于表列规定值2个百分点的测点，按其数量占总检查点的百分率计算减分制。

②采用核子仪检验压实度时应进行标定试验，确认其可靠性。

③特殊干旱、特殊潮湿地区或过湿土路基，可按交通运输部颁布的路基设计、施工规范所规定的压实度标准进行评定。

④三级公路修筑沥青混凝土或水泥混凝土路面时，其其路基压实度应采用二级公路标准。

⑤表中附录是指《公路工程质量检验评定标准 第一册 土建分册》（JTG F80/1—2004）中的附录。

3）外观鉴定

（1）路基表面平整，边线直顺，曲线圆滑。不符合要求时，单向累计长度每50m减1~2分。

（2）路基边坡坡面平顺、稳定，不得亏坡，曲线圆滑。不符合要求时，单向累计长度每50m减1~2分。

（3）取土坑、弃土堆、护坡道、碎落台的位置适当，外形整齐、美观，防止水土流失。不符合要求时，每处减1~2分。

土方路基质量检验评定表，见表2-4-2。

表 2-4-2

公路工程土方路基质量检验评定表

分项（工序）工程名称：　　　　　　　　所属分部工程名称：　　　　　　　　所属建设项目：

工程部位：　　　　　　　　施工单位：　　　　　　　　监理单位：

基本要求：详见检验评定标准对该分项（工序）工程的基本要求

项次	检查项目		规定值或允许偏差			检查方法和频率	实测值或实测偏差值										质量评定			加权得分
			高速公路 一级公路	二级公路	其他公路 三、四级公路		1	2	3	4	5	6	7	8	9	10	平均值或代表值	合格率（%）	权值	
1	压实度（%）	零填及挖方 0~0.30 (m)	≥96	≥95	—	按附录 B 检查 密度法：每 200m 每压实层测 4 处													3	
		填方 0~0.80 (m)	≥96	≥95	≥94															
		0~0.80	≥94	≥94	≥93															
		0.80~1.50	≥93	≥92	≥90															
		>1.50																		
2	弯沉（0.01mm）		不大于设计要求值			按附录 I 检查													3	
3	纵断高程（mm）		+10, −15	+10, −20		水准仪：每 200m 测 4 断面													2	
4	中线偏位（mm）		50	100		经纬仪：每 2000m 测 4 点，弯道加 HY、YH 两点													2	
5	宽度（mm）		符合设计要求			米尺：每 200m 测 4 处													2	
6	平整度（mm）		15	20		3m 直尺：每 200m 测 2 处 × 10 尺													2	
7	横坡（%）		±0.3	±0.5		水准仪：每 200m 测 4 处													1	
8	边坡		符合设计要求			尺量：每 200m 测 4 处													1	
	合计																			

评分	外观鉴定	减分	监理意见
	质量保证资料	减分	
实测得分			
工程质量等级评定	评分		质量等级

检验负责人：　　　　　　　　检测：　　　　　　　　记录：　　　　　　　　复核：　　　　　　　　　　年　月　日

路基路面施工

续上表

分项（工序）工程名称：　　　　　　　所属分部工程名称：　　　　　　　所属建设项目：
工程部位：　　　　　　　　　　　　　施工单位：　　　　　　　　　　　　监理单位：

基本要求：详见检验评定标准对该分项（工序）工程的基本要求

项次	检查项目		规定值或允许偏差		检查方法和频率	实测值或实测偏差值										质量评定		加权得分
			高速公路 二级公路	其他公路		1	2	3	4	5	6	7	8	9	10	平均值或代表值	合格率（%）	权值
1	压实		厚度和碾压遍数符合要求		查施工记录													3
2	纵断高程（mm）		+10, −20	+10, −30	水准仪：每200m测4断面													2
3	中线偏位（mm）		50	100	经纬仪：每2000m测4点，弯道加HY、YH两点													2
4	宽度（mm）		符合设计要求		米尺：每200m测4处													2
5	平整度（mm）		20	30	3m直尺：每200m测2处×10尺													2
6	横坡（%）		±0.3	±0.5	水准仪：每200m测4断面													1
7	边坡	坡度	符合设计要求		每200m查4处													1
		平顺度	符合设计要求															
合计																		
外观鉴定						减分												
质量保证资料						减分												
实测得分						评分												
工程质量等级评定																质量等级		

工程质量责任人：　　　　　　　　检测：　　　　　　　　　记录：　　　　　　　　　复核：　　　　　　　　　监理意见

检验负责人：　　年　月　日

3. 石方路基施工质量验收标准

1) 基本要求

（1）石方路堑的开挖宜采用光面爆破法。爆破后应及时清理险石、松石，确保边坡安全稳定。

（2）修筑填石路基时，应进行地表清理，逐层水平填筑石块，摆放平稳，码砌边部。采用振动压路机分层碾压，压至填筑层顶面石块稳定，20t 以上压路机振压两遍无明显高程差异。

（3）路基表面应整修平整。

2) 实测项目

石方路基实测项目，见表 2-4-3。

石方路基实测项目　　　　　　　　　表 2-4-3

项次	检查项目		规定值或允许偏差			检查方法和频率	权值
			高速公路一级公路	其他公路			
				二级公路	三、四级公路		
1	压实		层厚和碾压遍数符合要求			查施工记录	3
2	纵断高程(mm)		+10,-20	+10,-30		水准仪：每200m测4断面	2
3	中线偏位(mm)		50	100		经纬仪：每200m测4点，弯道加 HY、YH 两点	2
4	宽度(mm)		符合设计要求	米尺：每200m测4处			2
5	平整度(mm)		20	30		3米直尺：每200m测2处×10尺	2
6	横坡(%)		±0.3	±0.5		水准仪：每200m测4个断面	1
7	边坡	坡度	符合设计要求			每200m抽查4处	1
		平顺度					

注：土石混填路基压实度或固体体积率可根据实际可能进行检验，其他检测项目与石方路基相同。

3) 外观鉴定

（1）上边坡不得有松石。不符合要求时，每处减 1~2 分。

（2）路基边线直顺，曲线圆滑。不符合要求时，单向累计长度每 50m 减 1~2 分。

任务 2.5　路桥过渡段施工

学习目标

1. 了解路桥过渡段和桥头跳车的概念；
2. 知道桥头跳车产生的原因；
3. 分析不同路桥过渡段处理的技术措施；
4. 根据《公路路基施工技术规范》(JTG F10—2006)组织完成路桥过渡段施工；
5. 正确完成路桥过渡段施工技术方案。

任务描述

从桥头跳车入手，分析设置路桥过渡段的原因，学习路桥过渡段处理的措施，掌握路桥过渡段路基施工的技术要求，独立完成公路路基路桥过渡段施工技术方案。

学习引导

本工作任务沿着以下脉络进行学习：

桥头跳车、路桥过渡段的概念 → 过渡段沉降差产生的原因分析 → 过渡段的处理方法 → 过渡段施工技术要求 → 过渡段施工工艺流程 → 桥头跳车的处理方法

一、相关知识

1. 路桥过渡段

公路投入运营使用后,往往在桥头或其他构造物处存在跳车现象,将其称为桥头跳车。桥头跳车是由于公路桥头及伸缩缝(桥头引道)处的差异沉降或伸缩缝破坏而使路面纵坡出现台阶而引起车辆通过时产生跳跃。这种现象在一些软土地基或高路堤跳车现象更为严重,不仅影响行车速度、行车的舒适性和安全性,而且容易使桥台、台背、桥头伸缩缝以及连接的路面结构遭到破坏,从而成为公路运营中必须经常维修养护的主要路段。

在公路设计和施工过程中,为防止跳车现象的出现,需要在桥头设置路桥过渡段进行特殊处理,过渡段长度按 2~3 倍路基填土高度确定。

2. 路桥过渡段产生不均匀沉降的原因分析

1)地基沉降

地基沉降包括瞬时沉降、主固结沉降和次固结沉降。瞬时沉降在施工期间就会完成,因而不会造成桥头跳车。由于地基处理方法不当,使地基主固结沉降未能在施工期间完成,造成工后沉降较大,通车后,随着时间的变化,地基缓慢固结,剩余沉降逐渐完成,这部分沉降造成了与桥台的沉降差。次固结沉降是指地基在路基静载长时间作用及车辆的动荷载反复作用下,地基地颗粒间的黏滞蠕变以及土体侧向的变形,导致路面高程下降,也是产生沉降差,造成桥头跳车的主要原因之一。

2)桥头路基填料的影响

结构物桥台一般采用刚性很大的坚石砌筑或钢筋混凝土浇筑而成,具有较大的整体刚度,属刚性体,荷载作用下变性较小;而与结构物桥台相连的道路,具有刚性较小柔性较大的特性,属弹塑性体,在汽车荷载反复作用下,产生较大变形,包括塑性变形和弹性变形,其中主要是塑性变形,这种不可恢复的塑性变形是土体内部土颗粒间的蠕变和侧向变形造成的,这种塑性变形在车辆荷载反复作用下不断积累,形成桥头的沉降差。

3)填料压实度

从施工上来看,由于桥台背后施工空间狭窄,大型压实机具的使用受到限制,使靠近桥台背后的填土很难达到要求的压实度,通车后,这部分路堤的变形较大。另外,路基填土在最佳含水率下压实能达到最佳压实效果,即干容重最大。从道路施工调查结果可知,台背填土普遍存在压实不足的问题,这是造成路桥过渡段不均匀沉降的基本原因之一。

4)桥头路堤渗水破坏

桥头的差异沉降容易造成路面开裂,雨水下渗,浸泡路基,使填土的强度指标大打折扣,易发生唧泥、喷浆等破坏。而跳车又加大了车辆荷载对路面和路基的冲击力,如养护维修不及时,这种恶性循环会使破坏程度呈加速发展的趋势。

许多桥头路堤沉降较严重的地方,常伴随锥坡和护坡水毁,分析其原因,雨水对路堤的冲刷和侵蚀方格网草防护等路堤边坡防护措施未能起到保护路基免受雨水侵害的作用,所以桥头路堤边坡防护措施及台背防水和排水设施的不适当,促使台背填土流失,路基强度降低,在行驶车辆长期作用下,过渡段填土塑性变形较大,诱发桥头路堤不均匀沉降。

任务实施

1. 防止桥头跳车的技术措施

1) 桥背填土的地基处理

桥台填土路堤施工后沉降控制标准一般在 10cm 以内,因此,为尽量减少路、桥衔接处的差异沉降,设计时往往采用加设钢筋混凝土搭板的形式。此外,正确处理好桥背软弱土地基,是减少施工后沉降、控制桥头跳车的重要技术措施,常用的方法有换土法、超载预压法、减少附加应力法、排水固结法、粉体搅拌桩、高压喷射注浆、振动碎石桩和矿渣桩等复合地基法,这些方法均已广泛应用于已建公路的路堤施工中。图 2-5-1 和图 2-5-2 分别为桥头采用砂井排水固结和粉体搅拌桩法,超载预压与砂井排水固结的情况。

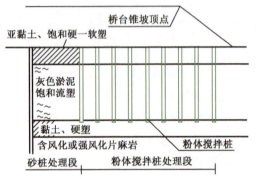 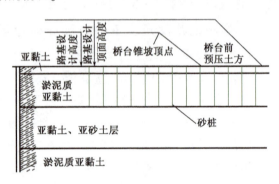

图 2-5-1 砂井排水及粉体搅拌桩处理桥台地基　　图 2-5-2 超载预压与沙井排水固结处理桥台地基

2) 做好桥头路基的排水施工

施工中应充分注意填土的排水,防止路面及中央分隔带水流对填土的浸泡或冲刷。同时在路堤填筑前,在基底顶面应设置必要的排水设施,如横向泄水管或盲沟等。其铺设方法,如有设计时可根据设计要求进行,如无设计时,可参考以下方法进行:

横向泄水管的铺设,通常先在基底顶面填筑 3%~4% 的夯实黏土横坡路基,再在其上挖一条宽×深为 (40~60)cm×(30~50)cm 的双向地沟,然后在台背后全宽范围内满铺一层土工织物等排水隔离层;在地沟内四周再铺设直径不小于 10cm、有孔径为 5mm 的小孔硬塑料泄水管,布成梅花形,间距控制在 10cm 内,其出口应伸出路基或桥头锥坡外。在硬塑料管四周再填筑粒径较大、透水性好的材料,并分层填筑至路堤顶面。

盲沟设置,即不采用泄水管,而以渗透系数大的透水材料(如大粒径碎石)填筑地沟,并用土工织物包裹,出口处作必要的处理。

3) 选用合理的填料

条件许可时,首先应选择板体性好,可压缩性小,压实快,透水性强的材料,如卵砾石、碎石土及砂砾土等,并要求填料级配适当。采用非透水性土,当为粘土或粉质土黏土时,应掺入灰剂量不小于 6% 的Ⅲ级以上石灰进行改良;当为塑性指数较小的砂土、亚砂土或粉土时,应掺入灰剂量不小于 3.5% 的标号 P32.5 以上的普硅水泥进行稳定,也可以采用强度较高的工业废渣,如粉煤灰等,必要时还可以采用土工合成材料加筋处理,但施工中要严格按《公路路基施工技术规范》(JTG F10—2006)、《公路土工合成材料应用技术规范》进行操作。

4) 设置桥头搭板

采用桥头搭板来防止桥头跳车是一种比较常见的处治方法,如图 2-5-3。其原理是将与路堤衔接处因较大差异沉降引起的路面纵坡突变通过设置桥头搭板进行缓和过渡,将路面纵坡变化控制在容许范围内,从而达到消除桥头跳车的目的,搭板长度的确定是设计的关键。

搭板形式分为等厚、变厚度和台阶形三种。桥头搭板长度设计应根据路基的容许工后沉降值计算确定,常取 3~15m(当超过 8m 时,宜设计成两段式或三段式搭板)。

5)压实措施

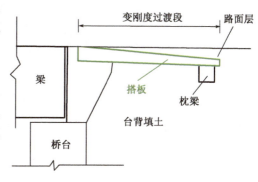

图 2-5-3 设置桥头搭板

选择适宜压实机具,并且对填料每层含水量、松铺厚度、压实度等指标进行严格控制,及时检测,确保压实充分,减小路基压缩性沉降。

6)相关技术措施

加强桥涵锥(护)坡、路基防护、排水设施等,避免产生病害破坏性沉降。桥头边坡防护也是隔渗水、防病害确保桥头路基稳定性的一个有效补充措施。

7)使用土工合成材料

在填料中埋入土工合成材料,形成土工合成材料加筋土,来处理路桥过渡段,常用的如土工格栅等,见图 2-5-4。土工合成材料发挥其抗拉强度,通过加筋与土体之间的摩擦作用约束土体的侧向变形,从而达到提高土体承载力和抗剪强度的目的。

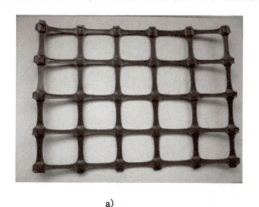

图 2-5-4 土工格栅的应用
a)双向土工格栅;b)土工格栅的铺设

大量国内外的土工合成材料加筋工程实例表明加筋土的作用主要集中于以下方面:

①加筋土抗剪强度的提高使其受剪破坏的荷载增大,相应的剪切变形较素土小。

②加筋土在承受荷载时,土体的侧向变形受到加筋的抑制,承载力提高,土体趋近于弹性范围内工作,塑性变形减小。

③加筋材料使作用在土体上的荷载较均匀地扩散到整个加筋土层上,土中单元体受力减小。

由此可见,应用土工合成材料对桥台背后的填料进行加筋,能够有效降低土体的压缩变形,减少塑性变形的积累,起到缩小桥头差异沉降的作用。

2. 桥、涵及结构物的回填的要求

根据《公路路基施工技术规范》(JTG F10—2006),桥、涵及结构物的回填应符合以下

要求:

1)材料

填料宜采用透水性材料、轻质材料、无机结合料等,非透水性材料不得直接用于回填。

2)基坑回填

基坑回填必须在隐蔽工程验收合格后方可进行。基坑回填应分层填筑、分层压实,分层厚度宜为 100~200mm。二级及二级以上公路,采用小型夯实机具时,基坑回填的分层压(夯)实厚度不宜大于 150mm,并应压(夯)实到设计要求的压实度。

3)台背及与路堤间的回填施工

(1)二级及二级以上公路应按设计做好过渡段,过渡段路堤压实度应不小于 96%,并应按设计做好纵向和横向防排水系统。

(2)二级以下公路的路堤与回填的连结部,应按设计要求预留台阶。

(3)台背回填部分的路床宜与路堤路床同步填筑。

(4)桥台背和锥坡的回填施工宜同步进行,一次填足并保证压实整修后能达到设计宽度要求。

4)涵洞回填施工

(1)洞身两侧,应对称分层回填压实,填料粒径宜小于 150mm。

(2)两侧及顶面填土时,应采取措施防止压实过程对涵洞产生不利后果。

3. 过渡段填土施工流程

施工中通常将路桥过渡段预留,结构物强度达到一定要求后在进行填筑,过渡段与路基衔接部分修成台阶状,如图 2-5-5 所示。

过渡段填筑施工工艺流程:确定台背填土范围—材料试验和选择—台背场地清理与平整—层次标记—材料回填整平—检查松铺厚度、含水率、灰剂量—碾压成型—检测各项指标—监理抽检合格—进行下一层施工。

填筑过程中为精确控制分层厚度,填筑之前在台背上做出层次标记,以利于施工控制,如图 2-5-6。

图 2-5-5 预留路桥过渡段

图 2-5-6 台背层次标记

4. 桥头跳车的处理方法

对于已经发生桥头跳车的路桥过渡段要及时维修处理,防止桥台和路基破坏更加严重。目前我国处理桥头跳车是用 MOH 材料处理桥头技术。MOH 材料即复合有机水硬性材料,它综合了热力学上互不相容的有机结合料(如乳化沥青)和无机结合料(如水泥)的胶结特性,在与石料进行拌和后,水泥和乳化沥青发生反应并相互胶联通过材料复合形成一种新的路面材料。

　　MOH 材料处理桥头跳车技术工艺采用分步填充，最后整体罩面的原则。即先测量原路面高程，结合测量数据确定桥头深陷段的具体位置，然后针对深陷部位采用分层摊铺的方法进行填充，直至原设计路面高程，然后再对深陷部位进行整体罩面。相对于传统热沥青桥头跳车处理，MOH 材料处理高速公路桥头跳车施工工艺简化，施工操作简单，并且易于控制，无需加热，保护环境，用乳化沥青作为有机结合料以及水泥或石灰作为无机再生结合料，充分发挥两种材料的优点，具有优良的路用性能，尤其是高温性能。

综合练习题

　　1. 基底处理的目的是什么？
　　2. 简述基地处理的方法和要求。
　　3. 简述路基土的分类及各种类型土的特点。
　　4. 简述路基填料选用的方法和步骤。
　　5. 路堤填筑的方法有哪些？各自适用条件是什么？
　　6. 简述路堤填筑压实的注意事项。
　　7. 如何保证路基压实质量？
　　8. 某新建高速公路路基施工中，对其中某一路段压实质量进行检查，压实度检测结果分别为 96.57%、95.39%、93.85%、97.32%、96.28%、95.86%、95.93%、96.87%、95.34%、95.93%，试对该路段的压实质量进行评定。
　　9. 简述路基工程质量评分办法。
　　10. 路桥过渡段填筑要求有哪些？
　　11. "桥头跳车"有哪些处理方法？

学习情境 3

路堑开挖施工

任务 3.1　土质路堑的开挖施工

学习目标

1. 了解路堑开挖施工工艺流程；
2. 知道路基土石方的工程分级；
3. 分析不同开挖方法的适用条件；
4. 根据《公路路基施工技术规范》(JTG F10—2006)掌握土质路堑开挖施工要点；
5. 正确完成公路土质路堑开挖施工技术交底。

任务描述

通过对土石工程分级及路堑开挖方法等相关知识的学习，掌握土质路堑开挖的方法和施工工艺要点，能独立完成公路土质路堑开挖施工技术交底的编制。

学习引导

本工作任务沿着以下脉络进行学习：

路基土石工程分级 → 土质路堑开挖方法 → 土质路堑开挖施工工艺流程 → 土质路堑开挖施工注意事项 → 完成土质路堑开挖施工技术交底编制

一、相关知识

1. 路基土石的工程分级

对路基设计、施工和确定工程概、预算定额来说,最有实用意义的是将土石按其开挖的难易程度分级。我国公路、铁路工程的土石按六级分级,即将土分为松土、普通土和硬土三级;将岩石分为软石、次坚石和坚石三级。我国水利、电力部门采用土石按十六级分级,即将土分为 Ⅰ~Ⅳ 四级,将岩石分为 Ⅴ~ⅩⅥ 十二级。我国公路土石分级有时也要用到十六级,六级与十六级的对应关系如表 3-1-1 和表 3-1-2 所示。

路基土石工程分级　　　　　　　　　　　表 3-1-1

六级	松土	普通土	硬土	软石	次坚石	坚石
十六级	Ⅰ~Ⅱ	Ⅲ	Ⅳ	Ⅴ~Ⅵ	Ⅶ~Ⅸ	Ⅹ~ⅩⅥ

土、石工程分级及施工方法　　　　　　　　　表 3-1-2

土石等级	土石类型	土石名称	钻 1m 所需时间		爆破 1m³ 所需炮眼长度(m)			开挖方法
			湿式凿岩一字合金钻头净钻时间(min)	湿式凿岩普通淬火钻头净钻时间(min)	双人打眼(工日)	路堑	隧道导坑	
Ⅰ	松土	砂类土、腐殖土、种植土、中密的黏性土及砂性土、松散的水分不大的黏土,含有 30mm 以下树根或灌木根的泥炭土						用铁锹挖,脚蹬一下到底的松散土层
Ⅱ	普通土	水分较大的黏土、密实的黏性土及砂性土、半干硬状态的黄土,含有 30mm 以上的树根或灌木根的泥炭土、碎石类土(不包括块石土及漂石土)						部分用镐刨松,再用锹挖,以脚蹬锹需连蹬数次才能挖动
Ⅲ	硬土	硬粘土、密实的硬黄土,含有较多的块石及漂石土,各种风化成土状的岩石						必须用镐先整个刨松才能用锹挖
Ⅳ	软石	各种松软岩石、盐岩、胶结不紧的砾岩、泥质页岩、砂岩、较坚实的泥灰岩、块石土及漂石土、软而节理多的石灰岩		7 以内	0.2 以内	0.2 以内	2.0 以内	部分用撬棍或十字镐及大锤开挖,部分用爆破法开挖
Ⅴ	次坚石	硅质页岩、硅质砂岩、白云岩、石灰岩、坚实的泥灰岩、软玄武岩、片麻岩、正长岩、花岗岩	15 以内	7~20	0.2~1.0	0.2~0.4	2.0~3.5	用爆破法开挖
Ⅵ	坚石	硬玄武岩、坚实的石灰岩、白云岩、大理岩、石英岩、闪长岩、粗粒花岗岩、正长岩	15 以上	20 以上	1.0 以上	0.4 以上	3.5 以上	用爆破法开挖

关于石方的鉴别,有些工程也有以指定功率的推土机、松土器是否勾动为石方的分类法,视具体工程标书中的规定而言。

交通运输部《公路工程预算定额》给出了各类土石方的预算定额。依据施工路段的土石方等级,承包单位可以据以选择施工方案,计算主要材料需用量和土石方开挖机械设备的型号、数量,编制出完整的施工组织设计。

2. 土质路堑的开挖方法

土质路堑可根据路堑的深度、纵向长度及所处的地形选择不同的开挖方式。目前,常用的开挖方法可分为全断面横挖法、纵挖法及混合开挖法三种。

1)全断面横挖法

从路堑的一端或两端在横断面全宽范围内向前开挖路堑的方式,称为横挖法。主要适用于短而浅的路堑。路堑深度不大时,一次挖到设计高程的开挖方式称为单层横挖法,如图3-1-1a)。

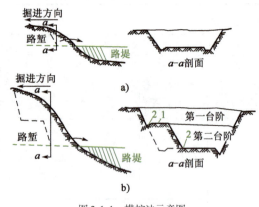

图 3-1-1 横挖法示意图
a)单层横挖法;b)多层横挖法
1-台阶运土通道;2-临时排水沟

若路堑较深,为增加作业面,以便容纳较多的劳动力和施工机械,做到多层、多方向出土,以加快施工进度,而在不同高度上分几个台阶同时开挖的方式称为多层横挖法,如图3-1-1b)。多层横挖法的各施工层面应具有独立的出土通道和临时排水设施。每层挖掘深度根据工作方便和施工安全而定,人力横挖法施工时,一般为1.5~2.0m;机械横挖法施工时,每层台阶深度可加大到3~4m。当运距较近时用推土机进行开挖;运距较远时宜采用挖掘机配合自卸汽车进行开挖,或用推土机推土堆积,再用装载机配合自卸汽车运土。机械开挖时,边坡应配以平地机或人工分层修刮平整。

2)纵挖法

纵挖法是开挖时沿路堑纵向将开挖深度内的土体分成厚度不大的土层依次开挖,分为分层纵挖法、通道纵挖法和分段纵挖法三种。

(1)分层纵挖法

沿路堑全宽以深度不大的纵向分层挖掘前进的路堑开挖方式,称为分层纵挖法,如图 3-1-2a)(图中数字为挖掘顺序)。施工中当路堑的长度较短(不超过100m),开挖深度不大于3m时,若地面横坡较陡,宜采用推土机作业,其适当运距为20~70m,最远不宜超过100m;若地面横坡较平缓,表面宜横向铲土,下层的土宜纵向推运;若路堑横向宽度较大,宜采用两台或多台推土机横向联合作业;当路堑前傍陡峻山坡时,宜采用斜铲推土。当路堑长度较长(超过100m)时,宜采用铲运机或铲运机加推土机助铲作业。

(2)通道纵挖法

沿路堑纵向挖掘一通道,然后将通道向两侧拓宽,上层通道拓宽至路堑边坡后,再开挖下层通道,按此方向直至开挖到挖方路基顶面高程,这种开挖路堑的方式称为通道纵挖法,如图3-1-2b)(图中数字为拓宽顺序)。这是一种快速施工的有效方法,通道可作为机械运行和出土的路线,便于土方挖掘和外运的流水作业。本法适用于较长、较宽、较深而两端地面坡度较小的路堑开挖。

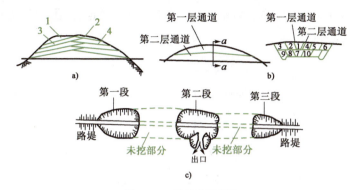

图 3-1-2 纵挖法示意图

(3) 分段纵挖法

沿路堑纵向选择一个或几个适宜处,将较薄一侧路堑横向挖穿,将路堑在纵向按桩号分成两段或数段,各段再纵向开挖,这种开挖路堑的方式称为分段纵挖法,如图 3-1-2c)。本办法适用于路堑过长,弃土运距过远的傍山路堑,或一侧的堑壁不厚的路堑开挖,同时还应满足其中间段有经批准的弃土场、土方调配计划有多余的挖方废弃的条件。

3) 混合开挖法

即将横挖法与通道纵挖法混合使用,先沿路堑纵向开挖通道,然后从通道沿横向坡面挖掘,以增加开挖坡面,如图 3-1-3。每一坡面应能容纳一个施工作业组或一台机械作业。在挖方量较大地段,还可沿横向再挖通道以安装运土传送设备或布置运土车辆。这种方法适用于路堑纵向长度和深度都很大的地段。

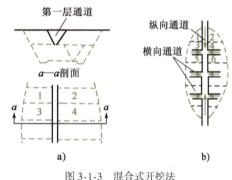

图 3-1-3 混合式开挖法

二、任务实施

1. 土质路堑开挖施工工艺流程

土质路堑开挖施工工艺流程见图 3-1-4。

2. 路堑开挖过程中的排水

路堑区域施工时,应保证在施工过程中和竣工后能顺利排水,因此,应先在适当的位置开挖截水沟,并设置排水沟,以排除地面水和地下水。路堑设有纵坡时,下坡的坡段可以直接挖到底,而上坡的路段必须先挖成向外的斜坡,最后再挖去剩下的土方。路堑为平坡时,两端都要先挖成向外的斜坡,最后挖去余下的土方。

3. 路堑弃土

路堑施工应尽量考虑移挖作填,须弃舍时应本着"高土高弃、低土低弃、劣土废弃、优土还田"的原则,合理布置弃土场,防止堆置不当影响路堑边坡的稳定或造成水土流失、淤塞排灌沟渠等病害。弃土场设置应符合下列要求:

(1) 合理选择弃土堆位置,应保证路堑边坡和自身稳定,且不影响当地环境。

(2) 沿河岸或傍山路堑的弃土,不得弃入河道,挤压桥孔或涵洞出入口,以防止改变水流方向和加剧对河岸的冲刷,严禁贴近桥墩台处与岩溶漏斗处和暗河口弃土。

(3)用推土机推平弃土后,碾压平整,使之整齐、美观、稳定,周围砌筑防护设施,确保弃土对周围环境无不利影响。

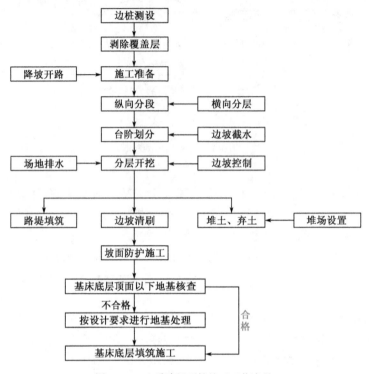

图 3-1-4　土质路堑开挖施工工艺流程

4．边坡修整、防护

(1)对坡面中出现的坑穴、凹槽杂物进行清理,嵌补平整。路堑较高时按设计做出平台位置,路堑平台做成一定坡度,确保不积水。

(2)土质路堑坡顶至相当于边坡高度再加 5m 距离内的地面坑洼进行填平,以确保路堑边坡的稳定。

(3)施工中保持坡面平整,严禁乱挖。若路堑边坡有变形迹象,不可随便刷方,立即研究对策、采取措施。

(4)对高边坡,原则上应边开挖边防护。在边坡稳定的路堑中可在开挖后进行全面防护施工。

5．路床底层填筑

(1)路堑施工接近堑底时,应核查地质情况,按施工图断面测量放样,开挖修整,按设计和规范要求进行地基处理施工,经检验合格后方可进行基床底层上部的填筑施工,其施工方法与路堤基床底层填筑施工相同。

(2)填补凹坑采用与路基面种类相同的填料予以压实。

任务 3.2　石质路堑的开挖

学习目标

1. 了解石质路堑开挖施工工艺流程；
2. 知道石质路堑开挖方法及适用性；
3. 分析不同爆破方法的适用条件；
4. 根据《公路路基施工技术规范》(JTG F10—2006)掌握石质路堑开挖施工要点；
5. 正确完成公路石质路堑开挖施工技术交底。

任务描述

通过对石质路堑爆破法、松土法、破碎法等施工方法的学习，重点掌握爆破法施工技术要点，能独立完成公路石质路堑爆破法开挖技术交底的编制。

学习引导

本工作任务沿着以下脉络进行学习：

石质路堑开挖的基本方法 → 常用的爆破方法及施工要点 → 爆破法施工工艺流程 → 爆破法施工技术要点 → 施工注意事项 → 完成石质路堑开挖技术交底编制

相关知识

由于岩石坚硬,石质路堑的开挖往往比较困难,这对路基的施工进度影响很大,尤其是工程量大而集中的山区石方路堑更是如此。因此,采用何种开挖方式以加快工程进度,是石质路堑开挖需要解决的重要问题。通常,应根据岩石的类别、风化程度、节理发育程度、施工条件及工程量大小等选择爆破法、松土法或破碎法进行开挖。对于软石和强风化岩石,能用机械直接开挖的均应采用机械开挖,也可人工开挖。凡不能使用机械或人工直接开挖的石方,则应采用爆破法开挖。

1. 爆破法开挖

爆破法是利用炸药爆炸的能量将土石炸碎以利挖运或借助爆炸能量将土石移到预定位置。用这种方法开挖石质路堑具有工效高、速度快、劳动力消耗少、施工成本低等优点。对于岩质坚硬,不可能用人工或机械开挖的石质路堑,通常要采用爆破法开挖。爆破后用机械清方,是非常有效的路堑开挖方法。

根据炸药用量的多少,爆破法分为中小型爆破和大爆破,其中使用频率最高的是中小型爆破,大爆破的应用则受多种因素的限制。例如开挖山岭地带的石方路堑时,若岩层不太破碎,路堑较深且路线通过突出的山嘴时,采用大爆破开挖可有效提高施工效率。但如果路堑位于页岩、片岩、砂岩、砾岩等非整体性岩层时,则不应采用大爆破开挖。尤其是路堑位于岩石倾斜朝向路线且有夹砂层、粘土层的软弱地段及易坍塌的堆积层时,禁止采用大爆破开挖,以免对路基稳定性造成危害。

1)爆破原理

为了爆破某一岩体,在其中或表面放置一定数量的炸药,称为药包,根据其形状和集结程度的不同,分为集中药包、延长药包和分集药包三种。凡药包形状接近球形或立方体,以及高度不超过直径四倍的圆柱体和最长边不超过最短边四倍的直角六面体,均属于集中药包;相反,药包的长度或高度超过上述情况者,属于延长药包;分集药包是提高炸药有效能量利用率的新型装药方式,它是将一个集中药包分为保持一定距离集中的子药包,如图 3-2-1。

(1)药包在无限介质内的爆破作用

药包在无限介质内爆炸时,炸药在瞬间转化成气体状爆炸产物,体积增加数千倍乃至上万倍,形成高温高压,产生的冲击波以每秒数千米的速度自药包中心按球面等量扩展,传递到周围介质,在介质内产生各种不同程度的破坏和振动作用,这种作用随距药包中心距离的增大而逐渐消失。按介质被破坏的不同程度,将药包爆炸影响的范围分为四个区,如图 3-2-2。

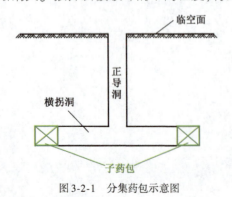

图 3-2-1　分集药包示意图　　　　图 3-2-2　爆破作用圈示意图

①压缩圈

图 3-2-2 中 $R_压$ 表示压缩圈半径,在此作用圈范围内,介质直接承受药包爆炸产生的巨大作用力。若介质为坚硬的脆性岩石,则将会被爆炸能量粉碎;若介质为可塑性土,则将会被压缩而形成空腔。以 $R_压$ 为半径的球形区称为压缩区。

②抛掷圈

图 3-2-2 中 $R_压 \sim R_抛$ 的区间,所受的爆破作用力虽较压缩圈内小,但介质原有的结构将受到强烈破坏而破裂成碎块,且爆炸力尚有足够的能量使这些碎块获得运动速度。若药包在有限介质内,这些碎块的一部分会向临空面(即自然地面)方向抛掷出去。在无限介质内不会产生任何的抛掷现象。

③松动圈

图 3-2-2 中 $R_抛 \sim R_松$ 的区间,爆破的作用力更弱,但能使介质结构受到不同程度的破坏,但没有较大的位移,因而叫松动圈。

④振动圈

图 3-2-2 中 $R_松 \sim R_振$ 的区间,微弱的爆破作用力不能使介质产生破坏,而只能产生振动现象。振动区以外,爆破作用的能量就完全消失了。

以上现象就称为药包的球形爆破作用。

(2)药包在有限介质内的爆破作用与爆破漏斗

药包在有限介质内爆炸后,药包的球形爆破作用,在具有临空面的表面,都会出现一个爆破坑,一部分被炸碎的土石被抛出坑外,一部分仍回落到坑底,爆破坑形状好象漏斗一样,故称爆破漏斗,如图 3-2-3。爆破漏斗的形状和大小,既与药包量大小、炸药性能、介质类别有关,又与临空面的数量和所处边界条件有关。爆破漏斗可以用以下要素来描述:

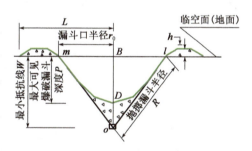

图 3-2-3 平坦地形爆破漏斗示意图

最小抵抗线 W:药包中心到临空面的最短距离。药包爆炸作用首先沿着最小抵抗线方向阻力最小的地方,使岩土产生破坏,隆起鼓包或抛掷出去,这就是作为爆破理论基础的"最小抵抗线原理"。

爆破漏斗口半径 r_0:最小抵抗线与临空面交点到爆破漏斗破坏边缘的距离,即漏斗底圆的半径。

抛掷漏斗半径 R:从药包中心沿漏斗边缘至坑口的距离。

爆破作用的性质通常用爆破作用指数 n 来表示。n 即爆破漏斗口半径与最小抵抗线的比值:

$$n = \frac{r_0}{W} \tag{3-2-1}$$

当 $r_0 = W$ 时,$n = 1$,称为标准抛掷爆破,在水平边界条件下的抛掷率(被抛出的石块占漏斗体积的百分数)$E = \dfrac{V_{mDl}}{V_{mol}} \times 100\% = 27\%$,漏斗顶部夹角为直角。

当 $r_0 > W$ 时,$n > 1$,称为加强抛掷爆破,抛掷率 $E > 27\%$,漏斗顶部夹角大于90°。

当 $r_0 < W$ 时,$n < 1$,称为减弱抛掷爆破,抛掷率 $E > 27\%$,漏斗顶部夹角小于90°。

实践证明,爆破作用指数 $n < 0.75$ 时,不能形成显著的爆破漏斗,不会发生抛掷现象,岩石只能产生松动和隆起。通常将 $n = 0.75$ 时的爆破称为标准松动爆破,$n < 0.75$ 时称为减弱松

动爆破。

2）爆破器材

爆破器材又叫火工产品，分军用与民用两大类。民用爆破器材又称工业爆破器材，包括炸药、雷管、导火索等。

（1）炸药

炸药，即能够发生化学爆炸反应的物质。炸药的分类见表3-2-1。公路工程施工中最常用的是硝铵炸药中2号岩石铵梯炸药，具有中等威力和一定的敏感性，在8号雷管的作用下可以充分起爆，是安全的炸药。但其受潮和结块后，爆破性能会降低，而生成的有毒气体明显增加。湿度超过3%则可能会拒爆，湿度大于0.5%时不得用于地下，大于1.5%时不得用于露天爆破。

炸药的分类　　　　　　　　　　表3-2-1

类别名称	炸药名称和型号		说明
硝铵类炸药 主要成分：硝酸铵	铵梯炸药（以梯恩梯为敏感剂）	岩石铵梯炸药2号，3号，2号抗水，4号抗水	公路工程常用岩石2号，怕潮
		露天铵梯炸药，1号，2号，3号，2号抗水	
		煤矿许可铵梯炸药2号，3号，2号抗水，3号抗水（安全炸药）	
		铵梯油炸药2号，2号抗水，3号抗水	
		铵松蜡炸药1号，2号	
		多孔粒状铵油炸药	
		铵油炸药1号，2号，3号	吸湿后结块不能久存，成本低
	乳化炸药	岩石乳化炸药	
		露天乳化炸药	
		煤矿许用乳化炸药	
石安类炸药	乳炸药		
硝化甘油类炸药	胶质硝化甘油炸药	1号普通，2号普通	爆炸威力大，危险性大
		1号难冻，2号难冻	适用地硬岩石或水下
芳香族硝基炸药	梯恩梯（或称之硝基甲苯）		是一种猛性炸药
	苦味酸（或称黄色炸药）		价格昂贵，爆炸后产生有毒气体
黑火药	爆破用黑火药		适用于开采石料

（2）雷管

雷管是用来起爆炸药的，按点火方式分电雷管与火雷管；用导火索引爆的雷管叫火雷管，分6号、8号两种，除有沼气和矿井中不用外，可用于一般爆破工程，使用中注意纸壳雷管的防潮；电雷管的构造与火雷管基本相同，只是增加了一个电气点火装置，根据雷管中主装药量不同分为6号、8号两种。

延期电雷管与瞬发电雷管不同点，只是延期电雷管在电气点火装置与起爆炸药之间有一段缓燃导火索，根据导火索燃烧时间不同，延长起爆时间也不同，延长时间以秒、毫秒计。

一个作业面需要同时爆炸的，用瞬发电雷管；需要不同时爆炸制造临空面以扩大爆破效果的，用延期电雷管。

(3) 导火索和火花起爆

导火索是一种以黑火药为药芯，以一定燃速传递火焰的索状火工品。导火索以火点燃，用以引爆火雷管或黑火药包，按燃烧速度分为普通导火索和缓燃导火索，每米燃烧速度分别为 100~125s 与 180~215s。

火花起爆法是利用导火线燃烧引爆雷管，从而使药包爆炸的一种起爆方法。

(4) 导爆索和导爆索起爆法

导爆索其索芯用高级烈性炸药制成，按其包缠结构分棉线导爆索和塑料导爆索。由于导爆索着火较困难，使用时须在药室外的一段导爆线上捆扎一个8号雷管来起爆。由于导爆索的爆速快，每秒可达6000多米，故适用于深孔洞室爆破。

(5) 塑料导爆管非电起爆方法

塑料导爆管由高压聚乙烯制成，内、外径分别为1.4mm和3mm的软管，内装以混合炸药，药量为 14~16mg/m。国产塑料导爆管爆速为1600~2500m/s，可用雷管、导爆索、火帽、引火头等产生冲击波的器材激发，通过塑料导爆管传递到雷管使雷管激发而起爆。起爆网络与药包的联结方式有并联、串联、簇联和复式联结法等，由于该起爆法具有抗杂电、操作简便、使用安全可靠、成本较低等优点，致使有逐渐替代导火索和导爆索起爆法的趋势。

3) 常用爆破方法

开挖岩石路基所采用的爆破方法一般分为中小型爆破和大爆破两大类。

(1) 中小型爆破

中小型爆破主要包括裸露药包法、炮孔法、药壶法和猫洞法等。

①裸露药包法

这种方法是将药包置于被炸物体表面或经过清理的石缝中，药包表面用草皮或稀泥覆盖，然后进行爆破。由于炸药利用率低，这种方法仅限用于爆破孤石或大块岩石的二次爆破。

②炮孔法

根据炮孔的深浅不同，炮孔法又可分为浅孔爆破法和深孔爆破法。

a. 浅孔爆破法

浅孔爆破法又称为钢钎炮，它是在被爆破的岩石内钻凿直径为25~75mm、深度为1~5m的炮孔进行装药爆破。由于炮孔浅，用药量少，每次爆破的石方量不大（通常不超过$10m^3$），在路基石方工程量大而集中时，很少采用这种方法。但这种方法操作简单、机动性好、耗药量少，在工程分散、石方量少及地形艰险地段时仍是比较适宜的炮型。在大规模爆破工程施工中是一种改造地形、为其他爆破方法创造临空面的辅助爆破方法。

b. 深孔爆破法

深孔爆破法就是孔径一般为75~120mm、深度大于5m，使用延长药包的一种爆破方法。炮孔需用大型的凿岩机或钻孔机打孔。这种爆破方法装药量大，一次爆破量大，施工进度快，爆破效率较高，对路基边坡稳定性的影响比大爆破小，爆破效果容易控制，比较安全。但这种方法需要使用大型机械，施工准备和转移工地比较困难，因此，多用于石方工程量大而集中的工地。深孔爆破后仍有10%~25%的大石块需进行二次爆破以方便清方。

③药壶法（葫芦炮）

药壶法俗称葫芦炮，爆破时先将少量炸药装入炮孔底部，经一次或多次烘堂后扩大成葫芦形，这样炸药将基本集中于炮孔底部的药壶内，使爆破效果大大提高，如图3-2-4。药壶法炮孔深度常为5~7m，装药量10~60kg，适用于开挖均匀致密的黏土（硬土）、次坚石、坚石。但对于炮眼深度小于 2.5m、节理发育的软石、地下水较发育或在雨季施工时不宜采用。

药壶法每次可炸岩石数十立方米到百余立方米,是中小型爆破中最省炸药的方法。一般布置在有较大较多临空面、地面横坡较陡的地段,但不宜靠近设计边坡布设,药室至设计边坡线的水平距离不宜小于最小抵抗线。炮孔烘堂后应将药室内的碎渣掏净。

④猫洞法

猫洞法是将集中药包直接放入直径为 0.2~0.5m、深度为 2~6m 的水平或略微倾斜的炮洞底部进行爆破。这种方法的特点是充分利用岩体的崩坍作用,能用较浅的炮洞爆破较高的岩体,适用于硬土、胶结良好的古河床、冰渍层、软石和节理发育的次坚石等,如图 3-2-5,还可以利用坚石的裂隙形成炮洞或药室进行爆破。猫洞法爆破的炮洞深度应与台阶高度和自然地面横坡相配合,遇高阶梯时应布置多层药包。炮洞可根据岩土类别,分别采用浅眼烘堂、深眼烘堂和内部扩眼等方法形成。

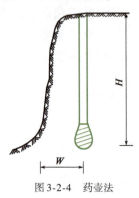
图 3-2-4 药壶法

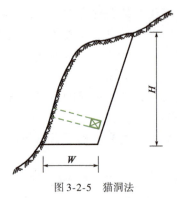
图 3-2-5 猫洞法

⑤微差爆破

微差爆破是指相邻两个药包或前后排药包以数十毫秒的时间间隔(一般为 15~75ms)依次起爆。微差爆破的特点是在装药量相等的条件下,可减振 1/3~2/3 左右;前发药包为后发药包开创临空面,从而加强了对岩石的破碎作用,同时可降低岩石堆集高度以利清方。由于是依次爆破,减少了岩石夹制力,可节省 20% 的炸药,并可增大孔距,提高每米钻孔的爆破方量。其炮孔的布置如图 3-2-6。

多排孔微差爆破是浅孔深孔爆破的发展方向。

⑥光面爆破和预裂爆破

光面爆破和预裂爆破都属于控制爆破。光面爆破是在开挖界面的周边,适当排列一定间隔的炮孔,在有侧向临空面的情况下,用控制抵抗线和落量的方法使爆破后的坡面顺直、平整。预裂爆破是在开挖界限处按适当间隔排列炮孔,在没有侧向临空面和最小抵抗线的情况下,用控制用药量的方法,预先炸出一条裂隙,使拟爆破岩体与山体分离,作为隔震减震带,从而消除和减弱开挖界面以外山体或建筑物受爆破震动的破坏作用,如图 3-2-7。进行光面与预裂爆破后,在边坡壁上通常会均匀留下半个炮孔的痕迹。进行光面或预裂爆破时,应严格保持炮孔在同一平面内,炮孔间距 a 和最小抵抗线 W 之比应小于 0.8。采用恰当的药包结构,并控制装药量,通常是使炮孔直径大于药卷直径 1~2 倍,或采用间隔药包、间隔钻孔装药。预裂爆破的起爆时间应在主炮起爆之前,光面爆破则在主炮起爆之后,间隔时间在 25~50ms 范围内。同一排炮孔必须同时爆破,以免影响起爆质量,最好用传爆线起爆。

(2)大爆破

大爆破是采用导洞和药室装药,用药量在1000kg以上的爆破。大爆破具有威力大,效率高,节约劳力等优点。但若使用不当,则会破坏山体自然平衡,产生意外坍方,还可能在路基建成后遗留后患,长时间影响路基的正常使用。

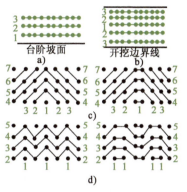

图 3-2-6 微差爆破起爆网路图
(图中数字为起爆顺序)
a)直排依次起爆法;b)直排中心掏槽起爆法;
c)"V"形起爆网路;d)波形起爆网路

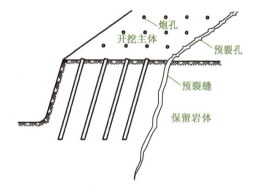

图 3-2-7 预裂爆破

2.松土法开挖

松土法开挖是充分利用岩体自身存在的各种裂缝和结构面,用推土机牵引的松土器将岩体翻碎,再用推土机或装载机与自卸汽车配合,将翻松的岩块搬运到指定地点。松土法开挖避免了爆破法所具有的危险性,而且有利于开挖边坡的稳定与附近建筑物的安全,凡能用松土法开挖的石方路堑,应尽量不采用爆破法施工。随着大功率施工机械的使用,松土法愈来愈多地应用于石质路堑的开挖,而且开挖的效率也愈来愈高,能够用松土法施工的范围也愈来愈广。

松土法开挖的效率与岩体破裂面情况和风化程度有关。岩体被破碎岩石分隔成较大块体时,松开效率较高;当岩体已裂成小块或粒状时,只能劈成沟槽,效率较低。砂岩、石灰岩、页岩等沉积岩有沉积层面,是比较容易松开的岩石,沉积层愈薄愈容易分开。花岗岩、玄武岩、安山岩等岩浆岩不呈层状或带状,松开比较困难。片麻岩、片岩、石英岩等变质岩,松开的难易程度视其破裂面发育程度而异。

多齿松土器适用于松动较破碎的薄层岩体,单齿松土器则适用于松动较坚硬的厚层岩体。松土器型号及松土间隔应根据岩石的强度、裂隙情况、推土机功率等选择,最好通过现场松土器劈松试验来确定。遇到较坚硬的岩石,松土器难以贯入,引起推土机后部翘起或履带打滑时,可用另一台推土机在松土器顶推。若岩石较为完整与坚硬,可先进行适当的浅孔松动爆破,再进行松土作业。

3.破碎法开挖

破碎法开挖是利用破碎机凿碎岩块,然后进行挖运等作业。凿子安装在推土机或挖掘机上,利用活塞的冲击作用使凿子产生冲击力以凿碎岩石,其破碎岩石的能力取决于活塞的大小。破碎法宜用于岩体裂缝较多,岩块体积较小,抗压强度低于100MPa的岩石。破碎法的工效不高,不宜作为开挖岩石的主要的方法,仅用于不能使用爆破法或松土法施工的局部场合,作为爆破法和松土法的辅助作业方式。

以上三种开挖方法各有特点,应视施工条件合理选用。

 任务实施

1. 石质路堑开挖工艺流程

石质路堑施工以爆破法应用最为常见,施工工艺流程如图 3-2-8。

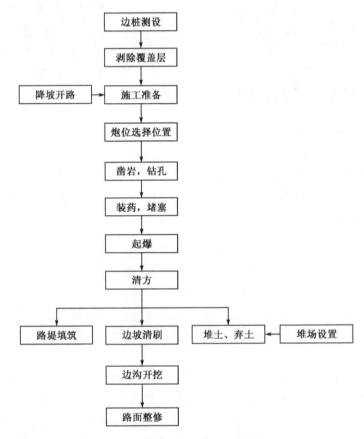

图 3-2-8　石质路堑爆破施工工艺流程

2. 施工要点

1) 爆破准备

(1) 设计图纸复核

结合现场实际对设计图纸进行认真复核,了解整个工程的设计意图,清楚设计要求,熟悉设计标准和相关施工规范要求;按照现场实际条件,对设计文件所提供的地形、地貌、地质条件、岩石结构、物理及力学性质等进行复核。

(2) 预留光爆层

在石方开挖接近边坡时,在设计边坡外预留光爆层,采用光面爆破来保证边坡平顺。

(3) 编制爆破设计方案

根据设计图纸及相关文件要求,在施工现场进行试爆,做好爆破设计并编制爆破设计方案,上报当地公安部门和上级主管部门审批,办理爆破物品使用许可证等国家规定的一系列证

件,待爆破设计方案获得批准后,按照设计方案的总体要求,做好每次的爆破设计。

(4) 工料机备料

准备好施工需要的钻机、空压机、脚手架等机具及炸药、雷管、导爆索、导爆管、四通管、脉冲起爆器等爆破器材,所有火工品均有当地公安机关授权及相关质量证明。

2) 测量放样

清表完成后按设计坡率进行施工放样,确定边坡开挖轮廓线,用白石灰粉或红线详细标出开挖轮廓线,确保炮孔布眼的精准。

3) 炮眼布眼

按照设计好的爆破参数准确地在爆破体上进行布眼,并作出明显标识,不可随意变动设计位置。布眼前应将爆破岩体表面的浮土和破碎层清除干净,根据施工放样确定开挖轮廓线,从边坡光爆孔开始标出炮眼位置、高程、法线方向,误差不得超过3cm。光爆孔布设完毕后进行辅助孔位的布置,孔眼布设完成后,应进行校核,实际最小抵抗线应与设计的最小抵抗线基本相符。

4) 钻机定位

根据现场实际地形及钻机高度,用脚手架搭建钻机平台并固定,在搭建好的平台上安装并调整钻机位置,使钻孔位置及钻孔方向与炮孔标定的位置和方向保持一致,钻孔角度与设计角度相符。

5) 钻眼、清孔

慢速开孔,当钻进1.0m左右,方可进行正常钻进。钻孔过程中,严格控制钻孔的方向、角度和深度,为确保边坡坡率符合设计要求,施工中采用地质螺盘仪校验钻杆方向及角度。同时在钻进过程中认真留意地质的变化情况,做好详细记录,遇到夹层或岩质变化时,应及时进行研究处理,调整孔位及孔网参数。

钻孔完成后,应及时进行清孔,采用胶管向孔内吹气清除孔口浮碴,同时检查炮孔有无堵孔现象,以及炮孔的间距、孔深、倾斜度是否与设计相符,若与设计相差较多,应对爆破参数进行适当调整,对可能影响爆破效果或危及安全施工的炮眼,应重新钻孔。先行钻好的炮孔,用编织袋或无纺布将孔口塞紧,防止杂物堵塞炮孔。

6) 装药、堵塞

装药前,应仔细确认炮孔有无堵塞现象。药卷加工时,根据炮孔深度,选择质量合格的竹子对剖成条并确保药卷有1/2包裹在竹片内,当炮孔较深,竹片强度不能满足要求时,应增绑竹片。把标准直径的药卷间隔绑在导爆索上,将绑在导爆索上的药串再绑在竹片上,缓缓送入炮孔内,竹片与被保留区内侧紧贴,使孔壁不致受到严重破坏,药卷正对爆破体。同时,炮孔底部1.0~2.0m区段因受夹击作用需加大药量,装药量应比设计值大1~4倍。取值视孔深和岩性而定,孔深者及岩性坚硬者取大值。接近堵塞段顶部1.0m的装药量为设计值的1/2或1/3。炮孔其他部位按设计的装药量装药。装药过程中应严格控制药量,把炸药按每孔的设计药量分好,边装药边量测,以确保线装药密度符合要求。

炮孔堵塞物用粘土和细砂拌和,以手握紧能使之成型,松手后不散开,且手上不沾水迹为准。药卷安放后应即进行堵塞,首先塞入纸团或塑料泡沫,以控制堵塞段长度(一般为1.0m),然后用木炮棍分层压紧捣实,每层以10cm左右为宜,堵塞中应注意保护好导爆索。

7) 联接起爆网络

光面爆破采用多排孔微差爆破,其网络采用簇连方式。由于光面爆破孔是最后起爆,为保证辅助孔必爆,对光面爆破孔可采用瞬发非电雷管同时起爆。待紧邻光爆孔的辅助孔起爆后,每级边坡的光爆孔同时起爆。

8) 警戒、起爆

为防止主爆孔爆破飞石,在主爆破体上均采用爆衣覆盖,每张爆衣用铁丝联成一片,同时在可能飞石的辅助孔上增加砂袋覆盖。

起爆前应进行清场工作,将爆破警戒区内的人员、禽畜、机械设备、仪器仪表及贵重物品在规定的时间内撤离到警戒区外;凡是不能撤离的仪器设备和贵重物品等要加以保护,防止被爆破可能产生的飞石砸坏。

清场开始即向各个预定的警戒点派出岗哨,防止人员车辆、禽畜等进入警戒区。警戒点应选在爆破危险区外、交通道口、视野开阔的位置,且相互间可以联络,以便于执行警戒任务。

起爆工作应由有经验的爆破员担任,对于重大爆破应由爆破工程技术人员担任。要由两人实施,1人操作,1人监督。起爆前应仔细检查起爆器,防止起爆失败。

警戒人员在听到解除警戒信号后,方可恢复交通,允许车辆人员等通行。

9) 爆破后的检查处理

爆破后,露天浅孔爆破应等待5min,方准许检查人员进入爆破区检查爆破情况,如不能确定有无盲炮,应经15min后方才能进入爆区检查。检查发现盲炮或其他险情,应及时向爆破工作人员汇报,严格按《爆破安全规程》处理。

10) 挖运

采用挖掘机挖碴。当挖至光爆孔位置时,要派操作经验丰富的挖掘机操作手挖碴,操作时要轻挖慢刮,当半壁孔渐露时则用人工沿半壁孔清理。

11) 边坡、基底修整

每级边坡挖碴完成后要及时用人工从上至下清理边坡松动危石、浮石,修整边坡。对欠挖部分采用人工剥离,适当使用机械破碎;对超挖部分则清除至密实处。修整边坡时要注意保护好半壁孔。

按网格测量定出基床面高程,用施工机械整平,局部突出部位采用爆破或液压破碎锤处理。

3. 瞎炮处理

点火后未爆炸的炮称为瞎炮,也叫拒爆药包,必须尽快清除。清除瞎炮不但费工费时,影响施工进度,而且清除工作有一定的难度和危险性,因此,在施工过程中应尽量避免产生瞎炮。产生瞎炮的原因有雷管、导火索受潮失效;导火索与雷管接头脱开;堵塞炮孔时导火索被扯断;炮孔潮湿有水;点炮时漏点等。

清除瞎炮时,先找出其位置,在其附近重新打眼,布置新的药包,通过引爆新炮使瞎炮一起爆炸。若瞎炮为小炮且为一般炸药时,可用水冲洗处理。待瞎炮清除后方可解除警戒,随后进行清方工作。

综合练习题

1. 土质路堑开挖方法有哪些,各自适用条件是什么?
2. 土质路堑开挖过程中如何做好防排水工作?
3. 土质路堑边坡整修应注意哪些问题?
4. 石质路堑开挖的方法有哪些,各自适用条件是什么?

学习情境 4

特殊地区路基施工

任务4.1　软土地区路基施工

学习目标

1. 了解软土地基的工程特性；
2. 知道软土及泥沼地区路基施工要点；
3. 分析软土路基处理施工技术；
4. 根据《公路路基施工技术规范》(JTG F10—2006)进行软土路基的施工；
5. 正确完成泥沼及软土区路基施工方案的选择。

任务描述

通过学习泥沼及软土区路基施工的相关知识，分析其施工要点与施工技术，会进行泥沼及软土区路基的施工和施工方案的确定。

学习引导

本工作任务沿着以下脉络进行学习：

软土地基工程特性 → 软土地基施工要点 → 路基处理施工技术及适用条件 → 根据工程特点确定施工方案

一、相关知识

1. 软土的定义

软土(soft soil)是淤泥(muck)和淤泥质土(mucky soil)的总称。主要是由天然含水率大、压缩性高、承载能力低的淤泥沉积物及少量腐殖质所组成的土。

2. 软土的物理力学特性

1) 高含水率和高孔隙性

软土的天然含水率一般为50%~70%,最大甚至超过200%。液限一般为40%~60%,天然含水率随液限的增大成正比增加。天然孔隙比在1~2之间,最大达3~4。其饱和度一般大于95%,因而天然含水率与其天然孔隙比呈直线变化关系。软土的如此高含水率和高孔隙性特征是决定其压缩性和抗剪强度的重要因素。

2) 渗透性弱

软土的渗透系数一般在 $i \times 10^{-4} \sim i \times 10^{-8}$ cm/s 之间,而大部分滨海相和三角洲相软土地区,由于该土层中夹有数量不等的薄层或极薄层粉、细砂、粉土等,故在水平方向的渗透性较垂直方向要大得多。

由于该类土渗透系数小、含水率大且饱和状态,这不但延缓其土体的固结过程,而且在加荷初期,常易出现较高的孔隙水压力,对地基强度有显著影响。

3) 压缩性高

软土均属高压缩性土,其压缩系数 $a_{0.1~0.2}$ 一般为 0.7~1.5 MPa^{-1},最大达 4.5 MPa^{-1}(例如渤海海淤),它随着土的液限和天然含水率的增大而增高。由于土质本身的因素而言,该类土的建筑荷载作用下的变形有如下特征:①变形大而不均匀;②变形稳定历时长。

4) 抗剪强度低

软土的抗剪强度小且与加荷速度及排水固结条件密切相关,不排水三轴快剪所得抗剪强度值很小,且与其侧压力大小无关。排水条件下的抗剪强度随固结程度的增加而增大。

5) 较显著的触变性和蠕变形。

二、任务实施

软土地基处理施工具体方法有几十种,常常多种方法综合应用。按加固性质,主要有以下几种:

1. 排水固结法

1) 堆载预压法

(1) 机理:在软基上修筑路堤,通过填土堆载预压,使地基土压密、沉降、固结,从而提高地基强度,减少路堤建成后的沉降量(图4-1-1)。

(2) 特点及适用范围:堆载预压法对各类软弱地基均有效;使用材料、机具简单,施工操作方便。但堆载预压需要一定的时间,适合工期要求不紧的项目。对于深厚的饱和软土,排水固结所需要的时间很长,同时需要大量的堆载材料,在使用上会受限。

(3) 方式:进行预压的荷载超过设计的道路工程荷载,称为超载预压;预压荷载等于道路工程荷载,称为等载预压。

2) 其他重压法

(1) 真空预压法:利用大气压强 0.098MPa 等效堆载预压法对软基进行加固。即依靠真空抽气设备,使密封的软弱地基产生真空负压力,使土颗粒间的自由水、空气沿着纵向排水通道,上升到软基上部砂垫层内,由砂垫层内过滤再排到软基密封膜以外,从而使土体固结。该法适用于含水量高、孔隙比大、强度低、渗透系数和固结系数均较小的黏土。

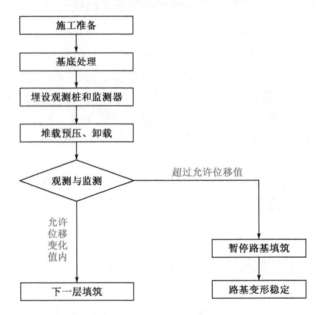

图 4-1-1 堆载预压施工工艺流程

(2) 真空预压加堆载预压法:是堆载预压和真空预压两种方法的结合,原理与真空预压相同,但加载更大,预压时间缩短了一半。

3) 砂井

用振动打桩机、柴油打桩机(冲击式和振动式),以及下端装有活瓣钢桩靴的桩管将砂(含泥量不大于3%)或砂和角砾混合料(含泥量不大于5%)形成砂井。在施工时考虑避免"缩颈"和减少对土的扰动。

(1) 套管法:将带有活瓣管尖或套有混凝土端靴的套管沉到预定深度,然后在管内灌砂后,拔出套管,形成砂井。根据沉管工艺的不同,又分为静压沉管法、振动沉管法等。

(2) 水冲成孔法:通过专用喷头,在水压力作用下冲孔,成孔后清孔,再向孔内灌砂形成。适用于土质较好且均匀的砂性土。

(3) 螺旋钻成孔法:以动力螺旋钻钻孔,提钻后灌砂成砂柱。适用于陆上工程,砂井长度10m以内,但土质较好,不会出现缩颈、塌孔现象的软弱地基。优点是设备简单机动,成孔规则。缺点是灌砂质量较难掌握,不太适用于很软弱的地基。

4) 袋装砂井法

袋装砂井排水固结措施,其施工简便,费用较低,加固效果较好。施工时将袋装砂放入套管井内,填塞密实,逐节拔出套管,顶面铺设水平砂垫层或排水砂沟。软基中的水分在上部路基填土载荷的作用下,通过砂与水平砂垫层或纵横相连通的排水砂沟相通,形成排水通道,使软基中的水分排走,从而达到排水固结软基的目的。

5) 塑料排水板法

塑料排水板是一种能够加速软土地基排水固结的垂直排水材料。当它在机械力作用下被插入软土地基后,能以较低的进水阻力聚集从周围土体中排出的孔隙水,并沿垂直排水通道排出,使土体固结,从而提高地基的承载力。塑料排水板具有良好的力学性能、足够的纵向通水能力、较强的滤膜渗透性和隔土性。

2. 振密、挤密法

1) 强夯法

强夯法指的是为提高软弱地基的承载力,用重锤自一定高度下落夯击土层使地基迅速固结的方法。强夯法又称动力固结法,利用起吊设备,将 10~25t 的重锤提升至 10~25m 高处使其自由下落,依靠强大的夯击能和冲击波作用夯实土层。强夯法主要用于砂性土、非饱和黏性土与杂填土地基。对非饱和的黏性土地基,一般采用连续夯击或分遍间歇夯击的方法;并根据工程需要通过现场试验以确定夯实次数和有效夯实深度。现有经验表明:在 100~200t·m 夯实能量下,一般可获得 3~6m 的有效夯实深度。这是在重锤夯实法基础上发展起来的,而其加固机理又与它不一样,这是一种地基处理的新方法。

强夯法适用于处理碎石土、砂土、低饱和度的粉土与黏性土、湿陷性黄土、杂填土和素填土等地基。对高饱和度的粉土与黏性土等地基,当采用在夯坑内回填块石、碎石或其他粗颗粒材料进行强夯置换时,应通过现场试验确定其适用性。

2) 挤密砂桩法

采用类似沉管灌注桩的机械和方法,通过冲击和振动,把砂挤入土中而形成的。挤密砂桩的主要作用是将地基挤实排水固结,从而提高地基的整体抗剪强度与承载力,减少地基的沉降量和不均匀沉降。这种方法一般能较好地适用于砂性土,不适用于饱和的软黏土地基处理。挤密砂桩用砂标准要求与袋装砂井的砂基本相同,不同的是挤密砂桩也可使用砂和角砾的混合料,含泥量不得大于 5%。

3) 抛石挤淤法

在路基底部抛投一定数量片石,将淤泥挤出基底范围,以提高地基的强度(图 4-1-2)。这种方法施工简单、迅速、方便。本方法适用于常年积水的洼地,排水困难,泥炭呈流动状态,厚度较薄,表层无硬壳,片石能沉达底部的泥沼或厚度为 3~4m 的软土;在特别软弱的地面上施工由于机械无法进入,或是表面存在大量积水无法排除时;石料丰富、运距较短的情况。

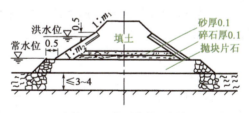

图 4-1-2 抛石挤淤示意图

4) 爆破排淤法

(1) 机理及特点:将炸药放在软土或泥沼中爆炸,利用爆炸时的张力作用,把淤泥或泥沼扬弃,然后回填强度较高的渗水性土壤,如砂砾、碎石等。爆破排淤是换土的一种施工方法,较一般方法换填深度大、工效较高,软土、泥沼均可采用。

(2) 适用条件:当淤泥(泥炭)层较厚,稠度大,路堤较高和施工期紧迫时;路段内没有桥涵等构造物,路基承载力均衡一致,因整体沉降对道路不会产生破坏,也可考虑换填。但对桥涵构造物及两侧引道等,应考虑采用其他方法。

(3) 施工要点:爆破排淤分为两种,一种方法是先在原地面上填筑低于极限高度的路堤,再在基底下爆破,适用于稠度较大的软土或泥沼。另一种方法是先爆后填,适用于稠度较小,回淤较慢的软土。

3. 置换和拌入法

1) 砂垫层

(1) 机理：在软土层顶面铺砂垫层，主要起浅层水平排水作用，使软土中的水分在路堤自重的压力作用下，加速沉降发展，缩短固结时间。但对基底应力分布和沉降量的大小无显著影响（图4-1-3）。

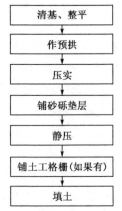

图4-1-3 砂砾垫层施工工艺流程图

(2) 适用条件：该法适用于路堤高度小于两倍极限高度（在天然软土地基上，基底不作特殊加固处理而用快速施工方法修筑路堤的填筑最大高度），软土层及其硬壳较薄，或软土表面渗透性很低的硬壳等情况。亦适用于软土层稍厚但具有双面排水条件的地基。

(3) 特点：砂垫层施工简便，不需特殊机具设备，占地较少。但需放慢填筑速度，严格控制加荷速率，使地基有充分时间进行排水固结。因此，适用于施工期限不紧迫、砂料来源、充足、运距不远的施工环境。

(4) 形式：有排水砂垫层、换土砂垫层、砂垫层和土工布混合使用等形式。

2) 开挖换填法

换填法般适用于地表下0.5~3.0m之间的软土处治，换填工艺见图4-1-4。将软弱地基层全部挖除或部分挖除，用透水性较好的材料（如砂砾、碎石、钢渣等）进行回填。该方法简单易行，也便于掌握；对于软基较浅（1~2m）的泥沼地特别有效。但对于深层软基处理，要求沉降控制较严的路基、桥涵构造物、引道等，应考虑采用其他方法。

3) 振冲碎石桩法

碎石桩是一种与周围土共同组成复合地基的桩体。碎石桩处理软基过程就是用振冲器产生水平向振动，在高压水流作用下边振边冲，在软弱地基中成孔，再在孔内分批填入碎石料，这时振冲器边振动边上拔，使得碎石料振挤密实。碎石桩桩体是一种散粒体的粗颗粒料，它具有良好的排水通道，有利于地基土的排水固结。在软基处理中，特别是具有高填土桥头等过渡路段，为了减少地基土的变形，提高地基土的承载力，增强地基土的抗滑稳定能力，采用碎石桩加固处理是较理想的方法之一。

4) 粉喷桩

粉喷桩是利用粉体喷射搅拌机械在钻成孔后，借助压缩空气，将水泥粉等固体材料以雾状喷入需加固的软土中，经原位搅拌、压缩并吸收水分，产生一系列物理化学反应，使软土硬结，形成整体性强、水稳定性好、强度较高的桩体，与桩间土一起形成复合地基，从而提高路基强度。其特点是强度形成快、预压时间短、地基沉降量小。粉喷桩加固软基主要适用于高含水率、高压缩性的淤泥、淤泥质黏土及桥头软基的处理。有关试验表明，一般含水率大于35%的软基宜选用粉喷桩。

5) 钢渣桩法

钢渣桩法处理软基是利用工业废料的转炉钢渣作为加固材料，灌入事先形成的桩孔中，经振动密实、吸水固结而形成的桩体，加固机理是转炉钢渣吸收软基中的水分，桩体膨胀形成与周围土体挤密的主体，与地基形成整体受力结构。转炉钢渣氧化钙含量40%以上，其主要成分与水泥接近，具有高碱性和高活性，筛分后可作低标号水泥使用，因此钢渣桩具有较高的桩体强度。

6）混凝土桩

低强度混凝土桩是近年来发展起来的一种新型桩，以低强度混凝土桩为竖向增强体所形成的复合地基一般称为低强度混凝土桩复合地基。由于采用低强度混凝土桩复合地基方法可有效提高地基承载力，减小地基沉降，能处理粘性土、粉砂土及淤泥质土等各种土性地基，适用的基础形式也多样，近年来在一般民用住宅、高层建筑和堆场等土木工程地基处理中得到了广泛的应用。

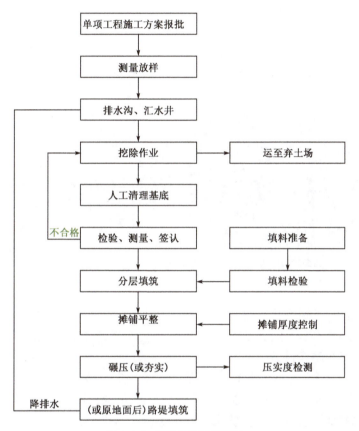

图4-1-4　挖除换填工艺框图

7）深层搅拌

利用水泥或石灰等其他材料作为固化剂的主剂，通过特别的深层搅拌机械，在地基深处将软土和固化剂强制搅拌，利用固化剂和软土之间所产生的一系列物理—化学反应，形成坚硬拌和柱体，与原土层一起起到复合地基的作用。其优点是：能有效减少总沉降量、地基加固后无附加荷载、能适用于高含水量地基等；但造价较高且施工质量难以检测，在设计时，应具体情况具体分析，根据不同的地质条件和荷载条件调整配合比、置换率、桩长等，以满足承载力及沉降的要求。

4. 加筋法

1）土工聚合物处治

（1）土工布

机理：土工布铺设于路堤底部，在路基自重作用下受拉产生抗滑力矩，提高路基稳定性。土工布在软土地基加固中的作用包括排水、隔离、应力分散和加筋补强。

土工布连接一般采用搭接法或缝接法。目前缝接法有一般缝法、丁缝法和蝶形法。

(2) 土工格栅(图4-1-5)

机理：土工格栅加固土的机理存在于格栅与土的相互作用之中。一般可归纳为格栅表面与土的摩擦作用；格栅孔眼对土的锁定作用和格栅肋的被动抗阻作用。三种作用均能充分约束土的颗粒侧向位移，从而大大地增加了土体的自身稳定性，对土的加固效果，明显高于其他土工织物。

优点：可迅速提高地基承载力，加快施工进度；控制软基地段沉降量发展，缩短工期，使公路及早投入使用。

2) 加筋土工布

加筋土工布一般被铺设在路堤底部，以调整上部荷载对地基的应力分布。通过加筋土工布的纵横向抗拉力，来提高地基的局部抗剪强度和整体抗滑稳定性，并减少地基的侧向挤出量，一般适用于强度不均匀的软基地段、路基高填土、填挖结合处或桥头填土的软基处理。加筋土工布的材料不仅强度要符合设计要求，而且断裂时的应变，在填料为砂砾、土石混合料时还须满足一定的顶破强度，施工中加筋土工布应拉平紧贴下承层，其重叠、缝合和锚固应符合设计要求。

图4-1-5 格栅砂垫层法

5. 反压护道

(1) 机理：在路堤两侧填筑一定宽度和高度的护道，以改善路堤荷载方式来增加抗滑力的方法，使路堤下的软基向两侧隆起的趋势得到平衡，从而保证路堤的稳定性。

(2) 适用条件：路堤高度不大于1.5~2倍的极限高度，非耕作区和取土不太困难的地区。

(3) 特点：采用反压护道加固地基，不需特殊的机具设备和材料，施工简易方便，但占地多，土用量大，后期沉降大，以后的养护工作量也大。

软土地基路堤施工，应注意填土速率，并加强沉降和稳定性观测。当接近或达到极限填土高度时，严格控制填土速率，以免由于加载过快而造成地基破坏。一般每填一层，应进行一次监测，控制标准为：路堤中心线地面沉降速率每昼夜不大于1cm；坡脚水平位移速率每昼夜不大于0.5cm。观测结果应结合沉降和位移发展趋势进行综合分析。其填筑速率，应以水平位移控制为主，如超过此限应立即停止填筑。

任务4.2 冻土地区路基施工

学习目标

1. 了解冻土路基施工前的调查内容；
2. 知道冻土路基施工方法的分类；
3. 分析冻土地区路基施工方法及注意事项；
4. 根据《公路路基施工技术规范》(JTG F10—2006)进行冻土地区路基的施工；
5. 正确完成冻土地区路基施工方案的确定。

任务描述

通过学习多年冻土及季节性冻土地区路基施工的相关知识，分析其施工方法和施工注意事项，会进行多年冻土及季节性冻土地区路基施工和施工方案的确定。

学习引导

本工作任务沿着以下脉络进行学习：

冻土路基施工前的调查 → 施工方法的类型 → 施工技术及注意事项 → 根据工程特点确定施工方案

 **相关知识**

1. 冻土的定义

冻土是指零摄氏度以下,并含有冰的各种岩石和土壤。一般可分为季节冻土(半月至数月)以及多年冻土(数年至数万年以上)。地球上多年冻土和季节冻土区的面积约占陆地面积的50%,其中,多年冻土面积占陆地面积的25%。冻土是一种对温度极为敏感的土体介质,含有丰富的地下冰。因此,冻土具有流变性,其长期强度远低于瞬时强度特征。正由于这些特征,在冻土区修筑工程构筑物就必须面临两大危险:冻胀和融沉。随着气候变暖,冻土在不断退化。我国冻土主要分布于青藏高原及大小兴安岭,东西部一些高山顶部,即高纬度、高寒地区,如图4-2-1。

冻土的工程特性主要包括其物理性质、力学性质、冻胀及融沉性。

2. 冻土的工程特性

1) 冻土的物理性质

冻土的总含水率是指冻土中所有的冰的质量与骨架质量之比和未冻水的质量与土骨架质量之比的和。因为冻土中含有未冻结水,所以冻土的含冰量不等于冻土融化时的含水率,衡量冻土中含冰量的指标有相对含冰量、质量含冰量和体积含冰量。相对含冰量是冻土中冰的质量与全部水的质量之比;质量含冰量是冻土中冰的质量与冻土中土骨架质量之比;体积含冰量是冻土中冰的体积与冻土总体积之比。

图4-2-1 冻土地貌

2) 冻土的力学性质

冻土的强度与变形特性与其他类型土的最大差别在于其中冰的存在,其力学性质主要取决于其中胶结冰的性质,冰的强度随温度的降低而增加,并随冰晶的结构构造变化而变化。此外,冰的强度还随应变速率的增大而增大,在破坏类型上表现为由塑性向脆性的转变,冰的这些性质直接导致了冻土也具有类似的特征。冻土的强度受温度、压力、以及应变速率的改变而发生很大变化:当温度降低时,冻土的强度随之增加;当荷载作用历时延长时,颗粒间胶结冰产生塑流而具有流变性,这一特点使得冻土的瞬时强度大而长期强度小;随应变速率的加大,冻土强度增大,破坏类型表现出由塑性破坏向脆性破坏转化。

冻土的强度有别于其他类型土强度的另一突出表现是围压的影响。在较低围压条件下,冻土的强度是随围压的升高而升高,在较高的围压条件下,随着围压的加大,冻土强度随围压的升高而降低。

3) 冻土的冻胀性

在季节冻土区或多年冻土区,当温度降低到土的冻结温度以下时,湿土中的水分就向正冻带迁移,并以冰的形式充填土颗粒间隙,而当土中的水冻结成冰时,体积一般会增大9%,当土中水的体积膨胀到足以引起颗粒间的相对位移时就会引起土的冻胀。冻胀的严重性在于已冻土中由于未冻水分不断地迁移积聚,特别是当负温持续条件及有充分的水源和水的迁移通道时,冻胀会更加严重。

影响冻胀的主要因素有:土颗粒粒径大小、矿物成分、土中水分以及补给来源、冻结条件和外部荷载作用等。一般来说,粗颗粒的土由于水分易于排出而不易产生冻胀,随着土颗粒粒径的减小冻胀性逐渐增强,但当颗粒粒径达到黏性土粒径范围时,由于水分迁移量减小,冻胀量也相应减小;亲水性矿物成分含量高的土冻胀性显著增强;对于冻胀敏感性土,初始含水量大,水分补给充足的土冻胀性特别强;温度越低,未冻水含量越少,冰的相对含量增加,冻胀性就越显著;增加土体的外部附加荷载会对土体冻胀产生显著的抑制作用。

4) 冻土的融沉性

冻结深度或融化层厚度,一般通过勘探和实测地温方法进行直接判定。

我国多年冻土地区融化深度约3m左右,所以对多年冻土融陷性等级评价也按3m考虑,根据计算融陷量及融陷系数对冻土的融陷性分成5级。

冻土在融化过程中在无外部荷载作用下所产生的沉降,称为融化下沉或融陷,在有外部荷载作用下产生的压缩变形称为融化压缩。

二 任务实施

1. 在保证地基土壤处于冻结状态下路基的施工

在道路施工过程中,使土基保持冻结状态,即永冻土的上限不下降,创造土基夏季不融化条件,其施工期宜先在冬季,因此冬季必须完成大量土方工程。如在融期施工,则应采取快速分修的施工方法,以免冻层暴露太久,冻土上限下降,引起沉陷被破坏施工中应注意,此种状态下施工,必须在路基底面上整个公路用地范围内从路基中心算起的两侧各50~100m范围内保持青苔植被不被破坏,其作用是隔热及保护冻土和减弱地表水的下渗,同时排水系统与路基坡角应保持足够的距离,《公路路基施工技术规范》(JTG F10—2006)要求,高含水率冻土集中路段,严禁坡角滞水,路侧积水,饱水冻土及含土冻层地段,应避免修建排水沟和截水沟,宜修挡水埝,距坡脚不小于6m,若修排水沟应不小于10m。

路基填方作业时,应采用端部卸土的方法填筑,汽车、拖拉机等带轮子的设备,在前面尚未铺设足够的填料以支持它以前,严禁在坡道上进出。

一般应掌握:①土基冻结深度大于30cm后开始取土;②路堤下部各层高为0.5m时,按逐步向前法填土,以后的各层按纵向法施工净砂和砂砾石最宜作路基填料,因为这种填料具有排水冻结性,排水性能好,在冻结季节便于开挖和运输当路基高度较小时(应大于保护多年冻土上限不下降的最小填土高度)可在路基下部先填一部分细粒土,厚度一般不小于1.0m。

保证足够厚度的路堤是为了有效对冻土隔热,国外经验有采用苯乙烯泡沫隔热层卵石隔热层等做法,以维持地下土壤处于冰冻状态。

2. 限制土基融化深度下的路基施工

在限制土基融化深度的路段,路基应当采用当地的黏土质和无黏性的碎屑土修筑,高速公路和一级公路宜设集中取土场,富冰冻土,饱冰冻土以及含土冰层路段确需就近解决部分土源时,必须在路基坡脚10m以外取土;斜坡地表路堤取土坑应设在上坡一侧,取土深度场不得超过当年多年冻土限以上土壤厚度的80%,坑底应有坡度,积水应有出口,取土完成后,应立即将取土坑挖出的草皮填入坑中紧靠路堤的一侧,铺成斜坡。

使用黏土质土时,施工工艺按土壤含水率来确定春季,在解冻天到来之前,须将取土坑上的积雪和青苔植被清除(堆放在一起),以加快土壤的融化,土料应选用保湿隔水性好的细颗粒土采用黏性土或透水不良土壤填筑路堤时,要控制土的湿度,碾压时含水率不超过最佳含水率±2%,不得将冻土块或草皮层及沼泽地含草根的湿土填筑,通过热融湖(塘)的路堤,水下部分必须用渗水良发了的土壤填筑,并高出最高水位0.5m。靠近基底部位有饱冰层且有可能融化时,可没保温护道和护脚,保湿材料就地取材。用草皮时,草根向上一层一层叠铺,最外一层要带泥,以便拍实形成保护层沿线两侧20m范围内植被和原生地貌要严加保护,山区位于河滩台地、斜坡、分水岭上的路段,土壤为碎石或砾石时,采用一航方法取土筑堤,但是,考虑到冻土和湿土在挖掘上的困难,春节应预先清除苔植被,使融水没沟流向低处,把土壤排干。

3. 挖方路基施工

地下水发育阶段,路基边沟应有防渗措施,路堑顶宜设挡水埝,与坡顶距离不小于6m；若必须修排水沟或截水泡时,在挡水埝4m以外设置 路堑边坡应边挖边修坡,冬季开挖作业边坡容易鼓肚,若不及时抢修容易冻结。边坡加固铺砌厚度均应满足保温要求,如用草皮铺砌应水平叠砌,错缝嵌紧,缝隙用粘土或草皮填塞严密,以形成整体。

饱冰冻土和含土冰层地段路堑,为防止开挖后基底冻胀翻浆,可根据需要换填足够厚度的渗水性土。

4. 冬季施工排水

冬季施工排水,是在天寒地冻的物殊条件下采取的特殊排水方法

1)冻土墙截水

适用于大面积的沼泽区,积水深度大于80cm,施工排水量大,气温在-100℃以下,水下淤泥厚度不超过50cm,沼泽地表层冻结厚度超过30cm,机车可以通行作业的条件下。

(1)作业方法

在施工段周围,采用冻土锯或冻土犁破冻开挖一条环形闭合沟,然后用扒土机推运大小不等的冻土块填入沟内,边填边用木棍捣实,将冻土块挤入稀泥,直达硬化层,照此方法在水下填筑成一密实的冻土墙,墙顶面与冰层顶面水平,由于冻土块的温度很低,水的正温度不高,冻土浸水后,土水进行热交换,冻土骤然吸热,致使冻块表层水很快冻结,产生新的粘聚力,将相互接近的冻土块凝结成一整体,这种冻结在短时间内不容易融化,因此,冻土墙可以较快地结成一道不透水的隔墙,能够堵截外水浸入。

(2)施工注意事项

最好采用负温大的冻土块筑墙,因为冻土块比重较大,比冰块草筏筑墙质量好,冻土温度越低,冻块在水中凝结越快,越稳定,截水效果越好。

2)排炮封水

适用于积水深度小于80cm,并有外水出入,施工段水下稀泥厚度超50cm,底部为硬黏土,表层冻结厚度超过20cm,能支承施工人员作业的条件下。

(1)作业方法

在工段周围,破冰打炮眼,用直径为20cm左右的长木杆,淤泥打入硬粘土层内1m左右,拔出木杆,随即塞入用塑料布包好的炸药包,回填黏土捣实。照此方法布置排炮,保施工完毕以后,采取电爆同时起爆,利用爆破力将底层黏土压向爆破坑四壁,可使坑壁不透水,一连串的爆破坑避即可形成底层黏土向爆破坑四壁,即可形成一道隔水墙。

(2)注意事项

①炸药包必须埋在黏土层内。

②炸药必须密封防不,可用塑料布包扎 炮眼四填密实,但不能损坏药包及导火索,更应注

意雷管安全,包装前要进行严格检查。

③每个药包内最少用两个雷管。

3)机械排水

在冻土墙截水或排水流量炮封水处理后,采用水泵排除施工区段内部的积水水泵可选用离心式水泵水泵站设在施工段的冰面上,水泵抽水,可排放到工段旁边沼泽地的水面上,边排放边冻结,水结成冰,排水出路问题也随之解决应当指出的是,多年冻土地区冬季施工排水的方法很多,除此之外还有促冻揭冰层、扒冻冰层等方法,具体选用时,要因地制宜。

任务4.3　膨胀土地区路基的施工

学习目标

1. 了解膨胀土地区路基施工的分类；
2. 知道膨胀土地区路基施工的要点；
3. 分析膨胀土地区路基施工技术；
4. 根据《公路路基施工技术规范》(JTG F10—2006)进行膨胀土区路基的施工；
5. 正确完成膨胀土地区路基施工方案的确定。

任务描述

通过学习膨胀土地区路基施工的相关知识，分析其施工技术及注意事项，会进行膨胀土地区路基的施工和施工方案的确定。

学习引导

本工作任务沿着以下脉络进行学习：

膨胀土地区路基施工分类 → 施工技术及注意事项 → 根据工程特点确定施工方案

 相关知识

1. 膨胀土的概念及分布情况

膨胀土是指土的黏土矿物成分中富含亲水性黏土矿物,具有吸水显著、膨胀软化、失水急剧收缩硬裂以及往复湿胀干缩特性的高塑性黏土,又称裂土,裂隙黏土。具有很强的亲水、持水性和很高的可塑性及黏聚性。土体遇水急剧膨胀,失水则严重干缩。其工程力学性质极不稳定,不宜直接作为高速公路路基填筑材料(图4-3-1)。

膨胀土在我国分布很广,从东南沿海到川西平原,从太行山到云贵高原均可见到,西部规划建设中拟建的2.1万km里程中有近3300km路段穿越膨胀土分布区。膨胀土工程地质问题已成为西部公路建设中最突出的工程问题之一。

2. 膨胀土的主要特性及常见地基病害

膨胀土的主要特性有以下三个方面:

(1)土的黏土矿物成分中富含有亲水性矿物成分,如蒙脱石、伊利石等,有较强的胀缩性。

(2)膨胀土为多裂隙性结构,普遍发育成各种形态的裂隙。裂隙的形成与它的成土过程、胀缩效应、风化作用等许多因素有关。

(3)膨胀土有超固结性。膨胀土在其形成的地质历史过程中,曾受过比现在自重应力更大的上覆荷载,呈超固结状态,因此深层原状土具有较高的初始强度。由于先期固结压力的作用,膨胀土在开挖后,已形成的应力平衡被破坏,常会出现土体松胀,有显著的强度衰减性。

膨胀土的危害是十分严重的,述有"逢堑必滑,无堤不塌"之说。最近几年修建的高等级公路中,受到了膨胀土的严重危害影响也很多,出现了油面开裂、松散脱落、路基下沉、翻浆、边坡沉塌、滑坡等质量问题(图4-3-2~图4-3-4)。

图4-3-1 膨胀土

图4-3-2 路堑边坡挡墙被推移剪切破坏

图4-3-3 路面破坏

图4-3-4 桥台开裂

任务实施

1. 膨胀土地区原地面处理

1) 高速公路、一级公路堤原地面处理

(1) 填高不足 1m 的路堤,必须挖去地表 30~60cm 的膨胀土,换填非膨胀土,并按规定压实。

(2) 地表为潮湿土时,必须挖去湿软土层换填碎、砾石土、砂砾或挖方坚硬岩石碎渣,或将土翻开掺石灰稳定并按规定压实。

2) 目前膨胀土路基处治方法

(1) 膨胀土性质改良法是改变膨胀土的亲水性、热敏性和胀缩性的方法,包括机械改良法(又称夯实法)、物理改良法及化学改良法。但耗资大、施工机械要求高、工期长。

(2) 封闭法对路堤两侧全部采用浆砌片石、混凝土预制块封闭,加深边沟,增设盲沟、渗水沟等措施,保持膨胀土中水分不改变,克服膨胀土吸水膨胀、失水收缩性质的方法水是膨胀土的大敌,对地表水、地下水均需设置渗水及排水设施,将水引排出路外。

(3) 加固法是采用抗滑桩加固、稳定膨胀土填土边坡方法,以及设计考虑土体膨胀压力的挡土墙的方法。

(4) 换填法是挖除路基施工范围内的膨胀土,采用非膨胀土的填筑的方法。但容易导致膨胀土地区水土流失、生态环境严重破坏。

2. 膨胀土的填筑

(1) 强膨胀土稳定性差,不应作为路填料;中等膨胀土宜经过加工、改良处理后作为填料;弱膨胀土可根据当地气候、水文情况及道路等级加以应用,对于直接使用中、弱膨胀土填筑路堤时,应及时对边坡及顶部进行防护。

(2) 高速公路、一级公路、二级公路等采用中等膨胀土用作路床填料时,应作掺灰改性处理。在取土场先掺生石灰闷料进行砂化,然后运至现场二次掺消石灰,并进行拌合、整平、碾压成型,改性处理后要求胀缩总率不超过 0.7 为宜。

(3) 限于条件,高速公路、一级公路用中等膨胀土填筑路堤时,路堤填成后,应立即作浆砌底护坡封闭边坡。当填至路床底面时,应停止填筑,改用符合规定程度的非膨胀土或改性处理的膨胀土填至路床顶面设计高程并严格压实。如当年不能铺筑路面,作为封层的填筑厚度,不宜小于 30cm,并做成不小于 2% 的横坡。

(4) 使用膨胀土作填料时,为增加其稳定性,可采用石灰处治,石灰剂量可通过试验确定,要求掺灰处理后的膨胀土,其胀缩总率接近零为佳。

(5) 可用接近最佳含水量的中等膨胀土填筑路堤,但两边边坡部分要用非膨胀土作为封层。路堤顶面也要用非膨胀土形成包心填方。挖方地段当挖到距路床顶面以 30cm 时,应停止向下开挖,并挖好临时排水沟。待作路面时,再挖至路床顶面以下 30cm,并用膨胀土回填,并按要求压实。

(6) 化学改性方法

利用石灰、水泥等其他固化材料通过与膨胀土的物理化学作用进行膨胀土的改性处理,降低膨胀土的胀缩性,增加强度和提高水稳定性。如掺石灰是由于石灰(氧化钙、氢氧化钙)与土颗粒、水、空气相互作用形成新的含水硅酸钙、铝酸钙等新矿物相互胶结,脱水,进行盐基交换,从而降低膨胀土的液限含水量,增大了膨胀土的塑限和抗剪强度。其常用的改良方法是采用掺灰处理,即土场先掺生石灰闷料进行砂化,然后运至现场二次掺消石灰,并进行拌和、整平、碾压成型。

3. 膨胀土地区路基碾压施工

碾压时应保持最佳含水率;压实土层松铺厚度不得大于30cm;土块应击碎至粒径5cm以下。在路堤与路堑交界地段,应采用台阶方式搭接,其长度不应小于2m,并碾压密实。

4. 膨胀土地区路堑开挖

挖方边坡不要一次挖到设计线,沿边坡预留厚度30~50cm一层,待路堑挖完时,再削去边坡预留部分,并立即将砌护坡封闭。

膨胀土地区的路堑,高速公路、一级公路的路床应超挖30~50cm,并立即用粒料或非膨胀土分层回填或用改性土回填,按规定压实,其他各级公路可用膨胀土掺石灰处治。

5. 膨胀土地区路基防治原则和具体措施

防治原则:具体情况具体分析,保湿防渗,防治膨胀土滑坡必须坚持"先发制坡,以防为主"的原则,在治坡当中本着"治坡先治水,防滑先防水"的原则。研发使用经济新型合成土工材料。

1) 保湿防渗

由于膨胀土路基具有显著吸水膨胀和失水收缩两种变形特性,因此,首先应考虑尽可能对路基边坡和路肩土体采取保湿防渗措施,防止土体干缩湿胀、表层风化、抗剪强度衰减等。

(1) 封闭路基坡面或路肩

植被防护、骨架防护、重塑土反压、坡脚挡土墙

(2) 挡土墙防护

对于挖方路堑段,为防止坡脚处剪应力过大产生塑性破坏,可将挡土墙做成仰斜墙体,并与排水沟连成一体。这样,一方面可有效防止路面水渗入墙底软化路基,提高挡土墙承载能力以及抗滑稳定;另一方面能够保护路基土不致因雨水浸入而引起膨胀。这种防护措施在高等级公路建设中普遍采用,且效果良好。

(3) 土钉锚杆护坡

土钉锚杆护坡是一种以土钉作为主要受力构件的边坡围护结构技术,它广泛应用于基坑围护工程中。

土钉锚杆和坡面筋网架相结合,能对坡面起"框箍"作用,一方面抵制土体膨胀力。抑制湿胀变形,使坡面土的含水率、干重度保持在一定范围内;另一方面起到补偿作用,即使反复干缩湿胀使土体抗剪强度有所降低,但通过土钉锚杆使土坡面筋架对坡面施加预应力,边坡土体仍保持稳定。

这种护坡技术施工难度较大、造价较高,对于膨胀潜势较强的高大路基边坡可在局部采用此法。

2) 路基两侧增设隔水墙

相对膨胀土路基和边坡而言,路基面层封闭性较好,雨水不易渗透浸入路基而产生膨胀,雨水多沿路基两侧路肩或边坡侵入路基。因此,在路基两侧增设隔水墙十分必要。隔水墙一般采用宽度0.4~0.6m的2:8灰土,夯实后铺设在基层以下1~1.2m的深度内。

3)加固路基

(1)设置抗滑桩

对于存在不良工程地质和水文地质路段,为了防止发生危害性较大的滑坡事故,在路基两侧宜采用单排或双排预制桩,并在桩体间加设冠梁、横向支撑等多种结构措施,以增强路基整体性和抗滑稳定性,提高支挡效果。

(2)设置重力式挡土墙

工程实践表明,膨胀土地区挡土墙的破坏模式通常在墙体上部被剪断。这是由膨胀土路基挡土墙受力特点决定的,一方面挡土墙要承受一般土压力作用,另一方面还承受土体膨胀压力作用,其作用范围一般在墙体中、上部,即墙背填土含水率变化范围内(沿墙高约 2.0m 左右)。因此,膨胀土地区在设计路基挡土墙时,应考虑膨胀力的作用。

任务4.4　盐渍土地区路基施工

学习目标

1. 了解盐渍土地区的地质概况和物理特性；
2. 知道盐渍土造成的公路主要病害；
3. 分析盐渍土地区路基施工的质量控制措施；
4. 根据《公路路基施工技术规范》(JTG F10—2006)进行盐渍土区路基的施工；
5. 正确完成盐渍土地区路基施工质量的控制。

任务描述

通过学习盐渍土地区路基施工的相关知识，分析其施工质量控制措施及注意事项，会进行盐渍土地区路基的施工和施工质量控制。

学习引导

本工作任务沿着以下脉络进行学习：

盐渍土地区的地质概况和物理特性 → 盐渍土造成的公路病害 → 盐渍土地区路基施工的质量控制措施

一、相关知识

1. 盐渍土的概念及分类

盐渍土是一种含盐量较高的盐碱土,当地表以下 1m 范围内含有容易溶解的盐类超过 0.5% 时即属盐渍土。盐渍土按含盐性质可分为:氯盐渍土、亚氯盐渍土、亚硫酸盐渍土、硫酸盐渍土、碳酸盐渍土;盐渍土按盐渍化程度可分为:弱盐渍土、中盐渍土、强盐渍土、过盐渍土;盐渍土按形成条件可分为:盐土、碱土、胶碱土(龟裂黏土)。

2. 盐渍土地区的地质概况和物理特性

1) 盐渍土的地表特征

一般地表有石膏,蓬松土、盐霜、盐壳、盐盖等。盐霜之下松软,浮土较厚多为硫酸盐渍土;地面较密实结硬壳者多为氯盐渍土或碳酸盐渍土。盐渍土生长有耐盐碱性指示植物。如盐角草生长于沼泽盐渍土地带,地下水位接近地表,土层盐分较轻,硫酸盐多余氯化物,碳酸根含量较低。盐琐琐生于潮湿的盐土,地下水位 1~2m。土层盐分较重;盐穗木生长于盐分重,地表结皮的地带;碱蓬生长于土层干燥硬结,盐分较轻,碱分较大的地带,芦苇生长于地下水位较浅的地带,胡杨生长于地下水位较深的弱盐渍土地带。如在沙雅—阿拉尔公路建设中,我们就可从项目沿线的成片胡杨林粗略知道其所处地段是什么类型的特殊地段。

2) 盐渍土的形成机理

现代盐渍土的积盐过程以水流作用为主,在干旱的戈壁沙漠地区风力也起一定作用。盐渍土的形成取决于盐土母质,盐水径流条件和盐分迁移聚积能力,并与地形,地质,水文气候等自然因素密切相关。内陆盆地受地势封闭,气候干旱,降水量少,蒸发量大等自然因素制约,如国道 315 线民丰至于田公路改建项目地处昆仑山北麓边缘的山区与塔克拉玛干大沙漠南缘的过渡地带,沿线为山前冲洪积平原区,风积沙区。其盐渍土路段的积盐途径一般为矿化地下水升腾蒸发作用或地表洪积坡积影响所致,积盐条件随地带而异,盐分复杂。

3. 盐渍土造成的主要公路病害

盐渍土具有溶陷性,盐胀性与腐蚀性。对于公路工程来说,盐渍土造成的主要病害是:

(1) 盐胀使路基路面鼓胀开裂,路肩及边坡松散剥蚀。如沙雅—阿拉尔公路建设工程的项目所在地的当地通村公路由于其造价低,所用路基填料均为超标盐渍土,且施工用水含盐量超标,故公路完工后均出现不同程度的路面开裂及波浪式鼓包。

(2) 受水浸时,路基强度与稳定性急剧降低,发生溶陷变形。

(3) 加剧路基的冻胀与翻浆。

(4) 对水泥、沥青、钢材等材料有侵蚀作用。

二、任务实施

1. 施工季节的选择及施工程序安排

(1) 施工季节的选择

在盐渍土地区筑路,尽可能地考虑当地盐渍土的水盐状态特点,力求在土的含水率接近于最佳含水率的时期不发生冻结,也不在积水季节进行施工。根据这一原则,一般认为:当地下水位高,对黏性土的盐土地区,以夏季施工为宜;对砂性土的盐土地区,以春季和夏初施工为宜;强盐渍土地区,在表层含盐量降低的春季施工为宜;对于不冻结的土,可以考虑冬季施工。对于青海境内的盐渍土路基施工,受气候、工期的制约,施工期一般很难安排在理想的施工季节。

(2)路基施工程序的安排

盐渍土路基要分段一次做完。自基底清除过盐土开始,要连续施工,一次做到路堤的设计高程,不可间断。在设置隔断层的地段,至少也要一次做到隔离层的顶部,以避免路基的再盐渍化和形成新的盐壳。

2. 基底处理

盐渍土路基基底的处理根据含盐量、含水率及地下水位而定。

(1)从含盐量方面看

由于一般盐渍土地区的含盐量往往表层最大,故当路堤底部表层盐渍土含有过量盐分(含盐量大于8%)或表土松软有盐壳时,在填筑前,将路堤基底与取土范围内的表层过盐渍土铲除,铲除深度根据土的试验资料决定,一般为0.1~0.3m。如路堤高度小于1.0m时,除将基底含盐量较重的表土挖除外,应换填渗水性土,其厚度对高速公路、一级公路不小于1.0m,其他公路不小于0.8m。

(2)从含水量及地下水位方面看

当含水率超过液限的土层在1.0m以内时,必须全部换填渗水性土;如含水率界于液限和塑限之间时,在铺0.1~0.3m的渗水性土后,再填黏性土;如含水量在塑限以下时,可直接填筑黏性土。当清除软弱土体达到地下水位以下时,则先铺填渗水性土,高出地下水位0.3m以上,再填筑粘性土。在修建高等级路面或次高级路面的地段,除路床填料符合规定要求外,还应在路堤下部设置封闭性隔水层(材料如沥青砂、防渗薄膜、聚丙烯薄膜编织布等)以隔断地下水的上升。

(3)基底的换填作业的要求

清(铲)除表层后,地表做成由路基中心向两侧约2%的横坡,整平压实,沿横坡均匀铺平,以利排水;铲除的表层过盐渍土堆置在低处,以免水流浸渍后,又流回路基范围内。铲除后的回填应按规定采用可用的盐渍土。

3. 填料要求

由于盐渍土含盐量决定了土的物理、力学性质,所以含盐量成了填料选择的主要依据。用作路堤填料的盐渍土,其容许含盐量必须符合表4-4-1的要求。

盐渍土地区路基填料容许含盐量 表4-4-1

路面等级	填料容许含盐量(以质量百分比计)(%)		
	氯盐渍土及亚氯盐渍土	硫酸盐渍土及亚硫酸盐渍土	碳酸盐渍土
次高级路面	≤8	≤2	≤0.5
高级路面	≤5	≤1	≤0.5

盐渍土地区选择路堤填料时,应注意如下几点:①盐渍土的含盐程度在容许范围时可作路堤填料,但施工时必须注意含盐量的均匀性。②在闭塞的积水洼或常年潮湿的盐渍土地段填筑路堤时,应外运渗水土填筑,并考虑路堤沉陷问题。③内陆盆地干旱地区,如当地无其他适

宜的填料,需用易溶盐含量特大的土、含盐砂砾、盐岩等作填料时,应根据当地气候、水文地质情况,通过试验决定。④用石膏土作填料时,石膏含量一般不予限制,应严格控制填筑密实度。路堤基底如为松散的石膏土时,应先予以夯实。

4. 路基压实及含水量控制

(1)为了防止盐分的转移和保证路基的稳定,盐渍土路基的压实应尽可能地提高一些,要求达到重型击实标准。

(2)路基分层压实,每层填土厚度,对黏性土不得大于20cm,对砂性土不得大于30cm。

(3)碾压时应严格控制含水率,不应大于最佳含水率1个百分点。在干旱缺水地区,对路基填土采用加大压实功能的办法进行压实,并设法洒水,使路基表层20cm后的土层在碾压时为最佳含水率,至少应达到最佳含水率的70%以上。

(4)当填土含水率过大时,施工中除设计挖好该地区排水沟外,可在取土坑挖临时排水沟,以截断地表水和降低地下水位。此外也可延长施工段落,在取土坑内分层挖土,分段填土爆晒,分段夯压。

5. 路基排水

盐渍土地区路基排水是一项关键性的工作。如排水不畅,势必会因积水使土质发生不利的变化,造成路基病害。因此,在施工中应及时合理地布置好排水系统,防止路基及其附近积水。

当路基一侧或两侧有取土坑时,可利用取土坑进行横向与纵向排水。取土坑底离最高地下水位应小于0.15~0.20cm。底部应向路堤外有2%~3%的排水横坡和不小于0.2%的纵坡。在排水困难地段或取土坑有被水淹没可能时,应在路基一侧或两侧取土坑外设置高0.4~0.5m、顶宽1m的纵向护堤。

当路基两侧无取土坑时,应设置纵向排水沟,并根据当地的地形、地势设置必要的横向排水沟,且两排水沟的间距不宜大于300~500m,长度不超过2km。

当地下水位高时,除挡导表面水外,应加深两侧边沟或排水沟,以降低路基下的地下水位。盐渍土地区的地下排水管与地面排水沟渠必须采取防渗措施。盐渍土地区一般不宜设置盲沟、渗沟排除地下水,因为盐分的沉淀易使盲沟失效。且地面排水系统不宜与地下排水系统合并设置,以免造成地下水位的升高,影响路基稳定。

6. 路基毛细水隔断层的设置

路基修筑在强盐渍化细颗粒黏土(黏性土、粉性土)地区,路基边缘至地下水位高度又不可能达到设计规定,而才用提高路堤或降低地下水位的措施又不经济或不可能时,在路基边缘以下0.4~0.6m处(或路基底部)的整个路基宽度上设置毛细隔断层。隔断层的材料可以用卵石、碎石或其他粒径约5~50cm的砂砾,厚度采用0.15~0.3m,并在上、下面各铺设一层5~10cm厚粗砂或石屑作为反滤层,以防止隔断层失效。隔断层使用的材料应因地制宜,不影响隔断层效果的前提下,降低成本。

7. 路基高度

1)路基边缘高出地面的最小高度

在过干旱与干旱、半干旱地区,排除地面水困难的情况下,强盐渍土与过盐渍土的路基边缘高出地面的最小高度可参考表4-4-2。

盐渍土路基边缘高出地面最小高度 表 4-4-2

路基土名称	路基边缘高出地面最小高度(m)	
	强盐渍土	过盐渍土
砂、含细粒土砂	0.3~0.4	0.5~0.7
细粒土砂	0.4~0.5	0.7~0.8
黏质土	0.5~0.7	0.8~0.9
粉质土	0.7~1.0	0.9~1.3

2)路基边缘高出地下水位的最小高度

在干旱与半干旱地区,盐渍土路基高出地下水位的最小高度可参考表 4-4-3。

盐渍土路基边缘高出地下水位的最小高度 表 4-4-3

路基土名称	路基边缘高出地面最小高度(m)	
	强盐渍土	过盐渍土
砂、含细粒土砂	1.0~1.2	1.1~1.3
细粒土砂	1.3~1.7	1.4~1.8
黏质土	1.8~2.3	2.0~2.5
粉质土	2.1~2.6	2.3~2.8

8. 路基边坡与路肩的处理

1)边坡坡度

盐渍土路堤的边坡值,没有水浸时,可按表 4-4-4 采用;有水浸时可按表 4-4-5 采用。

没有水浸时的边坡值 表 4-4-4

路堤填土高度(m)	边 坡 值	路堤填土高度(m)	边 坡 值
小于1.5	1:1.5	大于1.5	1:2.0

2)边坡及路肩加固

对于强盐渍土,无论其路基结构如何,边坡及路肩都必须加固。为保证路基有效宽度,当路基容易遭受雨水冲刷、淋溶和松胀时,对强盐渍土及过盐渍土的路基宽度,应较标准路基宽度增加 0.5~1.0m。

对硫酸盐渍土路基的边坡,根据需要与可能,宜采用卵石、砾石、黏土或盐壳平铺在路堤边坡上,用以防止边坡疏松、风蚀等破坏。对长期浸水地段,还需在高水位以上 0.5m 处做护坡道,并予以防护。

在过盐渍土地区,对路肩的加固,可用粗粒浸水材料掺杂在当地土内封闭路肩表层,也可用沥青材料封闭路肩或用 15cm 厚的盐壳加固。

有水浸时的边坡值 表 4-4-5

浸水程度	填细粒土	填粗粒土	备 注
短期浸水	1:2~1:3	1:1.75~1:1.2	当流水速度引起冲刷时,边坡应防护
长期浸水	不可用	1:2~1:3	

任务 4.5　黄土地区路基施工

学习目标

1. 了解黄土湿陷性影响因素；
2. 知道黄土湿陷性引起的公路主要病害；
3. 分析黄土路基施工处理方法；
4. 根据《公路路基施工技术规范》(JTG F10—2006)进行黄土地区路基的施工；
5. 正确完成黄土地区路基施工处置方案的确定。

任务描述

通过学习黄土地区路基施工的相关知识，分析其施工处置措施及注意事项，会进行黄土地区路基的施工和处置方案的确定。

学习引导

本工作任务沿着以下脉络进行学习：

黄土湿陷性影响因素 → 黄土湿陷造成的公路病害 → 黄土地区路基施工处置措施

一、相关知识

我国黄土分布面积约 64 万平方公里,分布在北纬 33°~47°之间。黄土土质的主要特点是其湿陷性,黄土湿陷性是指天然黄土在一定压力下受水浸湿,土结构迅速破坏,并发生显著附加下沉的性质。湿陷性黄土约占中国黄土分布面积的 60% 左右,主要分布于黄河中下游地区,厚度最大达 30m 左右,并具有自东向西、自南向北湿陷性逐渐加强的规律。山西晋中地区属湿陷性黄土地区,该地区的盆地和汾河阶地普遍被全新统黄土(Q_4)和马兰黄土(Q_3)所覆盖。

1. 黄土湿陷性影响因素

导致黄土湿陷的主要因素是多方面的,可归纳为内因和外因两个方面。湿陷机理的研究表明欠压密的架空式孔隙结构是湿陷产生的内因,水和力的作用(包括自重和外荷载)是湿陷产生的外因。湿陷系数是评价黄土地基湿陷性的主要指标。湿陷系数的大小与反映土结构的密度指标和孔隙度指标有关,一般情况下,其他条件相同时,孔隙度越大,湿陷系数亦越大,则其湿陷性越强烈,干容重越重,湿陷系数越小,其湿陷性亦越小。

2. 黄土湿陷性引起的公路病害

对原状黄土地基来说,土体中各点孔隙度的不同,密度和含水量分布的不同,含水量随时间变化的不可预见性等原因,使其压缩变形表现出不均匀性,从而产生引起上部路面病害的不均匀压缩沉降。从工程角度看,路堤有高填方和低填方之分。同样地基条件下,高填方路堤由其自重引起的地基沉降较低填方大。高填方路堤一般设在山区跨沟地段,冲沟地基土质复杂多变,而低填方路堤一般设在平原地区,平原地区地基除地质条件相对好外,从几何意义上的不均匀沉降讲,平原地区的路基沉降适应性较山区路基要好。非饱和黄土地基的变形与时间过程有关,变形与时间有关的问题直接影响公路路堤的竣工期和工后沉降量计算。对于这些问题,工程设计上目前还没有很好解决。

二、任务实施

1. 准备工作

同普通路基填筑施工工艺。

2. 试验路段

在将场地清理按设计初压符合要求后,应选择在地质条件,断面形式均具有代表性并经驻地监理工程师同意的地段做试验段。以确定黄土路基工程的最佳碾压组合。将达到规定压实度需要的压实设备类型、最佳组合方式、碾压遍数及碾压速度、工序、每层填料松铺厚度、填料含水率等,详细记录、报驻地工程师批准,即作为同类材料施工现场控制的依据。

3. 黄土路堤的基底处理

(1)若基底为非湿陷性黄土,且无地下水活动时,可按一般黏性土地基进行处理,同时做好两侧的施工防、排水措施。

(2)若地基为湿陷性黄土,应采取拦截、排除地表水的措施,防止地表水下渗,减少地基地层湿陷性下沉。地下排水构造物与地面排水沟必须采取防渗措施。

(3) 若地基厚层黄土具有强湿陷性或较高的压缩性，且容许承载力低于路堤自重压力时，除应采取防止地表水下渗的措施外，还应考虑地基土的压缩变形，可采取重锤夯实，石灰桩挤密加固，设置垫层，换填土等措施进行处理。

4. 黄土路堤填筑

(1) 将适用的填筑材料运上路基后用推土机粗平、平地机精平，分层水平摊铺压路机碾压密实的施工方法。每层填料铺设的宽度，超出每层路堤的设计宽度单侧不少于30cm，以保证整修后路堤边缘有足够的压实度，每层填土的压实厚度宜为20cm。

(2) 路床填料不得使用老黄土，新黄土为良好的填料，可用于铺筑路床。黄土路堤应分层填筑，分层压实，大于10cm填料必须打碎，并在接近土的压实最佳含水率时碾压。

(3) 黄土路堤的边坡应刷顺，整平拍实，并及时予以防护，防止路表水冲刷。

(4) 黄土路堑边坡，应严格按设计坡度开挖，如设计为陡坡时，施工中不得放缓，以免引起边坡冲刷。

(5) 路堑施工中，当挖到设计高程时，应对上路床部分的土基整体强度和压实度进行检测，如路堑路床土质不符合要求时，则应将其全部挖除，另行取土分层摊铺、碾压至规定的压实度，挖除厚度不得小于50cm。

(6) 在填挖交接处，要按设计要求在交接线前后各20m的路床顶面进行强夯处理。

(7) 为保证路基压实度，必须按试验路压实路基填土厚度的90%来控制规模施工时的填土厚度。

(8) 原地面纵坡大于12%的地段，采用纵向分层法施工，沿纵坡分层，逐层填压密实。原地面横坡陡于1:5时应挖台阶，台阶宽度不小于1m，并且用小型夯实机加以夯实。填筑应由最低一层开始逐台向上填筑。

5. 黄土路基碾压

黄土路基碾压设备宜选15t以上振动压路机；高填路堤及湿陷性非常严重路面，采用强夯法比较经济；但对于大面积黄土路基宜选用冲击碾压设备。

6. 黄土路基排水

(1) 在施工中应特别注意黄土路基排水，对地表水采取拦截、分散、防冲、防渗、远接远送的原则，并根据设计及时做好综合排水设施，将水迅速引离路基，在填挖交界处引出边沟水时，应做好出水口的加固。

(2) 湿陷性黄土路基的地下排水管道与地面排水设施，应根据设计进行加固和采取防渗措施。

(3) 黄土路基水沟和加固类型，宜采用浆砌片石或混凝土板。如预制混凝土板拼砌时，其接缝应牢固无渗漏。

7. 雨季施工

雨季填筑路堤，应做到随挖、随运、随整平和压实，每层填土表面应筑成2%~4%的施工横坡，以利于排水，并应保持排水沟渠畅通。雨前和收工前应将铺筑的松土碾压密实。

8. 路基整修

黄土路基填筑过程中，随时检查路基中心线和高程，以及路基宽度和边坡度，路基基本成型检查完后进行外观整修工作。路基表面应平整均匀、边缘直顺、曲线圆顺、边坡稳定、顺畅，达到规范要求。路基整修完毕后，清除路基范围内的废弃土料等。

任务 4.6 沙漠地区路基施工

学习目标

1. 了解沙漠地区路基施工的特点;
2. 知道沙漠地区路基施工的要点;
3. 分析沙漠地区路基施工注意事项;
4. 根据《公路路基施工技术规范》(JTG F10—2006)进行沙漠地区路基的施工;
5. 正确完成沙漠地区路基施工处置方案的确定。

任务描述

通过学习沙漠地区路基施工的相关知识,分析其施工处置措施及注意事项,会进行沙漠地区路基的施工和处置方案的确定。

学习引导

本工作任务沿着以下脉络进行学习:

沙漠地区路基施工特点 → 沙漠地区路基施工要点 → 沙漠地区路基施工处置措施

相关知识

我国的沙漠地区主要分布在新疆、内蒙古、宁夏、甘肃、青海五个省区,陕西、吉林、黑龙江、辽宁等省也有小片分布,面积大约 109 万 km^2。在沙漠地区的铁路路基,容易遭受风蚀或沙埋等病害,若在施工时没有良好的防护工程,运营后会给铁路的行车安全带来极大的隐患。

1. 沙漠地区分类

沙丘按固定程度可分为固定沙丘、半固定沙丘和流动沙丘三种。

固定沙丘呈钟形或坟堆形,植物覆盖面积达 40% ~ 50%,其沙害较微,如注意保护植物,封沙育林,则对铁路无危害。

半固定沙丘呈椭圆形或长条形,植物覆盖面积在 15% ~ 40% 间,其沙害较轻,但必须有适当的防沙措施。流动沙丘密集分布,远望如海洋,植物覆盖面积在 15% 以下甚至裸露,其沙害严重,铁路两侧必须采取有效的防沙措施。

2. 沙漠对公路路基的危害

1) 风蚀

风沙地区修建路堤时,常采用粉砂或细砂来填筑。当风力达到起沙风速时,沙粒被吹走,产生路基风蚀。路基坡面出现风蚀槽痕;路面被磨成浑圆状,宽度减小,影响行车安全。路基风蚀一般在路肩处最为严重,坡面次之,背风坡脚反而有积沙现象。

路堑地段,堑顶被风蚀成浑圆状或不规则形状;路堑坡面形成风蚀洞,引起坍方。

2) 积沙

路基本身是风沙流运行的障碍物,能导致风沙流运行速度降低,沙粒沉落,形成积沙现象。

积沙的堆积形式不同,会对公路产生不同程度的危害。大片流沙或流动沙丘舌状向前延伸形成的"舌状积沙",短时间可以掩埋路基,沿路基延长可达数米至数十米,高出路面达数十厘米,对行车安全威胁较大;因沙丘体前移,流沙成堆状停积在线路上形成的"堆状积沙",则易造成行车险情,且积沙量大,清除工作艰巨。

任务实施

1. 沙漠地区路基施工

1) 填方路堤的施工

(1) 填方路堤施工前的原地面处理

①做好原地面临时排水设施,并与永久排水设施相结合。排走的雨水,不得流入农田、耕地;亦不得引起水沟淤积和冲刷路基。

②路堤修筑范围内,原地面的坑、洞、墓穴等,应用风积沙或沙性土回填,并按规定进行压实。

③路堤基底为耕地、松沙或水塘时,应先清除有机土、腐殖质、淤泥、种植土,平整后或将水塘淤泥清除干净后按规定分层碾压达到规定压实度。

④对填方高度小于 1m 的流动沙丘路段,应先将沙丘推平,并进行填前碾压,达到规定实度后进行填筑施工。

⑤对填方路堤地基应充分碾压,确保地表面以下30cm范围内沙层的压实度达到规定的要求。

(2)路堤填料应符合下述规定:

①填方路基施工,应按《公路路基施工技术规范》(JTG F10—2006)中特殊地区路基施工的有关规定执行。

②采用风积沙填筑时,各分层中不得夹杂黏土、植物及树根等杂质,必须是纯风积沙。

③路基施工同时用风积沙和土作填料时,必须分层填筑,不得将风积沙和土在一层中混合填筑,也不得分层间隔填筑,用土填料累计压实厚度不得小于50cm。

④对风积沙路堤,必须根据设计断面,分层填筑、分层压实。分层的最大松铺厚度应根据压实机械的不同确定。若采用自重在15t以上前后轮驱动的自行式振动压路机分层碾压时最大松铺厚度不得超过30cm;若采用$1.03 \times 10^5 W$以上的推土机分层碾压时最大松铺厚度不得超过25cm。

⑤用风积沙填筑路基附近取水方便时,也可采用水坠压实法分层填筑。填筑时每层最大松铺厚度不得超过30cm。所设围堰每层应相互错开,填筑至路床顶面最后一层时应分段水坠,相邻段水坠重叠宽度应不小于1m。填料表面水头高度应保持在20cm以上。

⑥路堤填筑宽度每侧应宽出设计宽度50cm。

⑦填筑路堤应采用水平分层填筑施工。按照横断面全宽分成水平层次逐层向上填筑。如原地面不平,应由最低处分层填起,每填一层,检测压实度符合规定后,再填上一层。

⑧填方路堤,当地面横坡缓于1:5时且基底经处理符合要求时,可直接在经处理的地基上分层填筑路堤。地面横坡陡于1:5时,原地面应挖成台阶(台阶宽度不小于2m)并进行压实。填筑应由最低一层台阶填起,逐层向上填筑,分层压实。所有台阶填完之后,即可按一般填方进行。

⑨若填方分几个作业段施工,两段交接处不在同一时间填筑时,应将先填地段挖成宽度不小于2m的台阶;同一时间填筑的则应分层相互交叠衔接,其搭接长度不得小于2m。

⑩河滩路堤填筑应连同护道一并分层填筑。可能受水浸淹部分,应选水稳性好的填料。河槽加宽加深以及调治构造物工程应在修筑路堤前完成。

2)挖方路堑的施工

(1)挖方路堑施工前的准备工作

①复查施工组织主设计,核实(或编制)调整风积沙调运图表。

②施工现场按规定进行清理。

③开挖前应以标志桩标明轮廓。

(2)挖方路堑的排水设施

①在路堑开挖前应做好截水沟,并视土质情况做好防渗工作。土方工程施工期间应修建临时排水设施。

②临时排水设施应与永久性排水设施相结合,流水不得排入农田、耕地,不得污染自然水源,也不得引起淤积和冲刷。

(3)风积沙开挖应遵照下列要求

①已开挖的适用于种植草皮和其他用途的表土,应堆积在指定地点。

②根据试验结果,对开挖出的适用材料,应用于路基填筑,各类材料不应混杂。

③工挖均应自上而下进行,不得乱挖超挖。

④路堑开挖中,如遇地质变化需修改施工方案及边坡度时,应及时报监理工程师批准。

⑤施工过程中发现风积沙层下部出现土质或其他材料,应将上部风积沙全部挖除后再进行下部开挖,土方路段应按《公路路基施工技术规范》(JTG F10—2006)中土方施工的有关条款办理。土方路段路堑边坡坡度应符合有关土方边坡的规定,上部风积沙边坡坡度应符合设计要求。

3) 压实机械

对风积沙采用振动压路机进行压实是最有效的手段,为达到更好的效果,应遵循以下各点:

(1) 采用15t以上重型振动压路机。

(2) 采用低碾压速度,一般选2~4km/h,最大不宜超过6km/h。

(3) 采用高振动频率,低振幅的方法,振频选择在35~45Hz,振幅选用0.4~1.0mm。如国产的W1102H系列。

4) 运输机械的选择

应选用双后桥驱动的自卸工程车,为配合施工放样,推筑沙基,应至少配备1~2台专用沙漠车,如国产的东风EQ-140沙漠客货车。

2. 沙漠地区路基防护

路基防护通常采用固定、阻隔、疏导等综合治理措施,从路基本体保护、路基两侧保护和植树造林三方面着手,以植物治沙为主,机械固沙为辅,效果较为显著。

1) 路基本体防护

路基本体防护的目的是保护路基处于稳定状态,不受风沙的损害和破坏。防护材料一般采用耐干旱、须根发达且带土的草皮,干草类(麦秸、蒲草)或碎石。

路基本体防护分主要形式有草皮防护、黏性土防护和碎石防护等三种。

(1) 草皮防护

草皮防护只宜作为施工初期的坡面临时防护(图4-6-1)。施工步骤为:材料准备→路基中线→水平测量→按设计图纸检查各部尺寸→整修边坡→铺草皮→封闭缝隙→清理坡面。

铺草皮按自下而上的顺序进行,第一块草皮应埋入地面8~10cm。草皮块之间应有30cm的搭接长度;若采用顺序铺设,草皮块缝应交错布置,之间的缝隙需用黏土封闭,以减少草皮下的水分蒸发。

(2) 碎石防护

坡面平铺碎石厚度为5~7cm,路肩铺10cm厚的碎石层(图4-6-2)。碎石层厚度要均匀,并保证路基横断面尺寸准确。

(3) 黏性土防护

采用黏性土防护的测量放线工作与草皮防护相同。施工也是自坡脚开始,自下而上边填土边拍实,坡面黏土层厚15~20cm,坡面填拍后应撒种草籽。

2) 路基两侧防护

(1) 防沙体系

防沙体系包括设防带和植被保护带(图4-6-3)。设防带一般采用两种以上的防沙措施,其宽度应考虑风沙严重程度、风况、地形地貌以及防沙措施等。植被保护带宽度主要考虑风沙严重程度和当地人为活动情况。靠近公路是加强防护区,绝不允许沙流越过该区而掩埋公路工程;远离公路,可允许少量沙流浸入加强设防区的外缘。

(2) 工程防沙

工程防沙是新建公路初期的基本防沙措施,它主要分为固沙、固阻沙和阻沙三种。

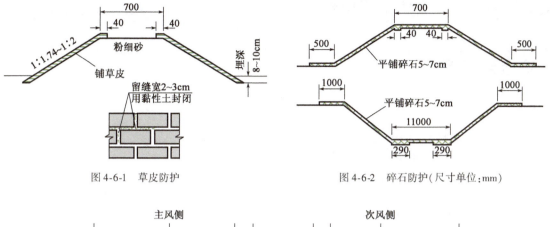

图 4-6-1 草皮防护   图 4-6-2 碎石防护(尺寸单位:mm)

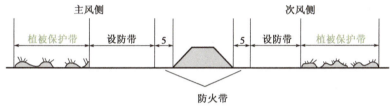

图 4-6-3 植被保护带(尺寸单位:m)

①固沙

在路基两侧的设防带内,靠近路基一定范围内采取固沙(平铺)措施,一般迎风侧为 100~200m,背风侧为 50~100m。固沙主要采用不被风吹蚀的材料覆盖沙面,使得覆盖层下的沙子不再移动。

固沙措施根据就近料源的情况,可分别选择卵石、砾石、矿碴及黏性土进行覆盖。覆盖沙丘时,宜先将陡立的落沙坡铲成缓坡,先铺迎风坡,后铺背风坡。一般卵石土、矿碴铺厚 5~10cm,砾石土铺厚 8~12cm。平铺时,播种抗干旱的灌木或半灌木种子。当选用黏性土进行覆盖时,宜铺成中部略高、两侧略低的条带状,铺设厚度一般为 10~15cm,宽 0.5m,应拍打密实,带间距离为 1~1.5m,以便雨水下渗地层,有利形成旱生灌木林带。

②固阻沙

固阻沙措施常采用低立式沙障。沙障露出地面高 10~20cm,埋入地面深 10cm 左右。沙障材料可采用稻草、黏性土、草皮块及沥青毡等。

3) 植物防沙

植物防沙是最有效的防沙措施(图 4-6-4)。通常用种防沙林的办法,但初期必须用工程防沙过渡。林带一般沿线路平行布置,比沙害地段略长,形成封闭状态,阻截任何方向的流沙。

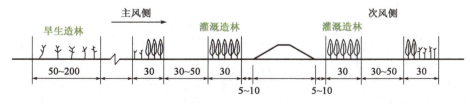

图 4-6-4 植物防沙(尺寸单位:m)

植树要选好季节和部位。如：不耐旱的树种应在春季栽种，其余树种宜在秋季种植；杨柳和松树需要较多水分，则宜种在坡脚和丘间平地处；黄柳适应性强，可种于坡面；沙枣满身带刺，宜种于林带外围，可对林带起保护作用。

综合练习题

1. 试叙述软土地基的工程特性。
2. 简述冻土地区路基施工方法及注意事项。
3. 膨胀土地区路基施工的要点有哪些？
4. 试分析盐渍土地区路基施工的质量控制措施。
5. 黄土湿陷引起的公路病害有哪些？
6. 简述风沙路基的特点。

学习情境 5

路基附属结构施工

任务 5.1　路基排水设施的施工

学习目标

1. 了解路基排水的目的及设计原则;
2. 知道路基排水设施的类型;
3. 分析各种路基排水设施的作用;
4. 根据《公路路基施工技术规范》(JTG F10—2006)掌握路基地面和地下排水设施的构造与布置;
5. 能正确完成路基排水设施的施工方案。

任务描述

通过学习路基排水的目的及设计原则的相关知识,分析路基排水设施施工要点与施工技术,会进行路基排水设施的施工和施工方案的确定。

学习引导

本工作任务沿着以下脉络进行学习:

路基排水的目的与要求 → 路基排水设计的一般原则 → 路基地面排水设施的构造与布置 → 路基地下排水设施的构造与布置 → 路基排水设施的施工

1. 路基排水的目的及设计原则

1) 路基排水的目的与要求

路基的填筑与压实要求在达到或接近最佳含水率时进行,以获得最大的密实度。此时,水的有益作用是显而易见的。然而,当浸入路基的水分过多,便会危害路基。就路基病害的规模、范围、成因、类型及其程度而言,水往往是决定性的因素之一。因此,路基排水设计是路基设计中必不可少的项目和内容之一。

根据水源的不同,影响路基的水流可分为地面水和地下水。所以,路基排水可分为地面排水和地下排水两大类。

地面水包括大气降水(雨和雪)和海、河、湖、水渠及水库水。地面水对路基产生冲刷和渗透,冲刷可能导致路基整体稳定性受损害,形成水毁现象。渗入路基土体的水分,使土体过湿而降低路基强度。

地下水包括上层滞水、潜水及层间水等,它们对路基的危害程度,因条件不同而异。轻者能使路基湿软,降低路基强度;重者会引起冻胀、翻浆或边坡滑坍,甚至整个路基沿倾斜基底滑动。水还可能造成掺有膨胀土的路基工程毁灭性的破坏。

路基排水的目的,就是将路基范围内的土基湿度降低到一定的限度以内,保持路基常年处于干燥状态,确保路基及路面具有足够的强度和稳定性。

路基设计时,必须考虑将影响路基稳定性的地面水,排除和拦截于路基用地范围以外,并防止地面水漫流、滞积或下渗。对于影响路基稳定性的地下水,则应予以隔断、疏干和降低,并引导至路基范围以外的适当地点。

路基施工中,首先应校核全线路基排水系统的设计是否完备和妥善,必要时应予以补充或修改,应重视排水工程的质量和使用效果。此外,应根据实际情况与需要,设置施工现场的临时性排水设施,以保证路基土石方及附属结构物在正常条件下进行施工作业,消除路基基底和土体内与水有关的隐患,保证路基工程质量,提高施工效率。临时性排水设施宜尽量同永久性排水设施相结合,以减少临时工程的费用。

路基养护中,对排水设施应定期检查与维修,以保证排水设施正常使用,水流畅通,并根据实际情况不断改善路基排水条件。

高速公路路基排水的目的、要求及设计原则与一般等级公路基本上是一致的。但由于高速公路的重要性,沿线构造物不应受到水的危害而降低或失去其使用功能,而且其修复的复杂性和难度性大,费用也高,因此,高速公路的路基排水综合设计就更为重要。

2) 路基排水设计的一般原则

(1) 排水设施要因地制宜、全面规划、合理布局、综合治理、讲究实效、经济适用,并充分利用有利地形和自然水系。一般情况下地面和地下设置的排水沟渠,宜短不宜长,以使水流不过于集中,做到及时疏散,就近分流。

(2) 各种路基排水沟渠的设置,应注意与农田水利相配合,必要时可适当地增设涵管或加大涵管孔径,以防农业用水影响路基稳定。路基边沟一般不应用作农田灌溉渠道,两者必须合并使用时,边沟的断面尺寸应加大,并予以加固,以防水流危害路基。

(3) 设计前必须进行调查研究,查明水源与地质条件,重点路段要进行排水系统的全面规划,考虑路基排水和桥涵布置相结合,做到路基路面综合设计与分期修建。对于排水困难和地质不良的路段,还应与路基防护与加固相配合,并进行特殊设计。

(4)路基排水要注意防止附近山坡的水土流失,尽量不破坏天然水系,不轻易合并自然沟溪和改变水流性质,尽量选择有利地形条件布设人工沟渠,减少排水沟渠的防护与加固工程。对于重点路段的主要排水设施,以及土质松软和纵坡较陡地段的排水沟渠,应注意必要的防护与加固。

(5)路基排水要结合当地水文条件和公路等级等具体情况,注意就地取材,以防为主,防治结合。排水沟渠既要稳固适用,又必须讲究经济效益。

2. 路基地面排水设施的构造与布置

常用的路基地面排水设施有边沟、截水沟、排水沟、跌水与急流槽、倒虹吸管与渡水槽以及蒸发池等几种。

1)边沟

挖方路基以及填土高度低于路基设计要求临界高度的路堤,在路肩外缘或坡脚外侧均应设置纵向人工沟渠,称之为边沟(或称侧沟),主要功能是排泄路基顶面及边坡汇集起来的地面水。常用的边沟断面形式有梯形、矩形、三角形和碟形等,如图5-1-1。

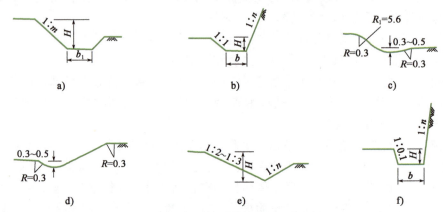

图5-1-1 边沟横断面形式示意图(尺寸单位:m)
a)、b)梯形;c)、d)碟形;e)三角形;f)矩形

高速公路、一级公路宜采用三角形或碟形边沟,条件受限而需采用矩形边沟时,应在顶面加带槽孔的混凝土盖板;二级及二级以下公路的土质边沟用梯形,石质边沟用矩形;易于积雪或积砂的路段宜用碟形;较矮路堤边沟可用三角形;公路两侧为农田时,可采用石砌矩形边沟,以少占农田。

边沟的纵坡一般应与路线纵坡一致,并不宜小于0.3%,以防淤积。边沟的单向排水长度一般不宜超过300~500m,否则应增设排水沟或涵洞,将水引出路基范围以外。

2)截水沟(天沟)

设在路基上方,以拦截地面水流向路基的人工沟渠,称为截水沟,如图5-1-2。截水沟多数设在挖方边坡坡顶之外侧或山坡路堤上方的适当地点。主要是保护边坡不受地面水冲刷,减少边沟的水量,是多雨地区、山岭和丘陵地区路基排水的重要设施之一。其长度以200~500m为宜;超过500m时,可在中间适宜位置处增设泄水口,由急流槽或急流管分流引排。

3)排水沟(引水沟)

排水沟主要用于将来自边沟、截水沟或其他水源的水流排泄至就近桥涵或河谷中,以形成整个排水系统,如图5-1-3。排水沟的横断面一般采用梯形,尺寸大小应通过水利水文计算选定。

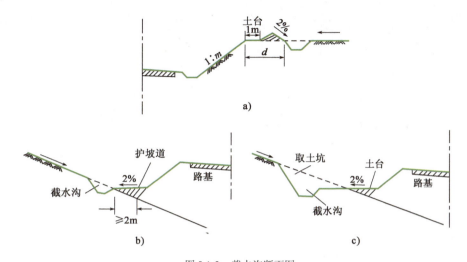

图 5-1-2 截水沟断面图
a)路堑截水沟;b)路堤截水沟;c)设有取土坑的截水沟

4) 跌水与急流槽

上述各种排水设施的纵坡均有限制,以免水流速度太快,造成冲刷破坏。跌水与急流槽均为人工排水沟渠的特殊形式,用于山区陡坡地段,沟槽的纵坡可达 7% 以上(跌水)或更陡(急流槽),是山区公路路基排水常见的结构物。

跌水是一种将沟低设成台阶状的人工沟渠,如图 5-1-4。当排水沟进入涵洞前,高边坡上需要在短距离内将水引到坡脚处,陡坡路段(坡度大于 7%)的边沟,以及其他需要水流消能减速时,均可设置跌水。跌水的构造可分为进水口、消力池和出水口三个组成部分,如图 5-1-5。

图 5-1-3 排水沟布置示意图
1-排水沟;2-自然山沟

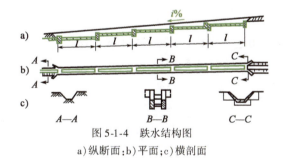

图 5-1-4 跌水结构图
a)纵断面;b)平面;c)横剖面

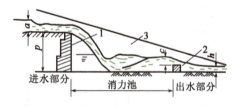

图 5-1-5 跌水构造示意图
1-护墙;2-消力槛;3-墙身;p-护墙高

急流槽的纵坡比跌水更陡,要求坚固耐用,通常在短距离内遇有排泄急速水流时考虑采用。急流槽的构造可分为进口、槽身和出口三个组成部分,如图 5-1-6。

由于纵坡大、水流湍急,冲刷作用严重,所以跌水和急流槽必须采用浆砌石块或水泥混凝土砌筑,且应埋设牢固。

5) 倒虹吸管与渡水槽

当水流需要横跨路基,同时设计高程又受到限制时,可采用管道和沟槽,从路基底部或上部架空跨越,前者为倒虹吸管,后者为渡水槽,分别相当于特殊的涵洞和渡水桥,属于路基地面排水的特殊结构物,分别如图 5-1-7 及图 5-1-8。

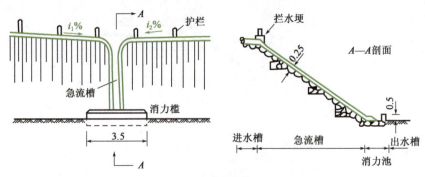

图 5-1-6 急流槽结构图

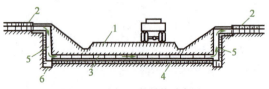

图 5-1-7 倒虹吸管结构示意图

图 5-1-8 渡水槽结构示意图

1-路基;2-原沟渠;3-洞身;4-砂砾垫层;5-竖井;6-沉淀池(落底)

6)蒸发池

气候干旱、平坦地面排水困难地段,可在离路基适当的地方利用沿线的集中取土坑或专门开挖的凹坑修筑蒸发池,以汇集路界地表水,靠自然蒸发或下渗将水排除。

3.路基地下排水设施的构造与布置

公路路基的地下排水,主要是为了截断与排除流向路基的地下水,其中包括层间水或泉水等,使之不致侵蚀路基,有时也用于降低地下水位,隔断毛细水上升或排除路基下面的积水。地下排水设施的投资较大,维修较困难,因此应尽量不设或少设。当地下水位较高且路基高程受到限制时会造成路基水温条件差,影响路基的强度与稳定性时可考虑采用。

常用的地下排水设施有暗沟、渗沟和渗井等。

1)暗沟

暗沟是设在地面以下引导水流的沟渠,无渗水和汇水功能。暗沟主要作用是把路基范围内的泉水或渗沟所拦截、汇集的水流,排到路基范围之外,如图 5-1-9。

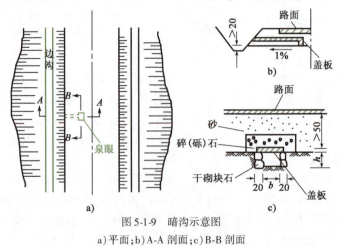

图 5-1-9 暗沟示意图
a)平面;b)A-A 剖面;c)B-B 剖面

暗沟可分为洞式和管式两大类。沟宽或管径按水流量大小决定，一般为 20～30cm，净高 h 约为 20cm。若两侧沟壁为石质，盖板可直接放在两侧石壁上，盖板周围用碎（砾）石做成反滤层，反滤层顶部设双层反铺草皮，再用黏土夯实。沟底纵坡不小于 1％，不允许出现倒灌现象。冰冻地区暗沟的埋置深度应大于当地的冰冻深度。

2）渗沟

渗沟是以渗透的方式吸收降低地下水位，汇集和拦截流向路基的地下水，并通过沟底通道将水排到路基范围以外的指定地点，使路基上部保持干燥。根据地下水分布情况，渗沟可设在边沟、路肩、路基中线以下或路基上侧山坡适当位置，如图 5-1-10。

渗沟按排水构造的不同，渗沟可分为填石渗沟（盲沟）、管式渗沟、洞式渗沟三种形式，均由排水层、反滤层和封闭层组成，如图 5-1-11。填石渗沟与暗沟相似，但构造更为完美。当地下水流量较大，需要埋置更深时，可采用洞式渗沟。当排除地下水的流量更大，或排水距离较长时，可考虑采用管式渗沟，一般用陶土管或混凝土预制管，管的内径由水力计算确定，一般为 0.4～0.6m，管壁上留有交错排列的渗水孔。

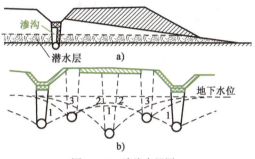

图 5-1-10 渗沟布置图
a）拦截潜水流向路基的渗沟；b）地下水位的渗沟

3）渗井

将排不出的地表水或边沟水渗到地下水层中而设置的用透水材料填筑的竖井称为渗水井。如图 5-1-12。

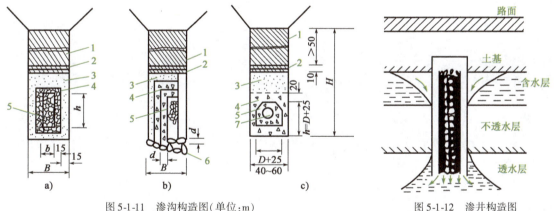

图 5-1-11 渗沟构造图（单位：m）
a）填石渗沟；b）洞式渗沟；c）管式渗沟
1-夯实黏土；2-双层反铺草皮；3-粗砂；4-石屑；5-碎石；6-浆砌片石

图 5-1-12 渗井构造图

渗井构造分为上部集水部分和下部排水部分。渗井断面一般为矩形或圆形，尺寸不小于 0.6m，填筑砂石材料由外向内，粒径由小到大。顶部用黏土夯实，并加设混凝土盖板。

任务 5.2　路基防护与加固结构的施工

学习目标

1. 了解路基防护与加固的意义；
2. 掌握路基防护与加固的分类；
3. 掌握路基地基加固的方法。

任务描述

通过学习路基排水的目的及设计原则的相关知识，分析路基防护与加固、路基地基加固施工要点与施工技术，会进行路基防护与加固、路基地基加固施工和施工方案的确定。

学习引导

本工作任务沿着以下脉络进行学习：

路基防护与加固的意义 → 坡面防护 → 冲刷防护 → 路基地基加固

1. 防护与加固的意义

由岩土修筑成的路基,长期大面积受自然因素的侵蚀,在不利水温作用下,物理、力学性质将发生变化,导致路基产生较大变形甚至破坏,所以在路基设计时,应在路基位置、横断面尺寸、岩土组成等方面综合考虑。

为确保路基的强度和稳定性,路基的防护和加固也是不可缺少的的工程技术措施。随着公路等级的提高,为维护正常的汽车运输,减少公路灾害,确保行车安全,保持公路与自然环境协调,保证公路使用品质,提高投资效益等,路基防护与加固更具有重要的意义。

2. 防护与加固的分类

路基防护与加固设施主要有边坡坡面防护、沿河路堤河岸冲刷防护与加固、湿软地基的加固处理以及路基的支挡工程等。

1) 坡面防护

坡面防护的作用主要是隔离大气与路基接触,保护路基边坡的整体稳定性,在一定程度上还可以美化路基和协调自然环境。

常用的坡面防护设施有植物防护、圬工防护、骨架植物防护三种。

(1) 植物防护

植物防护可以美化路容,协调环境,调节边坡土的湿润,起到固结和稳定边坡的作用。它对于高度不大,坡度比较平缓的土质边坡非常简易有效,其方法有种草、铺草皮、拉伸网草皮和植树等。

①种草:适用于坡度不陡于1:1的土质边坡。草种根据防护目的、气候、土质、施工季节确定,宜于选用易成活、生长快、根系发达、叶茎矮或有匍匐茎的多年生草种。宜于选择便于局部生态系统平衡的草种混播方式。如图5-2-1。

②铺草皮:适用于需要快速绿化,且坡率缓于1:1的土质边坡和严重风化的软质岩石边坡。不宜采用喜水、生长在泥沼地的草皮。如图5-2-2。

图5-2-1 种草防护

图5-2-2 铺方格草皮防护

③拉伸网草皮:在土工网或土工垫等合成材料上铺设3~5cm的种植土层,经过撒种、养护后形成的人工草皮。如图5-2-3。

④植树:植树不仅可以加强路基的稳定性还可以美化环境,调节小气候。适用于坡率缓于1:1.5和边坡或再边坡以外的河岸及漫滩地。应选用根深叶密的低矮灌木。但高速公路边坡和土质路肩不宜种植乔木,以免影响行车视线(只宜种植低矮灌木类树种)。作冲刷防护时,宜在滩地上种植乔木以降低水流流速。

⑤三维植被网防护:以热塑树脂为原料制成的三维网,网中用客土或土、肥料及含腐殖质土的混合物,将草籽均匀拌在其中。适用于砂性土、土夹石及风化岩石,且坡率缓于1:0.75的边坡防护;三维植被网中的回填土通常采用客土。如图5-2-4。

图 5-2-3 拉伸网草皮

图 5-2-4 三维植被网防护

(2)圬工防护

当不宜使用植物防护或考虑就地取材时,采用砂石、水泥、石灰等矿质材料进行的坡面防护称为圬工防护。它主要有喷护、挂网喷护、护坡、护面墙、砂浆(灰浆)抹面、捶面等形式。

①喷护

常用的喷护方法有喷掺砂水泥土、喷浆、喷射混凝土等。

对于易受冲刷的土质路堑边坡,坡度不陡于1:0.75,宜采用喷掺砂水泥土,厚度60~100mm;喷浆适用于边坡坡度不陡于1:0.5的易风化但未遭强风化、全风化的岩石挖方边坡,厚度不小于50mm;喷射混凝土适用于边坡坡度不陡于1:0.5的易风化但未遭强风化、全风化的岩石边坡,厚度不小于80mm。

②挂网喷护

挂网喷护是在清挖出密实、稳定的新鲜坡面上钻孔、安装锚杆、灌浆,然后挂上钢丝网或纤丝网,最后用高压泵喷射混凝土形成防护层。适用于风化破碎的岩石边坡防护。施工过程如图5-2-5所示。

图 5-2-5 挂网喷护

③护坡

护坡分为两种:干砌片石护坡和浆砌片石护坡。

干砌片石护坡适用于土质路堤边坡或有少量地下水渗出的局部堑坡或局部土质堑坡嵌补。边坡坡度不陡于1:1.25。分为单层铺砌和双层铺砌。浆砌片石护坡适用于防护流速较大(3~6m/s)的边坡。下图5-2-6为石砌护坡。

④护面墙

浆砌片石护面墙适用于边坡坡度不陡于1:0.5的土质和易风化剥落的岩石边坡。分为实体式、窗孔式、拱式等类型,如图5-2-7。

图 5-2-6 石砌护坡

图 5-2-7 护面墙示意图

⑤砂浆(灰浆)抹面

适用于坡面较干燥、未经严重风化的各种易风化岩石边坡,但不适用于由煤系岩层以及成岩作用很差的红色粘土岩组成的边坡。高速公路边坡不宜使用。

抹面材料可采用石灰炉渣灰浆、石灰炉渣三合土、或水泥石灰砂浆,表层可涂软化点稍高于当地气温的沥青保护层。抹面厚度为 3~7cm,由 2~3 层组成。

⑥捶面

适用于边坡坡率缓于 1:0.5、易受冲刷的土质边坡或易风化剥落的岩石边坡。高速公路边坡不宜使用。捶面材料可采用水泥炉渣混合土、石灰炉渣三合土、或四合土。捶面厚度为 10~15cm。

(3)骨架植物防护

对于仅用植物防护不足以抵抗侵蚀冲刷的黏土路基或高填路段,受雨水侵蚀和风化严重易产生沟槽的路段,以及土质不适宜植物生长和周围环境需要绿化的路段,可采用骨架植物防护。骨架植物防护可分为浆砌片石或混凝土骨架植物防护及水泥混凝土预制块骨架植物防护等形式。框架可为方格形、拱形和人字形等,框架内可铺种草皮、种草或采用其他辅助防护措施。

①浆砌片石或水泥混凝土骨架植物防护

适用于缓于 1:0.75 的土质和全风化岩石边坡。当坡面受水冲刷严重或潮湿时,坡度应缓于 1:1。如图 5-2-8。

图 5-2-8 截水骨架植物防护

②多边形水泥混凝土空心块植物防护

适用于缓于 1:0.75 的土质和全风化、强风化岩石边坡。并视情况设置浆砌片石或水泥混凝土骨架。多边形水泥混凝土空心预制块的混凝土强度等级不应低于 C20,厚度不应小于 150mm。空心预制块内应填充种植土,喷播植草。如图 5-2-9。

图 5-2-9　多边形水泥混凝土空心块植物防护

③锚杆混凝土框架植物防护

锚杆混凝土框架植草防护是近年来在总结了锚杆挂网喷浆(混凝土)防护的经验教训后发展起来的,它既保留了锚杆对风化破碎岩石边坡主动加固作用,防止岩石边坡经开挖卸荷和爆破松动而产生的局部楔型破坏,又吸收了浆砌片石(混凝土块)骨架植草防护的造型美观、便于绿化的优点。

锚杆混凝土框架植草防护适用于土质边坡和坡体中元不良结构面、风化破碎的岩石路堑边坡。锚杆采用非预应力的全长黏结型锚杆,锚杆间距、长度应根据边坡地质情况确定。锚杆保护层厚度不应小于20mm。框架应采用钢筋混凝土,混凝土强度等级不应低于C25,框架几何尺寸应根据边坡高度和地层情况等确定,框架内宜植草。如图5-2-10。

图 5-2-10　锚杆混凝土框架植物防护

(4)其他新技术应用

①植被混凝土边坡防护绿化技术

植被混凝土护坡绿化技术是采用特定的混凝土配方和种子配方,对岩石边坡进行防护和绿化的新技术。施工过程:在岩体上铺上铁丝或塑料网,并用锚钉和锚杆固定;将植被混凝土原料经搅拌后由常规喷锚设备喷射到岩石坡面;喷射完毕后,覆盖一层无纺布防晒保摘;洒水养护管理。

②岩石边坡植生基质生态防护技术(PMS技术)

PMS技术是在岩石裸露和有生态破坏隐患坡面上,利用锚杆、土工网、专业护坡材料(植生基质)为植物重新创造良好的立地条件,通过植物生长活动,逐渐使锚杆、土工网、专业护坡材料层与植物根系形成一个立体网络结构,达到稳定坡面、绿化坡面,并最终形成自然景观为目标的高新技术。

③SNS 柔性防护系统

柔性防护系统是利用钢绳网作为主要构成部分来防止崩塌落石危害的柔性安全防护系统,其与以圬工结构为代表的传统方法的主要差别在于系统本身具有的柔性和高强度,更能适应于抗击集中荷载和高冲击荷载,系统设置后的较小视觉干扰和最大限度的维持原始地貌和植被。

2) 冲刷防护

为了防止流水直接危害沿河、滨海路堤以及有关海河堤坝护岸的堤岸边坡和坡脚,必须采用一定的防止冲刷的措施。冲刷防护的措施有直接和间接两类。

(1) 直接措施

直接防护是为了防止水流直接危害路基或堤岸,防护重点在边坡和坡脚。直接防护包括植物防护、石砌防护或抛石与石笼防护,以及必要时设置的支挡(驳岸等)。

植物防护(图 5-2-11)和石砌防护(图 5-2-12)与边坡防护所述基本相同,但冲刷防护的要求更高。

图 5-2-11 河堤植草防护　　　　图 5-2-12 河堤石砌防护

抛石防护一般多用于抢修工程,当使用的石块大小适当,级配合适并细心抛置时,可取得较好的效果,如图 5-2-13。

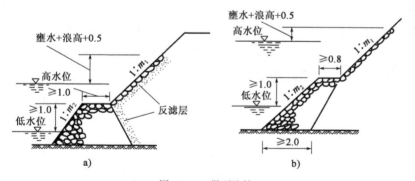

图 5-2-13 抛石防护

石笼防护除可使沿河路堤及河岸免受水流和风浪的破坏外,还是加固河床、防止冲刷的常用措施。石笼的种类有铁丝石笼和竹、木石笼,形状有箱形和圆柱形,如图 5-2-14。

土工织物软体沉排是在土工织物上以块石或预制混凝土块体为压重的护坡结构。适用于水下工程及预计可能发生冲刷的河床和岸坡土面上。土工织物软体沉排一般适用于水下工程及预计可能发生冲刷的河床和岸坡土面上。如图 5-2-15。

土工模袋是一种双层织物袋,袋中充填流动性混凝土或水泥砂浆、稀石混凝土,凝固后形成高强度的硬结板块。采用土工模袋护坡的坡度应缓于 1∶1。如图 5-2-16。

图 5-2-14 石笼防护

图 5-2-15 土工织物软体沉排

(2) 间接措施

间接防护是通过设置导治结构物改变水流方向，消除和减缓水流对堤岸直接破坏，减轻堤岸近旁淤积，彻底解除水流对局部堤岸的损害，起安全保护作用。导治结构物主要有丁坝、顺坝、格坝，如图 5-2-17。

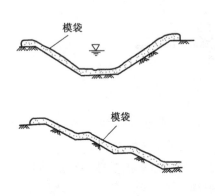 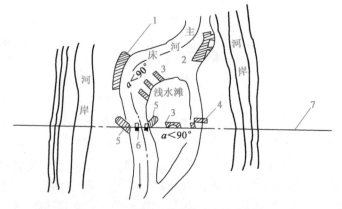

图 5-2-16 土工模袋　　　　　图 5-2-17 导流结构物综合布置示意图
1-顺坝；2-格坝；3-丁坝；4-拦水坝；5-导流坝；6-桥墩；7-公路中心线

丁坝适用于宽浅变迁性河段,可采用堆石、干砌块石、石笼以及内填渗水性土外用干砌片石等材料砌筑。

顺坝亦称导流坝,基本上不改变原有水流结构,一般用于河床断面窄小,不允许过多侵占或修建丁坝后河岸或边坡防护工程量大以及地质条件不宜于修筑丁坝等情况下的导流防护。

顺坝一般采用石砌或混凝土结构,横断面一般为梯形,其要求大体与丁坝相同。

沿河路基受水流冲刷严重,或防护工程艰巨,以及路线在短距离内多次跨越弯曲河道时可改移河道,但改河方案需与当地政府及有关单位共同商定后才能实施。

3. 地基加固

路基敷设于天然地基上,自身荷载及行车荷载较大,要求地基具有足够的承载能力,以保持地基的稳定。湿软地基主要是指天然含水率过大,胀缩性高,具有湿陷性,承载能力低,在荷载作用下容易产生滑动或固结沉降的土质地基,如软土泥沼、湿陷性黄土、人为垃圾、松散杂填土,膨胀土等。在软土地基上填筑路堤有可能出现失稳,或者沉降量和沉降速度不能满足要求时,对软土地基进行适当的处理,以增加其稳定性,减少沉降量或加速沉降。软土地基的处理方法很多,各种方法具有不同的特点,可得到不同的效果。以下主要介绍:换填土、重锤夯实、排水固结、挤密和化学加固等几种常用的地基加固方法。

1) 换填土层法

将基底下一定深度范围的湿软土层挖去,换以强度较大的砂、碎(砾)石、灰土或素土,以及其他性能稳定、无侵蚀性的土类,并予以压实。主要用于路基工程中低洼区域填筑、高填方路基以及挡土墙、涵洞地基处理。

换填法是浅层软土地基的处理方法,是将基础底面以下不太深的处理范围内的软弱土层挖去,然后以质地坚硬,强度较高,性能稳定好,具有抗侵蚀性的砂,卵石,素土等去分层换填,同时用人工或机械方法进行表层压,夯,振动等处理土工合成材料至满足工程要求的全过程。

2) 重锤夯实法

重锤夯实法可提高地基表层土的强度。适用于地下水位 0.8m 以下稍湿的一般黏性土、砂土、湿陷性黄土、杂填土等。重锤重量一般为 1.5t 或稍重,落距为 2.5~4.5m。如图 5-2-18。

强夯法(又称动力固结法)是从 20 世纪 60 年代末期发展起来的,重锤重量达 8~12t(甚至 20t),落距为 8~20m(最高 40m),通过强力夯击,利用冲击波和动应力,达到土基加固的目的。广泛适用于杂填土、碎石土、砂土、黏性土、湿陷性黄土和沼泽土,还可用于水下。

3) 排水固结法

饱和软土在荷载作用下,排水固结后,抗减强度得到提高,达到加固目的,常用于加固软弱地基,包括天然沉积层和人工充填的土层,如沼泽土、淤泥及淤泥质土,水力冲击土等。

常用的方法为堆载预压法,即运用堆载预压,挤出土中的过多含水,达到挤密土粒和提高强度的目的。为加速排水,缩短固结时间,可加设砂井竖向排水通道或铺设砂垫层。

4) 挤密法

挤密法的原理是土基成孔后,在孔中灌以砂、石、土、灰土或石灰等材料,捣实而成直径较大的桩体,利用横向挤紧作用,使地基土粒彼此靠紧,空隙减少,而且孔被填满和压紧,形成桩体,桩体具有较高的承载能力,群桩的面积约占松散土加固面积的20%,以至桩和原土组成复合地基,达到加固的目的。

常用的有以下两种:

(1)砂桩(孔中灌砂)

砂井的作用是排水固结,井径较小而间距较大,适用于过湿软土层;砂桩的作用是将地基土挤密,井径较大间距宜小,适用于处理松砂、杂填土和黏粒含量不大的普通黏性土,并有效防止基底的振动液化。

(2)石灰桩(新方法)

主要作用是挤密,并利用生石灰的吸水、膨胀、发热及离子交换作用,使桩体硬化,改善原地基土的性质,还可减少因周围土的蠕变所引起的侧向位移,如图5-2-19。

图5-2-18　重锤夯实法

图5-2-19　石灰桩

5)化学加固法

利用化学溶液或胶结剂,采用压力灌注或搅拌混合等措施,使土颗粒胶结起来,达到加固目的,又称胶结法。其效果取决于土的性质和所用化学剂及施工工艺。

目前化学溶液主要有:①水玻璃溶液(较贵);②丙烯酸氨(较贵);③水泥浆液(使用较多);④纸浆溶液(有毒)。

化学加固的施工工艺有注浆法、旋喷法(化学搅拌成型法,如图5-2-20)、深层搅拌法等几种。

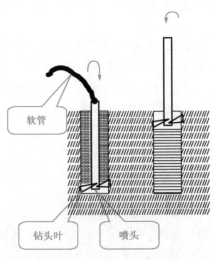

图5-2-20　旋喷法施工示意图

任务 5.3　挡土墙的施工

学习目标

1. 了解挡土墙的分类及用途；
2. 掌握挡土墙的使用条件；
3. 掌握重力式挡土墙的构造。

任务描述

通过学习挡土墙的分类及用途的相关知识，分析挡土墙的使用条件，会进行重力式挡土墙的构造的施工和施工方案的确定。

学习引导

本工作任务沿着以下脉络进行学习：

挡土墙的分类及用途 → 挡土墙的使用条件 → 重力式挡土墙的构造

1. 概述

1) 挡土墙的分类及用途

为防止路基填土或山坡土体坍塌而修筑的承受土体侧压力的墙式构造物,称为挡土墙。在公路工程中,它广泛用于支撑路堤填土或路堑边坡,以及桥台、隧道洞口和河流堤岸等处。

公路工程中的挡土墙主要可以按下述几种方法分类:

按照挡土墙设置的位置,挡土墙可分为:路堑墙、路堤墙、路肩墙、山坡墙等,如图5-3-1。

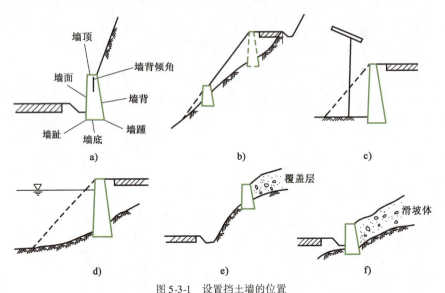

图 5-3-1 设置挡土墙的位置
a)路堑墙;b)路堤墙;c)路肩墙;d)浸水挡土墙;e)山坡墙;f)抗滑挡土墙

按照挡土墙的结构形式,挡土墙可分为:重力式挡土墙、锚定式挡土墙、薄壁式挡土墙、加筋土挡土墙、桩板式挡土墙等。

按照挡土墙的墙体材料,挡土墙可分为:石砌挡土墙、混凝土挡土墙、钢筋混凝土挡土墙、钢板挡土墙等。

挡土墙各部分名称如图5-3-1a)所示。靠回填土或山体的一侧面称为墙背;外露的一侧面称为墙面(墙胸);墙的顶面部分称为墙顶;墙的底面部分称为墙底(基底);墙面与墙底的交线称为墙趾;墙背与墙底的交线称为墙踵;墙背与铅垂线的夹角称为墙背倾角。

挡土墙设置位置不同,其用途也不相同,具体如图5-3-1及表5-3-1所示。

各种位置挡土墙的用途　　　　　表5-3-1

挡土墙位置	主 要 用 途
路堑墙	用于支撑开挖后不能自行稳定的边坡,同时可减少挖方数量,降低挖方边坡的高度
路堤墙	可以防止路堤边坡或路堤沿基底滑动,同时可以收缩路堤坡脚,减少填方数量,减少拆迁和占地面积
路肩墙	设在路肩部位,墙顶是路肩的组成部分,用途同路堤墙,还可以保护临近路线既有的重要建筑物
山坡墙	设在路堑或路堤上方,用于支撑山坡上可能滑坍的覆盖层、破碎岩层或山体滑坡

2) 挡土墙的使用条件

(1) 重力式挡土墙

依靠墙身自重支撑土压力维持稳定,形式简单,施工方便,可就地取材,适用性较强,被广泛应用,但其圬工数量较大,对地基承载力要求较高。如图5-3-2。

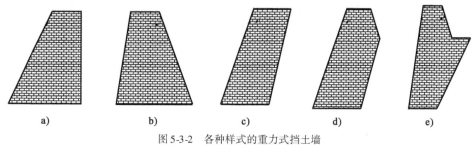

图5-3-2 各种样式的重力式挡土墙
a)竖直式;b)俯斜式;c)仰斜式;d)折线式;e)衡重式

（2）加筋土挡土墙

加筋土挡土墙由1966年法国工程师维达尔 H. vidal 首创。加筋土挡土墙是填土、拉筋、面板三者的结合体。依靠填土和拉筋之间的摩擦力改善土的物理力学性质,在垂直于墙面的方向,按一定间隔的高度水平地放置拉筋材料,并拉住墙面,然后填土压实,形成一个依靠自重维持稳定的柔性结构体使之结合为一整体。属柔性结构,对地基变形适应性较大,建筑高度大,具有省工、省料、施工方便、快速等优点,适用于填土路基。如图5-3-3～图5-3-4。

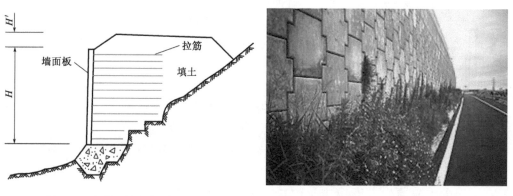

图5-3-3 加筋土挡土墙示意图　　　　图5-3-4 加筋土挡土墙面板

加筋土挡土墙加固原理:依靠材料与填料之间的摩擦力来平衡(抵抗)侧向土压力,使填料的整体强度提高。材料消耗小与其他墙比节省30%～70%的投资,施工方便,地基承载力要求低。

（3）锚定式挡土墙

锚定式挡土墙属轻型挡墙,由预制的钢筋混凝土立柱,挡土板和水平或倾斜的钢锚杆组成,由锚杆与稳定岩层之间的锚固力使墙稳定。分为锚杆式和锚定板式两种。

锚杆式挡土墙(如图5-3-5所示)适用于墙高较大,缺乏石料或挖基困难地区,锚杆式挡土墙一般适用于岩质路堑地段,但其他具有锚固条件的路堑墙也可使用,还可应用于陡坡路堤。工作原理是锚杆的一端与立柱联结,另一端被锚固在山坡深处的稳定岩层中或土层中。墙后土压力由挡板传给立柱,由锚杆与岩体之间的锚固力(即锚杆的抗拔力)使墙稳定。

锚定板式挡土墙(如图5-3-6所示)锚杆的锚固端改用锚定板埋入墙后填料内部或稳定岩层中,依靠锚定板产生的抗拔力抵抗土压力或侧压力,构件断面小,工程中不受地基承载力的限制。

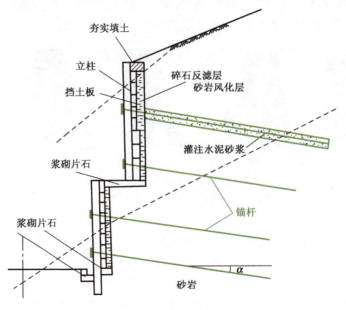

图 5-3-5 锚杆式挡土墙

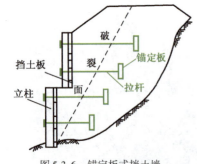

图 5-3-6 锚定板式挡土墙

(4) 薄壁式挡土墙

薄壁式挡土墙分为悬臂式和扶壁式两种,依靠墙踵板上的填土重量保证稳定。断面尺寸较小,自重轻,能修建在较弱的地基上,适用于城市或缺乏石料的地区;缺点是耗用一定数量的水泥和钢筋,施工工艺较为复杂。

悬臂式挡土墙(如图 5-3-7 所示)由立壁和底板组成,具有立壁、趾板和踵板这三个悬臂组成。

扶臂式挡土墙(如图 5-3-8 所示)悬臂式墙高时,沿墙长每隔一定距离筑肋板(扶臂)联结墙面板及踵板,称为扶臂式。它主要依靠踵板上的填土平衡土压力,维持结构稳定。自重轻、圬工省、适用于高墙。

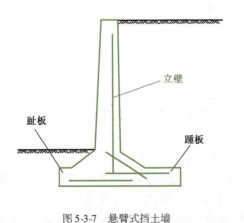

图 5-3-7 悬臂式挡土墙

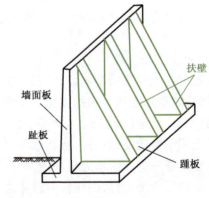

图 5-3-8 扶臂式挡土墙

(5) 桩板式挡土墙

桩板式挡土墙由桩柱和档板组成。将钢筋混凝土锚固桩埋入稳定土层中,利用深埋的桩前土层的被动土压力来平衡墙后主动土压力。适宜于地基较差,墙后土体下滑力大而基础埋深地段。如图5-3-9。

 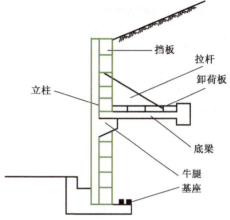

图5-3-9 桩板式挡土墙

2. 重力式挡土墙的构造

常用的重力式挡土墙,一般由墙身、基础、排水设施、沉降缝和伸缩缝等几部分组成。

1) 墙身

(1) 墙背

根据墙背倾斜方向的不同,墙身断面形式可分为仰斜、垂直、俯斜、凸形折线形和衡重式等几种。

(2) 墙面

墙面一般为平面,墙面坡度除应与墙背的坡度相协调外,还应考虑到墙趾处地面的横坡度。当地面横坡度较陡时,墙面可直立或外斜 1∶0.05 ~ 1∶0.20,以减少墙高;当地面横坡平缓时,一般采用 1∶0.20 ~ 1∶0.35 较为经济。

(3) 墙顶

重力式挡土墙可采用浆砌或干砌圬工。墙顶最小宽度,浆砌时应不小于 50cm;干砌时一般不小于 60cm。

(4) 护栏

为增加驾驶员心理上的安全感,保证行车安全,在地形险峻地段的路肩墙,或墙顶高出地面 6m 以上且连续长度大于 20m 的路肩墙,或弯道处的路肩墙的墙顶应设置护栏等防护设施。护栏分墙式和柱式两种。

2) 基础

地基不良和基础处理不当,往往引起挡土墙的破坏,因此,应重视挡土墙的基础设计。基础设计的程序为:首先应对地基的地质条件作详细调查,必要时做挖探或钻探,然后再确定基础类型和埋置深度。

(1) 基础类型

常用的挡土墙基础有扩大基础、钢筋混凝土基础、台阶形基础及拱形基础四种。各种挡土墙基础适用的情况如表 5-3-2 所示。

各种挡土墙基础适用的情况　　　　　　　　　表 5-3-2

基础类型	适用情况
扩大基础	当地基承载力不足,地形平坦而墙身较高时,为了减小基底压应力和增加抗倾覆稳定性,采用扩大基础
钢筋混凝土基础	地基压应力超过地基允许承载力过高时
阶形基础	当挡土墙修筑在陡坡上,而地基又为完整、稳固、对基础不产生侧压力的岩石时,可设置台阶基础,以减少基坑开挖和节省圬工
拱形基础	如地基有短段缺口(如深沟等)或挖基困难(如需水下施工),可采用拱形基础

当地基为软弱土层时,可采用砂砾、碎石、矿渣或石灰土等材料予以换填。

(2) 基础埋置深度

挡土墙的基础,应视地形、地质条件埋置足够的深度,以保证挡土墙的稳定性。设置在土质地基上的挡土墙,基础埋置深度应符合下列要求:

①无冲刷:一般应在地面线以下不小于 1.0m;

②有冲刷:应在冲刷线以下不小于 1.0m;

③受冻胀影响时:应在冰冻线以下不小于 0.25m。

挡土墙基础设置在岩石上时,应清除表面风化层。当墙趾前的地面横坡较大时,基础埋置深度用墙趾前的安全襟边宽度 L 来控制,以防地基剪切破坏,如表 5-3-3。

挡土墙安全襟边宽度　　　　　　　　　表 5-3-3

地质情况	安全襟边宽度 L(m)	基础埋深 h(m)	示意图
轻风化的硬质岩石	0.25~0.6	0.25	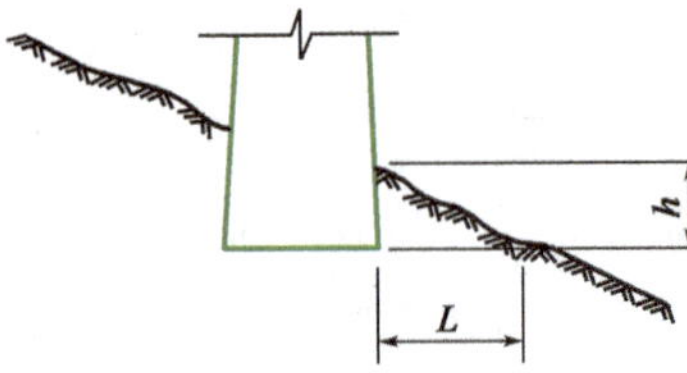
风化岩石或软质岩石	0.6~1.0	0.6	
坚实的粗粒土	1.0~2.0	1.0	

3) 排水设施

挡土墙的排水设施通常由地面排水和墙身排水两部分组成。

地面排水可设置地面排水沟,引排地面水。墙身排水主要是为了迅速排除墙后积水。浆砌挡土墙应根据渗水量在墙身的适当高度处布置泄水孔,如图 5-3-10。为防止水分渗入地基,在最下一排泄水孔的底部应设置 30cm 厚的黏土隔水层。在泄水孔进口处应设置粗粒反滤层,以避免堵塞孔道。当墙背填土透水性不良或可能发生冻胀时,应在最低一排泄水孔至墙顶以下 0.5m 的范围内铺设厚度不小于 0.3m 的砂卵石排水层。干砌挡土墙因墙身透水可不设泄水孔。

4) 沉降缝和伸缩缝

为了防止因地基不均匀沉陷而引起墙身开裂,应根据地基的地质条件及墙高、墙身断面的变化情况设置沉降缝;为了防止圬工砌体因砂浆硬化收缩和温度变化而产生裂缝,须设置伸缩缝。通常把沉降缝和伸缩缝合并在一起,统称为沉降伸缩缝或变形缝。如图 5-3-11。沉降伸缩缝的间距按实际情况而定,对于非岩石地基,宜每隔 10~15m 设置一道沉降伸缩缝;对于岩石地基,其沉降伸缩缝间距可适当增大。沉降伸缩缝的缝宽一般为 2~3cm。浆砌挡土墙的沉降伸缩缝内可用胶泥填塞,但在渗水量大、冻害严重的地区,宜用沥青麻筋或沥青木板等材料,沿墙内、外、顶三边填塞,填深不宜小于15cm;当墙背为填石且冻害不严重时,可仅留空隙,不嵌填料。

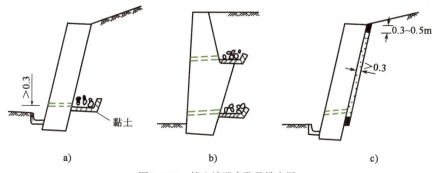

图 5-3-10　挡土墙泄水孔及排水层

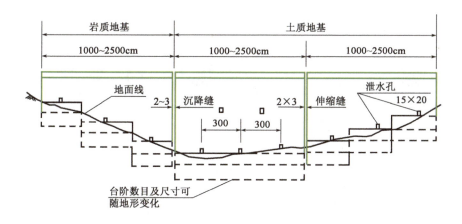

图 5-3-11　挡土墙正面图

对于干砌挡土墙,沉降伸缩缝两侧应选平整石料砌筑,使其形成垂直通缝。

5) 挡土墙的布置

(1) 挡土墙位置的选定

路堑挡土墙大多数设在边沟旁;山坡挡土墙应考虑设在基础可靠处;当路肩墙与路堤墙的墙高或截面圬工数量相近、基础情况相似时,应优先选用路肩墙;若路堤墙的高度或圬工数量比路肩墙显著降低,而且基础可靠时,宜选用路堤墙;沿河路堤设置挡土墙时,应结合河流情况,注意设墙后仍保持水流顺畅,不致挤压河道而引起局部冲刷。

(2) 挡土墙的横向布置

在墙高最大处、墙身断面或基础形式变异处,其他必须桩号处进行。

根据墙型、墙高及地基与填料的物理力学指标等设计资料,进行挡土墙设计或套用标准图,确定墙身断面、基础形式和埋置深度,布置排水设施,并绘制横断面图。

(3) 挡土墙的纵向布置

确定挡土墙的起迄点和墙长,选择挡土墙与路基或其他结构物的衔接方式;按地基及地形情况进行分段,确定伸缩缝与沉降缝的位置;布置各段挡土墙的基础;布置泄水孔的位置,包括数量、间隔和尺寸等。

综合练习题

1. 路基排水系统设计的总体规划应遵循哪些原则?
2. 边沟与天沟的区别是什么?
3. 路基地下排水设施有哪些?
4. 简述挡土墙的类型及其工作原理。
5. 简述重力式挡土墙施工技术要点。

学习情境 6

路面基层(底基层)施工

任务6.1 路面基层(底基层)认知

学习目标

1. 了解路面基层的基本概念;
2. 知道路面基层结构的技术要求;
3. 分析不同材料路面基层的类型及特点;
4. 根据路基路面施工有关的技术规范指导完成不同类型基层材料的性能分析;
5. 正确选择路面基层的类型。

任务描述

通过路面基层材料的学习,对路面基层材料有一个基本的认识,能够分析不同类型材料基层的技术特点,为路面基层材料的选择奠定基础。

学习引导

本工作任务沿着以下脉络进行学习:

基层的概念 → 基层材料的类型 → 基层材料的技术要求 → 基层材料的选择

 相关知识

1. 概念

路面基层是在路基(或垫层)表面上用单一材料或混合料按照一定的技术措施分层铺筑而成的层状结构。基层的材料的强度指标应有较高的要求,其材料与质量的好坏将直接影响路面的质量和使用性能。因此,在施工中必须严格控制原材料的质量和施工质量。

基层是设置在面层之下,并与面层一起将车轮荷载的反复作用传布到底基层的土基中。因此基层是路面结构中的主要承重层,它应具有足够的强度和刚度,并具有良好的扩散应力的能力。基层遭受大气因素的影响虽然比面层小,但是仍然有可能经受地下水和通过面层渗入的雨水的浸蚀,所以基层结构应具有足够的水稳定性。基层表面虽不直接供车辆行驶,但仍然要求具有较好的平整度,这是保证面层平整性的基本条件。为适应路面应力应变传递的特点,本着合理利用当地原材料,降低工程造价,常把基层用不同的材料分为上基层和下基层两层;基层厚度太厚时,为保证工程质量和合理利用原材料,在基层下设底基层。底基层与面层、基层一起承受车轮荷载的反复作用,起次要的承重作用,或在水泥混凝土路面基层下铺筑的辅助层。根据厚度大小,可分为上底基层和下底基层来修筑,底基层材料的强度指标要求可比基层材料略低。

2. 基层的分类

基层一般分为四种类型:柔性基层、半刚性基层、刚性基层和复合式基层。沥青稳定碎石、沥青贯入碎石、热拌沥青碎石、乳化沥青碎石、级配碎石、级配砂砾等为柔性基层;水泥稳定类、石灰稳定类、工业废渣稳定类等为半刚性基层;碾压式混凝土、贫混凝土等为刚性基层;上部使用柔性基层,下部使用半刚性基层的为复合式基层。

根据材料组成及使用性质的不同,可将基层分为有结合料稳定类(包括有机结合料稳定类和无机结合料稳定类)和无结合料的粒料类(嵌锁型、级配型)。底基层可分为无机结合料稳定类和无机结合料的粒料类。有机结合料稳定类包括热拌沥青碎石或乳化沥青碎石混合料、沥青贯入碎石等。无机结合料稳定类包括:水泥稳定土(包括水泥稳定砂砾、砂砾土、碎石土、未筛分碎石、石屑、土等,以及水泥稳定经加工、性能稳定的钢渣、矿渣);石灰稳定土(包括石灰稳定土、天然砂砾土、天然碎石土、以及用石灰土稳定级配砂砾、级配碎石和矿渣);工业废渣稳定类(包括石灰粉煤灰、石灰粉煤灰土、石灰粉煤灰砂、石灰粉煤灰碎石、石灰粉煤灰矿渣、水泥粉煤灰砂砾、水泥粉煤灰碎石、水泥粉煤灰砂、石灰煤渣、石灰煤渣土、石灰煤渣碎石、石灰煤渣砂砾等)。无结合料的粒料类常分为级配型和嵌锁型。嵌锁型包括泥结碎石、泥灰结碎石、填隙碎石等。级配型包括级配碎石、级配砾石、符合级配的天然砂砾、部分经扎制掺配而成的级配砾、碎石等。

3. 对基层的主要技术要求

基层的强弱和好坏对整个路面,无论是沥青路面还是水泥混凝土路面的整体强度、使用质量和使用寿命都有十分重要的影响。因此,作为路面的基层,一般必须具备以下几个基本条件:

(1)有足够的强度和刚度;
(2)有足够的水稳性和冰冻稳定性;
(3)有足够的抗冲刷能力;

(4)有良好的抗裂性能;
(5)有足够的平整度;
(6)与面层结合良好;
(7)有良好的抗疲劳性能。

二、任务实施

1. 路面基层类型的特点

1)柔性基层

柔性基层指的是采用热拌或冷拌沥青混合料、沥青贯入式碎石,以及不加任何结合料的粒料类等材料铺筑的基层。粒料类材料,包括级配碎石、级配砾石、符合级配的天然砂砾、部分砾石经轧制掺配而成的级配碎砾石,以及泥结碎石、泥灰结碎石、填隙碎石等基层材料。与半刚性基层相比,柔性基层不易产生温缩和干缩开裂,可以有效抑制和减少沥青路面反射裂缝的产生。

2)半刚性基层

半刚性基层指的是用无机结合料稳定土铺筑的能结成板体并具有一定抗弯强度的基层。

半刚性基层整体好、承载力高、刚度大、水稳定性好,作为路面主要承重层,可以减薄沥青面层厚度,节省工程造价。目前,已广泛地应用于各等级公路的基层。半刚性基层材料主要包含水泥稳定粒料、二灰稳定粒料等,具有以下特点:

(1)具有一定的抗拉强度,各种材料的抗拉强度有明显的不同,且各种材料的抗压强度与时间有关。

(2)环境温度对半刚性基层材料强度有很大的影响;强度和刚度都随龄期增长。

(3)刚度较柔性路面大,但比刚性路面小;承载能力和分布荷载能力大于柔性路面;容许弯沉小于柔性路面。

(4)扩散应力强,具有一定的抗拉强度、抗疲劳强度。

可是在多年的使用过程中,半刚性基层的弱点也逐渐暴露出来,主要表现为以下几方面:

①半刚性材料不耐磨,不能做面层。路面由于车辆载荷的作用,会产生摩擦,半刚性材料不耐磨,不能适应路面面层的要求。

②半刚性基层的收缩开裂及由此引起沥青路面的反射性裂缝普遍存在。在国外普遍采取对裂缝进行封缝,而在交通量繁重或者高速公路上,这种封缝工作十分困难。在我国,半刚性基层裂缝已引起人们重视,通过一些研究和大量工程证明,裂缝正在得到有效的控制和改善。

③半刚性基层非常致密,渗水性很差。水从各种途径进入路面并到达基层后,不能从基层迅速排走,只能沿沥青面和基层的分界面扩散、积累。半刚性基层沥青路面的内部排水性能差是其致命的弱点。

④半刚性基层有很好的整体性,但是在使用过程中,半刚性基层材料的强度、模量会由于干湿和冻融循环以及反复荷载的作用下因疲劳而逐渐衰减。按照南非的理论,半刚性基层的状态是由整块向大块、小块、碎块变化,显然按照整体结构设计路面是偏于不安全的。

⑤半刚性基层沥青路面对重载车来说具有更大的轴载敏感性。同样的超载车对半刚性基层沥青路面的影响要比柔性基层沥青路面大得多,对路面的损伤大得多。

⑥半刚性基层沥青路面损坏后没有愈合的能力,且无法进行修补,只能挖掉重建,这给沥青路面的维修养护造成很大的困难。通常所说的"补强"实际上是不现实的,也是不可能的。

3) 刚性基层

刚性基层是指采用普通混凝土、碾压式混凝土、贫混凝土、钢筋混凝土、连续配筋混凝土等材料铺筑的路面基层。具有刚度大、强度高、稳定耐久、板体性好等特点。

4) 复合式基层

复合式基层是指上部使用柔性材料(沥青稳定碎石、沥青贯入碎石、热拌沥青碎石、乳化沥青碎石、级配碎石、级配砂砾等),下部使用半刚性材料(无机结合料的稳定类)的铺筑的路面基层。其力学性能均介于柔性基层与半刚性基层之间,因此,此类基层既不会发生如半刚性路面中由于基层疲劳开裂引起的自下而上的结构性破坏,也缓解了面层的剪应力水平,整体受力状态大为改善;具有抗疲劳性能好、板体性强、分散荷载能力强、减小土基应力等特点。

2. 路面基层类型的选择

对于基层材料的组合设计,本着因地制宜,就地取材,方便适用的原则。为此根据实际使用效果,提出适合本地区特点的路面类型,对路面结构设计方法的更新和路面实际使用效果的改善具有重要的意义。

任务6.2　基层(底基层)常用材料的要求

学习目标

1. 了解路面基层(底基层)的技术要求;
2. 知道不同材料基层的类型;
3. 分析不同材料路面基层的特点;
4. 根据路面基层施工有关的技术规范指导完成不同类型基层材料的性能分析;
5. 正确选择路面基层的类型和材料。

任务描述

通过路面基层材料的学习,对路面基层材料有一个基本的认识,能够分析不同类型材料基层的技术特点,为路面基层材料的选择奠定基础。

学习引导

本工作任务沿着以下脉络进行学习:

基层的类型 → 不同类型基层的材料 → 基层材料的技术要求 → 基层材料的选择

一、相关知识

1. 半刚性基层

1) 水泥稳定土

在经过粉碎的或原来松散的土中，掺入足量的水泥和水，经拌和得到的混合料在压实和养生后，当其抗压强度符合规定的要求时，称为水泥稳定土。水泥稳定土根据混合料中原材料的不同，可分为水泥土、水泥砂、水泥碎石（级配碎石和未筛分碎石）和水泥砂砾等。同时用水泥和石灰稳定某种土得到的混合料，称为综合稳定土。

水泥稳定土具有良好的整体性、足够的力学强度、抗水性和耐冻性，且较为经济，目前，已广泛地应用于各等级公路的路面基层和底基层，但水泥细粒土不得用作二级和二级以上公路高级路面的基层，只能作底基层。

2) 石灰稳定土

在粉碎的或原来松散的土（包括各种粗、中、细粒土）中，掺入足量的石灰和水，经拌和、压实及养生后得到的混合料，当其抗压强度符合规定的要求时，称为石灰稳定土。用石灰稳定细粒土得到的强度符合要求的混合料，称为石灰土；用石灰稳定中粒土和粗粒土得到的强度符合要求的混合料，视所用原材料而定，原材料为天然砂砾土或级配砂砾时，称为石灰砂砾土；原材料为碎石或级配碎石时，称为石灰碎石土。

石灰稳定土具有较高的抗压强度，一定的抗弯强度和抗冻性，稳定性较好，但干缩和温缩较大。因此，石灰稳定土适用于各级公路的底基层，以及二级和二级以下公路的基层，但石灰土不得用做二级公路的基层和二级以下公路高级路面的基层。在冰冻地区的潮湿路段以及其它地区的过分潮湿路段，不宜采用石灰土做基层。当只能采用时，应采取措施防止水分渗入石灰土层。

3) 石灰工业废渣稳定土

一定数量的石灰和粉煤灰或煤渣与其他集料相配合，加入适量的水（通常为最佳含水率），经拌和、压实及养生后得到的混合料，当其抗压强度符合规定的要求时，称为石灰工业废渣稳地土（简称石灰工业废渣）。工业废渣包括：粉煤灰、煤渣、高炉矿渣、钢渣（已经过崩解达到稳定），及其他冶金矿渣、煤矸石等。

石灰工业废渣材料可分为两大类：石灰粉煤灰类和石灰其他废渣类。石灰粉煤灰类是指用石灰粉煤灰稳定细粒土（含砂）、中粒土和粗粒土。视具体情况可分别简称为二灰土、二灰砂砾、二灰碎石、二灰矿渣等。其中砂砾、碎石、矿渣、煤矸石等可能是中粒土，也可能是粗粒土，都统称为集料。石灰其他废渣类是指用石灰直接稳定各类工业废渣。一定数量的石灰和粉煤灰，一定数量的石灰、粉煤灰和土以及一定数量石灰、粉煤灰和砂相配合，加入适量的水，经拌和、压实及养生后得到的混合料，当其抗压强度符合规定的要求时，分别称为二灰、二灰土、二灰砂。用石灰和粉煤灰稳定级配碎石或级配砾石得到的混合料，当其强度符合抗压强度规定的要求时，分别称为石灰、粉煤灰级配碎石和石灰、粉煤灰级配砾石。

石灰工业废渣稳定土，特别是二灰稳定土，具有良好的力学性能、板体性、水稳性和一定的抗冻性，其抗冻性较石灰土高得多。石灰工业废渣的初期强度低，但随龄期的增长幅度大。因而石灰工业废渣稳定土可适用于各级公路的基层和底基层，但二灰、二灰土和二灰砂不应用做二级和二级以上公路高级路面的基层。

2. 级配型基层

1）级配碎石

粗、细碎石集料和石屑各占一定比例的混合料,当其颗粒组成符合密实级配要求时,称为级配碎石。级配碎石一般是由预先筛分成几个(如四个)大小不同粒级的碎石组配而成,也可用未筛分碎石和石屑组配成。未筛分碎石指控制最大粒径(仅通过一个规定筛孔的筛网)后,由碎石机轧制的未经筛分的碎石料。石屑指采石场加工碎石时通过孔径 4.75mm 筛网的筛下部分。缺乏石屑时,也可以添加细砂砾或粗砂,但其强度和稳定性不如添加石屑的级配碎石。也可以用颗粒组成合适的含细集料较多的砂砾与未筛分碎石配合成级配碎砾石。

级配碎石可适用于各等级公路的基层和底基层,级配碎石也可用作较薄沥青面层与半刚性基层之间的中间层。

2）级配砾石

粗细砾石集料和砂各占一定比例的混合料,当其颗粒组成符合密实级配要求时,称级配砾石。天然砂砾符合规定的级配要求,而且塑性指数在 6 或 9 以下时,可以直接用做基层。级配不符合要求的天然砂砾,需要筛除超尺寸颗粒或需要掺加另一种砂砾或砂,使其符合级配要求。塑性指数偏大的砂砾,可以加少量石灰降低其塑性指数,也可以用无塑性的砂或石屑进行掺配,使其塑性指数降低到符合要求,或塑性指数与细土(粒径小于 0.5mm 的颗粒)含量的乘积符合要求。

级配砾石可适用于轻交通的二级和二级以下公路的基层以及各等级公路的底基层。

3. 嵌锁型基层

1）填隙碎石

用单一尺寸的粗碎石做主骨料,形成嵌锁作用,用石屑填满碎石间的孔隙,增加密实度和稳定性,这种结构称填隙碎石。填隙碎石是一种典型的嵌锁型基层,其强度主要依靠碎石颗粒之间的嵌锁和摩阻作用所形成的内摩阻力,而颗粒之间的粘结力是次要的。这种结构通过碾压,使粗碎石位移靠紧,相互嵌挤锁结(咬扣)而形成一层,并具有足够的强度。因此,要保证填隙碎石基层的强度,应选择石料强度大、有棱角、近正方体、颗粒尺寸均匀、表面粗糙的碎石,要保证充分压实,形成良好的嵌锁作用;粗碎石间的空隙一定要填满,以达到足够的密实度。同时要注意填隙料不要在表面单独成层,主骨料棱角应露出表面,有利于层间的结合。

填隙碎石可适用于各等级公路的底基层和二级以下公路的基层。由于干法施工填隙碎石用水量很小,在干旱缺水地区,采用这种结构,特别显示其优越性。

2）泥结碎石

泥结碎石是以碎石作骨料,黏土作填充料和结合料,经碾压密实后形成的一种路面结构。泥结碎石路面厚度一般为 8~20cm;当总厚度超过 15cm 时,一般分两层铺筑,上层厚度 6~9cm,下层厚度 9~20cm。

泥结碎石结构层适用于四级公路中级路面的面层,并宜在其上设置砂土磨耗层和松散保护层;也可用于二级以下公路次高级路面的基层,但由于是黏土作结合料,其水稳性较差,如作沥青路面的基层时,只能用于干燥路段,不能用于中湿和潮湿路段。

任务实施

1. 半刚性基层

1）土

（1）土要易于粉碎，便于碾压成型。按土中单个颗粒（指碎石、砾石和砂颗粒）的粒径大小和组成，将土分为下列三种：

细粒土：颗粒的最大粒径小于9.5mm，且其中小于2.36mm的颗粒含量不少于90%（如塑性指数不同的各种黏性土、粉性土、砂性土、砂和石屑等）；

中粒土：颗粒的最大粒径小于26.5mm，且其中小于19mm的颗粒含量不少于90%（如砂砾土、碎石土、级配砂砾、级配砾石等）；

粗粒土：颗粒的最大粒径小于37.5mm，且其中小于31.5mm的颗粒含量不少于90%（如砂砾石、碎石土、级配砂砾、级配碎石等）。碎石由岩石或砾石轧制而成，应洁净、干燥，并具有足够的强度和耐磨耗性。其颗粒形状应具有棱角，接近立方体，不得含有软质和其他杂质。砾石应坚硬、耐久，有机质、黏土块和其他有害物质的含量应符合有关规范的规定。

（2）最大粒径：用作基层时不超过40mm（方孔筛，下同）；用作底基层时不超过50mm。颗粒组成应满足表6-2-1。

半刚性基层土的颗粒组成范围　　　　　　　表6-2-1

筛孔尺寸 (mm)	二级及二级以下公路 质量通过百分率（%）		高速公路及一级公路 质量通过百分率（%）		
	底基层	基　层	底基层①	底基层②	基　层
53	100				
37.5		90~100	100	100	
31.5				90~100	100
26.5		66~100			90~100
19		54~100		67~90	72~89
9.5		39~100		45~68	47~67
4.75	50~100	28~84	50~100	29~50	29~49
2.36		20~70		18~38	17~35
1.18		14~57			
0.6	17~100	8~47	17~100	8~22	8~22
0.075	0~50	0~30	0~30	0~7	0~7
0.002	0~30				

注：底基层②表示稳定中粒土和粗粒土。

（3）液限、塑性指数：

塑性指数15~20的黏性土，易于粉碎和拌和，便于碾压成型，施工和使用效果都较好。塑性指数15以上的黏性土更适宜于用石灰和水泥综合稳定。水泥稳定土用做底基层时，土的均匀系数应大于5，土的液限不应超过40，塑性指数不应超过17。实际工作中，宜选用均匀系数大于10，塑性指数小于12的土。塑性指数大于17的土，宜采用石灰稳定，或用水泥和石灰综合稳定。

(4)硫酸盐、有机质含量:水泥稳定时,有机质含量不应大于2%,硫酸盐含量不应大于0.25%;有机质含量超过2%以及塑性指数偏高的土必须先用石灰进行处理,才可以用水泥稳定;石灰稳定类的土的有机质含量不应超过10%,硫酸盐含量不应超过0.8%。

(5)无论是对于基层还是对于底基层水泥混合料,对颗粒的最大粒径的限制是较宽的。实践证明,颗粒愈粗,在拌和、运输、摊铺或整平过程中愈容易产生粗细颗粒离析现象,也较难得到一个平整的表面,所以在实际工作中,特别是高等级道路的路面应尽可能减小最大粒径。

(6)用水泥稳定粒料或粒料土时,粒料是否具有良好的级配,对混合料的强度和耐久性有很重要的影响。用水泥稳定粒径均匀的砂时,水泥砂混合料难于压实。为了便于施工碾压,需在砂中添加少部分亚沙土或石灰土,也可以添加部分粉煤灰,以改善其颗粒组成。加入的比例可按使混合料标准干密度接近最大值确定。

(7)砂应洁净、坚硬、干燥、无风化、无杂质,符合规定级配,其泥土杂物含量应小于3%。石屑系机械轧制而成,应坚硬、清洁、干燥、无风化、无杂质,并具有适当的级配。

2)水泥

普通硅酸盐水泥、矿渣硅酸盐水泥和火山灰质硅酸盐水泥都可用于稳定土,但应选用终凝时间较长(宜在6h以上)的水泥。终凝时间不能满足要求,需加入适量的缓凝剂加以调节。快硬水泥、早强水泥以及已受潮变质的水泥不应使用。宜采用强度等级为32.5或42.5的水泥。

3)石灰

石灰应是消石灰粉或生石灰粉,且应符合规定的Ⅲ级以上的要求,生石灰的有效钙加氧化镁含量对钙质生石灰不小于70%(按干重计),对镁质生石灰应不小于65%,对消石灰应不小于55%;石灰堆放在野外要进行覆盖封存措施,尽量缩短石灰的存放时间,避免其有效钙和氧化镁的含量会有很大损失。消石灰中5mm颗粒的最大筛余量应分别不大于干重的17%和12%。对于高速公路和一级公路,宜采用磨细生石灰粉。

若使用消石灰,应在用于工程之前7~10d,充分消解成能通过10mm筛孔的粉状,设棚存放,防止淋雨和污染环境,并尽快使用。

4)水

水应洁净,不含有害物质。凡是饮用水(含牲畜饮用水)均可使用。

5)外加剂

无论采用何种外掺剂,外掺剂的种类和掺量必须按照有关规范进行试验确定,以达到满足设计和施工的要求。常用的外掺剂有:缓凝减水剂、缓凝阻裂剂、防冻剂等。

6)压碎值

石灰稳定土中碎石、砾石或其他粒状材料的含量应在80%以上,并具有良好的级配。其中碎石或砾石的压碎值应符合下列要求:

基层:

二级公路   不大于30%

二级以下公路   不大于35%

底基层:

高速公路和一级公路   不大于35%

二级和二级以下公路   不大于40%

7)粉煤灰

粉煤灰是燃烧煤粉产生的粉状灰渣,主要成分是SiO_2、Al_2O_3、Fe_2O_3,其总含量应要求大于70%,粉煤灰的烧失量不应超过20%。干粉煤灰和湿粉煤灰都可以使用,干粉煤灰堆放时应洒水以防止随风飞扬,造成损失和污染;湿粉煤灰的含水率不宜超过35%。使用时,应将凝固的粉煤灰打碎或过筛,同时清除有害杂质。

8)煤渣

煤渣主要成分是SiO_2和Al_2O_3。要求松干密度为 700~1100kg/m³,煤渣的最大粒径不应大于 30mm,颗粒组成宜有一定的级配,且不宜含杂质。

2. 级配型基层

1)石料

(1)强度要求

石料应具有足够的强度,且不低于Ⅳ级。轧制碎石的材料可以是各种类型的坚硬岩石、圆石或矿渣。但圆石的粒径应是碎石最大粒径的三倍以上;矿渣应是已崩解稳定的,其干密度和质量应比较均匀,干密度不小于 960kg/m³。

碎石机扎制出来的碎石应经过一个与规定最大粒径相符的筛网筛分,这种方式生产的碎石称为未筛分碎石。从碎石机扎制出来的碎石通过几个不同筛孔的筛网,得出的不同粒级的碎石,如 40~20mm、20~10mm 和 10~5mm 的碎石,称为单一尺寸碎石。要想获得高质量和次高质量的级配碎石,必须采用几个不同规格的单一尺寸碎石进行组配。单一尺寸碎石的质量取决于生产机械类型和筛孔的合理设置以及吸尘的效果。传统的颚式破碎机生产出来的碎石质量不稳定,碎石的扁平、针片状颗粒含量多、碎石的形状不好,特别是 20mm、10mm 以下规格的碎石质量更是无法保证。现在的破碎机应是反击式或锤式且是二级破碎。同时,除尘设备也是必备的,这既是本身碎石质量的保证,也是环保的要求。

(2)集料的最大粒径和颗粒形状

用于高速公路和一级公路基层及作半刚性路面的中间层时,最大粒径应控制在 30mm 以内;当用作二级及以下公路基层时,最大粒径应控制在 37.5mm 以内。级配砾石用于基层时,颗粒最大粒径不应超过 37.5mm;当用于底基层时,最大粒径应控制在 53mm 以内。

级配碎石和级配砾石中细长及扁平颗粒含量不应超过 20%,碎石中不应有黏土、植物等有害物质;形状不合格的颗粒含量超过 20% 应掺入部分合乎规格的石料。

(3)压碎值

级配碎石或级配碎砾石所用石料的压碎值应满足表 6-2-2 的规定:

级配碎石或级配碎砾石所用石料的压碎值的规定   表 6-2-2

层 位	高速公路和一级公路	二 级 公 路	二级以下公路
基层	不大于 26%	不大于 30%	不大于 35%
底基层	不大于 30%	不大于 35%	不大于 40%

(4)颗粒级配和塑性指数

用于高速公路和一级公路基层及作半刚性路面的中间层时,颗粒组成应符合表 6-2-3 中 2 号级配的要求;用于二级和二级以下公路的基层时,颗粒组成应符合表 6-2-3 中 1 号级配级配的要求,并使级配曲线接近圆滑剧中。在塑性指数偏大的情况下,为保证级配集料基层和底基层的稳定性,要严格控制小于 0.5mm 以下的细粒含量与塑性指数;塑性指数与 0.5mm 以下细土含量的乘积,在年降雨量小于600mm的中干和干旱地区,地下水位对土基没有影响时,不应大于120;在潮湿多雨地区,不应大于100。由此可见,在碎石加工时除尘及防污染的重要性。

级配碎石或级配碎砾石的颗粒组成范围   表6-2-3

	编　　号	1	2
通过右侧筛孔(mm)的重量百分率(%)	37.5	100	
	31.5	90~100	100
	19.0	73~88	85~100
	9.5	49~69	52~74
	4.75	29~54	29~54
	2.36	17~37	17~37
	0.6	8~20	8~20
	0.075	0~7②	0~7②
液限(%)		小于28	小于28
塑性指数		小于6或9①	小于6或9①

注:①潮湿多雨地区塑性指数不大于6,其他地区塑性指数不大于9;
　　②对于无塑性的混合料,小于0.075mm的颗粒含量应接近高限,使压实后的基层透水性小。

底基层可直接使用未筛分碎石,高速公路和一级公路的底基层,集料最大粒径宜小于40mm,颗粒组成应符合表6-2-4中的2号级配的要求。二级和二级以下公路的底基层,集料最大粒径宜小于50mm,颗粒组成应符合表6-2-4中1号级配的要求。

未筛分碎石底基层颗粒组成范围   表6-2-4

	编　　号	1	2
通过右侧筛孔(mm)的重量百分率(%)	53	100	
	37.5	85~100	100
	31.5	69~88	83~100
	19.0	40~65	54~84
	9.5	19~43	29~59
	4.75	10~30	17~45
	2.36	8~25	11~35
	0.6	6~18	6~21
	0.075	0~10	0~10
液限(%)		小于28	小于28
塑性指数		小于6或9①	小于6或9①

注:潮湿多雨地区塑性指数不大于6,其他地区塑性指数不大于9。

级配砾石基层的颗粒组成和塑性指数应满足表6-2-5的规定,同时级配曲线应为圆滑曲线,某种尺寸的颗粒不应过多或过少。

级配砾石基层的颗粒组成范围   表6-2-5

	编　　号	1	2	3
通过右侧筛孔(mm)的质量百分率(%)	53	100		
	37.5	90~100	100	

续上表

编　　号		1	2	3
通过右侧筛孔(mm)的的质量百分率(%)	31.5	81~94	90~100	100
	19.0	63~81	73~88	85~100
	9.5	45~66	49~69	52~74
	4.75	27~51	29~54	29~54
	2.36	16~35	17~37	17~37
	0.6	8~20	8~20	8~20
	0.075	0~7[②]	0~7[②]	0~7[②]
液限(%)		小于28	小于28	小于28
塑性指数		小于6或9[①]	小于6或9[①]	小于6或9[①]

注：①潮湿多雨地区的基层采用塑性指数宜小于6，其他地区的基层采用塑性指数宜小于9。
②对于无塑性的混合料，小于0.075mm的颗粒含量应接近高限。

用作底基层的砂砾、砂砾土或其他粒状材料的级配，应位于表6-2-6的范围内。液限应小于28%，塑性指数应小于9。当底基层集料在最佳含水率下制作，集料的干密度与工地规定达到的干密度相同时，浸水4d的承载比值不小40%（轻交通道路）~60%（中等交通道路）。

砂砾底基层的集料级配范围　　　　表6-2-6

筛孔尺寸(mm)	53	37.5	9.5	4.75	0.6	0.075
通过质量百分率(%)	100	80~100	40~100	25~85	8~45	0~15

2）石屑或其他细集料

石屑或其他细集料可以使用一般碎石场的细筛网的筛下部分，最好是利用轧制沥青混合料用石料时的细筛网的筛下部分，或专门轧制的细碎石集料。也可以用天然砂砾或粗砂代替石屑。天然砂砾的颗粒尺寸应该合适，必要时应筛除其中的超尺寸颗粒。天然砂砾或粗砂应有较好的级配。

试验证明，级配集料中加入少量塑性细土，不仅要降低级配集料的承载能力，而且要降低级配集料基层的刚性和抗形变能力，使得基层在相同荷载作用下产生较大的形变，产生裂缝。因此，使级配集料基层的塑性指数降到0，可以明显减少塑性形变或辙槽。在实际工作中，对于级配碎石以及无塑性指数的级配砾石，除严格掌握其颗粒组成外，不应向其中添加任何塑性土。

3. 嵌锁型基层

1）石料

泥结碎石层所用的石料，其强度等级不宜低于Ⅳ级，长条、扁平状颗粒不宜超过15%。不产石料地区的次要道路，交通量小时，可用缦石或碎砖等材料。碎砖粒径宜稍大，一般为路面厚度的0.8倍。泥结碎石适用的材料规格如表6-2-7。

泥结碎石材料规格　　　　表6-2-7

编号	通过下列筛孔(mm)的质量百分率(%)					层　位
	75	50	40	20	10	
1	100		0~15	0~5		下层或基层
2		100		0~15	0~5	

续上表

编　号	通过下列筛孔(mm)的质量百分率(%)					层　位
	75	50	40	20	10	
3			100	0~15	0~5	上层或面层
4				85~100	0~5	
5					85~100 0~5	嵌缝

填隙碎石作基层时,碎石的最大粒径不应超过53mm,用作底基层时,碎石的最大粒径不应超过63mm(均指方孔筛,以下同)。粗碎石可以用具有一定强度的各种岩石或漂石轧制,也可以用稳定的矿渣轧制(矿渣的干密度和质量应比较均匀,干密度不小于960kg/m³)。材料中的扁平、长条和软弱颗粒不应超过15%。粗碎石的颗粒组成应符合表6-2-8的规定。粗碎石可以利用轧制沥青表面处治用石料时的粗筛网的筛下部分。用作基层的粗碎石的集料压碎值不大于26%;用作底基层的粗碎石的集料压碎值不大于30%。

填隙碎石、粗碎石的颗粒组成　　　　　　表6-2-8

编　号	标准尺寸(mm)	通过下列筛孔的质量百分率(%)							
		63	53	37.5	31.5	26.5	19	16	9.5
1	30~60	100	25~60		0~15		0~5		
2	25~50		100		20~50	0~15		0~5	
3	20~40			100	35~70		0~15		0~5

2)黏土

黏土主要起黏结和填充空隙的作用。塑性指数较高的土,黏结力强而渗透性弱,其缺点是胀缩性大;而塑性指数低的土,黏结力弱而渗透性强,水分容易渗入。因此土的塑性指数一般控制在18~27之间为宜。黏土内不得含腐殖质或其他杂质,黏土用量不宜超过混合料总重的15%~18%。

3)填隙料

轧制碎石时得到的5mm以下的细筛网的筛下部分(即石屑)是最好的填隙料,填隙料宜具有表6-2-9的颗粒组成。

填隙料的颗粒组成　　　　　　表6-2-9

筛孔尺寸(mm)	9.5	4.75	2.36	0.6	0.075	塑性指数
通过百分率(%)	100	85~100	50~70	30~50	0~10	小于6

任务6.3　无机结合料稳定土配合比设计

学习目标

1. 了解水泥稳定类基层的基本概念；
2. 知道水泥稳定类基层的类型；
3. 分析路面施工时对水泥稳定类基层材料的技术要求；
4. 根据路基路面施工有关的技术规范完成水泥稳定类结构层的施工作业；
5. 正确选择水泥稳定类基层的组成材料及制定合理的施工技术方案。

任务描述

通过水泥稳定类基层材料的认知学习，旨在对水泥稳定类基层组成材料的类型有一个基本的认识，掌握水泥稳定类基层组成材料配合比设计方法，为水泥稳定类基层材料的选择以及选择最佳的技术方案完成基层施工做好前提工作。

学习引导

本工作任务沿着以下脉络进行学习：

水泥稳定类基层认知 → 混合料组成设计 → 水泥稳定类基层的技术要求 → 水泥稳定类基层的施工

相关知识

1. 水泥稳定类基层

1) 强度形成原理

在利用水泥来稳定土的过程中,水泥、土和水之间发生了多种复杂的反应,使土的性能发生了明显的变化。归纳起来有水泥的水化反应、离子交换反应、化学激发反应和碳酸化反应等四种。但由于水的用量很少,水泥的水化完全是在土中进行的,故反应速度比在水泥混凝土中进行的要慢。水泥在稳定土中的作用,从工程观点来看,一是改变了土的塑性,二是增加了土的强度和稳定性。

2) 影响强度的因素

(1) 土质

土的类别和性质是影响水泥稳定土强度的重要因素,不同的土质用水泥稳定的效果是不一样的。实践证明,用水泥稳定级配良好的碎(砾)石和砂砾效果最好,其次是砂性土,再次是粉性土和黏性土。

(2) 水泥的类型和剂量

类型不同的水泥来稳定土,其效果是不一样的。硅酸盐水泥效果最好,铝酸盐水泥效果则较差。因此,优先选用低强度低水化热水泥。

泥稳定土的强度随水泥剂量的增加而增长,不存在最佳剂量。但过多的水泥用量,虽获得强度的增加,但在经济上却不合理,而且水泥含量过多还容易使结构层开裂。事件证明,水泥剂量不超过 6% 为宜。

(3) 施工工艺过程

施工中混合料的拌和、含水率及的碾压时间的控制掌握不好,都会对水泥稳定土的强度造成影响。因此,施工过程中要保证混合料的充分拌合,保证达到最佳密实度的含水率,还要保证水泥完全水化和水解作用的时间。

(4) 养护

一定的水分是水泥稳定土形成强度的必要条件,若养生时不能保证水分的供给,将会对水泥稳定土的强度形成造成影响。湿法养生可以满足水泥水化形成强度的需要,而养生温度越高,强度增长的也越快。

2. 石灰稳定类基层

1) 强度形成原理

在土中掺入适量的石灰,并在最佳含水率下拌和均匀并压实,使石灰与土发生了一系列的物理、化学反应,从而使土的性质发生了根本的变化。一般分为四个方面,一是离子交换反应,二是结晶硬化反应,三是火山灰反应,四是碳酸化反应。

2) 影响强度的因素

(1) 土质

不同的土质对石灰稳定土强度的影响是不一样的,塑性指数为 10~20 的黏性土易于粉碎均匀,便于碾压成型,铺筑和使用效果均较好;塑性指数偏大的高液限黏土或很高液限黏土粉碎较困难,且易产生干缩裂缝;塑性指数偏小的土碾压成型慢,初期强度低,石灰用量较大,应采取适当的施工措施;不含黏性土(塑性指数为零)的砂砾、级配碎石和未筛分碎石,应用石灰土进行稳定。对于硫酸盐含量超过0.8%的土和腐殖质含量超过10%的土,不宜直接采用。

(2) 石灰的质量和剂量

各种化学成分的石灰均可用于稳定土。石灰的质量对石灰土的强度影响很大。活性氧化钙和氧化镁的含量愈高,稳定效果愈好。石灰的细度愈大,其比表面愈大,在相同剂量下与土粒的作用愈充分,反应进行的愈快,因而效果愈好。石灰质量应符合Ⅲ级以上的生石灰或消石灰的技术标准,当低于Ⅲ级标准时,不宜采用。石灰随存放时间的增长,其活性氧化物的含量明显降低,因此石灰存放时间不宜超过3个月。

石灰剂量对石灰土的影响显著,石灰剂量较低(小于3%~4%)时,石灰主要起稳定作用,使土的塑性、膨胀性、吸水量降低,使土的密实度、强度得到改善。随着石灰剂量的增加,石灰的强度和稳定性提高,但当剂量超过一定范围时,过多的石灰在空隙中以自由灰存在,将导致石灰土的强度降低。石灰土的最佳剂量随土质的不同而异,具体选用时应根据试验确定。

(3) 养生条件

石灰土的强度形成需要一定的温度和湿度。适当的温度和湿度对石灰土强度的形成是有利的。这是因为,温度高可使反应过程加快,适当的湿度为碳酸化反应提供了必要的结晶水。但湿度过大会影响新生物的胶凝结晶硬化,从而影响石灰土强度的形成。

(4) 石灰土的龄期

石灰土的强度具有随龄期而增长的特性。在一定的条件下,石灰与土中黏粒成分经过物理化学作用,发生一系列变化,使石灰土产生较高的强度和水稳性,并随龄期的增长而有不同程度的增长。一般石灰土强度在90d以前的增长比较显著,以后就比较缓慢。

(5) 施工工艺过程

施工时土和石灰的粉碎程度、拌和的均匀性、石灰土含水率的大小及压实度都会对石灰土强度有一定的影响。因此施工时应严格遵守操作规程,以确保工程质量。

3. 石灰工业废渣稳定土

石灰工业废渣材料可分为两大类:石灰粉煤灰类(简称二灰)和石灰其他废渣类。二石灰粉煤灰类是指用石灰粉煤灰稳定细粒土(含砂)、中粒土和粗粒土。视具体情况可分别简称为二灰土、二灰砂砾、二灰碎石、二灰矿渣等。其中砂砾、碎石、矿渣、煤矸石等可能是中粒土,也可能是粗粒土,都统称为集料。石灰其他废渣类是指用石灰直接稳定各类工业废渣。

石灰工业废渣稳定土,特别是二灰稳定土,具有良好的力学性能、板体性、水稳性和一定的抗冻性,其抗冻性较石灰土高得多。石灰工业废渣的初期强度低,但随龄期的增长幅度大。二灰土中粉煤灰用量越多,初期强度越低,三个月龄期的强度增长幅度也越大。在二灰土中加入粒料或少量水泥可提高其早期强度。二灰土的收缩性小于水泥土和石灰土。

石灰煤渣(简称二渣)基层是用石灰和煤渣按一定配合比,加水拌和、摊铺、碾压、养生而成型的基层。二渣中如掺入一定量的粗骨料便称三渣;掺入一定量的土,便成为石灰煤渣土。石灰煤渣、石灰煤渣土和三渣皆具有水硬性,物理力学性质基本上与石灰土相似,但其强度与水稳定性都比石灰土好。石灰煤渣的28d强度可达1.5~3.0MPa,并随龄期而增长。初期强度增长慢,尚有一定的塑性,但达到一定龄期后,处于弹性工作状态,成板体,具有刚性,当冷缩和干缩时,易产生裂缝。研究表明,当采用石灰煤渣粒料时,抗缩裂能力有所改善。施工程序和方法基本上与石灰土基层相同。但要加强养生,重视提高初期强度,防止早期重交通量下出现早期破坏现象。

石灰工业废渣基层具有:水硬性、缓凝性、强度高、稳定性好、成板体、且强度随龄期不断增加、抗水、抗冻、抗裂而且收缩性小、适应各种气候环境和水文地质条件等特点。所以，近年来，修筑高等级公路，常选用石灰稳定工业废渣做高级或次高级路面的基层或底基层。

任务实施

1. 水泥稳定类混合料配合比设计

水泥稳定类混合料配合比设计应符合现行《公路路面基层施工技术规范》规范的有关规定，各项试验应按照现行《公路工程无机结合料稳定材料试验规程》进行。

1) 原材料试验

(1) 土的试验

在水泥稳定土结构施工前，应在所定料场中取有代表性的土样进行：颗粒分析、液限和塑性指数、相对密度、吸水率、重型击实试验、碎石或砾石的压碎值试验、有机质和硫酸盐含量(对土有怀疑时做)的试验。

土料必须经以上试验证明符合规范规定后才能采用。对级配不良的碎石、碎石土、砂砾、砂砾土、砂等宜外加某种集料改善其级配，并通过试验确定其配合比。

(2) 水泥的试验

应试验水泥的强度等级和终凝时间。

2) 混合料配合比的设计步骤

(1) 制备同一种土样，不同结合料剂量的混合料。水泥的剂量可参考表6-3-1。

水泥剂量参考值　　　　　表6-3-1

土　类	层　位	水泥剂量(%)				
中粒土和细粒土	基层	3	4	5	6	7
	底基层	3	4	5	6	7
塑性指数小于12的土	基层	5	7	8	9	11
	底基层	4	5	6	7	9
其他细粒土	基层	8	10	12	14	16
	底基层	6	8	9	10	12

(2) 确定各种混合料的最佳含水率和最大干密度，至少应做三个不同的水泥剂量混合料的击实试验，即最小剂量、中间剂量和最大剂量。其它两个剂量混合料的最佳含水率和最大干密度用内插法确定。

(3) 按工地要求达到的压实度，分别计算不同结合料剂量时试件应有的干密度。

(4) 按最佳含水率和计算得到的干密度制备试件，进行强度试验。作为平行试验的试件数量应符合表6-3-2的规定。如试验结果的偏差系数大于表中规定的值，则应重做试验，并找出原因，加以解决。如不能降低偏差系数，这应增加试件数量。

最少的试件数量　　　　　表6-3-2

稳定土类型	下列偏差系数(C_v)时的试件数量		
	小于10%	10%~15%	15%~20%
细粒土	6	9	
中粒土	6	9	13
粗粒土		9	13

(5)试件在规定温度下保湿养生6d,浸水24h后,进行无侧限抗压强度试验,试验温度为:冰冻地区20±2℃,非冰冻地区25±2℃。

(6)计算试验结果的平均值和偏差系数。

(7)根据表6-3-3的强度标准,选定合适的水泥剂量,此剂量试件室内试验结果的平均抗压强度$\overline{R}$应满足下列公式的要求。

$$\overline{R} \geq \frac{R_d}{(1 - Z_\alpha C_v)} \quad (6\text{-}3\text{-}1)$$

式中:R_d——设计抗压强度;

C_v——试验结果的偏差系数(以小数计);

Z_α——标准正态分布表中随保证率(或置信度)而变的系数。高速公路与一级公路应取保证率95%,此时,$Z_\alpha = 1.645$;其他公路取保证率90%,即$Z_\alpha = 1.282$。

工地实际采用的水泥剂量应比室内试验确定剂量多0.5%~1.0%。采用集中厂拌法施工时,可只增加0.5%;采用路拌法施工时,宜增加1%。

水泥混合料的强度及压实度标准值　　　　表6-3-3

使用层次	高速公路和一级公路		二级和二级以下公路	
	强度(MPa)	压实度(%)	强度(MPa)	压实度(%)
基层	3~5	98	2.5~3	中、粗粒土97;细粒土93
底基层	1.5~2.5	中、粗粒土97;细粒土95	1.5~2.0	中、粗粒土95;细粒土93

2.石灰稳定类混合料配合比设计

石灰稳定土混合料的组成设计包括:根据表6-3-4的强度标准,通过试验选取最适宜于稳定的土,确定必需的或最佳的石灰剂量和混合料的最佳含水率,在需要改善混合料的物理力学性质时,还应包括确定掺加料的比例。

石灰稳定土的抗压强度标准和压实度标准　　　　表6-3-4

使用层次	高速公路、一级公路		二级和二级以下公路	
	强度(MPa)	压实度(%)	强度(MPa)	压实度(%)
基层	—	—	≥0.8①	中、粗粒土97;细粒土93
底基层	≥0.8	中、粗粒土97;细粒土95	0.5~0.7②	中、粗粒土95;细粒土93

注:①在低塑性土(塑性指数小于7)地区,石灰稳定砂砾土和碎石土的7d浸水抗压强度应大于0.5MPa。
②低限用于塑性指数小于7的黏性土,高限用于塑性指数大于7的黏性土。

采用水泥和石灰综合稳定土时,如果水泥用量占结合料总量的30%以下,则按石灰稳定土的基数要求讲行配合比设计。

1)原材料试验

在石灰稳定土层施工前,应取所定料场中有代表性的土样进行:颗粒分析、液限和塑性指数、重型击实试验、碎石或砾石的压碎位试验、有机质含量(必要时做)、硫酸盐含量(必要时做)的试验。

如碎石、碎石土、砂砾、砂砾土等的级配不好,宜外加某种集料改善其级配,其配合比应通过试验确定。

2)混合料配合比的设计步骤

(1)制备同一种土样、不同石灰剂量的石灰土混合料,根据不同的层位,可参照表6-3-5中的剂量配制。

（2）确定混合料的最佳含水率和最大干密度（用重型击实标准试验），至少应做三个不同石灰剂量混合料的击实试验，即最小剂量、中间剂量和最大剂量，其余两个混合料的最佳含水率和最大干密度用内插法确定。

石灰剂量参考值　　　　表6-3-5

土 类	层 位	石 灰 剂 量（%）				
碎(砾)石土	基层	3	4	5	6	7
塑性指数小于12的黏性土	基层	10	12	13	14	16
	底基层	8	10	11	12	14
塑性指数大于12的黏性土	基层	5	7	9	11	13
	底基层	5	7	8	9	11

（3）按规定的压实度，分别计算不同石灰剂量的试件应有的干密度。

（4）按最佳含水率和计算得到的干密度制备试件。进行强度试验时，作为平行试验的最少试件数量应符合表6-3-6中的规定。如试验结果的偏差系数大于表中规定的值，则应重做试验，并找出原因，加以解决。如不能降低偏差系数，则应增加试验数量。

最少的试验数量　　　　表6-3-6

稳定土类型	下列偏差系数时的试验数量		
	小于10%	10%~15%	15%~20%
细粒土	6	9	
中粒土	6	9	13
粗粒土		9	13

（5）试件在规定的温度下保湿养生6d，浸水24h后，按《公路工程无机结合料稳定材料试验规程》（JTJ E51—2009）进行无侧限抗压强度试验。计算试验结果的平均值和偏差系数。

（6）不同交通类别道路上，石灰稳定土的7d浸水抗压强度（MPa）应符合表6-3-4的规定。

（7）根据表6-3-4的强度标准，选定合适的石灰剂量。此剂量试件室内实验结果的平均抗压强度$\bar{R}$应满足公式（6-3-1）的要求。

（8）考虑实际施工时，拌和的均匀性问题及剂量的离散问题，工地实际采用的石灰剂量应比室内试验确定剂量多0.5%~1.0%。采用集中厂拌法施工时，可只增加0.5%；采用路拌法施工时，宜增加1%。

（9）石灰稳定不含黏性土的级配碎石、未筛分碎石和级配砂砾用做高级沥青路面的基层时，碎石和砂砾的颗粒组成应符合规范规定范围，并应添加黏性土。石灰和所加的总质量与碎石或砂砾的重量比宜为1:4~1:5，即碎石或砾石在混合料中的质量应不少于80%。

（10）综合稳定土的配合比设计与上述步骤相同。

3.石灰工业废渣稳定类混合料配合比设计

石灰工业废渣稳定土的组成设计内容包括：根据表6-3-7的强度标准，通过试验选取适宜稳定的土，确定石灰与粉煤灰或石灰与煤渣的比例，确定石灰粉煤灰或石灰煤渣与土的比例（均为质量比），确定混合料的最佳含水率。

石灰工业废渣稳定土的设计方法和步骤,可参照石灰稳定土进行。

二灰混合料的抗压强度和压实度标准　　　　　表 6-3-7

使 用 层 次	高速公路、一级公路		二级和二级以下公路	
	强度(MPa)	压实度(%)	强度(MPa)	压实度(%)
基层	0.8~1.1	≥98	0.6~0.8	中、粗粒土97;细粒土93
底基层	≥0.6	中、粗粒土97;细粒土95	≥0.5	中、粗粒土95;细粒土93

任务6.4 半刚性基层(底基层)施工

学习目标

1. 了解水泥稳定类基层的基本概念;
2. 知道水泥稳定类基层的类型;
3. 分析路面施工时对水泥稳定类基层材料的技术要求;
4. 根据路基路面施工有关的技术规范完成水泥稳定类结构层的施工作业;
5. 正确选择水泥稳定类基层的组成材料及制定合理的施工技术方案。

任务描述

通过水泥稳定类基层材料的认知学习,旨在对水泥稳定类基层组成材料的类型有一个基本的认识,掌握水泥稳定类基层组成材料配合比设计方法,为水泥稳定类基层材料的选择以及选择最佳的技术方案完成基层施工做好前提工作。

学习引导

本工作任务沿着以下脉络进行学习:

水泥稳定类基层认知 → 混合料组成设计 → 水泥稳定类基层的技术要求 → 水泥稳定类基层的施工

一、相关知识

1. 水泥稳定土的施工

水泥稳定土根据拌和方法的不同,可路拌法、厂拌法和移动式拌和机沿路拌和三种方法,路拌法和厂拌法应用较多。路拌法先将要稳定的土(可能是沿线挖的就地土,也可能是从附近取土坑中挖的经选择的土)摊铺在下承层上,整型后在上摊铺水泥,也可能是在已翻松整型的原路基上或老中级路面上摊铺水泥,然后用多程式拌和机(在同一条工作道上必需拌和多次才能使水泥土混合料均匀)或单程式拌和机(在同一条工作道上只需拌和一次就能使水泥土混合料均匀)进行拌和,并进行整平和压实。厂拌法,即集中在某一场地,用固定式拌和机拌和水泥混合料,用自卸卡车将拌成的混合料运送到铺筑工地,然后进行摊铺和压实。一级公路和高速公路要求采用厂拌法,其他等级公路视情况选择。

2. 石灰稳定土施工

石灰稳定土的施工与水泥稳定土的施工基本相同,有路拌法、中心站集中拌和法和人工沿路拌和法三种。近年来,随着高速公路的建设速度和规模增大,中心站集中拌和法施工已被广泛采用。

3. 石灰工业废渣稳定土施工

石灰工业废渣稳定土的施工方法一般常采用路拌法和厂拌法。

二、任务实施

1. 水泥稳定土施工

1)路拌法施工

水泥稳定土路拌法施工的工艺流程宜按图 6-4-1 的顺序进行。

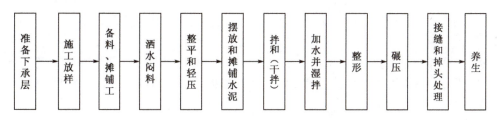

图 6-4-1 路拌法施工水泥稳定土的工艺流程图

(1)准备下承层

水泥稳定土的下承层表面应平整、坚实,具有规定的路拱,没有任何松散的材料和软弱地点。下承层的平整度和压实度应符合有关技术规范的要求。在槽式断面的路段,两侧路肩上每隔一定距离交错开挖泄水沟(或做盲沟)。

①对于土基不论是路堤还是路堑,必须用 12~15t 三轮压路机或等效的碾压机械进行碾压检验(压 3~4 遍)。在碾压过程中,如发现土过干、表层松散,应适当洒水;如土过湿,发生"弹簧"现象,应该采用挖开晾晒、换土、掺石灰或水泥等措施进行处理。

②对于底基层,应进行压实度检查,对于柔性底基层还应进行弯沉值测定。一般情况下,

每 50 延米为一断面,每个断面至少测两个点(内外双轮间隙各一个点)。凡不符合设计要求的路段,必须根据具体情况,分别采用补充碾压、换填好的材料,挖开晾晒等措施,使之达到有关规范的规定标准。

③底基层或老路面上的低洼和坑洞,应仔细填补及压实,搓板和辙槽,应刮除;松散处,应清除松散颗粒,换填合格材料。

④新完成的底基层或土基,必须按相关规范的规定进行验收。凡验收不合格,必须采取措施,使其达到标准后,方可铺筑水泥稳定土层。

⑤对于老路面,应检查其材料是否符合底基层材料的技术要求,如不符合要求,应翻松老路面并采取必要的处理措施。

⑥应逐个断面检查下承层高程是否符合设计要求。下承层高程的误差应符合相关技术规范的规定。

(2) 施工放样

①在下承层上恢复中线,直线段每 15～20m 设一桩,平曲线段每 10～15m 设一桩,并在两侧路肩边缘外设指示桩。

②同时进行水准测量,在两侧指示桩上用明显标记标示出基层边缘的设计高程。

(3) 备料

料场选择:从选线初步选定的料场,分别选取代表性的土样,做土的性能试验和水泥土混合料的力学试验,以选定料场。

选料采集:将料场表层覆盖土、草皮、植被、树根等杂物用推土机清除干净,按预定深度自上而下采集土料,有明显分层变化时,应及时采集样品做各项试验。土中的超尺寸颗粒应予以筛除。

选料的运输与堆放:根据各路段水泥稳定土层的宽度、厚度及预定的干密度,计算各路段所需要的干燥土的数量。根据料场土的含水量和所用运料车辆的吨位,计算每车料的堆放距离。在预定堆料的下承层上,在堆料前应先洒水,使其表面湿润,但不应过分潮湿而造成泥泞。控制每车料基本相等,并由远及近严格按照堆放距离卸料,避免有的路段料不够或过多。土在下承层上的堆置时间不宜过长,运送土只宜比摊铺土工序提前 1～2 天,并做好排水工作。

根据水泥稳定土层的厚度和预定的干密度及水泥剂量,计算每一平方米水泥稳定土所需要的水泥用量,并确定水泥摆放的纵横间距。水泥常以袋为剂量单位,故应计算出每袋水泥的堆放距离。

(4) 摊铺土

用平地机或其他合适的机具将料均匀地摊铺在预定的宽度上,表面应力求平整,并有规定的路拱。摊料过程中,应将土块、超尺寸颗粒及其他杂物拣除。如集料中有较多土块,应进行粉碎。检查松铺土层的厚度,应符合预计要求;除洒水车外,严禁其他车辆在土层上通行。松铺系数可按表 6-4-1 选用。

松铺系数参考值　　　　表 6-4-1

材料名称	松铺系数	备注
水泥稳定砂砾	1.30～1.35	
水泥土	1.53～1.58	现场人工摊铺土和水泥,机械拌和,人工整平

摊铺土应在摊铺水泥的前一天进行,应该避免将料长时间堆放,造成水分大量蒸发,或遭雨而使含水量过大,甚至造成弹簧现象。堆放在路幅上的料堆,在下雨时会阻止雨水排出路外,并成为一个滞水堆,使雨水能更多地渗入下承层。摊铺长度按日进度的需要量控制,满足次日完成掺加水泥、拌和、碾压成型即可;雨季施工,如第二天有雨,不宜提前摊铺土。

(5)洒水闷料

①如已平整的土含水率过小,应在土层中洒水闷料,洒水应均匀,防止出现局部水分过多的现象。

②如为水泥和石灰综合稳定土,应先将石灰和土拌和后一起洒水闷料。

③在洒水的过程中,严禁洒水车在洒水段内停留和调头。

④对于细粒土,一般应经一夜闷料;中粒土和粗粒土,应视其中细粒土含量的多少,可缩短闷料时间。

(6)整平和轻压

对人工摊铺的土层整平后,用 6~8t 两轮压路机碾压 1~2 遍,使素土层具有平整光滑的表面,同时具有一定的密实度,以便摊铺水泥。

(7)摆放和摊铺水泥

根据计算出的每袋水泥的纵横间距,在土层上作安放标记,如图 6-4-2。将水泥当日直接运送到摊铺路段,卸在做标记的地点,并检查有无遗漏和多余;运送水泥的车辆应有防雨设备。用刮板将水泥均匀摊开,并注意使每袋水泥的摊铺面积相等;水泥摊铺完后,表面应没有空白位置,也没有水泥过分集中的地点。

(8)拌和(干拌)

拌和是水泥稳定结构层施工的重要一环,拌和的充分与否,直接影响到工程质量,因此施工时应严格控制,规范作业。

对于二级及二级以上公路,应采用专用稳定土拌和机进行拌和,如图 6-4-3,设专人跟随拌和机,随时检查拌和深度并配合拌和机操作员调整拌和深度。拌和深度达稳定层底并宜侵入下承层 5~10mm,以利于上下层黏结。严禁在拌和层底部留有素土夹层,通常应拌和两遍以上,在最后一遍拌和之前,必要时可先用多铧犁紧贴底面翻拌一遍。

图 6-4-2 水泥摆放

图 6-4-3 路拌法拌和机

对于三、四级公路在没有专用拌和机械的情况下,可用农用旋转耕作机与多铧犁或平地机相配合进行拌和,但应注意拌和效果,拌和时间不宜过长。操作时,宜先用平地机或多铧犁将铺好水泥的土翻拌两遍,使水泥分布到土中,但不应翻犁到底,防止水泥落到底部。第一遍右路中心开始,将混合料向中间翻,机械应慢速前进;第二遍应相反,从两边开始,将混合料向外侧翻。接着用旋转耕作机拌和两遍。再用多铧犁或平地机将底部料翻起,随时检查调整翻犁的深度,使稳定土层全部翻透,严禁在稳定土层与下承层之间残留一层素土,也应防止翻犁过深或过多破坏下承层的表面,通常应翻犁两遍。在没有专用拌和机械的情况下,也可以采用缺口圆盘耙与多铧犁或平地机相配合。一般用平地机或多铧犁在前面翻拌,用圆盘耙跟在后面拌和,圆盘耙的速度尽量要快,使水泥与土拌和均匀,应翻拌四遍,开始的两遍不应翻犁到底,以防止水泥落到底部;后两遍应翻犁到底,随时检查深度。

(9) 补充洒水并湿拌

在干拌结束时,如果混合料的含水率不足,应用喷管式洒水车补充洒水,水车起洒处和另一端调头处都应超出拌和段 2m 以上,洒水车不应在正在进行拌和以及当天计划拌和的路段上调头和停留,以防止局部水量过大。洒水后,应再次进行拌和,使水分在混合料中分布均匀,拌和机械应紧跟在洒水车后面进行拌和,减少水分流失。洒水量要严格控制,一般宜略大于最佳含水率。判断混合料拌和均匀的经验标准是:混合料的颜色一致,没有灰条、灰团和花面,即没有明显粗细集料离析现象,且水分合适和均匀。在洒水拌和过程中,应配合人工拣出超尺寸颗粒,消除粗细颗粒"窝"以及局部过分潮湿或过分干燥之处。

(10) 整形

①混合料拌和均匀后应立即用平地机进行初平。一般在直线段,由两侧向路中心刮平;在曲线段,由内侧向外侧刮平。然后用轮胎压路机、轮胎拖拉机或平地机快速碾压一遍。

②不平整的地方,用齿耙把表面 5cm 耙松;必要时,用新拌的混合料找平,再进行碾压。每次整平碾压,均需按要求调整坡度和路拱。

③接缝处的整平,应顺适平整,并包括路肩。

④为避免出现薄层贴补,在总厚度满足要求的情况下,摊铺时宜"宁高勿低";整平时,宜"宁刮勿补"。

⑤在整形的过程中,严禁任何车辆通行,并保持无明显的粗细集料离析现象。

(11) 碾压

①整形后当混合料处于最佳含水率不超过 1%~2% 范围时,应立即用轻型压路机并配合 12t 以上压路机在结构层全宽范围内进行碾压。碾压时应遵循先轻后重、先慢后快的原则。直线和不设超高的平曲线段,应由两侧路肩开始向路中心碾压;在设超高的平曲线段,由内侧路肩向外侧路肩进行碾压。碾压时,后轮应重叠 1/2 轮宽;后轮必须超过两段的接缝处。后轮压完路面全宽时,即为一遍。一般需碾压 6~8 遍,应使表面无明显轮迹。头两遍的碾压速度采用 1.5~1.7km/h 为宜,以后用 2.0~2.5km/h。如表面水分不足,应适当洒水。碾压应在水泥初凝前完成碾压,并达到要求的密实度,同时没有明显的轮迹。

②在人工摊铺和整形的情况下,应先用拖拉机、6~8t 两轮压路机或轮胎压路机碾压 1~2 遍,再用重型轮胎压路机、振动压路机或 12t 以上的三轮压路机进行碾压。

③碾压过程中,如有"弹簧"、松散、起皮等现象,应及时翻开重新拌和,或用其他方法处理,使其达到质量要求。

④碾压结束之前,用平地机终平一次,使高程、路拱和超高符合设计要求,必须将局部高处部分刮除并扫出路外;对局部低洼之处,不得找补,以免出现薄层贴补现象,可留待铺筑沥青面层时处理。

⑤严禁压路机在已完成的或正在碾压的路段上调头或紧急制动,应保证稳定土表面不受破坏。

⑥用 12~15t 三轮压路机碾压时,每层的压实厚度不应超过 15cm;用 18~20t 的三轮压路机碾压时,每层的压实厚度不应超过 20cm。对于稳定中粒土和粗粒土,采用能量大的振动压路机时,压实厚度应根据试验确定。

压实厚度超过上述规定时,应分层铺筑,每层的最小压实厚度为 10cm,下层宜稍厚。

(12)接缝和调头处的处理

同日施工的两个工作段衔接处,应搭接拌和。第一段拌和后,留 5~8m 不进行碾压,后一段施工时,前段留下未压部分,应再加部分水泥重新拌和,并于后一段一起碾压。

每天最后一段末端缝(即工作缝)处理的具体处理方法如下:

①在已碾压完成的水泥稳定土层末端,沿稳定土挖一条横贯铺筑层全宽的宽约 30cm 的槽,直挖到下承层顶面(注意,不要破坏下承层)。此槽应与路的中心线垂直,靠稳定土的一面应切成垂直面,并放两根与压实厚度等厚、长为全宽一半的方木条紧贴其垂直面。

②用原挖出的素土回填槽内其余部分。

③第二天,邻接作业段正常拌和后,除去方木,用混合料回填。靠近方木条未能拌和的一小段,应人工进行补充拌和。整平时,接缝处的水泥稳定土应较已完成断面高出约 5cm,以利于形成一个平顺的接缝。

④在新混合料碾压过程中,应将接缝修整平顺。

调头处理:

一般在准备调头的约 8~10m 长的稳定土层上,先覆盖一张厚塑料布或油毡纸,然后铺上约 10cm 厚的土、砂或砂砾。待新铺层整平后,用平地机将塑料布或油毡纸上大部分土除去,然后人工除去余下的土,并收起塑料布或油毡纸。

(13)养生与交通管理

水泥稳定土经拌和、压实后,必须有一段养生时间,使稳定土层表面经常湿润,防止水泥稳定土中的水分蒸发,以保证水泥充分发挥作用。这是一个十分重要的问题,可以用潮湿的帆布、粗麻袋、稻草麦秸或其他合适的潮湿材料覆盖,但不能用潮湿的有黏性的土覆盖,因这种土会黏结在稳定土层表面,难于清除干净。目前,现场采用土工布覆盖和塑料薄膜法养生较多,如图 6-4-4 所示。

图 6-4-4 土工布覆盖养生

①水泥稳定土底基层(或基层)分层施工时,下层水泥稳定土碾压完后,在采用重型振动压路机碾压时,宜养生 7d 后铺筑上层水泥稳定土。在铺筑上层稳定土之前,应始终保持下层表面湿润。在铺筑上层稳定土时,宜将下层表面清扫干净后撒少量水泥或水泥浆。底基层养生 7d 后,方可铺筑基层。

②每一段碾压完成并经压实度检查合格后,应立即开始养生。

③如采用湿砂进行养生,砂层厚宜 7~10cm 厚,砂铺匀后,应立即洒水,并在整个养生期间保持砂的潮湿状态。养生结束后,必须将覆盖物清除干净。此方法成本高,工效不高,较少

采用。

④对于基层,也可以采用沥青乳液进行养生。沥青乳液的用量按 $0.8 \sim 1.0 kg/m^3$(指沥青用量)选用,宜分两次喷洒。第一次喷洒沥青含量约35%的慢裂沥青乳液,使其能稍透入基层表面,第二次喷洒浓度较大的沥青乳液。如不能避免施工车辆在养生层上通行,应在乳液分裂后撒布 $3 \sim 8mm$ 小碎砾石,做成下封层。

⑤无上述条件时,也可用洒水车经常洒水进行养生。每天洒水的次数应视气候而定。整个养生期间应始终保持稳定土层表面潮湿,应注意表层情况,必要时,用两轮压路机压实。

⑥对于高速公路和一级公路,基层的养生期不宜少于7d。对于二级和二级以下的公路,如养生期少于7d即铺筑沥青面层,则应限制重型车辆通行。

⑦对于二级和二级以下公路,如基层上为水泥混凝土面板,且面板是用小型机械施工的,则基层完成后可较早铺筑混凝土面层。

⑧在养生期间采用覆盖措施的水泥稳定土层上,除洒水车外,应封闭交通。在采用覆盖措施的水泥稳定土层上,不能封闭交通时,应限制重车通行。其他车辆的车速不应超过 $30km/h$。

⑨养生期结束后,如其上为沥青面层,应先清扫基层,并立即喷洒透层或粘层沥青。在喷洒透层或黏层沥青后,宜在上均匀撒布 $3 \sim 8mm$ 的小碎(砾)石,用量约为全铺一层用量的 $60\% \sim 70\%$。

在清扫干净的基层上,也可先做下封层,以防止基层干缩开裂,同时保护基层免遭施工车辆破坏,宜在铺设下封层后的 $7 \sim 10d$ 内开始铺筑沥青面层的底面层。如为水泥混凝土面层,不宜让基层长期曝晒,以免开裂。

2)厂拌法施工

对于高等级公路,尤其是高速公路应采用在中心站用厂拌设备进行集中拌和,以保证拌和质量和消除"素土"夹层的危害。中心站集中厂拌法施工与路拌法施工的主要区别在:①水泥稳定土混合料在中心站用强制式拌和机、双转轴桨叶式拌和机等厂拌设备进行集中拌和;②混合料用摊铺机进行摊铺。其特点是:配料精度高,混合料拌和质量好,缩短了延迟时间,摊铺的厚度均匀,平整度好。所以现行规范规定:高速公路和一级公路的稳定土基层,应采用集中厂拌法施工。不足之处是厂拌设备安装在固定地点作业,且装置多,整机庞大,占地面积较大。厂拌法施工水泥稳定土的工艺流程,如图6-4-5。稳定土厂拌设备组成结构,如图6-4-6。

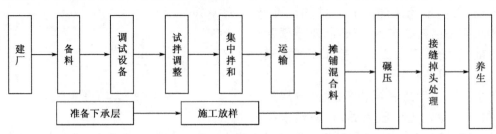

图6-4-5 厂拌法施工水泥稳定土的工艺流程图

(1)拌和机械

采用中心站拌和法时,所需要的机械主要分三部分:

①用于准备工作,在料场或取土坑需要推土机、装载机或皮带运输机,有时还可能需要筛分机、粉碎机、自卸卡车。

在道路上准备下承层(整型成要求的路拱和坡度、压实),需要平地机和压路机,有时还可能需要洒水车、水泵等。

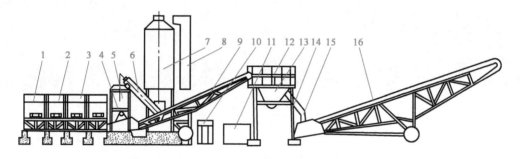

图 6-4-6 稳定土厂拌设备组成结构简图

1-配料斗;2-皮带传送机;3-水平皮带传送机;4-小仓;5-叶轮供料器;6-螺旋送料器;7-大仓;8-垂直提升机;9-斜皮带输送机;10-控制柜;11-水箱水泵;12-拌和筒;13-混合料贮仓;14-拌和筒立柱;15-溢料管;16-大输料皮带机

②在中心站用于制备水泥土混合料,需要专用稳定土拌和站、装载机等。

③用于铺筑现场需要自卸卡车、摊铺机、压路机、平地机(需要整修时用)、洒水车等。

(2)拌和

集中拌和时应注意以下事项:

①拌和机与摊铺机的生产能力应互相匹配。

②在正式拌制混合料之前,必须先调试所用的设备,使混合料的颗粒组成和含水率都达到规定的要求。原集料的颗料组成发生变化时,应重新调试设备。

③配料应准确,拌和应均匀。

④拌和出来混合料的含水率宜略大于最佳值,使混合料运到现场摊铺后碾压的含水率不小于最佳值。因此,在拌和过程中应根据集料和混合料含水率的大小,及时调整加水量。

⑤当采用连续式的稳定土厂拌设备拌和时,应保证集料的最大粒径和级配符合要求。

(3)运输混合料

拌和好的混合料应尽快运送到铺筑现场。车上的混合料应覆盖,减少水分损失。运输车辆的运输能力应与拌和站拌和设备的拌和能力以及现场摊铺机的摊铺能力相配套,以保证施工的连续性,提高机械化施工的效率。

(4)摊铺混合料

对于高速公路和一级公路,必须采用沥青混凝土摊铺机或专用的稳定粒料摊铺机摊铺,如图。对于其他公路,有条件宜用摊铺机摊铺,但至少必须采用平地机摊铺,个别面积较小的路段可以采用人工摊铺,如图 6-4-7。

将水泥稳定土混合料通过自卸卡车直接卸入摊铺机的料斗内,由摊铺机均匀摊铺。最好采用两台摊铺机同时摊铺。这两台摊铺机可以是一前一后(相距 5~10m)错列前进。在只能用一台较小型的摊铺机工作时,可以在两条线或几条工作道上交替摊铺,但任何一条工作道都不能比邻接的工作道摊铺得太前,摊铺均匀的料应立即碾压。当摊铺机允许摊铺宽度较大时,也可以采用单台摊铺一次摊铺成型,但要注意摊铺过程中混合料的离析。在摊铺机后面应设专人消除粗细集料离析现象,特别应该铲除局部粗集料"窝",并用新拌混合料填补。

用摊铺机和平地机摊铺混合料后的整形和碾压均与路拌法相同。

a)　　　　　　　　　　　　　　b)

图 6-4-7　水泥稳定土摊铺
a)平地机摊铺；b)摊铺机摊铺

(5) 接缝处理

集中厂拌法施工时的横向接缝应符合下列要求：

①用摊铺机摊铺混合料时，不宜中断，如因故中断时间超过 2h，应设置横向接缝，摊铺机应驶离混合料末端。

②人工将末端含水率合适的混合料弄整齐，紧靠混合料放两根方木，方木的高度应与混合料的压实厚度相同，整平紧靠方木的混合料。

③方木的另一侧用砂砾或碎石回填约 3m 长，其高度应高出方木几厘米。

④将混合料碾压密实。

⑤在重新开始摊铺混合料之前，将砂砾或碎石和方木除去，并将下承层顶面清扫干净。

⑥摊铺机返回到已压实层的末端，重新开始摊铺混合料。

⑦如摊铺中断后，未按上述方法处理横向接缝，而中断时间已超过 2h，则应将摊铺机附近及其下面未经压实的混合料铲除，并将已碾压密实且高程和平整度符合要求的末端挖成与路中心线垂直并垂直向下的断面，然后再摊铺新的混合料。

应避免纵向接缝。高速公路和一级公路的基层应分两幅摊铺，宜采用两台摊铺机一前一后相隔约 5～10m 同步向前摊铺混合料，并一起进行碾压，但必须注意横坡的一致性。在不能避免纵向接缝的情况下，纵缝必须垂直相接，严禁斜接，并符合下列规定：

a. 在前一幅摊铺时，在靠中央的一侧用方木或钢模板做支撑，方木或钢模板的高度应与稳定土层的压实厚度相同；

b. 养生结束后，在摊铺另一幅之前，拆除支撑木(或板)。

2. 石灰稳定土施工

1) 路拌法施工

路拌法施工石灰稳定土的工艺流程，如图 6-4-8。

(1) 施工准备

施工前应对下承层按质量验收标准进行检查，合格后，才能进行中线放样，并在两侧路肩外缘 0.3～0.5m 处设指示桩，在指示桩上标出基层(或底基层)边缘设计高程及松铺厚度位置。

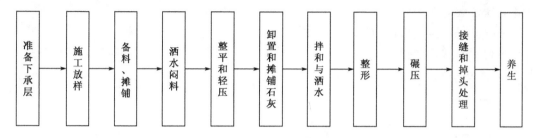

图 6-4-8 石灰稳定土路拌法施工的工艺流程

生石灰块应在使用前 7~10d 充分消解;消解后石灰应保持一定的湿度,不得产生扬尘,也不可过湿成团;消石灰宜过孔径 10mm 的筛,并尽快使用。

（2）集料摊铺及闷料

根据试验或试验路段确定的松铺系数,准备集料用量,用平地机或推土机按松铺系数进行摊铺,摊铺力求均匀,不应有离析现象。细粒土应经一夜闷料;中粒土和粗粒土,视其中细粒土含量的多少,可缩短闷料时间。混合料的松铺系数可参考表 6-4-2。

石灰稳定土混合料的松铺系数　　　表 6-4-2

混合料名称	松铺系数	备注
石灰土	1.53~1.58	现场人工摊铺土和石灰,用机械拌和、人工整平
	1.65~1.70	路外集中拌和,运到现场人工摊铺
石灰砂砾	1.52~1.56	路外集中拌和,运到现场人工摊铺

（3）集料整平和轻压

将土或集料摊铺均匀后,必须进行整型,使其表面具有规定的路拱,并用 6~8t 两轮压路机碾压 1~2 遍,使其表面平整,具有规定的路拱,并具有一定的压实度。

（4）摊铺石灰

根据计算的石灰堆放距离,在现场用石灰做标记,同时划出摊铺石灰的边线。用刮板将石灰均匀摊开,石灰摊铺完后,表面应没有空白位置。量测石灰的松铺厚度,根据石灰的含水量和松密度,校核石灰用量是否合适。

（5）拌和与洒水

采用石灰土拌和机或稳定土拌和机进行拌和。拌和机应先调整好拌和深度,由两侧向中心拌和,每次拌和应重叠 10~20cm,要防止漏拌。先用拌和机"干拌"1~2 遍,使石灰分布到全部土中预防加水过程中石灰成团。然后边洒水边拌和,即"湿拌"。

在两工作段的搭接部分,应在前一段拌和后留 5~8m 不进行碾压,待后一段施工时,将前段留下未压部分一起在进行拌和。拌和机械及其他机械不宜在已压实的石灰土层上"掉头",如必须进行"掉头"时,应采取措施保护"掉头"部分,使石灰土表层不受破坏。

如为石灰稳定级配碎石或砂砾时,应先将石灰和需添加的黏性土拌和均匀,然后均匀地摊铺在级配碎石或砂砾层上,再一起进行拌和。

（6）接缝和掉头处处理

①同日施工的两个工作段的衔接处,应采用搭接形式。前一段拌和整形后,留 5-8m 不进行碾压,后一段施工时,应与前段留下的未压部分一起再进行拌和。

②拌和机械及其他机械不宜在已压实的石灰稳定土层上掉头。如需掉头,必须采取措施保护掉头部分,使石灰稳定土表层不被破坏。

③纵缝处理同水泥稳定土。

2) 中心站集中拌和法(厂拌法)

一般利用强制式拌和机或双转轴桨叶式拌和机在中心站集中拌和。集中拌和法的生产工艺流程,如图6-4-9。

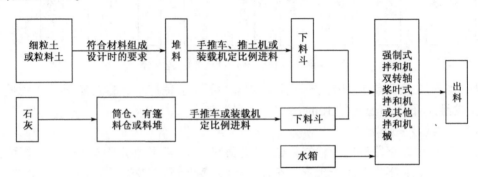

图6-4-9 石灰稳定土厂拌法施工的生产工艺流程

拌和时,细粒土应尽可能粉碎,且最大尺寸不超过15mm。配料要准确,含水率要略大于最佳含水率1%~2%,使混合料运到现场摊铺后碾压时的含水率能接近最佳值;拌和要均匀,拌和好的混合料用运输车辆运到现场,用摊铺机、平地机或人工按松铺系数摊铺均匀,如有离析现象,应用机械或人工补充拌和。整形、碾压及养生与路拌法相同。

3) 人工沿路拌和法施工

二级以下公路的小工程,在没有拌和机械的情况下,可采用人工沿路拌和法施工。其施工要点如下:

(1) 备料

将需稳定的土料按事先计算的数量运到路上分堆堆放,应每隔一定的距离留一缺口;将消石灰按事先计算的数量运到路上,直接卸在土堆上或卸在土堆旁。

(2) 拌和

可采用筛拌法或翻拌法。采用筛拌法时,将细粒土和石灰混合或交替过孔径15~20mm的筛,然后加水拌和至均匀为止。采用翻拌法时,将过筛的土和石灰先干拌1~2遍,再加水拌和至均匀为止。为使混合料的水分充分均匀,可在当天拌和后堆放闷料,第二天再摊铺。

(3) 摊铺

将拌和好的石灰混合料按松铺厚度摊铺均匀。

(4) 整形、碾压和养护

整形、碾压和养护的方法及要点同路拌法施工。

3. 石灰工业废渣稳定土施工

1) 路拌法

石灰工业废渣稳定土路拌法施工的工序,如图6-4-10。

(1) 撒布石灰和粉煤灰

①对于密实式石灰粉煤灰混合料,应先将石灰和粉煤灰拌合均匀后,再撒铺到粒料层上。若需作段时间堆放,应处于干燥状态。对于悬浮式混合料,应先撒布粉煤灰再撒布石灰。

②粉煤灰宜在含水率15%~25%状态下撒布。

③石灰和粉煤灰应摊铺均匀。

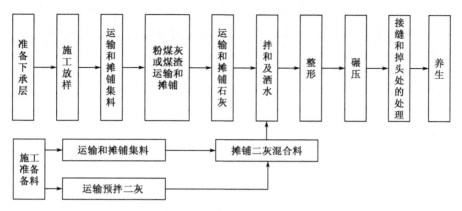

图 6-4-10 路拌法施工石灰工业废渣稳定土的工艺流程图

(2) 拌和及洒水

对于二级和二级以上公路,应采用专用稳定土拌和机进行拌和,并应先干拌两遍。用稳定土拌和机拌和时,拌和深度应直到稳定层底,并宜侵入下承层 5~10mm(不应过多),以加强上下层粘结。对于三、四级公路,在没有专用拌和机械的情况下,如为二灰稳定细粒土和中粒土,也可用旋转耕作机与多铧犁或平地机相配合先干拌四遍。

拌和完成的标志是:混合料色泽一致,没有灰条、灰团和花面,没有粗细集料颗粒"窝"或"带",且水分合适和均匀。

(3) 压实

可用轮胎式压路机、振动式压路机等进行压实。轻型压路机初压后,可用重型钢轮压路机进行碾压,并在终凝前用平地机整平。

(4) 养生

石灰工业废渣稳定土层碾压完成后的第二天或第三天开始养生,养生期一般为 7d。若石灰粉煤灰作为底基层,需养生 10~14d,在铺筑上面的结构层。

(5) 透层和下封层

石灰粉煤灰集料基层养生结束后,宜开放交通一段时间,以磨去表面的二灰薄层,露出颗粒,清扫表面浮土,然后喷洒透层沥青或做下封层。

2) 中心站集中厂拌法施工

二级以上公路施工时,宜采用厂拌法施工;对于高速公路和一级公路施工,必须采用厂拌法施工,并配套以摊铺机摊铺。其生产工艺流程,如图 6-4-11。

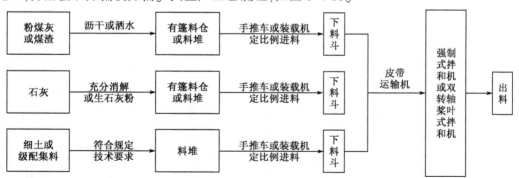

图 6-4-11 石灰工业废渣稳定土的集中拌和工艺流程图

（1）拌和

可在中心站采用强制式拌和机、双转轴桨叶式拌和机或自落式拌和机（仅用于不含或少含黏土的集料）进行拌和。

①土块、粉煤灰块要粉碎；

②配料要准确；

③含水率要略大于最佳含水率；

④拌和要均匀；

⑤石灰应存储在筒仓中，粉煤灰可露天覆盖堆放，含水率宜为15%~20%。

（2）运输

可用普通的自卸汽车运料，并适当覆盖，以防止水分损失或沿路飞扬。

（3）摊铺

混合料运到现场后，应尽可能用机械摊铺，应注意摊铺均匀，保持一定的平整度。运到现场的混合料堆放时间不宜超过24h，宜在当天将拌成的混合料运送到铺筑现场，不应将拌成的混合料长时间堆放。

（4）压实

与厂拌法相同。

任务6.5 嵌锁型基层(底基层)施工

学习目标

1. 了解泥结碎石结构层的基本概念;
2. 知道泥结碎石结构层的适用范围;
3. 分析路面施工时对泥结碎石结构层各种组成材料的技术要求;
4. 根据路基路面施工有关的技术规范完成泥结碎石结构层的施工作业;
5. 正确选择泥结碎石结构层的组成材料及制定合理的施工技术方案。

任务描述

通过泥结碎石结构层材料的认知学习,旨在对泥结碎石组成材料的有一个基本的认识,知道相关施工技术规范对泥结碎石各组成材料的技术要求,掌握泥结碎石组成材料配合比设计的方法,为泥结碎石结构层材料的选择以及选择最佳的技术方案完成结构层施工做好准备工作。

学习引导

本工作任务沿着以下脉络进行学习:

泥结碎石结构层材料认知 → 泥结碎石组成材料的技术要求 → 混合料组成设计 → 泥结碎石结构层的施工

 相关知识

1. 泥结碎石施工方法

泥结碎石结构层的施工方法有灌浆法、拌和法和层铺法三种。实践证明灌浆法具有较高的强度和稳定性,因此目前采用较多。

2. 填隙碎石施工方法

填隙碎石的施工方法分干法施工和湿法施工两种。

任务实施

1. 泥结碎石的施工

灌浆法施工工序如图6-5-1。

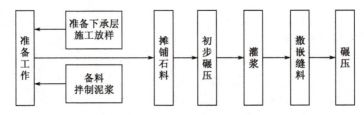

图6-5-1 泥结碎石施工工艺流程图

1) 准备工作

包括放样、布置料堆、整理路槽和拌制泥(灰)浆。泥浆一般按水土体积比0.8~1.1进行拌制,过稀或不均匀都将直接影响到结构层的强度和稳定性。泥灰浆中石灰剂量占土重的8%~12%,土和石灰总含量不应大于石料质量的20%。

2) 摊铺石料

将事先准备好的石料按松铺系数1.2~1.3一次铺足,同一层粒径相差不宜过大。

3) 初步碾压

初步碾压的目的是将碎石颗粒压紧,但仍保留有一定数量的空隙,以便灌注泥浆。因此,以选用三轮压路机或振动压路机碾压为宜,碾压至碎石无松动情况为佳。

4) 灌浆

在初压稳定的碎石层上,灌注预先调制好的泥浆。灌浆要均匀,数量要足够灌满碎石间的孔隙。碎石的棱角应露出泥浆之上,必要时,可用竹扫帚将泥浆扫匀。灌浆时务使泥浆灌到碎石的底部,灌浆后1~2h,当泥浆下注、空隙中空气溢出后,在未干的碎石层表面均匀撒铺嵌缝料。

5) 碾压

灌浆后,待表面已干而内部泥浆尚处于半湿状态时,用三轮压路机或震动压路机继续碾压,并扫匀嵌缝料,直至无明显轮迹及碾压轮下材料完全稳定为止。在碾压过程中,每碾压1~2遍后,即撒铺薄层石屑并扫匀,再进行碾压,以便碎石缝隙内的泥浆泛到表面与所撒石屑黏结成整体。

拌和法施工与灌浆法施工不同之处是土不必制成泥浆,而是将土直接铺撒在摊铺平整的

碎石层上,用平地机、多铧犁或多齿耙均匀拌和,然后用三轮压路机或振动压路机进行碾压,碾压方法与灌浆法相同。在碾压过程中,一般需要补水碾压4~6遍后,撒铺嵌缝料,再继续碾压,直至无明显轮迹及碾压轮下材料完全稳定为止。

泥灰结碎石路面结构层的黏土质量规格要求与泥结碎石相同。石灰质量不低于3级。石灰与土的用量不应大于混合料总重的20%,其中石灰剂量为土重的8~12%。施工程序与质量要求与泥结碎石路面相同。采用拌和法时,应先将石灰与黏土拌和均匀,再撒在石料上拌和,摊铺均匀,边压边洒水,使石灰与土在碾压过程中成浆并充满空隙。泥灰结碎石结构因掺入石灰,其水稳性要比泥结碎石好,故可用于潮湿与中湿路段作为沥青路面的基层,亦可作为中级路面的面层。

2. 填隙碎石的施工

填隙碎石施工的工艺流程如图6-5-2。

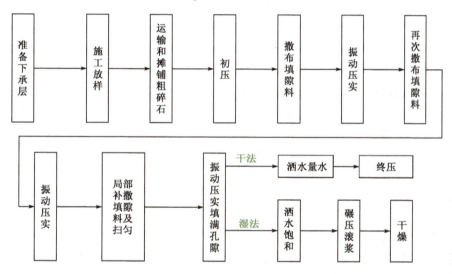

图6-5-2 填隙碎石施工工艺流程图

1)准备下承层

基层的下承层是底基层及其以下部分,底基层的下承层可能是土基也可能还包括垫层。不论填隙碎石结构层下面是底基层、垫层或土基,都要求表面严整坚实,无松散或软弱地点,平整度、压实度、路拱横坡度、控制高程都要符合《公路路面基层施工技术规范》(JTJ 034—2000)规定的要求。

2)施工放样

在下承层上恢复中线。直线段每15~20m设一桩,平曲线段每10~15m设一桩,并在两侧路肩边缘外设指示桩,在两侧指示桩上用明显标记标示出基层或底基层边缘的设计高程。

3)备料

根据各路段基层或底基层的宽度、厚度及松铺系数(1.20~1.30),计算各段需要的粗碎石数量;根据运料车辆的车厢体积,计算每车料的堆放距离。填隙料的用量约为粗碎石重量的30%~40%。

4)运输和摊铺粗碎石

碎石料装车时,应控制每车料的数量基本相等。在同一料场供料的路段内,由远到近将粗碎石料按上述计算的堆放距离卸置于下承层上。用平地机或其他合适的机具将粗碎石均匀地摊铺在预定的宽度上,表面应力求平整,并有规定的路拱,同时摊铺路肩用料。应检查松铺材料层的厚度是否符合设计要求,必要时应减料或补料。松铺厚度=压实厚度×松铺系数。

5)摊铺填隙料和碾压

(1)干法施工(干压碎石)

①初压。用8t两轮压路机碾压3~4遍,使粗碎石稳定就位。在直线和不设超高的平曲线上,碾压从两侧路肩开始,逐渐错轮向路中心进行;在设超高的路段上,碾压从内侧开始,逐渐错轮向外侧路肩进行。错轮时,每次重叠1/3轮宽。在第一遍碾压后,应再次找平。初压终了时,表面应平整,并具有要求的路拱和纵坡。

②撒铺填隙料。用石屑撒布机或类似的设备将干填隙料均匀地撒铺在已压稳的粗碎石上层上,松铺厚度约为2.5~3.0cm。必要时采用人工或机械扫匀。

③碾压。用振动压路机慢速碾压,将全部填隙料振入粗碎石间的孔隙中。如没有振动压路机,可用重型振动板。

④再次撒布填隙料。松铺系数约为2.0~2.5cm,采用人工或机械扫匀。

⑤再次碾压。用振动压路机碾压,在碾压过程中,对局部填隙料不足之处,人工进行找补。局部多余的填隙料应扫除。再次碾压后,如表面仍然有未填满的孔隙,应补撒填隙料,并用振动压路机继续碾压,直到全部孔隙被填满为止。同时,应将局部多余的填隙料铲除或扫除。填隙料不应再粗碎石表面自成一层,表面必须能看见粗碎石。

⑥当需要分层铺筑时,应将已压成的填隙料碎石层表面的填隙料扫除一部分,使粗碎石的棱角外露3~5mm,然后在其上摊铺第二层粗碎石及填隙料,并按前述要求施工。

⑦填隙碎石表面孔隙全部填满后,用12~15t三轮压路机再碾压1~2遍。在碾压过程中,不应有任何蠕动现象。在碾压之前,宜在表面先洒少量水,洒水量宜为$3kg/m^2$。

(2)湿法施工(水结碎石)

①初压、撒铺填隙料、碾压、再次撒布填隙料和再次碾压的过程与干法施工相同。

②粗碎石表面的孔隙全部填满后,立即用洒水车洒水,直到饱和,但应避免多余水浸泡下承层。

③用12~15t三轮压路机跟在洒水车后进行碾压。在碾压过程中,将湿填隙料继续扫入所出现的孔隙中。需要时,再添加新的填隙料,直至填隙料和水形成粉砂浆为止。粉砂浆的数量,以在压路机轮前能形成微波纹状为宜。

④干燥。碾压完成的路段应让水分蒸发一段时间,待结构层变干后,扫除表面多余的细料。

⑤当需要分层铺筑时,应待结构层变干后,将已压成的填隙料碎石层表面的填隙料扫除一部分,使表面粗碎石外露5~10mm,然后在其上摊铺第二层粗碎石及填隙料,并按前述要求施工。这样做可以使上下层良好的结合在一起,不会产生分层现象,有利于提高整个填隙碎石的力学性能。

任务6.6 级配型基层(底基层)施工

学习目标

1. 了解级配碎石、级配砾石结构层的基本概念;
2. 知道级配碎石、级配砾石结构层的适用范围;
3. 分析路面施工时对级配碎石、级配砾石结构层各种组成材料的技术要求;
4. 根据路基路面施工有关的技术规范完成级配碎石、级配砾石结构层的施工作业;
5. 正确选择级配碎石、级配砾石结构层的组成材料及制定合理的施工技术方案。

任务描述

通过级配碎石、级配砾石结构层材料的认知学习,旨在对级配碎石、级配砾石组成材料的有一个基本的认识,知道相关施工技术规范对级配碎石、级配砾石各组成材料的技术要求,掌握级配碎石、级配砾石组成材料配合比设计的方法,为级配碎石、级配砾石结构层材料的选择以及选择最佳的技术方案完成结构层施工做好准备工作。

学习引导

本工作任务沿着以下脉络进行学习:

级配碎石、级配砾石结构层材料认知 → 级配碎石、级配砾石组成材料的技术要求

混合料组成设计 → 级配碎石、级配砾石结构层的施工

相关知识

级配集料的施工可分为路拌法和厂拌法(中心站集中拌和法)。路拌法在我国二级及二级以下公路较为常用,厂拌法很少采用。随着筑路机械化水平的提高,要修筑质量较高的级配集料基层和底基层,应尽可能采用厂拌法。

任务实施

1.级配碎石的施工

1)路拌法施工

路拌法施工工艺流程如图 6-6-1 所示。

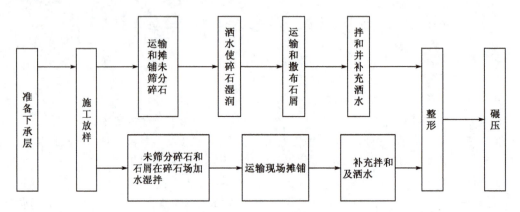

图 6-6-1 级配碎石路拌法施工工艺流程图

(1)准备下承层

①基层的下承层是底基层及其以下部分,底基层的下承层可能是土基也可能还包括垫层。下承层表面应平整、坚实,具有规定的路拱、平整度和压实度,没有任何松散的材料和软弱地点。

②土基不论路堤或路堑,必须用 12～15t 三轮压路机或等效的碾压机械进行碾压检验(压 3～4 遍)。在碾压过程中,如发现土过干、表层松散,应适当洒水;如土过湿,发生"弹簧"现象,应采用挖开晾晒、换土、掺石灰或粒料等措施进行处理。

③对于底基层应进行压实度检查(或碾压检验),对于柔性底基层还应进行弯沉测量。凡不符合设计要求的路段,必须根据具体情况,分别采用补充碾压、换填好的材料、挖开晾晒等措施,使达到规定的要求。

④应逐个断面检查下承层高程是否符合设计要求,底基层上的低洼和坑洞,应仔细填补和压实;底基层上的搓板和辙槽,应刮除;松散处,应耙松、洒水并重新碾压,达到平整密实。

⑤新完成的底基层或土基,必须按规定进行验收。凡经验收不合格的路段必须采取措施,使其达到标准后,才能在其上铺筑基层或底基层。

⑥在槽式断面的路段,两侧路肩上每隔一定距离(如 5～10m)应交错开挖泄水沟。但级配集料底基层不宜做成槽式,宜做成满铺式,以利排除进入路面结构层的水,否则两侧要设纵向盲沟。

(2)施工放样

在下承层上恢复中线。直线段每 15~20m 设一桩,平曲线段每 10~15m 设一桩,并在两侧路肩边缘外 0.3~0.5m 设指示桩,在指示桩上用明显标记标出基层或底基层边缘的设计高度。

(3)备料

采用未筛分碎石和石屑组成级配碎石时,计算未筛分碎石和石屑的配合比。采用不同粒级的单一尺寸碎石和石屑组成级配碎石时,计算不同粒级碎石和石屑的配合比。根据各路段基层或底基层的宽度、厚度及预定的干压密实度并按确定的配合比分别计算各段需要的未筛分碎石和石屑的数量或不同粒级碎石和石屑的数量,并计算每车料的堆放距离。

在料场洒水使未筛分碎石的含水率较最佳含水率大 1% 左右,以减少运输过程中集料的离析现象(未筛分碎石的最佳含水率约为 4%)。当未筛分碎石和石屑按预定比例在料场混合时,应同时洒水加湿,使混合料的含水率超过最佳含水率约 1%,以减轻施工现场的拌和工作量以及运输过程中的离析现象(级配碎石的最佳含水率约为 5%)。

(4)运输和摊铺集料

运输集料时,应控制每车所装集料的数量基本相等。在同一料场供料的路段内,应由远到近卸置集料。集料数量应严格掌握,避免料不够或过剩。未筛分碎石和石屑分别运到路段上再进行拌和,则石屑不应预先运送到路上,以免雨淋受潮。

集料在下承层上堆置时间不应过长,运送集料较摊铺集料工序只宜提前数天。集料过早运送到路上,原先含水率合适的集料水分会蒸发,集料变干;在雨季施工时,宜当天运输、摊铺、压实,以免下雨时料堆下面积水。

摊铺机械一般采用平地机,应将集料均匀地摊铺在预定的宽度上,表面应力求平整,并有规定的路拱。同时摊铺路肩用料。当采用不同粒级的碎石和石屑时,应分层摊铺,大碎石摊铺在下面,中碎石铺在大碎石层上,小碎石铺在中碎石层上。洒水使碎石湿润后,再摊铺石屑。采用未筛分碎石和石屑时,应在未筛分碎石摊铺平整后,在其较潮湿的情况下,按设计比例向上运送石屑,用平地机并辅以人工将石屑均匀地摊铺在碎石层上。也可用石屑撒布机将石屑均匀地撒在碎石层上。

应事先通过试验确定集料的松铺系数,并确定松铺厚度。人工摊铺混合料时,其松铺系数约为 1.40~1.50;平地机摊铺混合料时,其松铺系数约为 1.25~1.35。混合料摊铺后,应及时检验松铺材料层的厚度是否符合预计要求,必要时应减料或补料。

(5)拌和及整形

拌和是修好级配路面的重要施工环节。拌和机械的选用直接影响施工质量,应尽可能优先选用机械化程度较高的拌和机械,如采用稳定土拌和机拌和级配碎石。在无稳定土拌和机的情况下,也可采用平地机或多铧犁与缺口圆盘耙相配合进行拌和。

用稳定土拌和机拌和时,拌和深度应达到级配碎石层底,如发现有"夹层",应在进行最后一遍拌和之前,先用多铧犁紧贴底面翻拌一遍。一般应拌和两遍以上。

用平地机拌和时,用平地机将铺好石屑的碎石料翻拌,使石屑均匀分布到碎石料中。平地机刀片的安装角度如表 6-6-1。平地机拌和的作业长度,每段宜为 300~500m。

如级配碎石混合料在料场已经过混合,可视摊铺后混合料的具体情况(有无粗细颗粒离析),用平地机进行补充拌和。

平地机刀片安装角度   表 6-6-1

拌和条件	平面角(°)	倾角(°)	切角(°)
干拌	30~50	45	3
湿拌	35~40	45	2

拌和结束时,混合料的含水率应该均匀,并较最佳含水率大 1% 左右,没有粗细颗粒离析现象,然后用平地机按规定的路拱进行整平和整形,用拖拉机、平地机或轮胎压路机在已初平的路段上快速碾压一遍,以暴露潜在的不平整。最后再用平地机进行整平和整形。

(6) 碾压

整形后,当混合料的含水率等于或大于最佳含水率时,立即用 12t 以上的三轮压路机、振动压路机或轮胎压路机进行碾压。直线和不设超高的平曲线段,应由两侧路肩开始向路中心碾压;在设超高的路段,由内侧路肩向外侧路肩进行碾压。碾压时,后轮应重叠 1/2 轮宽;后轮必须超过两段的接缝处。后轮压完路面全宽时,即为一遍。碾压一直进行到要求的密实度为止。一般需碾压 6~8 遍,应使表面无明显轮迹。头两遍的碾压速度采用 1.5~1.7km/h 为宜,以后用 2.0~2.5km/h。严禁压路机在已完成的或正在碾压的路段上掉头或紧急制动。

对于含土的级配碎石层,应进行滚浆碾压,一直压到碎石层中无多余细粒土泛到表面为止。滚到表面的浆(或事后变干的薄层土)应清除干净。

(7) 接缝处理

两作业段的衔接处,应搭接拌和。第一段拌和后,应留 5~8m 不进行碾压。第二段施工时,前段留下未压部分与第二段一起拌和整平后进行碾压。

施工时,应尽量避免纵向接缝。当必须分两幅铺筑时。纵缝应搭接拌和。前一幅全宽碾压密实,在后一幅拌和时,应将相邻的前幅边部约 30cm 搭接拌和,整平后一起碾压密实。

2) 厂拌法施工

厂拌法施工的工艺流程如图 6-6-2。

(1) 厂拌

在集料拌和厂,进入料场的不同粒级的单一尺寸碎石和石屑,应按分隔所示的指定位置堆放,不得混卸。每批进场的碎石和石屑都必须抽检其质量,质量不符合要求不得进场。

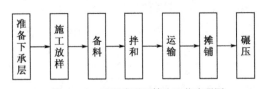

图 6-6-2 级配碎石厂拌法工艺流程图

拌和级配碎石混合料可以在中心站用多种机械,如用强制式拌和机、卧式双转轴桨叶式拌和机、普通石灰混凝土拌和机等进行集中拌和,但都必须有自动计量系统,且料斗的数量应按设计要求与备料的规格数相匹配。

在正式拌制级配碎石混合料之前,必须先调试所用的厂拌设备,使混合料的颗粒组成和含水量都达到规定的要求。

在采用未筛分碎石和石屑时,如未筛分碎石或石屑的颗粒组成发生明显变化时,应及时重新调试设备。

(2) 运输

由于级配碎石材料的特殊性,容易在装料、运输和卸料过程中产生粗细料离析。因此,在装料时,拌和机的出料口距离车箱的高度应尽可能的小,且装料次序应符合规定,以避免装料和运输途中发生粗细料离析。

(3) 摊铺

拌和好的混合料运到现场后,用沥青混凝土摊铺机、石灰混凝土摊铺机或稳定土摊铺机等摊铺混合料。

碎石混合料运至摊铺机前时,应有专人指挥卸料,在摊铺机料仓中余半仓料时运输车应及时缓慢接上料仓,慢速将混合料卸入料仓,卸完后立即开走,以便下一车及时卸料。

摊铺机后面应设专人消除粗细集料离析现象。对于粗集料窝和粗集料带,应添加细集料,并拌和均匀;对于细集料窝,应添加粗集料,并拌和均匀。

(4) 碾压

摊铺机摊铺混合料后,用振动压路机、三轮压路机进行碾压,碾压方法同路拌法。

(5) 接缝的处理

对于横向接缝,靠近摊铺机当天未压实的混合料,可与新摊铺的混合料一起碾压,但应控制这部分混合料的含水率。必要时,应人工补洒水,使其含水率达到规定的要求。

应避免纵向接缝。如摊铺机的摊铺宽度不够,必须分两幅摊铺时,宜采用两台摊铺机一前一后相隔约 5~8m 同步向前摊铺混合料。在仅有一台摊铺机的情况下,可先在一条摊铺带摊铺一定长度后,再开到另一条摊铺带上摊铺,然后一起进行碾压。

在不能避免纵向接缝的情况下,纵缝必须垂直相接,不应斜接,并按下述方法处理:

① 在前一幅摊铺时,在靠后一幅的一侧用方木或钢模板做支撑,方木或钢模板的高度与级配碎石层的压实厚度相同;

② 在摊铺后一幅之前,将方木或钢模板除去;

③ 如在摊铺前一幅时未用方木或钢模板支撑,靠边缘的 3cm 左右难于压实,而且形成一个斜坡,在摊铺后一幅时,应先将未完全压实部分和不符合路拱要求部分挖松并补充洒水,待后一幅混合料摊铺后一起进行整平碾压。

2. 级配砾石的施工

级配砾石施工的工艺流程如图 6-6-3。

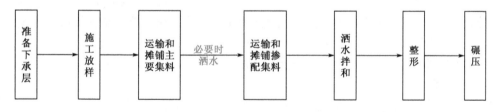

图 6-6-3 级配砾石施工工艺流程图

1) 准配下承层与施工放样的方法与要求同级配碎石

2) 计算材料用量

根据各路段基层或底基层的宽度、厚度及预定的干密度,计算各段需要的集料数量。如级配砾石系用两种集料合成时,应分别计算两种集料的数量;根据料场集料的含水量以及所用运料车辆的吨位,计算每车材料的堆放距离。

3) 运输和摊铺主要集料

集料装车时应控制每车料的数量基本相等。在同一料场供料的路段内,宜有远到近卸置集料,集料距离应严格掌握,避免料不够或过多。采用两种集料时,应先将主要集料运到路上,待主要集料摊铺后,再运量一种集料并摊铺。如粗细两种集料的最大粒径相差很多时,应使粗集料处于潮湿状态下摊铺细集料,并确定松铺厚度。人工摊铺混合料时,其松铺系数约为 1.40~1.50;平地机摊铺混合料时,其松铺系数约为 1.25~1.35。集料在下承层上堆置时间不应过长,运送集料较摊铺集料工序只宜提前数天。

用平地机或其他合适的机具将料均匀地摊铺在预定的宽度上,表面应力求平整,并有规定的路拱。同时摊铺路肩用料,及时检验松铺材料层的厚度是否符合预计要求,必要时,应进行减料或补料工作。

4) 拌和及整形

(1) 用平地机拌和时,每一作业段的长度宜为 300~500m。

①拌和时,平地机刀片的安装角度宜符合表 6-6-1 的要求。一般需拌和 5~6 遍。拌和过程中,用洒水车洒足所需的水分。拌和结束时,混合料的含水率应均匀,并较最佳含水率大 1% 左右。应无粗细颗粒离析现象。

②使用符合级配要求的天然砂砾时,如摊铺后混合料有粗细颗粒离析现象,应用平地机进行补充拌和。

③用平地机将拌和均匀的混合料按规定的路拱进行整平和整形。

④用拖拉机、平地机或轮胎压路机在已初平的路段上快速碾压一遍,以暴露潜在的不平整。再用平地机进行整平和整形。

(2) 用拖拉机牵引四铧犁或五铧犁进行拌和时,每一作业段的长度宜为 100~150m。第一遍由路中心开始,将混合料向中间翻,同时机械应慢速前进。第二遍则应从两边开始,将混合料向外翻。拌和过程中,用洒水车洒足所需的水分。拌和遍数以双数为宜,一般需拌 6 遍。拌和结束时,混合料含水率应均匀,并较最佳含水量大 1% 左右,且无离析现象。

用平地机或用其他机具按规定的路拱进行整平和整形。在整形过程中,严禁任何车辆通行。

5) 碾压

整形后,当混合料的含水率等于或大于最佳含水率时,立即用 12t 以上的三轮压路机、振动压路机或轮胎压路机进行碾压,每层的压实厚度不应超过 15~18cm,用重型振动压路机和轮胎压路机碾压时,每层的压实厚度不应超过 20cm。碾压方法及要求与级配碎石相同。

凡含土的级配砾石层,都应进行滚浆碾压,直压到砾石层中无多余细土泛到表面为止。滚到表面的浆(或事后变干的薄层土)应予清除干净,一般可用竹扫帚扫除。

6) 接缝处理

级配砾石结构层的施工横向接缝和纵向接缝的处理方法与级配碎石相同。

任务6.7 基层(底基层)施工质量控制与验收

学习目标

1. 了解质量控制的目的;
2. 知道基层施工质量控制的项目;
3. 分析不同类型基层施工质量控制指标和检查验收项目;
4. 根据《公路工程质量检验与评定标准 第一册 土建工程》(JTG F80/1—2004)检查与评定路面基层施工质量;
5. 正确完成检测和评定稳定类混合料基层的质量。

任务描述

通过基层施工质量控制和验收标准相关知识的学习,掌握稳定类混合料基层质量控制指标,具备检测和评定稳定类混合料基层质量的能力。

学习引导

本工作任务沿着以下脉络进行学习:

基层施工过程质量控制的内容 → 施工质量控制指标 → 检查验收外形、质量合格标准

一、基本知识

为了控制和保证路面基层工程的质量,在基层施工过程中和完工后必须对工程的每一个项目和各工序进行检查和验收,正确反映其质量水平,评定其质量等级。根据建设任务、施工管理和质量检验评定的需要,应在施工准备阶段将建设项目划分为单位工程、分部工程和分项工程。施工单位和监理单位应按相同的工程项目划分进行工程质量的监控和管理。

在此,主要介绍路面基层施工过程中质量控制及检查验收的内容和操作实施方法。

二、任务实施

1. 施工质量控制

确保基层(底基层)的施工质量符合设计文件和技术规范要求是基层(底基层)施工的首要任务,施工过程中应采取有效措施控制施工质量。基层(底基层)的质量控制可分为材料标准试验、不同类型基层(底基层)施工过程中质量控制及外形尺寸管理三大部分。

施工过程质量控制的主要项目有:含水率、集料级配、石料压碎值、结合料剂量、无侧限饱水抗压强度、拌和均匀性、压实度、弯沉值等。

1) 稳定类基层施工质量控制

稳定类基层主要试验项目的测定频度和质量标准见表 6-7-1。

外形管理的测量频度和质量标准 表 6-7-1

工程类型	项目	频度	质量标准	达不到要求时的参考处理措施	备注
水泥或石灰稳定土及水泥石灰综合稳定土	水泥或石灰剂量	1 次/2000m²,至少 6 个样品。工程初期用滴定法或用钙电极法试验,并与实际石灰(石灰)用量校核以后主要控制石灰(石灰)用量,必要时用上述方法抽检	-1.0%	检查原因,进行调查	在现场摊铺整平过程中取样
	压实度	开始阶段每一作业段检查 6 次以上,然后用碾压与检查相结合(1 次/2000m²)	一般公路≥93%;高速、一级公路 ≥95%(稳定细粒土)。一般公路底基层≥95% 基层≥97%;高速、一级公路 ≥98%(稳定中、粗粒土)	继续碾压。局部含水率过大或材料不良地点,挖除并换填混合料	以灌砂法为准,每个点受压路机的作用次数力求相等
	级配	1 次/2000m²	在规定范围内	调整原材料,按需要修正现场配合比	指稳定中粒土和粗粒土,在现场摊铺整平过程中取样
	集料压碎值	据观察,异常时随时试验	不超过规定值	换合格的材料	在料场和施工现场取样
	抗压强度	每种土质相同剂量混合料不少于 6 个试件/2000m²	符合规定要求	调查原材料,按需要增加结合料剂量,改善材料颗粒组成或采用其他措施	试件密实度与现场达到的密实度相同

续上表

工程类型	项目	频度	质量标准	达不到要求时的参考处理措施	备注
水泥或石灰稳定土及水泥石灰综合稳定土	含水率	据观察，异常时随时试验	（石灰稳定土）最佳含水率-1%~+2%；（石灰稳定土）最佳含水量±1%。	含水过多时晾晒，过干时补充洒水	拌和过程中，开始碾压时及碾压过程中检验。注意石灰稳定土规定的延迟时间
	拌和均匀性	随时观察	无灰条灰团，色泽均匀，无离析现象	充分拌和，处理粗细集料"窝"和集料带	在摊铺、拌和和整平过程中进行
	延迟时间	每个作业段一次	不超过规定	适当处理，改进施工方法	仅指石灰和综合稳定土
二灰稳定类	配合比	1次/2000m²	石灰-1%（石灰剂量少于4%时，-0.5%）以内		按用量控制
	含水率	据观察，异常时随时试验	最佳含水率±1%。（二灰土为±2%）	含水过多时晾晒，过干时摊开补充洒水	拌和过程中，开始碾压时及碾压过程中检验
	拌和均匀性	随时观察	无灰条灰团，色泽均匀，无离析现象	充分拌和，处理粗细集料"窝"和集料带	
	级配	1次/2000m²	在规定范围内		指级配集料
	压实度	开始阶段每一作业段检查6次以上，然后用碾压与检查相结合（1次/2000m²）	一般公路≥93%；高速、一级公路≥95%（二灰或二灰土）。一般公路底基层≥95%基层≥97%；高速、一级公路≥98%（二灰粒料类）	继续碾压。局部含水量过大或材料不良地点，挖除并换填混合料	以灌砂法为准，每个点受压路机的作用次数力求相等
	抗压强度	每种配合比的混合料不少于6个试件/2000m²	符合规定要求	调查原材料，按需要增加石灰用量，调整配合比，提高压实度或采取其他措施	试件密实度与现场达到的密实度相同

外形管理项目有高程、厚度、宽度、横坡度、平整度等，其测定频度和质量标准列于表6-7-2中。

2）粒料类基层施工质量控制

粒料类基层主要试验项目的测定频度和质量标准见表6-7-3。

2. 检查验收

基层（底基层）检查验收的内容包括竣工后的外形和质量，通常以1km长的路段为评定单位，采用大流水作业法施工时，也可以每天完成的段落为评定单位。抽样检查必须是随机的。

交工外形的检查数量和合格标准值见表6-7-4。

外形管理的测量频度和质量标准 表 6-7-2

工程种类	项目	频度	质量标准
底基层	高程(mm)	1 点/20m	+5，-15
	厚度(mm)	6 点/1500~2000m²	-12(均值)，-25(单值)
	宽度(mm)	1 处/40m	>0
	横坡度(%)	3 处/100m	±0.3
	平整度(mm)	每 200 延米 2 处，每处连续 10 尺	15
基层	高程(mm)	1 点/20m	+5，-10
	厚度(mm)	6 点/1500~2000m²	-8(均值)，-20(单值)
	宽度(mm)	1 处/40m	>0
	横坡度(%)	3 处/100m	±0.3
	平整度(mm)	每 200 延米 2 处，每处连续 10 尺	10

质量控制主要项目的检测频度和标准 表 6-7-3

工程类型	项目	频度	质量标准	达不到要求时的参考处理措施	备注
粒料类基层或底基层	级配	1 次/2000m²	在规定范围内	调查原材料，按需要修正现场配合比	含土集料应用湿筛分法
	塑性指数	1 次/1000m²，异常时随时试验	小于规定值	塑性指数高时掺砂或用石灰、石灰处治	塑限用标准搓条法试验
	压实度	开始阶段每一作业段检查 6 次以上，然后用碾压与检查相结合（1 次/2000m²）	98%以上	继续碾压，局部含水率过大或材料不良地点，挖开晾晒或换填材料	以灌砂法为准，每个点受压路机的作用次数力求相等
	集料压碎值	据观察，异常时随时试验	不超过规定值	换合格的材料	料场和施工现场观察和取样
	承载比	据观察，异常时随时试验	不超过规定值	换合格的材料	室内试验
	弯沉值检验	每一评定段（不超过 1km）40~50 个测点	95%或 97.7%概率的上波动界限不大于计算得到的容许值	继续碾压，局部处理，加结合料处理	碾压完成后检验
	含水率	据观察，异常时随时试验	最佳含水率-1%~+2%	含水过多时晾晒，过干时补充洒水	开始碾压时及碾压过程中进行
	均匀性	随时观察	无粗细集料离析现象	局部添加所缺集料，补充拌和或换填新料	在摊铺、拌和和整平过程中进行

竣工外形的检查数量和合格标准值　　　　　　表 6-7-4

工程种类	项目		频度	质量标准	
				高速、一级公路	一 般 公 路
底基层	纵断高程(mm)		一般公路:1点/20延米;高速、一级公路:每20延米1个断面,每个断面3~5个点	+5,-15	+5,-20
	厚度(mm)	均值	6个点/1500~2000m²	-10	-12
		单个值		-25	-30
	宽度(mm)		每40延米1处	+0以上	+0以上
	横坡度(%)		每100延米3处	±0.3	±0.5
	平整度(mm)		每200延米2处,每处连续10尺	12	15
基层	纵断高程(mm)		一般公路:1点/20延米;高速、一级公路:每20延米1个断面,每个断面3~5个点	+5,-10	+5,-15
	厚度(mm)	均值	6个点/1500~2000m²	-8	-15
		单个值		-10	-20
	宽度(mm)		每40延米1处	+0以上	+0以上
	横坡度(%)		每100延米3处	±0.3	±0.5
	平整度(mm)		每200延米2处,每处连续10尺	8	12
			连续式平整度仪的标准差(mm)	3.0	

质量的合格标准值如表 6-7-5。

质量合格标准值　　　　　　表 6-7-5

工程类别	检查项目	检查数量	标 准 值	极 限 低 值
水泥土、石灰土、二灰、二灰土	压实度	6~10处	93%(95%)	89%(91%)
	石灰或石灰剂量	3~6处	设计值	石灰1.0% 石灰2.0%
水泥稳定土、石灰稳定土、石灰工业废渣稳定土	压实度	6~10处	基层98%(97%) 底基层96%(95%)	94%(93%) 92%(91%)
	颗粒组成	2~3处	规定级配范围	
	石灰或石灰剂量	3~6处	设计值	设计值-1.0%
无结合料底基层	压实度	6~10处	96%	92%
	弯沉值	每车道40~50个测点		设计计算值
级配碎石(或砾石)	压实度	6~10处	基层98%;底基层96%	基层94%;底基层92%
	颗粒组成	2~3	规定级配范围	
	弯沉值	每车道40~50个测点		设计计算值
填隙碎石	压实度	6~10处	基层85%;底基层83%	基层82%;底基层80%
	弯沉值	每车道40~50个测点		设计计算值

厚度和宽度检查后,计算其平均值$\overline{X}$和标准差 S,并由此计算算术平均值的下置信界限$\overline{X}_l$:

$$\overline{X} = \frac{X_1 + X_2 + \cdots + X_n}{n} \qquad (6\text{-}7\text{-}1)$$

$$S = \sqrt{\frac{(X_1 - \overline{X})^2 + (X_2 - \overline{X})^2 + \cdots + (X_n - \overline{X})^2}{n-1}} \qquad (6\text{-}7\text{-}2)$$

$$C_v = \frac{S}{\overline{X}} \qquad (6\text{-}7\text{-}3)$$

$$\overline{X}_l = \overline{X} - t_\alpha \frac{S}{\sqrt{n}} \qquad (6\text{-}7\text{-}4)$$

式中：X_1、X_2、$\cdots$、X_n——每次检查得到的厚度值；

　　　n——检查次数；

　　　C_v——试验结果的偏差系数；

　　　t_α——t分布表中随自由度和保证率(或置信度α)而变的系数。对高速和一级公路应取保证率95%，对其他公路可取保证率90%。

$\overline{X}_l$ 应不小于设计厚度或宽度。

弯沉测量后，考虑到一定保证率的测量值的上波动界限不应大于计算所得的要求弯沉值。

综合练习题

1. 路面基层常见病害有哪些？如何预防？
2. 简述水泥稳定土基层厂拌法施工工艺及施工要点。
3. 简述水泥稳定土基层路拌法施工工艺及施工要点。
4. 简述石灰稳定土基层施工工艺及施工要点。
5. 石灰稳定土和水泥稳定土的工程性质有什么差别。
6. 简述二灰稳定土基层施工工艺及施工要点。
7. 二灰稳定土和水泥稳定土的工程性质有什么差别。
8. 简述泥结碎石基层施工工艺及施工要点。
9. 简述填隙碎石基层施工工艺及施工要点。
10. 简述级配碎石基层施工工艺及施工要点。
11. 简述级配砾石基层施工工艺及施工要点。

学习情境 7

沥青混合料路面施工

任务 7.1　沥青类结构层施工原材料选择

学习目标

1. 了解沥青类路面的分类;
2. 知道沥青类路面的特点;
3. 分析沥青类路面各种原材料的性能和质量技术要求;
4. 根据《沥青路面施工技术规范》(JTG F40—2004)和《沥青及沥青混合料试验规程》(JTG E20—2011)进行沥青路面原材料的选用;
5. 正确完成沥青类路面施工原材料选择技术方案。

任务描述

通过对沥青类路面原材料相关知识的学习,掌握各种原材料的性质及特点,能够分析选用沥青路面的原材料。

学习引导

本工作任务沿着以下脉络进行学习:

沥青路面基本特征 → 沥青路面分类和特点 → 沥青路面原材料选择

一、相关知识

1. 沥青路面基本特征

沥青路面具有表面平整、无接缝、行车舒适、耐磨、噪声低、施工期短、养护维修简便,且适宜于分期修建等优点,因此得到了广泛的应用。沥青与矿料的性质对沥青路面的强度、稳定性及其他路用性能的影响很大,可以说,高质量的原材料是铺筑高质量沥青路面的根本保证,因此,沥青路面使用的各种材料,必须符合规定的质量要求。

2. 沥青路面的分类和特点

1) 按强度构成原理分类

按强度构成原理可将沥青路面分为密实类路面和嵌挤类路面。密实类沥青路面要求矿料的级配按最大密实原则设计,其强度和稳定性主要取决于混合料的黏聚力和内摩阻力。密实类沥青路面按其空隙率的大小可分为闭式(Ⅰ)和开式(Ⅱ)两种:闭式混合料和中含有较多的粒径小于0.5mm的细集料和0.074mm矿料颗粒,空隙率小于6%,混合料致密而耐久,但热稳定性较差;开式混合料中小于0.5mm的矿料颗粒含量较少,空隙率大于6%,其热稳定性较好。

嵌挤类沥青路面要求采用颗粒尺寸较为均一的矿料,路面的强度和稳定性主要依靠骨料颗粒之间相互嵌挤所产生的内摩阻力,而黏聚力则起着次要的作用。按嵌挤原则修筑的沥青路面,其热稳定性较好,但因空隙率较大,易渗水,且耐久性较差。

2) 按施工工艺分类

按施工工艺的不同,沥青路面可分为层铺法施工、路拌法施工和厂拌法施工

层铺法施工是用分层洒布沥青,分层铺撒矿料和碾压的方法修筑,其主要优点是工艺和设备简便、功效较高、施工进度快、造价较低,其缺点是路面成型期较长,需要经过炎热季节行车碾压之后路面方能成型。用这种方法修筑的沥青路面有沥青表面处治施工和沥青贯入式两种施工。

路拌法是指在路上用人工或机械将矿料和沥青材料就地拌和摊铺、碾压密实而形成沥青面层的施工方法。路拌沥青面层通过就地拌和,沥青材料在矿料中分布比层铺法均匀,可以缩短路面的成型期。但因所用矿料为冷料,需使用黏稠度较低的沥青材料,故混合料的强度较低。

厂拌法是将规定级配的矿料和沥青材料用工厂的专用设备加热拌和,并在一定时间内运到工地用摊铺机摊铺,然后碾压成型而形成沥青路面的施工方法。若混合料拌和后立即趁热运到路上摊铺,称为热拌热铺;混合料加热按拌和后储存一段时间再在常温下运到路上摊铺压实,即为热拌冷铺。厂拌法使用较黏稠的沥青材料,且矿料经过精选,因而混合料质量高,使用寿命长,但修建费用也较高。

3) 按沥青路面的技术特性分类

按沥青路面的技术特性,可将其分为沥青混凝土路面、沥青碎石路面、沥青贯入式路面、沥青表处路面等。

二、任务实施

沥青路面使用的各种材料运至现场后必须取样进行质量检验,经评定合格方可使用,不得以供应商提供的检测报告或商检报告代替现场检测。沥青路面集料的选择必须经过认真的料

源调查,确定料源应尽可能就地取材。质量符合使用要求,石料开采必须注意环境保护,防止破坏生态平衡。集料粒径规格以方孔筛为准。不同料源、品种、规格的集料不得混杂堆放。

1. 沥青材料

1) 道路石油沥青

高速公路、一级公路,夏季温度高、高温持续时间长、重载交通、山区及丘陵区上坡路段、服务区、停车场等行车速度慢的路段,尤其是汽车荷载剪应力大的层次,宜采用稠度大、60℃黏度大的沥青,也可提高高温气候分区的温度水平选用沥青等级;对冬季寒冷的地区或交通量小的公路、旅游公路宜选用稠度小、低温延度大的沥青;对温度日温差、年温差大的地区宜注意选用针入度指数大的沥青。当高温要求与低温要求发生矛盾时应优先考虑满足高温性能的要求。

沥青路面采用的沥青标号,宜按照公路等级、气候条件、交通条件、路面类型及在结构层中的层位及受力特点、施工方法等,结合当地的使用经验,经技术论证后确定。道路石油沥青的质量应符合表 7-1-1 规定的技术要求。经建设单位同意,沥青的 PI 值、60℃动力黏度、10℃延度可作为选择性指标。

道路石油沥青的适用范围　　　　　　　　　　　表 7-1-1

沥青等级	适用范围
A 级沥青	各个等级的公路,适用于任何场合和层次
B 级沥青	①高速公路、一级公路沥青下面层及以下的层次,二级及二级以下公路的各个层次;②用作改性沥青、乳化沥青、改性乳化沥青、稀释沥青的基质沥青
C 级沥青	三级及三级以下公路的各个层次。

道路石油沥青在贮运,使用及存放过程中应有良好的防水措施,避免雨水或加热管道蒸汽进入沥青中。

2) 乳化沥青

乳化沥青适用于沥青表面处治路面、沥青贯入式路面、冷拌沥青混合料路面,修补裂缝,喷洒透层、黏层与封层等。乳化沥青类型根据集料品种及使用条件选择。阳离子乳化沥青可适用于各种集料品种,阴离子乳化沥青适用于碱性石料。乳化沥青的破乳速度、黏度宜根据用途与施工方法选择。

乳化沥青的品种和适用范围宜符合表 7-1-2 的规定。

乳化沥青品种及适用范围　　　　　　　　　　　表 7-1-2

分　类	品种及代号	适用范围
阳离子乳化沥青	PC-1	表处、贯入式路面及下封层用
	PC-2	透层油及基层养生用
	PC-3	黏层油用
	BC-1	稀浆封层或冷拌沥青混合料用
阴离子乳化沥青	PA-1	表处、贯入式路面及下封层用
	PA-2	透层油及基层养生用
	PA-3	黏层油用
	BA-1	稀浆封层或冷拌沥青混合料用
非离子乳化沥青	PN-2	透层油用
	BN-1	与水泥稳定集料同时使用(基层路拌或再生)

制备乳化沥青用的基质沥青,对高速公路和一级公路,宜符合表 7-1-1 道路石油沥青 A、B 级沥青的要求,其他情况可采用 C 级沥青。乳化沥青宜存放在立式罐中,并保持适当搅拌。贮存期以不离析、不冻结、不破乳为度。

3) 液体石油沥青

液体石油沥青适用于透层、黏层及拌制冷拌沥青混合料。根据使用目的与场所,可选用快凝、中凝、慢凝的液体石油沥青。液体石油沥青宜采用针入度较大的石油沥青,使用前按先加热沥青后加稀释剂的顺序,掺配煤油或轻柴油,经适当的搅拌、稀释制成。掺配比例根据使用要求由试验确定。

液体石油沥青在制作、贮存、使用的全过程中必须通风良好,并有专人负责,确保安全。基质沥青的加热温度严禁超过 140℃,液体沥青的贮存温度不得高于 50℃。

4) 煤沥青

道路用煤沥青适用于下列情况:

(1) 各种等级公路的各种基层上的透层,宜采用 T-1 或 T-2 级,其他等级不合喷洒要求时可适当稀释使用。

(2) 三级及三级以下的公路铺筑表面处治或贯入式沥青路面,宜采用 T-5、T-6 或 T-7 级。

道路用煤沥青严禁用于热拌热铺的沥青混合料,作其他用途时的贮存温度宜为 70~90℃,且不得长时间贮存。与道路石油沥青、乳化沥青混合使用,以改善渗透性。

5) 改性沥青

改性沥青可单独或复合采用高分子聚合物、天然沥青及其他改性材料制作。制造改性沥青的基质沥青应与改性剂有良好的配伍性,其质量宜符合表 7-1-1 中 A 级或 B 级道路石油沥青的技术要求。供应商在提供改性沥青的质量报告时应提供基质沥青的质量检验报告或沥青样品。改性沥青的剂量以改性剂占改性沥青总量的百分数计算,胶乳改性沥青的剂量应以扣除水以后的固体物含量计算。

天然沥青可以单独与石油沥青混合使用或与其他改性沥青混融后使用。天然沥青的质量要求宜根据其品种参照相关标准和成功的经验执行。改性沥青宜在固定式工厂或在现场设厂集中制作,也可在拌和厂现场边制造边使用,改性沥青的加工温度不宜超过 180℃。胶乳类改性剂和制成颗粒的改性剂可直接投入拌和缸中生产改性沥青混合料。

现场制造的改性沥青宜随配随用,需作短时间保存,或运送到附近的工地时,使用前必须搅拌均匀,在不发生离析的状态下使用。改性沥青制作设备必须设有随机采集样品的取样口,采集的试样宜立即在现场灌模。工厂制作的成品改性沥青到达施工现场后存贮在改性沥青罐中,改性沥青罐中必须加设搅拌设备并进行搅拌,使用前改性沥青必须搅拌均匀。在施工过程中应定期取样检验产品质量,发现离析等质量不符要求的改性沥青不得使用。

6) 改性乳化沥青

改性乳化沥青宜按表 7-1-3 选用。

改性乳化沥青的品种和适用范围　　　　　　　　表 7-1-3

品　　种		代　号	适 用 范 围
改性乳化沥青	喷洒型改性乳化沥青	PCR	黏层、封层、桥面防水黏结层用
	拌和用乳化沥青	BCR	改性稀浆封层和微表处用

2. 矿料

1) 粗集料

沥青层用粗集料（图 7-1-1、图 7-1-2）包括碎石、破碎砾石、筛选砾石、钢渣、矿渣等，但高速公路和一级公路不得使用筛选砾石和矿渣。粗集料必须由具有生产许可证的采石场生产或施工单位自行加工。粗集料应该洁净、干燥、表面粗糙，质量应符合表 7-1-4 的规定。当单一规格集料的质量指标达不到表中要求，而按照集料配比计算的质量指标符合要求时，工程上允许使用。对受热易变质的集料，宜采用经拌和机烘干后的集料进行检验。

沥青混合料用粗集料质量技术要求　　　　　表 7-1-4

指　标		单　位	高速公路及一级公路		其他等级公路
			表面层	其他层次	
石料压碎值	不大于	%	26	28	30
洛杉矶磨耗损失	不大于	%	28	30	35
表观相对密度	不小于	t/m³	2.60	2.50	2.45
吸水率	不大于	%	2.0	3.0	3.0
坚固性	不大于	%	12	12	—
针片状颗粒含量（混合料）	不大于	%	15	18	20
其中粒径大于9.5mm	不大于	%	12	15	—
其中粒径小于9.5mm	不大于	%	18	20	—
水洗法 <0.075mm 颗粒含量	不大于	%	1	1	1
软石含量	不大于	%	3	5	5

好　　　　　　　　　　　差　　　　　　　　　　　差

图 7-1-1　集料

粗集料的粒径规格应按表 7-1-5 的规定生产和使用。采石场在生产过程中必须彻底清除覆盖层及泥土夹层。生产碎石用的原石不得含有土块、杂物，集料成品不得堆放在泥土地上。

图 7-1-2　矿粉

高速公路、一级公路沥青路面的表面层（或磨耗层）的粗集料的磨光值应符合表 7-1-6 的要求。除 SMA、OGFC 路面外，允许在硬质粗集料中掺加部分较小粒径的磨光值达不到要求的粗集料，其最大掺加比例由磨光值试验确定。

粗集料与沥青的黏附性应符合 7-1-6 的要求，当使用不符要求的粗集料时，宜掺加消石灰、水泥或用饱和石灰水处理后使用，必要时可同时在沥青中掺加耐热、耐水、长期性能好的抗剥落剂，也可采用改性沥青的措施，使沥青混合料的水稳定性检验达到要求。掺加外加剂的剂量由沥青混合料的水稳定性检验确定。

沥青混合料用粗集料规格

表 7-1-5

规格名称	公称粒径(mm)	通过下列筛孔(mm)的质量百分率(%)													
		106	75	63	53	37.5	31.5	26.5	19.0	13.2	9.5	4.75	2.36	0.6
S1	40~75	100	90~100	—	—	0~15	—	0~5						
S2	40~60		100	90~100	—	0~15	—	0~5						
S3	30~60		100	90~100	—	—	0~15	—						
S4	25~50				90~100	—	—	0~15	0~5					
S5	20~40				100	90~100	—	—	0~15	0~5				
S6	15~30					100	90~100	—	—	0~15	0~5			
S7	10~30					100	90~100	—	0~15	—	0~5			
S8	10~25						100	90~100	—	0~15	—	0~5		
S9	10~20							100	90~100	—	0~15	0~5		
S10	10~15								100	90~100	0~15	0~5		
S11	5~15									90~100	40~70	0~15	0~5	
S12	5~10									100	90~100	0~15	0~5	
S13	3~10										90~100	40~70	0~20	0~5
S14	3~5										100	90~100	0~15	0~3

粗集料与沥青的黏附性、磨光值的技术要求　　表 7-1-6

雨量气候区		1(潮湿区)	2(湿润区)	3(半干区)	4(干旱区)
年降雨量(mm)		>1000	1000~500	500~250	<250
粗集料的磨光值 PSV　不小于	高速公路、一级公路表面层	42	40	38	36
粗集料与沥青的黏附性　不小于	高速公路、一级公路表面层	5	4	4	3
	高速公路、一级公路的其他层次及其他等级公路的各个层次	4	4	3	3

　　破碎砾石应采用粒径大于 50mm、含泥量不大于 1% 的砾石轧制，破碎砾石的破碎面应符合表 7-1-7 的要求。

粗集料对破碎面的要求　　表 7-1-7

路面部位或混合料类型	具有一定数量破碎面颗粒的含量(%)	
	1个破碎面	2个或2个以上破碎面
沥青路面表面层 高速公路、一级公路 　　　　　　　　其他等级公路	100 80	90 60
沥青路面中下面层、基层 高速公路、一级公路 　　　　　　　　其他等级公路	90 70	80 50
SMA 混合料	100	90
贯入式路面	80	60

2) 细集料

　　沥青路面的细集料包括天然砂、机制砂、石屑。细集料必须由具有生产许可证的采石场、采砂场生产。细集料应洁净、干燥、无风化、无杂质，并有适当的颗粒级配，其质量应符合表 7-1-8 的规定。细集料的洁净程度，天然砂以小于 0.075mm 含量的百分数表示，石屑和机制砂以砂当量(适用于 0~4.75mm)或亚甲蓝值(适用于 0~2.36mm 或 0~0.15mm)表示。

沥青混合料用细集料质量要求　　表 7-1-8

项　目		单　位	高速公路、一级公路	其他等级公路
表观相对密度	不小于	t/m³	2.50	2.45
坚固性(>0.3mm 部分)	不小于	%	12	—
含泥量(小于 0.075mm 的含量)	不大于	%	3	5
砂当量	不小于	%	60	50
亚甲蓝值	不大于	g/kg	25	—
棱角性(流动时间)	不小于	s	30	—

　　天然砂可采用河砂或海砂，通常宜采用粗、中砂，其规格应符合表 7-1-9 的规定，砂的含泥量超过规定时应水洗后使用，海砂中的贝壳类材料必须筛除。开采天然砂必须取得当地政府主管部门的许可，并符合水利及环境保护的要求。热拌密级配沥青混合料中天然砂的用量通常不宜超过集料总量的 20%，SMA 和 OGFC 混合料不宜使用天然砂。

　　石屑是采石场破碎石料时通过 4.75mm 或 2.36mm 的筛下部分，其规格应符合表 7-1-10 的要求。采石场在生产石屑的过程中应具备抽吸设备，高速公路和一级公路的沥青混合料，宜将 S14 与 S16 组合使用，S15 可在沥青稳定碎石基层或其他等级公路中使用。

沥青混合料用天然砂规格 表7-1-9

筛孔尺寸	通过各孔筛的质量百分率(%)		
（mm）	粗 砂	中 砂	细 砂
9.5	100	100	100
4.75	90~100	90~100	90~100
2.36	65~95	75~90	85~100
1.18	35~65	50~90	75~100
0.6	15~30	30~60	60~84
0.3	5~20	8~30	15~45
0.15	0~10	0~10	0~10
0.075	0~5	0~5	0~5

沥青混合料用机制砂或石屑规格 表7-1-10

规格	公称粒径（mm）	水洗法通过各筛孔的质量百分率(%)							
		9.5	4.75	2.36	1.18	0.6	0.3	0.15	0.075
S15	0~5	100	90~100	60~90	40~75	20~55	7~40	2~20	0~10
S16	0~3		100	80~100	50~80	25~60	8~45	0~25	0~15

3. 填料

沥青混合料的矿粉（图7-1-2）必须采用石灰岩或岩浆岩中的强基性岩石等憎水性石料经磨细得到的矿粉，原石料中的泥土杂质应除净。矿粉应干燥、洁净，能自由地从矿粉仓流出，其质量应符合表7-1-11的技术要求。

沥青混合料用矿粉质量要求 表7-1-11

项 目		单 位	高速公路、一级公路	其他等级公路
表观相对密度	不小于	t/m³	2.50	2.45
含水率	不大于	%	1	1
粒度范围	<0.6mm	%	100	100
	<0.15mm	%	90~100	90~100
	<0.075mm	%	75~100	70~100
外观			无团粒结块	
亲水系数			<1	
塑性指数			<4	
加热安定性			实测记录	

粉煤灰作为填料使用时，用量不得超过填料总量的50%，粉煤灰的烧失量应小于12%，与矿粉混合后的塑性指数应小于4%，其余质量要求与矿粉相同。高速公路、一级公路的沥青面层不宜采用粉煤灰作填料。拌和机的粉尘可作为矿粉的一部分回收使用。但每盘用量不得超过填料总量的25%，掺有粉尘填料的塑性指数不得大于4%。

4. 纤维稳定剂

沥青混合料中掺加的纤维稳定剂宜选用木质素纤维、矿物纤维等。矿物纤维宜采用玄武岩等矿石制造,易影响环境及造成人体伤害的石棉纤维不宜直接使用。纤维(图 7-1-3)应存放在室内或有棚盖的地方,松散纤维在运输及使用过程中应避免受潮,不结团。木质素纤维的质量应符合表 7-1-12 的技术要求。

纤维应在 250℃ 的干拌温度不变质、不发脆,使用纤维必须符合环保要求,不危害身体健康。纤维必须在混合料拌和过程中能充分分散均匀。纤维稳定剂的掺加比例以沥青混合料总量的质量百分率计算,通常情况下用于 SMA 路面的木质素纤维不宜低于 0.3%,矿物纤维不宜低于 0.4%,必要时可适当增加纤维用量。纤维掺加量的允许误差宜不超过 ±5%。

图 7-1-3 木质素纤维

木质素纤维质量技术要求　　　　表 7-1-12

项　目	单　位	指　标	试　验　方　法
纤维长度,不大于	mm	6	水溶液用显微镜观测
灰分含量	%	18±5	高温 590℃~600℃ 燃烧后测定残留物
pH 值		7.5±1.0	水溶液用 pH 试纸或 pH 计测定
吸油率,不小于		纤维质量的 5 倍	用煤油浸泡后放在筛上经振敲后称量
含水率(以质量计) 不大于	%	5	105℃ 烘箱烘 2h 后冷却称量

任务7.2 热拌沥青混合料配合比设计

学习目标

1. 了解热拌沥青混合料配合比设计的阶段；
2. 知道沥青混合料目标配合比设计流程；
3. 分析工程设计级配范围；
4. 根据《沥青路面施工技术规范》(JTG F40—2004)和《沥青及沥青混合料试验规程》(JTG E20—2011)完成热拌沥青混合料配合比设计的作业；
5. 正确完成热拌沥青混合料配合比设计。

任务描述

通过对沥青混合料配合比设计相关知识的学习，掌握沥青混合料配合比设计的方法和步骤，能基本完成某在建高速公路沥青混合料的配合比设计。

学习引导

本工作任务沿着以下脉络进行学习：

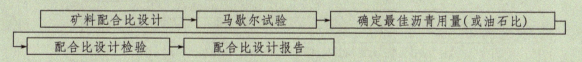

 相关知识

1. 一般规定

热拌沥青混合料的配合比设计应通过目标配合比设计、生产配合比设计及生产配合比验证三个阶段,确定沥青混合料的材料品种及配比、矿料级配、最佳沥青用量。

试验室目标配合比设计阶段的任务是确定矿料的最大粒径、级配类型和最佳沥青用量。

生产配合比设计阶段,是取目标配合比设计的最佳沥青用量 OAC、OAC ± 0.3% 等 3 个沥青用量进行马歇尔试验和试拌,通过室内试验及拌和机取样试验综合确定生产配合比的最佳沥青用量,由此确定的最佳沥青用量与目标配合比设计的结果的差值不宜大于 ± 0.2%。若采用连续式拌和机拌合时,可省略此步骤。

生产配合比验证阶段,是按照生产配合比设计结果进行试拌、铺筑试验路段,并取样进行马歇尔试验,同时从路上钻芯取样观察孔隙率的大小,由此确定生产用的标准配合比。标准配合比的矿料合成级配中,至少应包括 0.075mm、2.36mm、4.75mm 及公称最大粒径筛孔的通过率接近优选的工程设计级配范围的中值,并避免在 0.3～0.6mm 处出现"驼峰"。对确定的标准配合比,宜再次进行车辙试验和水稳性检验。

热拌沥青混合料的目标配合比设计宜按图 7-2-1 的步骤进行。

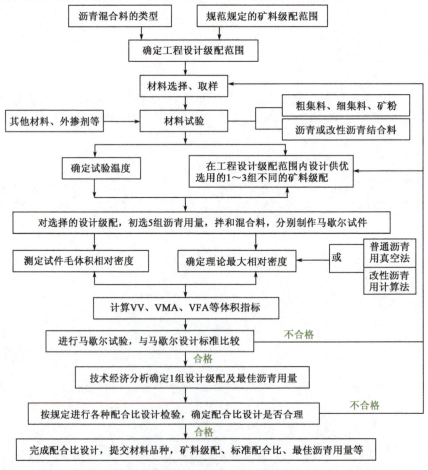

图 7-2-1 密级配沥青混合料目标配合比设计流程图

2. 确定工程设计级配范围

沥青路面工程的混合料设计级配范围由工程设计文件或招标文件规定，密级配沥青混合料的设计级配宜在表 7-2-1～表 7-2-6 规定的级配范围内，根据公路等级、工程性质、气候条件、交通条件、材料品种，通过对条件大体相当的工程的使用情况进行调查研究后调整确定，必要时允许超出规范级配范围。密级配沥青稳定碎石混合料可直接以规定的级配范围作工程设计级配范围使用。经确定的工程设计级配范围是配合比设计的依据，不得随意变更。调整工程设计级配范围宜遵循下列原则：

1）首先按表 7-2-7 确定采用粗型（C 型）或细型（F 型）的混合料。对夏季温度高、高温持续时间长、重载交通多的路段，宜选用粗型密级配沥青混合料（AC-C 型），并取较高的设计空隙率。对冬季温度低、且低温持续时间长的地区，或者重载交通较少的路段，宜选用细型密级配沥青混合料（AC-F 型），并取较低的设计空隙率。

2）为确保高温抗车辙能力，同时兼顾低温抗裂性能的需要。配合比设计时宜适当减少公称最大粒径附近的粗集料用量，减少 0.6mm 以下部分细粉的用量，使中等粒径集料较多，形成 S 型级配曲线，并取中等或偏高水平的设计空隙率。

3）确定各层的工程设计级配范围时应考虑不同层位的功能需要，经组合设计的沥青路面应能满足耐久、稳定、密水、抗滑等要求。

4）根据公路等级和施工设备的控制水平，确定的工程设计级配范围应比规范级配范围窄，其中 4.75mm 和 2.36mm 通过率的上下限差值宜小于 12%。

5）沥青混合料的配合比设计应充分考虑施工性能，使沥青混合料容易摊铺和压实，避免造成严重的离析。

对高速公路和一级公路，宜在工程设计级配范围内计算 1～3 组粗细不同的配比，绘制设计级配曲线，分别位于工程设计级配范围的上方、中值及下方。设计合成级配不得有太多的锯齿形交错，且在 0.3mm～0.6mm 范围内不出现"驼峰"。当反复调整不能满意时，宜更换材料设计。根据当地的实践经验选择适宜的沥青用量，分别制作几组级配的马歇尔试件，测定 VMA，初选一组满足或接近设计要求的级配作为设计级配。

3. 材料选择准备

配合比设计的各种矿料必须按现行《公路工程集料试验规程》规定的方法，从工程实际使用的材料中取代表性样品。进行生产配合比设计时，取样至少应在干拌 5 次以后进行。配合比设计所用的各种材料必须符合气候和交通条件的需要。

任务实施

1. 矿料配比设计

高速公路和一级公路沥青路面矿料配合比设计宜借助电子计算机的电子表格用试配法进行。其他等级公路沥青路面也可参照进行。矿料级配曲线按现行《公路工程沥青及沥青混合料试验规程》T 0725 的方法绘制（如图 7-2-2）。以原点与通过集料最大粒径 100% 的点的连线作为沥青混合料的最大密度线，见表 7-2-8 和表 7-2-9。

沥青面路基路

表 7-2-1 密级配沥青混凝土混合料矿料级配范围

级配	类型	通过下列筛孔(mm)的质量百分率(%)												
		31.5	26.5	19	16	13.2	9.5	4.75	2.36	1.18	0.6	0.3	0.15	0.075
粗粒式	AC-25	100	90~100	75~90	65~83	57~76	45~65	24~52	16~42	12~33	8~24	5~17	4~13	3~7
中粒式	AC-20		100	90~100	78~92	62~80	50~72	26~56	16~44	12~33	8~24	5~17	4~13	3~7
	AC-16			100	90~100	76~92	60~80	34~62	20~48	13~36	9~26	7~18	5~14	4~8
细粒式	AC-13				100	90~100	68~85	38~68	24~50	15~38	10~28	7~20	5~15	4~8
	AC-10					100	90~100	45~75	30~58	20~44	13~32	9~23	6~16	4~8
砂粒式	AC-5						100	90~100	55~75	35~55	20~40	12~28	7~18	5~10

表 7-2-2 沥青玛蹄脂碎石混合料矿料级配范围

级配	类型	通过下列筛孔(mm)的质量百分率(%)											
		26.5	19	16	13.2	9.5	4.75	2.36	1.18	0.6	0.3	0.15	0.075
中粒式	SMA-20	100	90~100	72~92	62~82	40~55	18~30	13~22	12~20	10~16	9~14	8~13	8~12
	SMA-16		100	90~100	65~85	45~65	20~32	15~24	14~22	12~18	10~15	9~14	8~12
细粒式	SMA-13			100	90~100	50~75	20~34	15~26	14~24	12~20	10~16	9~15	8~12
	SMA-10				100	90~100	28~60	20~32	14~26	12~22	10~18	9~16	8~13

表 7-2-3 开级配排水式磨耗层混合料矿料级配范围

级配	类型	通过下列筛孔(mm)的质量百分率(%)									
		19	16	13.2	9.5	4.75	2.36	1.18	0.6	0.3	0.15	0.075
中粒式	OGFC-16	100	90~100	70~90	45~70	12~30	10~22	6~18	4~15	3~12	3~8	2~6
	OGFC-13		100	90~100	60~80	12~30	10~22	6~18	4~15	3~12	3~8	2~6
细粒式	OGFC-10			100	90~100	50~70	10~22	6~18	4~15	3~12	3~8	2~6

表 7-2-4

密级配沥青碎石混合料矿料级配范围

级配类型		通过下列筛孔(mm)的质量百分率(%)														
		53	37.5	31.5	26.5	19	16	13.2	9.5	4.75	2.36	1.18	0.6	0.3	0.15	0.075
特粗式	ATB-40	100	90~100	75~92	65~85	49~71	43~63	37~57	30~50	20~40	15~32	10~25	8~18	5~14	3~10	2~6
	ATB-30		100	90~100	70~90	53~72	44~66	39~60	31~51	20~40	15~32	10~25	8~18	5~14	3~10	2~6
粗粒式	ATB-25			100	90~100	60~80	48~68	42~62	32~52	20~40	15~32	10~25	8~18	5~14	3~10	2~6

表 7-2-5

半开级配沥青碎石混合料矿料级配范围

级配类型		通过下列筛孔(mm)的质量百分率(%)												
		26.5	19	16	13.2	9.5	4.75	2.36	1.18	0.6	0.3	0.15	0.075
中粒式	AM-20	100	90~100	60~85	50~75	40~65	15~40	5~22	2~16	1~12	0~10	0~8	0~5
	AM-16		100	90~100	60~85	45~68	18~40	6~25	3~18	1~14	0~10	0~8	0~5
细粒式	AM-13			100	90~100	50~80	20~45	8~28	4~20	2~16	0~10	0~8	0~6
	AM-10				100	90~100	35~65	10~35	5~22	2~16	0~12	0~9	0~6

表 7-2-6

开级配沥青碎石混合料矿料级配范围

级配类型		通过下列筛孔(mm)的质量百分率(%)													
		53	37.5	31.5	26.5	19	16	13.2	9.5	4.75	2.36	1.18	0.6	0.3	0.15	0.075
特粗式	ATPB-40	100	70~100	65~90	55~85	43~75	32~70	20~65	12~50	0~3	0~3	0~3	0~3	0~3	0~3	0~3
	ATPB-30		100	80~100	70~95	53~85	36~80	26~75	14~60	0~3	0~3	0~3	0~3	0~3	0~3	0~3
粗粒式	ATPB-25			100	80~100	60~100	45~90	30~82	16~70	0~3	0~3	0~3	0~3	0~3	0~3	0~3

学习情境 7　沥青混合料路面施工

粗型和细型密级配沥青混凝土的关键性筛孔通过率　　　　表 7-2-7

混合料类型	公称最大粒径（mm）	用以分类的关键性筛孔（mm）	粗型密级配		细型密级配	
			名称	关键性筛孔通过率(%)	名称	关键性筛孔通过率(%)
AC－25	26.5	4.75	AC－25C	<40	AC－25F	>40
AC－20	19	4.75	AC－20C	<45	AC－20F	>45
AC－16	16	2.36	AC－16C	<38	AC－16F	>38
AC－13	13.2	2.36	AC－13C	<40	AC－13F	>40
AC－10	9.5	2.36	AC－10C	<45	AC-10F	>45

泰勒曲线的横坐标　　　　表 7-2-8

d_i	0.075	0.15	0.3	0.6	1.18	2.36	4.75	9.5
$x = d_i^{0.45}$	0.312	0.426	0.582	0.795	1.077	1.472	2.016	2.754
d_i	13.2	16	19	26.5	31.5	37.5	53	63
$x = d_i^{0.45}$	3.193	3.482	3.762	4.370	4.723	5.109	5.969	6.452

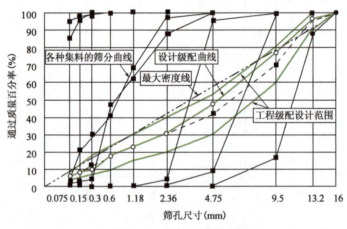

图 7-2-2　矿料级配曲线示例

矿料级配设计计算表示例　　　　表 7-2-9

筛孔（%）	10～20（%）	5～10（%）	3～5（%）	石屑（%）	黄砂（%）	矿粉（%）	消石灰（%）	合成级配	工程设计级配范围		
									中值	下限	上限
16	100	100	100	100	100	100	100	100.0	100	100	100
13.2	88.6	100	100	100	100	100	100	96.7	95	90	100
9.5	16.6	99.7	100	100	100	100	100	76.6	70	60	80
4.75	0.4	8.7	94.9	100	100	100	100	47.7	41.5	30	53
2.36	0.3	0.7	3.7	97.2	87.9	100	100	30.6	30	20	40
1.18	0.3	0.7	0.5	67.8	62.2	100	100	22.8	22.5	15	30
0.6	0.3	0.7	0.5	40.5	46.4	100	100	17.2	16.5	10	23
0.3	0.3	0.7	0.5	30.2	3.7	99.8	99.2	9.5	12.5	7	18
0.15	0.3	0.7	0.5	20.6	3.1	96.2	97.6	8.1	8.5	5	12
0.075	0.2	0.6	0.3	4.2	1.9	84.7	95.6	5.5	6	4	8
配比	28	26	14	12	15	3.3	1.7	100.0			

2. 马歇尔试验

当沥青混合料的设计采用马歇尔试验配合比设计方法时,沥青混合料技术要求应符合表7-2-10～表7-2-13的规定,并有良好的施工性能。当采用其他方法设计沥青混合料时,应按规定进行马歇尔试验及各项配合比设计检验,并报告不同设计方法各自的试验结果。二级公路宜参照一级公路的技术标准执行。长大坡度的路段按重载交通路段考虑。

密级配沥青混凝土混合料马歇尔试验技术标准
(本表适用于公称最大粒径≤26.5mm 的密级配沥青混凝土混合料)   表7-2-10

试验指标		单位	高速公路、一级公路				其他等级公路	行人道路
			夏炎热区(1-1、1-2、1-3、1-4区)		夏热区及夏凉区(2-1、2-2、2-3、2-4、3-2区)			
			中轻交通	重载交通	中轻交通	重载交通		
击实次数(双面)		次	75				50	50
试件尺寸		mm	φ101.6mm×63.5mm					
空隙率 VV	深约90mm 以内	%	3～5	4～6[注2]	2～4	3～5	3～6	2～4
	深约90mm 以下	%	3～6		2～4	3～6	3～6	—
稳定度 MS 不小于		kN	8				5	3
流值 FL		mm	2～4	1.5～4	2～4.5	2～4	2～4.5	2～5
矿料间隙率 VMA (%) 不小于	设计空隙率(%)	相应于以下公称最大粒径(mm)的最小 VMA 及 VFA 技术要求(%)						
		26.5	19	16	13.2	9.5	4.75	
	2	10	11	11.5	12	13	15	
	3	11	12	12.5	13	14	16	
	4	12	13	13.5	14	15	17	
	5	13	14	14.5	15	16	18	
	6	14	15	15.5	16	17	19	
沥青饱和度 VFA(%)		55～70	65～75			70～85		

注:①对空隙率大于5%的夏炎热区重载交通路段,施工时应至少提高压实度1%。
②当设计的空隙率不是整数时,由内插确定要求的 VMA 最小值。
③对改性沥青混合料,马歇尔试验的流值可适当放宽。

沥青稳定碎石混合料马歇尔试验配合比设计技术标准   表7-2-11

试验指标	单位	密级配基层（ATB）	半开级配面层（AM）	排水式开级配磨耗层（OGFC）	排水式开级配基层（ATPB）
公称最大粒径	mm	26.5mm	等于或大于31.5mm	等于或大于26.5mm	等于或小于26.5mm	所有尺寸
马歇尔试件尺寸	mm	φ101.6mm×63.5mm	φ152.4mm×95.3mm	φ101.6mm×63.5mm	φ101.6mm×63.5mm	φ152.4mm×95.3mm
击实次数(双面)	次	75	112	50	50	75
空隙率 VV①	%	3～6		6～10	不小于18	不小于18
稳定度,不小于	kN	7.5	15	3.5	3.5	—
流值	mm	1.5～4	实测	—	—	—

续上表

试验指标	单位	密级配基层(ATB)	半开级配面层(AM)	排水式开级配磨耗层(OGFC)	排水式开级配基层(ATPB)
沥青饱和度 VFA	%	55~70	40~70	—	—
密级配基层 ATB 的矿料间隙率 VMA 不小于(%)	设计空隙率(%)	ATB-40	ATB-30		ATB-25
	4	11	11.5		12
	5	12	12.5		13
	6	13	13.5		14

注:①在干旱地区,可将密级配沥青稳定碎石基层的空隙率适当放宽到8%。

SMA 混合料马歇尔试验配合比设计技术要求　　　　表 7-2-12

试验项目	单位	技术要求	
		不使用改性沥青	使用改性沥青
马歇尔试件尺寸	mm	$\phi 101.6mm \times 63.5mm$	
马歇尔试件击实次数①		两面击实 50 次	
空隙率 VV②	%	3~4	
矿料间隙率 VMA② 不小于	%	17.0	
粗集料骨架间隙率 $VCA_{mix}^{③}$ 不大于		VCA_{DRC}	
沥青饱和度 VFA	%	75~85	
稳定度④ 不小于	kN	5.5	6.0
流值	mm	2~5	—
谢伦堡沥青析漏试验的结合料损失	%	不大于 0.2	不大于 0.1
肯塔堡飞散试验的混合料损失或浸水飞散试验	%	不大于 20	不大于 15

注:①对集料坚硬不易击碎,通行重载交通的路段,也可将击实次数增加为双面75次。
②对高温稳定性要求较高的重交通路段或炎热地区,设计空隙率允许放宽到4.5%,VMA允许放宽到16.5%(SMA-16 或 16%(SMA-19),VFA 允许放宽到70%。
③试验粗集料骨架间隙率 VCA 的的关键性筛孔,对 SMA-19、SMA-16 是指 4.75mm,对 SMA-13、SMA-10 是指 2.36mm。
④稳定度难以达到要求时,容许放宽到 5.0kN(非改性)或 5.5kN(改性),但动稳定度检验必须合格。

OGFC 混合料技术要求　　　　表 7-2-13

试验项目	单位	技术要求
马歇尔试件尺寸	mm	$\phi 101.6mm \times 63.5mm$
马歇尔试件击实次数		两面击实 50 次
空隙率	%	18~25
马歇尔稳定度 不小于	kN	3.5
析漏损失	%	<0.3
肯特堡飞散损失	%	<20

沥青混合料试件的制作温度与施工实际温度相一致,普通沥青混合料如缺乏黏温曲线时可参照表 7-2-14 执行,改性沥青混合料的成型温度在此基础上再提高 10℃~20℃。

热拌普通沥青混合料试件的制作温度(℃)　　　　表 7-2-14

施工工序	石油沥青的标号				
	50 号	70 号	90 号	110 号	130 号
沥青加热温度	160~170	155~165	150~160	145~155	140~150
矿料加热温度	集料加热温度比沥青温度高 10~30(填料不加热)				
沥青混合料拌和温度	150~170	145~165	140~160	135~155	130~150
试件击实成型温度	140~160	135~155	130~150	125~145	120~140

注：表中混合料温度，并非拌和机的油浴温度，应根据沥青的针入度、黏度选择，不宜都取中值。

1) 确定油石比

按式 7-2-1 计算矿料混合料的合成毛体积相对密度 γ_{sb}。

$$\gamma_{sb} = \frac{100}{\dfrac{P_1}{\gamma_1} + \dfrac{P_2}{\gamma_2} + \cdots + \dfrac{P_n}{\gamma_n}} \tag{7-2-1}$$

式中：P_1、$P_2 \cdots P_n$——各种矿料成分的配比，其和为 100；

γ_1、$\gamma_2 \cdots \gamma_n$——各种矿料相应的毛体积相对密度。

注：沥青混合料配合比设计时，均采用毛体积相对密度(无量纲)，不采用毛体积密度，故无需进行密度的水温修正。

生产配合比设计时，当细料仓中的材料混杂各种材料而无法采用筛分替代法时，可将 0.075mm 部分筛除后以统货实测值计算。

按式(7-2-2)计算矿料混合料的合成表观相对密度 γ_{sa}。

$$\gamma_{sa} = \frac{100}{\dfrac{P_1}{\gamma'_1} + \dfrac{P_2}{\gamma'_2} + \cdots + \dfrac{P_n}{\gamma'_n}} \tag{7-2-2}$$

式中：P_1、$P_2 \cdots P_n$——各种矿料成分的配比，其和为 100；

γ'_1、$\gamma'_2 \cdots \gamma'_n$——各种矿料按试验规程方法测定的表观相对密度。

按式 7-2-3 或按式 7-2-4 预估沥青混合料的适宜的油石比 P_a 或沥青用量为 P_b。

$$P_a = \frac{P_{a1} \times \gamma_{sb1}}{\gamma_{sb}} \tag{7-2-3}$$

$$P_b = \frac{P_a}{100 + \gamma_{sb}} \times 100 \tag{7-2-4}$$

式中：P_a——预估的最佳油石比(与矿料总量的百分比)(%)；

P_b——预估的最佳沥青用量(占混合料总量的百分数)(%)；

P_{a1}——已建类似工程沥青混合料的标准油石比(%)；

γ_{sb}——集料的合成毛体积相对密度；

γ_{sb1}——已建类似工程集料的合成毛体积相对密度。

注：作为预估最佳油石比的集料密度，原工程和新工程也可均采用有效相对密度。

2) 确定矿料的有效相对密度

对非改性沥青混合料，宜以预估的最佳油石比拌和 2 组的混合料，采用真空法实测最大相对密度，取平均值。然后由式 7-2-5 反算合成矿料的有效相对密度 γ_{se}。

$$\gamma_{se} = \frac{100 - P_b}{\dfrac{100}{\gamma_t} - \dfrac{P_b}{\gamma_b}} \tag{7-2-5}$$

式中：γ_{se}——合成矿料的有效相对密度；
P_b——试验采用的沥青用量(占混合料总量的百分数)(%)；
γ_t——试验沥青用量条件下实测得到的最大相对密度，无量纲；
γ_b——沥青的相对密度(25℃/25℃)，无量纲。

对改性沥青及 SMA 等难以分散的混合料，有效相对密度宜直接由矿料的合成毛体积相对密度与合成表观相对密度按式(7-2-6)计算确定，其中沥青吸收系数 C 值根据材料的吸水率由式(7-2-7)求得，材料的合成吸水率按式(7-2-8)计算：

$$\gamma_{se} = C \times \gamma_{sa} + (1 - C) \times \gamma_{sb} \tag{7-2-6}$$

$$C = 0.033\omega_X^2 - 0.2936\omega_X + 0.9339 \tag{7-2-7}$$

$$\omega_X = \left(\frac{1}{\gamma_{sb}} - \frac{1}{\gamma_{sa}}\right) \times 100 \tag{7-2-8}$$

式中：γ_{se}——合成矿料的有效相对密度；
C——合成矿料的沥青吸收系数，可按矿料的合成吸水率从式(7-2-7)求取；
w_X——合成矿料的吸水率，按式(7-2-8)求取(%)；
γ_{sb}——材料的合成毛体积相对密度，按式(7-2-1)求取，无量纲；
γ_{sa}——材料的合成表观相对密度，按式(7-2-2)求取，无量纲。

以预估的油石比为中值，按一定间隔(对密级配沥青混合料通常为 0.5%，对沥青碎石混合料可适当缩小间隔为 0.3% ~0.4%)，取 5 个或 5 个以上不同的油石比分别成型马歇尔试件。每一组试件的试样数按现行试验规程的要求确定，对粒径较大的沥青混合料，宜增加试件数量。其中，5 个不同油石比不一定选整数，例如预估油石比 4.8%，可选 3.8%、4.3%、4.8%、5.3%、5.8% 等。

测定压实沥青混合料试件的毛体积相对密度 γ_f 和吸水率，取平均值。通常采用表干法测定毛体积相对密度，对吸水率大于 2% 的试件，宜改用蜡封法测定毛体积相对密度。对吸水率小于 0.5% 的特别致密的沥青混合料，在施工质量检验时，允许采用水中重法测定的表观相对密度作为标准密度，钻孔试件也采用相同方法。但配合比设计时不得采用水中重法。

3)确定沥青混合料的最大理论相对密度

(1)对非改性的普通沥青混合料，在成型马歇尔试件的同时，采用真空法实测各组沥青混合料的最大理论相对密度 γ_{ti}。当只对其中一组油石比测定最大理论相对密度时，也可按式(7-2-9)或式(7-2-10)计算其他不同油石比时的最大理论相对密度 γ_{ti}。

(2)对改性沥青或 SMA 混合料宜按式(7-2-9)或式(7-2-10)计算各个不同沥青用量混合料的最大理论相对密度。

$$\gamma_{ti} = \frac{100 + P_{ai}}{\frac{100}{\gamma_{se}} + \frac{P_{ai}}{\gamma_b}} \tag{7-2-9}$$

$$\gamma_{ti} = \frac{100}{\frac{P_{si}}{\gamma_{se}} + \frac{P_{bi}}{\gamma_b}} \tag{7-2-10}$$

式中：γ_{ti}——相对于计算沥青用量 P_{bi} 时沥青混合料的最大理论相对密度，无量纲；
P_{ai}——所计算的沥青混合料中的油石比(%)；
P_{bi}——所计算的沥青混合料的沥青用量，$P_{bi} = \frac{P_{ai}}{1 + P_{ai}}$(%)；

P_{si}——所计算的沥青混合料的矿料含量,$P_{si} = 100 - P_{bi}(\%)$;

γ_{se}——矿料的有效相对密度,按式(7-2-5)或(7-2-6)计算,无量纲;

γ_b——沥青的相对密度(25℃/25℃),无量纲。

4)计算沥青混合料试件的空隙率 VV、矿料间隙率 VMA、有效沥青的饱和度 VFA 等体积指标

按式(7-2-11)、式(7-2-12)、式(7-2-13)计算沥青混合料试件的空隙率、矿料间隙率 VMA、有效沥青的饱和度 VFA 等体积指标,取 1 位小数,进行体积组成分析。

$$VV = \left(1 - \frac{\gamma_f}{\gamma_t}\right) \quad (7\text{-}2\text{-}11)$$

$$VMA = \left(1 - \frac{\gamma_f}{\gamma_{sb}} \times P_s\right) \times 100 \quad (7\text{-}2\text{-}12)$$

$$VFA = \frac{VMA - VV}{VMA} \times 100 \quad (7\text{-}2\text{-}13)$$

式中:VV——试件的空隙率(%);

VMA——试件的矿料间隙率(%);

VFA——试件的有效沥青饱和度(有效沥青含量占 VMA 的体积比例)(%);

γ_f——试件的毛体积相对密度,无量纲;

γ_t——沥青混合料的最大理论相对密度,无量纲;

P_s——各种矿料占沥青混合料总质量的百分率之和,即 $P_s = 100 - P_b(\%)$;

γ_{sb}——矿料混合料的合成毛体积相对密度,按式(7-2-1)计算。

3. 确定最佳沥青用量(或油石比)

1)作图

按图 7-2-3 的方法,以油石比或沥青用量为横坐标,以马歇尔试验的各项指标为纵坐标,将试验结果点入图中,连成圆滑的曲线。确定均符合规定的沥青混合料技术标准的沥青用量范围 $OAC_{min} \sim OAC_{max}$。选择的沥青用量范围必须涵盖设计空隙率的全部范围,并尽可能涵盖沥青饱和度的要求范围,并使密度及稳定度曲线出现峰值。如果没有涵盖设计空隙率的全部范围,试验必须扩大沥青用量范围重新进行。

注:绘制曲线时含 VMA 指标,且应为下凹型曲线,但确定 $OAC_{min} \sim OAC_{max}$ 时不包括 VMA。

2)计算 OAC_1

根据试验曲线的走势,按下列方法确定沥青混合料的最佳沥青用量 OAC_1。

(1)在曲线图 7-2-3 上求取相应于密度最大值、稳定度最大值、目标空隙率(或中值)、沥青饱和度范围的中值的沥青用量 a_1、a_2、a_3、a_4。按式 7-2-14 取平均值作为 OAC_1。

$$OAC_1 = \frac{(a_1 + a_2 + a_3 + a_4)}{4} \quad (7\text{-}2\text{-}14)$$

(2)如果在所选择的沥青用量范围未能涵盖沥青饱和度的要求范围,按式(7-2-15)求取 3 者的平均值作为 OAC_1。

$$OAC_1 = \frac{(a_1 + a_2 + a_3)}{3} \quad (7\text{-}2\text{-}15)$$

(3)对所选择试验的沥青用量范围,密度或稳定度没有出现峰值(最大值经常在曲线的两端)时,可直接以目标空隙率所对应的沥青用量 a_3 作为 OAC_1,但 OAC_1 必须介于 $OAC_{min} \sim$

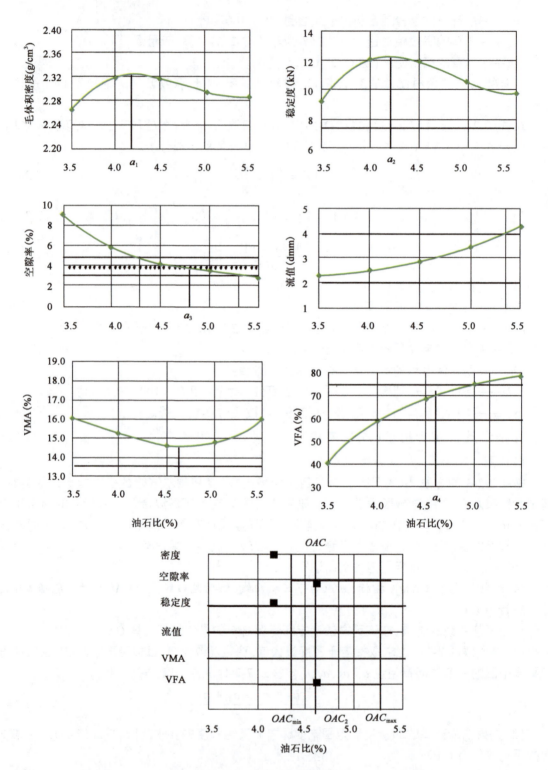

图 7-2-3 马歇尔试验结果示例

注：图中 $a_1=4.2\%$；$a_2=4.25\%$；$a_3=4.8\%$；$a_4=4.7\%$；$OAC_1=4.49\%$（由 4 个平均值确定）；$OAC_{min}=4.3\%$；$OAC_{max}=5.3\%$；$OAC_2=4.8\%$；$OAC=4.64\%$。此例中相对于空隙率 4% 的油石比为 4.6%。

OAC_{max} 的范围内。否则应重新进行配合比设计。

3) 计算 OAC_2

以各项指标均符合技术标准(不含 VMA)的沥青用量范围 $OAC_{min} \sim OAC_{max}$ 的中值作为 OAC_2。

$$OAC_2 = \frac{(OAC_{min} + OAC_{max})}{2} \qquad (7\text{-}2\text{-}16)$$

4) 计算 OAC

通常情况下取 OAC_1 及 OAC_2 的中值作为计算的最佳沥青用量 OAC。

$$OAC = \frac{(OAC_1 + OAC_2)}{2} \qquad (7\text{-}2\text{-}17)$$

5) 检验 OAC

按式(7-2-17)计算的最佳油石比 OAC,从图 7-2-3 中得出所对应的空隙率和 VMA 值,检验是否能满足要求。OAC 宜位于 VMA 凹形曲线最小值的贫油一侧。当空隙率不是整数时,最小 VMA 按内插法确定,并将其画入图 7-2-3 中。

检查图 7-2-3 中相应于此 OAC 的各项指标是否均符合马歇尔试验技术标准。

6) 调整并确定 OAC

根据实践经验和公路等级、气候条件、交通情况,调整确定最佳沥青用量 OAC。

(1)调查当地各项条件相接近的工程的沥青用量及使用效果,论证适宜的最佳沥青用量。检查计算得到的最佳沥青用量是否相近,如相差甚远,应查明原因,必要时重新调整级配,进行配合比设计。

(2)对炎热地区公路以及高速公路、一级公路的重载交通路段,山区公路的长大坡度路段,预计有可能产生较大车辙时,宜在空隙率符合要求的范围内将计算的最佳沥青用量减小 0.1%~0.5% 作为设计沥青用量。此时,除空隙率外的其他指标可能会超出马歇尔试验配合比设计技术标准,配合比设计报告或设计文件必须予以说明。但配合比设计报告必须要求采用重型轮胎压路机和振动压路机组合等方式加强碾压,以使施工后路面的空隙率达到未调整前的原最佳沥青用量时的水平,且渗水系数符合要求。如果试验段试拌试铺达不到此要求时,宜调整所减小的沥青用量的幅度。

(3)对寒区公路、旅游公路、交通量很少的公路,最佳沥青用量可以在 OAC 的基础上增加 0.1%~0.3%,以适当减小设计空隙率,但不得降低压实度要求。

7) 计算沥青结合料被集料吸收的比例及有效沥青含量

按式(7-2-18)及式(7-2-19)计算沥青结合料被集料吸收的比例及有效沥青含量。

$$P_{ba} = \frac{\gamma_{se} - \gamma_{sb}}{\gamma_{se} \times \gamma_{sb}} \times \gamma_b \times 100 \qquad (7\text{-}2\text{-}18)$$

$$P_{be} = P_b - \frac{P_{ba}}{100} \times P_s \qquad (7\text{-}2\text{-}19)$$

式中:P_{ba}——沥青混合料中被集料吸收的沥青结合料比例(%);

P_{be}——沥青混合料中的有效沥青用量(%);

γ_{se}——集料的有效相对密度,按式(7-2-5)计算,无量纲;

γ_{sb}——材料的合成毛体积相对密度,无量纲;

γ_b——沥青的相对密度(25℃/25℃),无量纲;

P_b——沥青含量(%);

P_s——各种矿料占沥青混合料总质量的百分率之和,即 $P_s = 100 - P_b$ (%)。

如果需要,可按式(7-2-20)及式(7-2-21)计算有效沥青的体积百分率 V_{be} 及矿料的体积百分率 V_g。

$$V_{be} = \frac{\gamma_f \times P_{be}}{\gamma_b} \tag{7-2-20}$$

$$V_g = 100 - (V_{be} + VV) \tag{7-2-21}$$

8)检验最佳沥青用量时的粉胶比和有效沥青膜厚度

按式(7-2-22)计算沥青混合料的粉胶比,宜符合 0.6~1.6 的要求。对常用的公称最大粒径为 13.2~19mm 的密级配沥青混合料,粉胶比宜控制在 0.8~1.2 范围内。

$$FB = \frac{P_{0.075}}{P_{be}} \tag{7-2-22}$$

式中:FB——粉胶比,沥青混合料的矿料中 0.075mm 通过率与有效沥青含量的比值,无量纲;

$P_{0.075}$——矿料级配中 0.075mm 的通过率(水洗法)(%);

P_{be}——有效沥青含量(%)。

按式(7-2-23)的方法计算集料的比表面,按式(7-2-24)估算沥青混合料的沥青膜有效厚度。

$$SA = \sum (P_i \times FA_i) \tag{7-2-23}$$

$$DA = \frac{P_{be}}{\gamma_b \times SA} \times 10 \tag{7-2-24}$$

式中:SA——集料的比表面积(m²/kg);

P_i——各种粒径的通过百分率(%);

FA_i——相应于各种粒径的集料的表面积系数,见表 7-2-15;

DA——沥青膜有效厚度(μm);

P_{be}——有效沥青含量(%);

γ_b——沥青的相对密度(25℃/25℃),无量纲。

集料的表面积系数计算示例　　表 7-2-15

筛孔尺寸(mm)	19	16	13.2	9.5	4.75	2.36	1.18	0.6	0.3	0.15	0.075	集料比表面总和 SA (m²/kg)
表面积系数 FA_i	0.0041	—	—	—	0.0041	0.0082	0.0164	0.0287	0.0614	0.1229	0.3277	
通过百分率 P_i(%)	100	92	85	76	60	42	32	23	16	12	6	
比表面 $FA_i \times P_i$ (m²/kg)	0.41	—	—	—	0.25	0.34	0.52	0.66	0.98	1.47	1.97	6.60

4. 配合比设计检验

1)性能检验

对用于高速公路和一级公路的密级配沥青混合料,需在配合比设计的基础上要求进行各种使用性能的检验,不符合要求的沥青混合料,必须更换材料或重新进行配合比设计。其他等级公路的沥青混合料可参照执行。

2)最佳沥青用量检验

配合比设计检验按计算确定的设计最佳沥青用量在标准条件下进行。将计算的设计沥青用量调整后作为最佳沥青用量,或者改变试验条件时,各项技术要求均应适当调整,不宜照搬。

3) 高温稳定性检验。

对公称最大粒径等于或小于19mm的混合料,按规定方法进行车辙试验,动稳定度应符合表7-2-16的要求。

沥青混合料车辙试验动稳定度技术要求　　　表7-2-16

气候条件与技术指标		相应于下列气候分区所要求的动稳定度(次/mm)								
七月平均最高气温(℃)及气候分区		>30				20~30				<20
		1. 夏炎热区				2. 夏热区				3. 夏凉区
		1-1	1-2	1-3	1-4	2-1	2-2	2-3	2-4	3-2
普通沥青混合料　不小于		800	1000			600	800			600
改性沥青混合料　不小于		2400	2800			2000	2400			1800
SMA混合料	非改性不小于	1500								
	改性　不小于	3000								
OGFC混合料		1500(一般交通路段)、3000(重交通量路段)								

注:①如果其他月份的平均最高气温高于七月时,可使用该月平均最高气温。
②在特殊情况下,如钢桥面铺装、重载车特别多或纵坡较大的长距离上坡路段、厂矿专用道路,可酌情提高动稳定度的要求。
③对因气候寒冷确需使用针入度很大的沥青(如大于100),动稳定度难以达到要求,或因采用石灰岩等不很坚硬的石料,改性沥青混合料的动稳定度难以达到要求等特殊情况,可酌情降低要求。
④为满足炎热地区及重载车要求,在配合比设计时采取减少最佳沥青用量的技术措施时,可适当提高试验温度或增加试验荷载进行试验,同时增加试件的碾压成型密度和施工压实度要求。
⑤车辙试验不得采用二次加热的混合料,试验必须检验其密度是否符合试验规程的要求。
⑥如需要对公称最大粒径等于和大于26.5mm的混合料进行车辙试验,可适当增加试件的厚度,但不宜作为评定合格与否的依据。

4) 水稳定性检验。

按规定的试验方法进行浸水马歇尔试验和冻融劈裂试验,残留稳定度及残留强度比均必须符合表7-2-17的规定。

沥青混合料水稳定性检验技术要求　　　表7-2-17

气候条件与技术指标		相应于下列气候分区的技术要求(%)			
年降雨量(mm)及气候分区		>1000	500~1000	250~500	<250
		1. 潮湿区	2. 湿润区	3. 半干区	4. 干旱区
浸水马歇尔试验残留稳定度(%)不小于					
普通沥青混合料		80		75	
改性沥青混合料		85		80	
SMA混合料	普通沥青	75			
	改性沥青	80			
冻融劈裂试验的残留强度比(%)不小于					
普通沥青混合料		75		70	
改性沥青混合料		80		75	
SMA混合料	普通沥青	75			
	改性沥青	80			

注:调整沥青用量后,马歇尔试件成型可能达不到要求的空隙率条件。当需要添加消石灰、水泥、抗剥落剂时,需重新确定最佳沥青用量后试验。

5) 低温抗裂性能检验。

对公称最大粒径等于或小于19mm的混合料,按规定方法进行低温弯曲试验,其破坏应变宜符合表7-2-18表要求。

沥青混合料低温弯曲试验破坏应变($\mu\varepsilon$)技术要求　　　表7-2-18

气候条件与技术指标	相应于下列气候分区所要求的破坏应变($\mu\varepsilon$)							
年极端最低气温(℃)及气候分区	< -37.0		-21.5 ~ -37.0			-9.0 ~ -21.5		> -9.0
	1.冬严寒区		2.冬寒区			3.冬冷区		4.冬温区
	1-1	2-1	1-2	2-2	3-2	1-3	2-3	1-4	2-4
普通沥青混合料　不小于	2600		2300			2000		
改性沥青混合料　不小于	3000		2800			2500		

6) 渗水系数检验。利用轮碾机成型的车辙试件进行渗水试验检验的渗水系数宜符合表7-2-19要求。

沥青混合料试件渗水系数(mL/min)技术要求　　　表7-2-19

级 配 类 型		渗水系数要求(mL/min)
密级配沥青混凝土	不大于	120
SMA 混合料	不大于	80
OGFC 混合料	不小于	实测

7) 钢渣活性检验。

对使用钢渣的沥青混合料,应按规定的试验方法检验钢渣的活性及膨胀性试验。

8) 变条件检验

根据需要,可以改变试验条件进行配合比设计检验,如按调整后的最佳沥青用量、变化最佳沥青用量 OAC ±0.3%、提高试验温度、加大试验荷载、采用现场压实密度进行车辙试验,在施工后的残余空隙率(如7% ~ 8%)的条件下进行水稳定性试验和渗水试验等,但不宜用规定的技术要求进行合格评定。

5. 配合比设计报告

配合比设计报告应包括工程设计级配范围选择说明、材料品种选择与原材料质量试验结果、矿料级配、最佳沥青用量及各项体积指标、配合比设计检验结果等。试验报告的矿料级配曲线应按规定的方法绘制。

当调整沥青用量作为最佳沥青用量,宜报告不同沥青用量条件下的各项试验结果,并提出对施工压实工艺的技术要求。

任务7.3 热拌沥青混合料结构层施工

学习目标

1. 了解热拌沥青混合料的分类;
2. 知道热拌沥青混合料的特点;
3. 分析热拌沥青混合料的施工工艺流程;
4. 根据《沥青路面施工技术规范》(JTG F40—2004)组织完成热拌沥青路面结构层作业;
5. 正确完成热拌沥青混合料结构层施工技术方案。

任务描述

通过对热拌沥青混合料路面结构层特点、施工工艺等相关知识的学习,掌握热拌沥青混合料路面结构层施工的工艺和要点,能完成沥青混合料结构层施工技术方案,指导热拌沥青混合料结构层的施工。

学习引导

本工作任务沿着以下脉络进行学习:

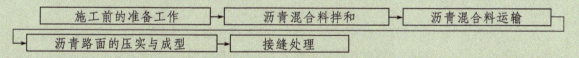

一、相关知识

热拌沥青混合料(HMA)适用于各种等级公路的沥青路面。其种类按集料公称最大粒径、矿料级配、空隙率划分,分类见表 7-3-1。

热拌沥青混合料种类 表 7-3-1

混合料类型	密级配			开级配		半开级配	公称最大粒径(mm)	最大粒径(mm)
	连续级配		间断级配	间断级配		沥青稳定碎石		
	沥青混凝土	沥青稳定碎石	沥青玛蹄脂碎石	排水式沥青磨耗层	排水式沥青碎石基层			
特粗式	—	ATB-40	—	—	ATPB-40		37.5	53.0
粗粒式	—	ATB-30	—	—	ATPB-30		31.5	37.5
	AC-25	ATB-25	—	—	ATPB-25		26.5	31.5
中粒式	AC-20	—	SMA-20	—	—	AM-20	19.0	26.5
	AC-16	—	SMA-16	OGFC-16	—	AM-16	16.0	19.0
细粒式	AC-13	—	SMA-13	OGFC-13	—	AM-13	13.2	16.0
	AC-10	—	SMA-10	OGFC-10	—	AM-10	9.5	13.2
砂粒式	AC-5	—	—	—	—	AM-5	4.75	9.5
设计空隙率(%)	3~5	3~6	3~4	>18	>18	6~12		

各层沥青混合料应满足所在层位的功能性要求,便于施工,不容易离析。各层应连续施工并联结成为一个整体。当发现混合料结构组合及级配类型的设计不合理时应进行修改、调整,以确保沥青路面的使用性能。

沥青面层集料的最大粒径宜从上至下逐渐增大,并应与压实层厚度相匹配。对热拌热铺密级配沥青混合料,沥青层一层的压实厚度不宜小于集料公称最大粒径的 2.5~3 倍,对 SMA 和 OGFC 等嵌挤型混合料不宜小于公称最大粒径的 2~2.5 倍,以减少离析,便于压实。

热拌沥青混合料是矿料与沥青在热态下拌和、热态下铺筑施工成型的混合料的总称,它包括热拌沥青碎石、沥青混凝土、抗滑表层等多种类型,其特点是矿料、沥青及拌和混合料从拌和到铺筑成型均须在较高的温度范围内完成。热拌沥青混合料路面的施工包括混合料配合比的确定、拌和与运输、摊铺与压实等方面,其施工工艺和质量控制流程,如图 7-3-1 所示。

二、任务实施

1.施工准备

1)下承层的准备

铺筑沥青层前,应检查基层或下卧沥青层的质量,不符要求的不得铺筑沥青面层。旧沥青路面或下卧层已被污染时,必须清洗或经铣刨处理后方可铺筑沥青混合料。图 7-3-2 为下承层的准备。

2)施工温度的确定

石油沥青加工及沥青混合料施工温度应根据沥青标号及黏度、气候条件、铺装层的厚度

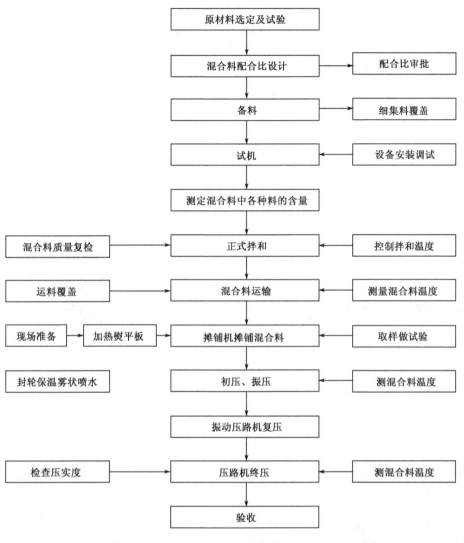

图 7-3-1 热拌沥青混合料施工工艺流程图

图 7-3-2 下承层准备

确定。

（1）普通沥青结合料的施工温度宜通过在135℃及175℃条件下测定的黏温曲线按表7-3-2的规定确定。缺乏黏温曲线数据时，可参照表7-3-3的范围选择，并根据实际情况确定使用高值或低值。当表中温度不符实际情况时，容许作适当调整。

确定沥青混合料拌和及压实温度的适宜温度 表7-3-2

黏度	适宜于拌和的沥青结合料黏度	适宜于压实的沥青结合料黏度
表观黏度	(0.17 ± 0.02) Pa·s	(0.28 ± 0.03) Pa·s
运动黏度	(170 ± 20) mm²/s	(280 ± 30) mm²/s
赛波特黏度	(85 ± 10) s	(140 ± 15) s

热拌沥青混合料的施工温度（℃） 表7-3-3

施工工序		石油沥青的标号			
		50号	70号	90号	110号
沥青加热温度		160~170	155~165	150~160	145~155
矿料加热温度	间隙式拌和机	集料加热温度比沥青温度高10~30			
	连续式拌和机	矿料加热温度比沥青温度高5~10			
沥青混合料出料温度		150~170	145~165	140~160	135~155
混合料贮料仓贮存温度		贮料过程中温度降低不超过10			
混合料废弃温度	高于	200	195	190	185
运输到现场温度	不低于	150	145	140	135
混合料摊铺温度 不低于	正常施工	140	135	130	125
	低温施工	160	150	140	135
开始碾压的混合料内部温度 不低于	正常施工	135	130	125	120
	低温施工	150	145	135	130
碾压终了的表面温度 不低于	钢轮压路机	80	70	65	60
	轮胎压路机	85	80	75	70
	振动压路机	75	70	60	55
开放交通的路表温度	不高于	50	50	50	45

（2）聚合物改性沥青混合料的施工温度根据实践经验并参照表7-3-4选择。通常宜较普通沥青混合料的施工温度提高10℃~20℃。对采用冷态胶乳直接喷入法制作的改性沥青混合料，集料烘干温度应进一步提高。

聚合物改性沥青混合料的正常施工温度范围（℃） 表7-3-4

工序	聚合物改性沥青品种		
	SBS类	SBR胶乳类	EVA、PE类
沥青加热温度	160~165		
改性沥青现场制作温度	165~170	—	165~170
成品改性沥青加热温度，不大于	175	—	175
集料加热温度	190~220	200~210	185~195
改性沥青SMA混合料出厂温度	170~185	160~180	165~180

续上表

工　序	聚合物改性沥青品种		
	SBS 类	SBR 胶乳类	EVA、PE 类
混合料最高温度(废弃温度)	195		
混合料贮存温度	拌和出料后降低不超过 10		
摊铺温度　　　　不低于	160		
初压开始温度　　不低于	150		
碾压终了的表面温度　不低于	90		
开放交通时的路表温度　不高于	50		

(3) SMA 混合料的施工温度应视纤维品种和数量、矿粉用量的不同,在改性沥青混合料的基础上作适当提高。

2. 混合料的拌制

沥青混合料必须在沥青拌和厂(场、站)采用拌和机械拌制。拌和厂的设置必须符合国家有关环境保护、消防、安全等规定。拌和厂与工地现场距离应充分考虑交通堵塞的可能,确保混合料的温度下降不超过要求,且不致因颠簸造成混合料离析。拌和厂应具有完备的排水设施。各种集料必须分隔贮存,细集料应设防雨顶棚,料场及场内道路应作硬化处理,严禁泥土污染集料。

1) 对拌和机的要求

沥青混合料可采用间歇式拌和机或连续式拌和机拌制。高速公路和一级公路宜采用间歇式拌和机拌和。连续式拌和机使用的集料必须稳定不变,一个工程从多处进料、料源或质量不稳定时,不得采用连续式拌和机。

沥青混合料拌和设备的各种传感器必须定期检定,周期不少于每年一次。冷料供料装置需经标定得出集料供料曲线。

间歇式拌和机应符合下列要求:

(1) 总拌和能力满足施工进度要求。拌和机除尘设备完好,能达到环保要求。

(2) 冷料仓的数量满足配合比需要,通常不宜少于 5~6 个。具有添加纤维、消石灰等外掺剂的设备

2) 拌和

集料与沥青混合料取样应符合现行试验规程的要求。从沥青混合料运料车上取样时必须在设置取样台分几处采集一定深度下的样品。

集料进场宜在料堆顶部平台卸料,经推土机推平后,铲运机从底部按顺序竖直装料,减小集料离析。

高速公路和一级公路施工用的间歇式拌和机(图 7-3-3)必须配备计算机设备,拌和过程中逐盘采集并打印各个传感器测定的材料用量和沥青混合料拌和量、拌和温度等各种参数,每个台班结束时打印出一个台班的统计量,进行沥青混合料生产质量及铺筑厚度的总量检验,总量检验的数据有异常波动时,应立即停止生产,分析原因。

沥青混合料的生产温度应符合要求。烘干集料的残余含水率不得大于 1%。每天开始几盘集料应提高加热温度,并干拌几锅集料废弃,再正式加沥青拌和混合料。

拌和机的矿粉仓应配备振动装置以防止矿粉起拱。添加消石灰、水泥等外掺剂时,宜增加

粉料仓，也可由专用管线和螺旋升送器直接加入拌和锅，若与矿粉混合使用时应注意两者因密度不同发生离析。

图 7-3-3 间歇式拌和机

拌和机必须有二级除尘装置，经一级除尘部分可直接回收使用，二级除尘部分可进入回收粉仓使用（或废弃）。对因除尘造成的粉料损失应补充等量的新矿粉。

沥青混合料拌和时间根据具体情况经试拌确定，以沥青均匀裹覆集料为度。间歇式拌和机每盘的生产周期不宜少于 45s（其中干拌时间不少于 5~10s）。改性沥青和 SMA 混合料的拌和时间应适当延长。

间歇式拌和机的振动筛规格应与矿料规格相匹配，最大筛孔宜略大于混合料的最大粒径，其余筛的设置应考虑混合料的级配稳定，并尽量使热料仓大体均衡，不同级配混合料必须配置不同的筛孔组合。

间隙式拌和机宜备有保温性能好的成品储料仓，贮存过程中混合料温降不得大于 10℃、且不能有沥青滴漏，普通沥青混合料的贮存时间不得超过 72h，改性沥青混合料的贮存时间不宜超过 24h，SMA 混合料只限当天使用，OGFC 混合料宜随拌随用。

生产添加纤维的沥青混合料时，纤维必须在混合料中充分分散，拌和均匀。拌和机应配备同步添加投料装置，松散的絮状纤维可在喷入沥青的同时或稍后采用风送设备喷入拌和锅，拌和时间宜延长 5s 以上。颗粒纤维可在粗集料投入的同时自动加入，经 5~10s 的干拌后，再投入矿粉。工程量很小时也可分装成塑料小包或由人工量取直接投入拌和锅。

使用改性沥青时应随时检查沥青泵、管道、计量器是否受堵，堵塞时应及时清洗。沥青混合料出厂时应逐车检测沥青混合料的重量和温度，记录出厂时间，签发运料单。

3. 混合料的运输

1）沥青混合料运输车辆

热拌沥青混合料宜采用较大吨位的运料车（图 7-3-4）运输，但不得超载运输，或紧急制动、急弯掉头使透层、封层造成损伤。运料车的运力应稍有富余，施工过程中摊铺机前方应有运料车等候。对高速公路、一级公路，宜待等候的运料车多于 5 辆后开始摊铺。

2）沥青混合料的运输管理

（1）运料车每次使用前后必须清扫干净，在车厢板上涂一薄层防止沥青黏结的隔离剂或防黏剂，但不得有余液积聚在车厢底部。从拌和机向运料车上装料时，应多次挪动汽车位置，平衡装料，以减少混合料离析。运料车运输混合料宜用苫布覆盖保温、防雨、防污染。运料车的覆盖见图 7-3-5。

图 7-3-4　大吨位运料车

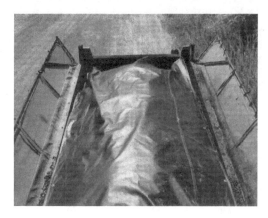

图 7-3-5　运料车覆盖

(2) 运料车进入摊铺现场时，轮胎上不得沾有泥土等可能污染路面的脏物，否则宜设水池洗净轮胎后进入工程现场。沥青混合料在摊铺地点凭运料单接收，若混合料不符合施工温度要求，或已经结成团块、已遭雨淋的不得铺筑。

(3) 摊铺过程中运料车应在摊铺机前 100~300mm 处停住，空挡等候，由摊铺机推动前进开始缓缓卸料，避免撞击摊铺机。在有条件时，运料车可将混合料卸入转运车经二次拌和后向摊铺机连续均匀的供料。运料车每次卸料必须倒净，尤其是对改性沥青或 SMA 混合料，如有剩余，应及时清除，防止硬结。

(4) SMA 及 OGFC 混合料在运输、等候过程中，如发现有沥青结合料沿车厢板滴漏时，应采取措施易于避免。

3) 混合料的摊铺

热拌沥青混合料应采用沥青摊铺机摊铺，在喷洒有黏层油的路面上铺筑改性沥青混合料或 SMA 时，宜使用履带式摊铺机。摊铺机的受料斗应涂刷薄层隔离剂或防粘结剂。

铺筑高速公路、一级公路沥青混合料时，一台摊铺机的铺筑宽度不宜超过 6m (双车道) ~ 7.5m (3 车道以上)，通常宜采用两台或更多台数的摊铺机前后错开 10m~20m 成梯队方式同步摊铺，两幅之间应有 30~60mm 左右宽度的搭接，并躲开车道轮迹带，上下层的搭接位置宜错开 200mm 以上。

摊铺机开工前应提前 0.5~1h 预热熨平板不低于 100℃。铺筑过程中应选择熨平板的振捣或夯锤压实装置具有适宜的振动频率和振幅，以提高路面的初始压实度。熨平板加宽连接应仔细调节至摊铺的混合料没有明显的离析痕迹。

摊铺机必须缓慢、均匀、连续不间断地摊铺，不得随意变换速度或中途停顿，以提高平整度，减少混合料的离析。摊铺速度宜控制在 2~6m/min 的范围内。对改性沥青混合料及 SMA 混合料宜放慢至 1~3m/min。当发现混合料出现明显的离析、波浪、裂缝、拖痕时，应分析原因，予以消除。

摊铺机应采用自动找平方式，下面层或基层宜采用钢丝绳引导的高程控制方式，上面层宜采用平衡梁或雪橇式摊铺厚度控制方式，中面层根据情况选用找平方式。直接接触式平衡梁的轮子不得粘附沥青。铺筑改性沥青或 SMA 路面时宜采用非接触式平衡梁。

沥青路面施工的最低气温应符合要求,寒冷季节遇大风降温,不能保证迅速压实时不得铺筑沥青混合料。热拌沥青混合料的最低摊铺温度根据铺筑层厚度、气温、风速及下卧层表面温度不得低于表 7-3-5 的要求。每天施工开始阶段宜采用较高温度的混合料。

沥青混合料的最低摊铺温度　　　　表 7-3-5

下卧层的表面温度(℃)	相应于下列不同摊铺层厚度的最低摊铺温度(℃)					
	普通沥青混合料			改性沥青混合料或 SMA 沥青混合料		
	<50mm	50~80mm	>80mm	<50mm	50~80mm	>80mm
<5	不允许	不允许	140	不允许	不允许	不允许
5~10	不允许	140	135	不允许	不允许	不允许
10~15	145	138	132	165	155	150
15~20	140	135	130	158	150	145
20~25	138	132	128	153	147	143
25~30	132	130	126	147	145	141
>30	130	125	124	145	140	139

沥青混合料的松铺系数应根据混合料类型由试铺试压确定。摊铺过程中应随时检查摊铺层厚度及路拱、横坡。沥青混合料的摊铺见图 7-3-6。

图 7-3-6　沥青混合料的摊铺

摊铺机的螺旋布料器应相应于摊铺速度调整到保持一个稳定的速度均衡地转动,两侧应保持有不少于送料器 2/3 高度的混合料,以减少在摊铺过程中混合料的离析。用机械摊铺的混合料,不宜用人工反复修整。当不得不由人工作局部找补或更换混合料时,需仔细进行,特别严重的缺陷应整层铲除。在路面狭窄部分、平曲线半径过小的匝道或加宽部分,以及小规模工程不能采用摊铺机铺筑时可用人工摊铺混合料。人工摊铺沥青混合料半幅施工时,路中一侧宜事先设置挡板。沥青混合料宜卸在铁板上,摊铺时应扣锹布料,不得扬锹远甩。铁锹等工具宜沾防黏结剂或加热使用;边摊铺边用刮板整平,刮平时应轻重一致,控制次数,严防集料离析。摊铺不得中途停顿,并加快碾压。如因故不能及时碾压时,应立即停止摊铺,并对已卸下的沥青混合料覆盖苫布保温。低温施工时,每次卸下的混合料应覆盖苫布保温。

在雨季铺筑沥青路面时,应加强与气象部门联系,已摊铺的沥青层因遇雨未行压实的应予铲除。

4. 沥青路面的压实与成型

压实成型的沥青路面应符合压实度及平整度的要求。沥青混凝土的压实层最大厚度不宜大于 100mm，沥青稳定碎石混合料的压实层厚度不宜大于 120mm，但当采用大功率压路机且经试验证明能达到压实度时允许增大到 150mm。沥青路面施工应配备足够数量的压路机，选择合理的压路机组合方式及初压、复压、终压（包括成型）的碾压步骤，以达到最佳碾压效果。高速公路铺筑双车道沥青路面的压路机数量不宜少于 5 台。施工气温低、风大、碾压层薄时，压路机数量应适当增加。

压路机应以慢而均匀的速度碾压，压路机的碾压速度应符合表 7-3-6 的规定。压路机的碾压路线及碾压方向不应突然改变而导致混合料推移。碾压区的长度应大体稳定，两端的折返位置应随摊铺机前进而推进，横向不得在相同的断面上。

压路机碾压速度（km/h）　　　　　　表 7-3-6

压路机类型	初压		复压		终压	
	适宜	最大	适宜	最大	适宜	最大
钢筒式压路机	2~3	4	3~5	6	3~6	6
轮胎压路机	2~3	4	3~5	6	4~6	8
振动压路机	2~3（静压或振动）	3（静压或振动）	3~4.5（振动）	5（振动）	3~6（静压）	6（静压）

压路机的碾压温度应符合要求，并根据混合料种类、压路机、气温、层厚等情况经试压确定。在不产生严重推移和裂缝的前提下，初压、复压、终压都应在尽可能高的温度下进行。同时不得在低温状况下作反复碾压，使石料棱角磨损、压碎，破坏集料嵌挤。

1）初压

沥青混合料的初压（图 7-3-7）应紧跟摊铺机后碾压，并保持较短的初压区长度，以尽快使表面压实，减少热量散失。对摊铺后初始压实度较大，经实践证明采用振动压路机（图 7-3-8）或轮胎压路机（图 7-3-9）直接碾压无严重推移而有良好效果时，可免去初压直接进入复压工序。通常宜采用钢轮压路机静压 1~2 遍。碾压时应将压路机的驱动轮面向摊铺机，从外侧向中心碾压，在超高路段则由低向高碾压，在坡道上应将驱动轮从低处向高处碾压。初压后应检查平整度、路拱，有严重缺陷时进行修整乃至返工。

图 7-3-7　沥青混合料的初压

图 7-3-8　振动压路机

2) 复压

复压应紧跟在初压后进行,且不得随意停顿。压路机碾压段的总长度应尽量缩短,通常不超过 60~80m。采用不同型号的压路机组合碾压时宜安排每一台压路机作全幅碾压。防止不同部位的压实度不均匀。密级配沥青混凝土的复压宜优先采用重型的轮胎压路机进行搓揉碾压,以增加密水性,其总质量不宜小于 25t,吨位不足时宜附加重物,使每一个轮胎的压力不小于 15kN,冷态时的轮胎充气压力不小于 0.55MPa,轮胎发热后不小于 0.6MPa,且各个轮胎的气压大体相同,相邻碾压带应重叠 1/3~1/2 的碾压轮宽度,碾压至要求的压实度为止。对粗集料为主的较大粒径的混合料,尤其是大粒径沥青稳定碎石基层,宜优先采用振动压路机复压。厚度小于 30mm 的薄沥青层不宜采用振动压路机碾压。振动压路机的振动频率宜为 35~50Hz,振幅宜为 0.3~0.8mm。层厚较大时选用高频率大振幅,以产生较大的激振力,厚度较薄时采用高频率低振幅,以防止集料破碎。相邻碾压带重叠宽度为 100~200mm。振动压路机折返时应先停止振动。当采用三轮钢筒式压路机时,总质量不宜小于 12t,相邻碾压带宜重叠后轮的 1/2 宽度,并不应少于 200mm。对路面边缘、加宽及港湾式停车带等大型压路机难于碾压的部位,宜采用小型振动压路机或振动夯板作补充碾压。

3) 终压

终压应紧接在复压后进行,如经复压后已无明显轮迹时可免去终压。终压可选用双轮钢筒式压路机(图 7-3-10)或关闭振动的振动压路机碾压不宜少于 2 遍,至无明显轮迹为止。

图 7-3-9 轮胎压路机

图 7-3-10 双轮钢筒式压路机

SMA 路面的压实应符合以下要求:

(1) 除沥青用量较低,经试验证明采用轮胎压路机碾压有良好效果外,不宜采用轮胎压路机碾压,以防将沥青结合料搓揉挤压上浮。

(2) SMA 路面宜采用振动压路机或钢筒式压路机碾压。振动压路机应遵循"紧跟、慢压、高频、低幅"的原则,即紧跟在摊铺机后面,采取高频率、低振幅的方式慢速碾压。如发现 SMA 混合料高温碾压有推拥现象,应复查其级配是否合适。

OGFC 宜采用小于 12t 的钢筒式压路机碾压。

碾压轮在碾压过程中应保持清洁,有混合料沾轮应立即清除。对钢轮可涂刷隔离剂或防粘结剂,但严禁刷柴油。当采用向碾压轮喷水(可添加少量表面活性剂)的方式时,必须严格控制喷水量且成雾状,不得漫流,以防混合料降温过快。轮胎压路机开始碾压阶段,可适当烘烤、涂刷少量隔离剂或防粘结剂,也可少量喷水,并先到高温区碾压使轮胎尽快升温,之后停止洒水。轮胎压路机轮胎外围宜加设围裙保温。压路机不得在未碾压成型路段上转向、调头、加水或停留。在当天成型的路面上,不得停放各种机械设备或车辆,不得散落矿料、油料等杂物。

5. 接缝

沥青路面的施工必须接缝紧密、连接平顺,不得产生明显的接缝离析。上下层的纵缝应错开150mm(热接缝)或300~400mm(冷接缝)以上。相邻两幅及上下层的横向接缝均应错位1m以上。接缝施工应用3m直尺检查,确保平整度符合要求。

1) 纵向接缝施工要求

纵向接缝部位的施工摊铺时采用梯队作业的纵缝应采用热接缝,将已铺部分留下100~200mm宽暂不碾压,作为后续部分的基准面,然后作跨缝碾压以消除缝迹。当半幅施工或因特殊原因而产生纵向冷接缝时,宜加设挡板或加设切刀切齐,也可在混合料尚未完全冷却前用镐刨除边缘留下毛茬的方式,但不宜在冷却后采用切割机作纵向切缝。加铺另半幅前应涂洒少量沥青,重叠在已铺层上50~100mm,再铲走铺在前半幅上面的混合料,碾压时由边向中碾压留下100~150mm,再跨缝挤紧压实。或者先在已压实路面上行走碾压新铺层150mm左右,然后压实新铺部分。

2) 横向接缝施工要求

高速公路和一级公路的表面层横向接缝应采用垂直的平接缝,以下各层可采用自然碾压的斜接缝,沥青层较厚时也可作阶梯形接缝(见图7-3-11)。其他等级公路的各层均可采用斜接缝。斜接缝的搭接长度与层厚有关,宜为0.4~0.8m。搭接处应洒少量沥青,混合料中的粗集料颗粒应予剔除,并补上细料,搭接平整,充分压实。阶梯形接缝的台阶经铣刨而成,并洒粘层沥青,搭接长度不宜小于3m。平接缝宜趁尚未冷透时用凿岩机或人工垂直刨除端部层厚不足的部分,使工作缝成直角连接。当采用切割机制作平接缝时,宜在铺设当天混合料冷却但尚未结硬时进行。刨除或切割不得损伤下层路面。切割时留下的泥水必须冲洗干净,待干燥后涂刷粘层油。铺筑新混合料接头应使接茬软化,压路机先进行横向碾压,再纵向碾压成为一体,充分压实,连接平顺。

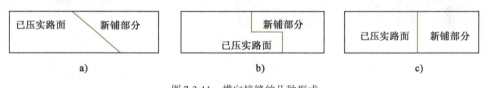

图7-3-11 横向接缝的几种型式
a)斜接缝;b)阶梯形接缝;c)平接缝

6. 开放交通与其他

热拌沥青混合料路面应待摊铺层完全自然冷却,混合料表面温度低于50℃后,方可开放交通。需要提早开放交通时,可洒水冷却降低混合料温度。

沥青路面雨季施工注意气象预报,加强工地现场、沥青拌和厂及气象台站之间的联系,控制施工长度,各项工序紧密衔接。运料车和工地应备有防雨设施,并做好基层及路肩排水。

铺筑好的沥青层应严格控制交通,做好保护,保持整洁,不得造成污染,严禁在沥青层上堆放施工产生的土或杂物,严禁在已铺沥青层上制作水泥砂浆。

任务7.4 冷拌沥青混合料结构层施工

学习目标

1. 了解冷拌沥青混合料的特点和概念;
2. 知道冷拌沥青混合料的适用条件;
3. 分析冷拌沥青混合料和热拌沥青混合料施工的不同之处;
4. 根据《沥青路面施工技术规范》(JTG F40—2004)指导冷拌沥青路面结构层作业;
5. 正确完成冷拌沥青混合料结构层施工技术方案。

任务描述

通过对冷拌沥青混合料施工相关知识的学习,掌握冷拌沥青混合料的施工工艺和要点,能完成施工技术方案,并指导冷拌沥青混合料的施工。

学习引导

本工作任务沿着以下脉络进行学习:

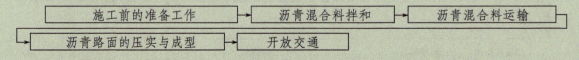

相关知识

冷拌沥青混合料适用于三级及三级以下的公路的沥青面层、二级公路的罩面层以及各级公路沥青路面的基层、联接层或整平层。冷拌改性沥青混合料可用于沥青路面的坑槽冷补。冷拌沥青混合料宜采用乳化沥青或液体沥青拌制,也可采用改性乳化沥青,各种结合料类型及规格符合热拌沥青混合料的要求。冷拌沥青混合料宜采用密级配沥青混合料,当采用半开级配的冷拌沥青碎石混合料路面时应铺筑上封层。

冷拌沥青混合料的配合比设计可参照热拌沥青混合料相应的矿料级配使用,并根据已有的成功经验经试拌确定设计级配范围和施工配合比。

乳化沥青碎石混合料的乳液用量应根据当地实践经验以及交通量、气候、集料情况、沥青标号、施工机械等条件确定,也可按热拌沥青混合料的沥青用量折算,实际的沥青残留物数量可较同规格热拌沥青混合料的沥青用量减少 10% ~ 20%。

任务实施

1. 冷拌沥青混合料路面施工

1) 施工准备

冷拌沥青混合料宜采用拌和厂机械拌和及沥青摊铺机摊铺的方式。缺乏厂拌条件时也可采用现场路拌及人工摊铺方式。冷拌沥青混合料施工应注意防止混合料离析。

2) 拌和

当采用阳离子乳化沥青拌和时,宜先用水使集料湿润,若湿润后仍难于与乳液拌和均匀时,应改用破乳速度更慢的乳液,或用 1% ~ 3% 浓度的氯化钙水溶液代替水润湿集料表面。

混合料适宜的拌和时间应根据实际情况调节并通过试拌确定,矿料中加进乳液后的机械拌和时间不宜超过 30s,人工拌和时间不宜超过 60s。

3) 运输

已拌好的混合料应立即运至现场进行摊铺,并在乳液破乳前结束。在拌和与摊铺过程中已破乳的混合料,应予废弃。

4) 压实与成型

乳化沥青冷拌混合料摊铺后宜采用 6t 左右的轻型压路机初压 1 ~ 2 遍,使混合料初步稳定,再用轮胎压路机或钢筒式压路机碾压 1 ~ 2 遍。当乳化沥青开始破乳、混合料由褐色转变成黑色时,改用 12 ~ 15t 轮胎压路机碾压,将水分挤出,复压 2 ~ 3 遍后停止,待晾晒一段时间,水分基本蒸发后继续复压至密实为止。当压实过程中有推移现象时应停止碾压,待稳定后再碾压。当天不能完全压实时,可在较高气温状态下补充碾压。当缺乏轮胎压路机时,也可采用钢筒式压路机或较轻的振动压路机碾压。

乳化沥青混合料路面的上封层应在压实成型、路面水分完全蒸发后加铺。

5) 开放交通

乳化沥青混合料路面施工结束后宜封闭交通 2 ~ 6h,并注意做好早期养护。开放交通初期,应设专人指挥,车速不得超过 20km/h,不得紧急制动或掉头。

冷拌沥青混合料施工遇雨应立即停止铺筑,以防雨水将乳液冲走。

6）施工中应注意的问题

（1）混合料的拌和

由于乳液的粘度低,与各级配骨料都有良好的施工和易性,但由于乳液与骨料有粘附、破乳、析水、恢复沥青性能等过程,拌和操作应注意下列事项：

粗级配混合料可用机械或人工拌和,密级配混合料因骨料中含有矿粉等细料,应采用机械拌和。拌和机械应选用强制式拌和机,不宜用自落式拌和机。因自落式拌和机拌和能力差、出料慢、细料容易聚团或粘附在拌和筒壁上,拌和混合料质量不均匀。

混合料的拌和应在乳液的破乳前结束,否则将因乳液的破乳而失去施工的和易性。如在乳液破乳后继续搅拌混合料,会使骨料表面黏附的沥青膜剥落。因此掌握好拌和时间是保证混合料质量的重要环节。在保证乳液与骨料拌和均匀的前提下,拌和时间宜短不宜长。

矿料在与乳液拌和前,需用水将矿料润湿,潮湿的骨料便于乳液的分布,也可延缓乳液的破乳时间,保持良好的施工和易性,使乳液均匀裹覆在骨料的表面。但在低温季节(如15℃以下)施工时,骨料不必先湿润,可直接与乳液掺拌。

（2）混合料的摊铺

拌制的混合料可用摊铺机摊铺,也可用人工摊铺,但人工摊铺不得扬锹甩料,避免混合料的离散。整平工作,不要过多地用刮板摊料,因刚拌完混合料时沥青膜与骨料的黏附不牢,尤其是大骨料表面的沥青膜,在刮板来回地推动下,可能使其剥落,所以在人工摊铺时,摊铺厚度应大致均匀,稍加平整即可。

（3）混合料的碾压

由于混合料含水,碾压受气温与湿度的影响,因此,对于这种混合料的压实应注意以下事项：

当混合料摊铺平整后,可以立即进行压实。为了防止初期碾压出现波浪推移现象,开始应用 6t 左右的轻型压路机碾压 1～2 遍,使混合料达到初步稳定,碾压时应匀速进退,不要在碾压路段上制动和起动,以免混合料发生局部拥包和搓板开裂。

为了避免碾压时粘轮,应在钢轮上经常涂废机油或洒水。

在混合料经过轻型压路机初步碾压后,最好再用轮胎压路机继续进行充分压实,也可用 10～20t 钢轮压路机碾压,但重型的钢轮压路机不能多碾,过碾会使路面出现开裂或推移,一般只宜碾压 1～2 遍。如果路面铺筑厚度小于 4cm 时,更不可用重型钢轮压路机碾压。

为了促使路面加快成型,可将出现开裂和推移的路面晾晒一段时间后再进行压实,也可以将前一日完成的路段进行复压。这种复压工作最好在地面温度较高(25℃以上)时进行。

进行碾压时,应配有经验的人工随机检查路面,发现局部有松散和开裂的地方,应立即将局部混合料挖换,补料整平后继续碾压密实。修补要仔细,保证路面的平整度。

（4）表面封层

用阳离子沥青乳液拌制的混合料,虽经压实,但其中仍然还有水份不断蒸发出来,使路面产生空隙,为了提高路面的密实性、稳定性和耐磨性,在铺好的路面上再做一次表面的封层处理。

2. 冷补沥青混合料

用于修补沥青路面坑槽的冷补沥青混合料宜采用适宜的改性沥青结合料制造,并具有良好的耐水性。

冷补沥青混合料的矿料级配宜参照表 7-4-1 的要求执行。沥青用量通过试验并根据实际使用效果确定,通常宜为 4% ~6%。其级配应符合补坑的需要,粗集料级配必须具有充分的嵌挤能力,以便在未经充分碾压的条件下可开放通车碾压而不松散。

冷补沥青混合料的矿料级配 表 7-4-1

类型	通过下列筛孔的百分率(mm)											
	26.5	19.0	16.0	13.2	9.5	4.75	2.36	1.18	0.6	0.3	0.15	0.075
细粒式 LB-10				100	80~100	30~60	10~40	5~20	0~15	0~12	0~8	0~5
细粒式 LB-13			100	90~100	60~95	30~60	10~40	5~20	0~15	0~12	0~8	0~5
中粒式 LB-16		100	90~100	50~90	40~75	30~60	10~40	5~20	0~15	0~12	0~8	0~5
粗粒式 LB-19	100	95~100	80~100	70~100	60~90	30~70	10~40	5~20	0~15	0~12	0~8	0~5

注:①黏聚性试验方法:将冷补材料 800g 装入马歇尔试模中,放入 4℃恒温室中 2~3h,取出后双面各击实 5 次,制作试件,脱模后放在标准筛上,将其直立并使试件沿筛框来回滚动 20 次,破损率不得大于 40%。
②冷补沥青混合料马歇尔试验方法:称混合料 1180g 在常温下装入试模中,双面各击实 50 次,连同试模一起以侧面竖立方式置 110℃烘箱中养生 24h,取出后再双面各击实 25 次,再连同试模在室温中竖立放置 24h,脱模后在 60℃恒温水槽中养生 30min,进行马歇尔试验。

冷补沥青混合料的质量要求如下:
(1)制造冷补沥青混合料的集料必须符合热拌沥青混合料集料的质量要求。
(2)有良好的低温操作和易性。用于冬季寒冷季节补坑的混合料,应在松散状态下经 -10℃ 的冰箱保持 24h 无明显的凝聚结块现象,且能用铁铲方便地拌和操作。
(3)有良好的耐水性,混合料按水煮法或水浸法检验的抗水剥落性能(裹覆面积)不得小于 95%。
(4)冷补沥青混合料应有足够的黏聚性,马歇尔试验稳定度宜不小于 3kN。

任务7.5　其他沥青路面施工

学习目标

1. 了解沥青表面处治、沥青贯入式的适用条件；
2. 知道沥青表面处治的目的；
3. 分析透层和黏层施工区别；
4. 根据《沥青路面施工技术规范》(JTG F40—2004)完成沥青表面处治、沥青贯入式、透层以及粘层施工作业；
5. 正确完成沥青表面处治、沥青贯入式、透层和黏层施工技术方案。

任务描述

利用某在建公路沥青表面处治、沥青贯入式、透层和黏层施工案例、多媒体教学资源，通过教师讲解，使同学们掌握其他路面施工工艺及施工要点、施工质量标准。

学习引导

本工作任务沿着以下脉络进行学习：

沥青表面处治等其他施工相关知识 → 某在建公路采用沥青表面处治等其他路面施工案例 → 掌握沥青表面处治等其他沥青路面的施工方法及施工要点

 相关知识

1. 沥青表面处治

1）适用条件

沥青表面处治是用拌和法或层铺法施工的路面薄层，主要用于改善行车条件，厚度不大于3cm。由于处治层很薄，一般不起提高强度作用，其主要作用是抵抗行车的磨耗，增强防水性，提高平整度，改善路面的行车条件。沥青表面处治适用于三级及三级以下公路的沥青面层。各种封层适用于加铺薄层罩面、磨耗层、水泥混凝土路面上的应力缓冲层、各种防水和密水层、预防性养护罩面层。沥青表面处治与封层宜选择在干燥和较热的季节施工，并在最高温度低于15℃到来以前半个月及雨季前结束。

沥青表面处治具有三个主要目的：提供耐久抗滑的道路表面；封闭道路表面以防止被水浸入；抑制道路表面的崩解。

影响表面处治性能的因素有：

（1）交通量

每条道路每天货运汽车的数量对石屑嵌入道路表面有一定的影响。货运汽车是指未载货自重大于1.5t的车，较低轴载的车辆对石屑埋入影响不大。

（2）现有道路表面

石屑陷入原有道路表面的程度与它的表面硬度以及车道上面行驶的货运汽车数量有关。当陈旧道路表面呈多孔情况，必须估计到部分黏结料因渗入下层导致面层粘膜的实际厚度减少。陈旧道路表面严重开裂最终会扩展到表面处治层上。

（3）石屑粒径和种类

石屑不应太小，否则不久会埋入表面下层；要是太大，车辆会把它们从路面挤脱。石屑应有足够的强度和抗磨光能力，适宜于道路的表面处治。

（4）黏结料

它的功能是填实裂缝并把石屑同下层表面结合起来。黏结料须有适当的黏度，以使它在摊铺时将石屑充分湿润，道路开放行车后可以防止石屑脱落，并在长期低温时不致脆化。

（5）黏结料的撒布率

必须有足够的撒布率在表面处治施工后牢固地粘住石屑，在表面处治使用期内要有足够的表面纹理深度，撒布时须不过量，但考虑部分粘结料用手工填补孔隙。

（6）环境条件

环境条件可能与当时的位置、气候或特殊的交通情况有关，表面处治的黏结料凝结速度与铺筑在空旷或有遮盖场地有关，进行表面处治的季节和处治后初期使用的气候对其性能有重要的影响；车辆在交叉口或环道处因制动、加速或转弯而增加的应力会加速石屑被剥落。

2）材料规格和用量

沥青表面处治可采用道路石油沥青、乳化沥青、煤沥青铺筑，沥青标号应按照现行《公路沥青路面施工技术规范》（JTG F40—2004）相关规定选用。沥青表面处治的集料最大粒径应与处治层的厚度相等，其规格和用量宜按表7-5-1选用；沥青表面处治施工后，应在路侧另备S12（5~10mm）碎石或S14（3~5mm）石屑、粗砂或小砾石2~3m³/1000m²作为初期养护用料。

沥青表面处治材料规格和用量　　　表 7-5-1

沥青种类	类型	厚度(mm)	集料(m³/1000m²) 第一层 规格 用量	第二层 规格 用量	第三层 规格 用量	沥青或乳液用量(kg/m²) 第一次	第二次	第三次	合计用量
石油沥青	单层	1.0 1.5	S12　7~9 S10　12~14			1.0~1.2 1.4~1.6			1.0~1.2 1.4~1.6
石油沥青	双层	1.5 2.0 2.5	S10　12~14 S9　16~18 S8　18~20	S12　7~8 S12　7~8 S12　7~8		1.4~1.6 1.6~1.8 1.8~2.0	1.0~1.2 1.0~1.2 1.0~1.2		2.4~2.8 2.6~3.0 2.8~3.2
石油沥青	三层	2.5 3.0	S8　18~20 S6　20~22	S12　12~14 S12　12~14	S12　7~8 S12　7~8	1.6~1.8 1.8~2.0	1.2~1.4 1.2~1.4	1.0~1.2 1.0~1.2	3.8~4.4 4.0~4.6
乳化沥青	单层	0.5	S14　7~9			0.9~1.0			0.9~1.0
乳化沥青	双层	1.0	S12　9~11	S14　4~6		1.8~2.0	1.0~1.2		2.8~3.2
乳化沥青	三层	3.0	S6　20~22	S10　9~11	S12　4~6 S14　3.5~4.5	2.0~22	1.8~2.0	1.0~1.2	4.8~5.4

注:①煤沥青表面处治的沥青用量可比石油沥青用量增加15%~20%;
②表中的乳液用量按乳化沥青的蒸发残留物含量60%计算,如沥青含量不同应予折算;
③在高寒地区及干旱风沙大的地区,可超出高限5%~10%。

2. 沥青贯入式

1) 适用条件

沥青贯入式路面是在初步压实的碎石(砾石)层上,分层浇洒沥青、撒布嵌缝料后经压实而成的路面。沥青贯入式路面适用于三级及三级以下公路,也可作为沥青路面的联结层或基层。沥青贯入式路面的厚度宜为4~8cm,但乳化沥青贯入式路面的厚度不宜超过5cm。当贯入层上部加铺拌和的沥青混合料面层成为上拌下贯式路面时,拌和层的厚度宜不小于1.5cm。沥青贯入式路面的最上层应撒布封层料或加铺拌和层。沥青贯入层作为联结层使用时,可不撒表面封层料。

沥青贯入式路面宜选择在干燥和较热的季节施工,并宜在日最高温度降低至15℃以前半个月结束,使贯入式结构层通过开放交通碾压成型。

2) 材料规格和用量

(1) 沥青贯入式路面的集料

沥青贯入式路面的集料应选择有棱角、嵌挤性好的坚硬石料,其规格和用量宜根据贯入层厚度按表7-5-2或表7-5-3选用。当使用破碎砾石时,其破碎面应符合规范要求。沥青贯入层主层集料中大于粒径范围中值的数量不宜少于50%。表面不加铺拌和层的贯入式路面在施工结束后每1000m² 宜另备 2~3m³ 与最后一层嵌缝料规格相同的细集料等供初期养护使用。

沥青贯入式面路面材料规格和用量

（用量单位：集料：m³/1000m²，沥青及沥青乳液：kg/m²）　　表 7-5-2

沥青品种	石油沥青					
厚度(cm)	4		5		6	
规格和用量	规格	用量	规格	用量	规格	用量
封层料	S14	3~5	S14	3~5	S13(S14)	4~6
第三遍沥青		1.0~1.2		1.0~1.2		1.0~1.2
第二遍嵌缝料	S12	6~7	S11(S10)	10~12	S11(S10)	10~12
第二遍沥青		1.6~1.8		1.8~2.0		2.0~2.2
第一遍嵌缝料	S10(S9)	12~14	S8	12~14	S8(S6)	16~18
第一遍沥青		1.8~2.1		1.6~1.8		2.8~3.0
主层石料	S5	45~50	S4	55~60	S3(S4)	66~76
沥青总用量		4.4~5.1		5.2~5.8		5.8~6.4

沥青品种	石油沥青				乳化沥青			
厚度(cm)	7		8		4		5	
规格和用量	规格	用量	规格	用量	规格	用量	规格	用量
封层料	S13(S14)	4~6	S13(S14)	4~6	S13(S14)	4~6	S14	4~6
第五遍沥青								0.8~1.0
第四遍嵌缝料							S14	5~6
第四遍沥青						0.8~1.0		1.2~1.4
第三遍嵌缝料					S14	5~6	S12	7~9
第三遍沥青		1.0~1.2		1.0~1.2		1.4~1.6		1.5~1.7
第二遍嵌缝料	S10(S11)	11~13	S10(S11)	11~13	S12	7~8	S10	9~11
第二遍沥青		2.4~2.6		2.6~2.8		1.6~1.8		1.6~1.8
第一遍嵌缝料	S6(S8)	18~20	S6(S8)	20~22	S9	12~14	S8	10~12
第一遍沥青		3.3~3.5		4.4~4.2		2.2~2.4		2.6~2.8
主层石料	S2	80~90	S1(S2)	95~100	S5	40~45	S4	50~55
沥青总用量		6.7~7.3		7.6~8.2		6.0~6.8		7.4~8.5

注①煤沥青贯入式的沥青用量可较石油沥青用量增加 15%~20%；
②表中乳化沥青是指乳液的用量，并适用于乳液浓度约为 60% 的情况，如果浓度不同，用量应予换算；
③在高寒地区及干旱风砂大的地区，可超出高限，再增加 5%~10%。

上拌下贯式路面的材料规格和用量

(用量单位:集料:m³/1000m²,沥青及沥青乳液:kg/m²)   表 7-5-3

沥青品种	石油沥青					
厚度(cm)	4		5		6	
规格和用量	规格	用量	规格	用量	规格	用量
第二遍嵌缝料	S12	5~6	S12(S11)	7~9	S12(S11)	7~9
第二遍沥青		1.4~1.6		1.6~1.8		1.6~1.8
第一遍嵌缝料	S10(S9)	12~14	S8	16~18	S8(S7)	16~18
第一遍沥青		2.0~2.3		2.6~2.8		3.2~3.4
主层石料	S5	45~50	S4	55~60	S3(S2)	66~76
沥青总用量		3.4~3.9		4.2~4.6		4.8~5.2

沥青品种	石油沥青		乳化沥青			
厚度(cm)	7		5		6	
规格和用量	规格	用量	规格	用量	规格	用量
第四遍嵌缝料					S14	4~6
第四遍沥青						1.3~1.5
第三遍嵌缝料			S14	4~6	S12	8~10
第三遍沥青				1.4~1.6		1.4~1.6
第二遍嵌缝料	S10(S11)	8~10	S12	9~10	S9	8~12
第二遍沥青		1.7~1.9		1.8~2.0		1.5~1.7
第一遍嵌缝料	S6(S8)	18~20	S8	15~17	S6	24~26
第一遍沥青		4.0~4.2		2.5~2.7		2.4~2.6
主层石料	S2(S3)	80~90	S4	50~55	S3	50~55
沥青总用量		5.7~6.1		5.9~6.2		6.7~7.2

注:①煤沥青贯入式的沥青用量可较石油沥青用量增加 15%~20%;
②表中乳化沥青是指乳液的用量,并适用于乳液浓度约为 60% 的情况;
③在高寒地区及干旱风砂大的地区,可超出高限,再增加 5%~10%。
④表面加铺拌和层部分的材料规格及沥青(或乳化沥青)用量按热拌沥青混合料(或乳化沥青碎石混合料路面)的有关规定执行。

沥青贯入层的主层集料最大粒径宜与贯入层厚度相当。当采用乳化沥青时,主层集料最大粒径可采用厚度的 0.8~0.85 倍,数量宜按压实系数 1.25~1.30 计算。

(2)沥青贯入层的结合料

沥青贯入式路面的结合料可采用道路石油沥青、煤沥青或乳化沥青,沥青标号按规范选用。

贯入式路面各层分次沥青用量应根据施工气温及沥青标号等在规定范围内选用,在寒冷地带或当施工季节气温较低、沥青针入度较小时,沥青用量宜用高限。在低温潮湿气候下用乳化沥青贯入时,应按乳液总用量不变的原则进行调整,上层较正常情况适当增加,下层较正常情况适当减少。

3. 透层

透层是为使沥青面层与非沥青材料基层结合良好,在基层上喷洒液体石油沥青、乳化沥青、煤沥青而形成的透入基层表面一定深度的薄层。

沥青路面各类基层都必须喷洒透层油,沥青层必须在透层油完全渗透入基层后方可铺筑。基层上设置下封层时,透层油不宜省略。气温低于10℃或大风、即将降雨时不得喷洒透层油。根据基层类型选择渗透性好的液体沥青、乳化沥青、煤沥青作透层油,喷洒后通过钻孔或挖掘确认透层油渗透入基层的深度宜不小于5mm(无机结合料稳定集料基层)~10mm(无结合料基层),并能与基层联结成为一体。

透层油的黏度通过调节稀释剂的用量或乳化沥青的浓度得到适宜的粘度,基质沥青的针入度通常宜不小于100。透层用乳化沥青的蒸发残留物含量允许根据渗透情况适当调整,当使用成品乳化沥青时可通过稀释得到要求的粘度。透层用液体沥青的粘度通过调节煤油或轻柴油等稀释剂的品种和掺量经试验确定。透层油的用量通过试洒确定,不宜超出表7-5-4要求的范围。

沥青路面透层材料的规格和用量表　　　　　表7-5-4

用途	液体沥青		乳化沥青		煤沥青	
	规格	用量(L/m²)	规格	用量(L/m²)	规格	用量(L/m²)
无结合料粒料基层	AL(M)-1、2或3	1.0~2.3	PC-2	1.0~2.0	T-1	1.0~1.5
	AL(S)-1、2或3		PA-2		T-2	
半刚性基层	AL(M)-1或2	0.6~1.5	PC-2	0.7~1.5	T-1	0.7~1.0
	AL(S)-1或2		PA-2		T-2	

注:表中用量是指包括稀释剂和水分等在内的液体沥青、乳化沥青的总量。乳化沥青中的残留物含量以50%为基准。

4. 黏层

黏层是为加强路面沥青层与沥青层之间、沥青层与水泥混凝土路面之间的黏结而洒布的沥青材料薄层。

符合下列情况之一时,必须喷洒黏层油。

(1)双层式或三层式热拌热铺沥青混合料路面的沥青层之间。

(2)水泥混凝土路面、沥青稳定碎石基层或旧沥青路面层上加铺沥青层。

(3)路缘石、雨水口、检查井等构造物与新铺沥青混合料接触的侧面。

黏层油宜采用快裂或中裂乳化沥青、改性乳化沥青,也可采用快、中凝液体石油沥青,其规格和质量应符合本规范的要求,所使用的基质沥青标号宜与主层沥青混合料相同。

黏层油品种和用量,应根据下卧层的类型通过试洒确定,并符合表7-5-5的要求。当黏层油上铺筑薄层大空隙排水路面时,黏层油的用量宜增加到0.6~1.0L/m²。在沥青层之间兼作封层而喷洒的粘层油宜采用改性沥青或改性乳化沥青,其用量宜不少于1.0L/m²。

沥青路面黏层材料的规格和用量表　　　　　表7-5-5

下卧层类型	液体沥青		乳化沥青	
	规格	用量(L/m²)	规格	用量(L/m²)
新建沥青层或旧沥青路面	AL(R)-3~AL(R)-6	0.3~0.5	PC-3	0.3~0.6
	AL(M)-3~AL(M)-6		PA-3	
水泥混凝土	AL(M)-3~AL(M)-6	0.2~0.4	PC-3	0.3~0.5
	AL(S)-3~AL(S)-6		PA-3	

注:表中用量是指包括稀释剂和水分等在内的液体沥青、乳化沥青的总量。乳化沥青中的残留物含量以50%为基准。

任务实施

1. 沥青表面处治施工

沥青表面处治宜选择在干燥和较热的季节施工,并在最高温度低于 15℃ 时期到来之前半个月及雨季前结束。施工方法可采用拌和法和层铺法。

1) 拌和法

拌和法施工时可采用热拌热铺法,也可采用冷拌冷铺法。热拌热铺可按照热拌沥青混合料路面的施工方法进行;冷拌冷铺时可按照乳化沥青碎石混合料路面的施工方法进行。

2) 层铺法

层铺法沥青表面处治路面宜采用沥青洒布车及集料撒布机联合作业。沥青洒布车喷洒沥青时应保持稳定速度和喷洒量,并保持整个洒布宽度喷洒均匀。小规模工程可采用机动或手摇的手工沥青洒布机洒布沥青。洒布设备的喷嘴应适用于沥青的稠度,确保能成雾状,与洒油管成 15°~25° 的夹角,洒油管的高度应使同一地点接受 2~3 个喷油嘴喷洒的沥青,不得出现花白条。

沥青表面处治喷洒沥青材料时应对道路人工构造物、路缘石等外露部分作防污染遮盖。沥青表面处治施工应确保各工序紧密衔接,每个作业段长度应根据施工能力确定,并在当天完成。人工撒布集料时应等距离划分段落备料。

层铺法施工前应做好路用材料的准备及质量检验工作,调试沥青洒布车、集料撒布车及压实等机械,使其处于正常工作状态。沥青表面处治层的下承层上应浇洒透层、黏层或铺筑封层。三层式沥青表面处治的施工工艺应按下列步骤进行:

(1) 清扫基层,撒布第一层沥青。沥青的撒布温度根据气温及沥青标号选择,石油沥青宜为 130~170℃,煤沥青宜为 80~120℃,乳化沥青在常温下洒布,加温洒布的乳液温度不得超过 60℃。前后两车喷洒的接茬处用铁板或建筑纸铺 1~1.5m,使搭接良好。分几幅浇洒时,纵向搭接宽度宜为 100~150mm。撒布第二、三层沥青的搭接缝应错开。

(2) 撒布主层沥青后应立即用集料撒布机或人工撒布第一层主集料。撒布集料后应及时扫匀,达到全面覆盖、厚度一致、集料不重叠、也不露出沥青的要求。局部有缺料时适当找补,积料过多的将多余集料扫出。两幅搭接处,第一幅撒布沥青应暂留 100~150mm 宽度不撒布石料,待第二幅一起撒布。

(3) 撒布主集料后,不必等全段撒布完,立即用 6~8t 钢筒双轮压路机从路边向路中心碾压 3~4 遍,每次轮迹重叠约 300mm。碾压速度开始不宜超过 2km/h,以后可适当增加。

(4) 第二、三层的施工方法和要求应与第一层相同,但可以采用 8t 以上的压路机碾压。

3) 注意事项

除乳化沥青表面处治应待破乳、水分蒸发并基本成型后方可通车外,沥青表面处治在碾压结束后即可开放交通,并通过开放交通补充压实,成型稳定。在通车初期应设专人指挥交通或设置障碍物控制行车,限制行车速度不超过 20km/h,严禁畜力车及铁轮车行驶,使路面全部宽度均匀压实。

沥青表面处治应注意初期养护。当发现有泛油时,应在泛油处补撒与最后一层石料规格相同的嵌缝料并扫匀,过多的浮料应扫出路外。

2. 封层施工

为封闭表面空隙、防止水分侵入而在沥青面层或基层上铺筑的有一定厚度的沥青混合料薄层。铺筑在面层表面的称为上封层;铺筑在沥青面层下面、基层表面的称为下封层。一般当面层空隙较大、渗水严重、有裂缝或已修补的旧沥青路面和需要铺筑抗滑磨耗层或保护层的旧沥青路面,需要在沥青面层上铺筑上封层;当位于多雨地区且沥青面层空隙较大、渗水严重的路面或基层铺筑后不能及时铺沥青面层而又需要开放交通的路面,宜在喷洒透层油后铺筑下封层。

1) 上封层

根据情况可选择乳化沥青稀浆封层、微表处、改性沥青集料封层、薄层磨耗层或其他适宜的材料。铺设上封层的下卧层必须彻底清扫干净,对车辙、坑槽、裂缝进行处理或挖补。

上封层的类型根据使用目的、路面的破损程度选用。裂缝较细、较密的可采用涂洒类密封剂、软化再生剂等涂刷罩面;对二级及二级以下公路的旧沥青路面可以采用普通的乳化沥青稀浆封层,也可在喷洒道路石油沥青后撒布石屑(砂)后碾压作封层;对高速公路、一级公路有轻微损坏的宜铺筑微表处;对用于改善抗滑性能的上封层可采用稀浆封层、微表处或改性沥青集料封层。

2) 下封层

多雨潮湿地区的高速公路、一级公路的沥青面层空隙率较大,有严重渗水可能,或铺筑基层不能及时铺筑沥青面层而需通行车辆时,宜在喷洒透层油后铺筑下封层。

下封层宜采用层铺法表面处治或稀浆封层法施工。稀浆封层可采用乳化沥青或改性乳化沥青作结合料。下封层的厚度不宜小于6mm,且做到完全密水。以层铺法沥青表面处治铺筑下封层时,通常采用单层式,表7-5-1中的矿料用量宜为$5\sim8m^3/1000m^2$,沥青用量可采用要求范围的中高限。

3) 稀浆封层和微表处

(1) 适用情况

稀浆封层是用适当级配的石屑或砂、填料(水泥、石灰、粉煤灰、石粉等)与乳化沥青、外掺剂和水,按一定比例拌和而成的流动状态的沥青混合料,将其均匀地摊铺在路面上形成的沥青封层。

微表处是采用适当级配的石屑或砂、填料(水泥、石灰、粉煤灰、石粉等)与聚合物改性乳化沥青、外掺剂和水按一定比例拌和而成的流动状态的沥青混合料,将其均匀地摊铺在路面上形成的沥青封层。

微表处主要用于高速公路及一级公路的预防性养护以及填补轻度车辙,也适用于新建公路的抗滑磨耗层。稀浆封层一般用于二级及二级以下公路的预防性养护,也适用于新建公路的下封层。

稀浆封层和微表处必须使用专用的摊铺机进行摊铺。单层微表处适用于旧路面车辙深度不大于15mm的情况,超过15mm的必须分两层铺筑,或先用V字形车辙摊铺箱摊铺,深度大于40mm时不适宜微表处处理。微表处必须采用改性乳化沥青,稀浆封层可采用普通乳化沥青或改性乳化沥青。

(2) 施工技术要点

稀浆封层和微表处施工前,应彻底清除原路面的泥土、杂物,修补坑槽、凹陷,较宽的裂缝宜清理灌缝。在水泥混凝土路面上铺筑微表处时宜洒布粘层油,过于光滑的表面需拉毛处理。

稀浆封层和微表处的最低施工温度不得低于10℃，严禁在雨天施工，摊铺后尚未成型混合料遇雨时应予铲除。

稀浆封层和微表处两幅纵缝搭接的宽度不宜超过80mm，横向接缝宜做成对接缝。分两层摊铺时，第一层摊铺后至少应开放交通24h后方可进行第二层摊铺。

稀浆封层和微表处铺筑后的表面不得有超粒径料拖拉的严重划痕，横向接缝和纵向接缝处不得出现余料堆积或缺料现象，用3m直尺测量接缝处的不平整度不得大于6mm。对微表处不得有横向波浪和深度超过6mm的纵向条纹。经养生和初期交通碾压稳定的稀浆封层和微表处，在行车作用下应不飞散且完全密水。

3. 沥青贯入式施工

1) 施工准备

沥青贯入式路面施工前，基层必须清扫干净。当需要安装路缘石时，应在路缘石安装完成后施工。路缘石应予遮盖。

乳化沥青贯入式路面必须浇洒透层或黏层沥青。沥青贯入式路面厚度小于或等于5cm时，也应浇洒透层或黏层沥青。

2) 施工工艺流程

沥青贯入式路面的施工应按下列步骤进行：

(1) 采用碎石摊铺机、平地机或人工摊铺主层集料。铺筑后严禁车辆通行。

(2) 碾压主层集料。撒布后应采用6~8t的轻型钢筒式压路机自路两侧向路中心碾压，碾压速度宜为2km/h，每次轮迹重叠约30cm，碾压一遍后检验路拱和纵向坡度，当不符合要求时，应调整找平后再压。然后用重型的钢轮压路机碾压，每次轮迹重叠1/2左右，宜碾压4~6遍，直至主层集料嵌挤稳定，无显著轮迹为止。

(3) 浇洒第一层沥青。采用乳化沥青贯入时，为防止乳液下漏过多，可在主层集料碾压稳定后，先撒布一部分上一层嵌缝料，再浇洒主层沥青。

(4) 采用集料撒布机或人工撒布第一层嵌缝料。撒布后尽量扫匀，不足处应找补。当使用乳化沥青时，石料撒布必须在乳液破乳前完成。

(5) 立即用8~12t钢筒式压路机碾压嵌缝料，轮迹重叠轮宽的1/2左右，宜碾压4~6遍，直至稳定为止。碾压时随压随扫，使嵌缝料均匀嵌入。因气温较高使碾压过程中发生较大推移现象时，应立即停止碾压，待气温稍低时再继续碾压。

(6) 按上述方法浇洒第二层沥青、撒布第二层嵌缝料，然后碾压，再浇洒第三层沥青。

(7) 按撒布嵌缝料方法撒布封层料。

(8) 采用6~8t压路机作最后碾压，宜碾压2~4遍，然后开放交通。

3) 施工技术要点

沥青贯入式路面开放交通后作初期养护。

铺筑上拌下贯式路面时，贯入层不撒布封层料，拌和层应紧跟贯入层施工，使上下成为一整体。贯入部分采用乳化沥青时应待其破乳、水分蒸发且成型稳定后方可铺筑拌和层，当拌和层与贯入部分不能连续施工，且要在短期内通行施工车辆时贯入层部分的第二遍嵌缝料应增加用量2~3m³/1000m²，在摊铺拌和层沥青混合料前，应作补充碾压，并浇洒粘层沥青。

4. 透层施工

用于半刚性基层的透层油宜紧接在基层碾压成型后表面稍变干燥、但尚未硬化的情况下喷洒。

在无结合料粒料基层上洒布透层油时,宜在铺筑沥青层前1~2天洒布。

透层油宜采用沥青洒布车一次喷洒均匀,使用的喷嘴宜根据透层油的种类和黏度选择并保证均匀喷洒,沥青洒布车喷洒不均匀时宜改用手工沥青洒布机喷洒。

喷洒透层油前应清扫路面,遮挡防护路缘石及人工构造物避免污染,透层油必须洒布均匀,有花白遗漏应人工补洒,喷洒过量的立即撒布石屑或砂吸油,必要时作适当碾压。透层油洒布后不得在表面形成能被运料车和摊铺机粘起的油皮,透层油达不到渗透深度要求时,应更换透层油稠度或品种。

层油洒布后的养生时间随透层油的品种和气候条件由试验确定,确保液体沥青中的稀释剂全部挥发,乳化沥青渗透且水分蒸发,然后尽早铺筑沥青面层,防止工程车辆损坏透层。

5. 黏层施工

黏层油宜采用沥青洒布车喷洒,并选择适宜的喷嘴,洒布速度和喷洒量保持稳定。当采用机动或手摇的手工沥青洒布机喷洒时,必须由熟练的技术工人操作,均匀洒布。气温低于10℃时不得喷洒黏层油,寒冷季节施工不得不喷洒时可以分成两次喷洒。路面潮湿时不得喷洒黏层油,用水洗刷后需待表面干燥后喷洒。

喷洒的黏层油必须成均匀雾状,在路面全宽度内均匀分布成一薄层,不得有洒花漏空或成条状,也不得有堆积。喷洒不足的要补洒,喷洒过量处应予刮除。喷洒粘层油后,严禁运料车外的其他车辆和行人通过。

黏层油宜在当天洒布,待乳化沥青破乳、水分蒸发完成,或稀释沥青中的稀释剂基本挥发完成后,紧跟着铺筑沥青层,确保黏层不受污染。

任务7.6　沥青路面施工质量控制及验收

学习目标

1. 了解施工准备阶段质量控制内容；
2. 知道施工过程中的质量检查及控制标准；
3. 分析不同类型沥青路面施工阶段质量控制；
4. 根据《公路工程质量检验与评定标准　第一册　土建工程》(JTG F80/1—2004)检查与评定路面基层施工质量；
5. 正确完成检测和评定沥青路面的质量。

任务描述

通过沥青路面施工质量控制和验收标准相关知识的学习，掌握沥青混合料路面质量控制指标，具备检测和评定沥青路面质量的能力。

学习引导

本工作任务沿着以下脉络进行学习：

沥青路面施工过程质量控制的内容 → 施工质量控制指标 → 检查验收外形、质量合格标准

基本知识

所谓质量控制，就是为了确保合同和有关技术规范所规定的质量标准而采取的一系列监控措施、手段和方法。

沥青路面施工质量控制包括所用原材料的质量检验、施工过程中各种工序间的质量控制及检查验收。

任务实施

1. 施工准备阶段质量控制内容

1）材料质量检查

质量好的原材料是保证路面质量的关键因素，施工单位在开工前，应根据设计要求确定原材料的来源。

对于粗集料，其颗粒形状往往决定混合料是否能够形成稳定的嵌挤骨架，粗集料颗粒形状与其岩性和加工机械关系明显，需根据不同岩性选择不同的石料破碎机的形式，一般来说，锤击式或反击式破碎机轧制的集料针片状含量低于颚式破碎机。用于表面层的石料，其磨光值也要符合规定的要求。

为了保证沥青路面的集料质量，由建设单位组织统一开采加工，统一石料破碎机的型号和规格，按设计要求统一筛分设备的筛孔尺寸，这样能较好地保证所采用的碎石颗粒组成的均匀性、一致性，从而保证混合料各项技术指标的稳定性。在料场采取硬化指标措施，将不同规格的集料全部隔开，杜绝混堆，碎石、石屑、砂要全部覆盖，以防雨淋结块和粉尘的侵入导致级配变化。

施工前材料的质量检查应以同一料源、同一次购入并运至生产现场（或储入同一沥青罐、池）的相同规格品种的集料、沥青为一"批"进行检查。材料试样的取样数量与频率按现行有关试验规程的规定进行，每批材料的质量应符合规范的要求。对沥青等很重要试样，每批都应在试验后留样，封存备查，并记录沥青使用的路段，留存的数量不宜少于 4kg。

在沥青路面开工之前，施工单位对所选用的原材料，如沥青和各种规格的矿料的物理性质、级配等进行试验，并报监理工程师审核，特别是沥青等主要材料，为杜绝工程使用伪劣产品或弄虚作假，施工单位除必须十分重视进行材料试验外，还应经监理工程师、质量监督站或工程质量检测中心试验认可。

2）设备检查

机械设备是保证路面施工质量的另一个重要因素。我国国产机械型号复杂，质量好坏差别很大。因此，在施工前必须对拌合厂及沥青路面施工机械和设备的配套情况、性能、计量精度等进行认真细致地检查，不得采用不符合规定要求的施工机械和设备。

对实行监理制度的工程项目，材料试验结果及据此进行的配合比设计的结果、施工机械和设备的检查结果，都应在使用前规定的期限内向监理工程师或工程质量监督部门提出正式报告，待取得正式认可后方可使用。

3）施工放样及下承层检查

施工放样包括标高测量与平面控制两项内容。沥青路面开工前，监理工程师应对承包人的施工放样自检报告进行复核、审批。

要求承包人对下承层(基层或中、下面层)的检查包括以下内容:

(1)下承层表面应清洁、干燥、坚实、无任何松散的石料、尘土与杂志,并且不允许有油污。

(2)下承层表面应平整,当其平面凹洼的深度大于该层允许该层允许的铺筑误差时,应在上层材料铺筑前用沥青混合料予以填充并压实。

(3)当下承层为基层时,应喷洒透层沥青,当下承层为底面层且底面层与表面层铺筑时间间隔较长时,应喷洒黏层沥青。

4)铺筑试验路段

高速公路和一级公路在正式大面积施工前应铺筑试验段,其他等级公路在缺乏施工经验或初次使用重大设备时,也应铺筑试验段。试验段的长度宜为 100~200m,宜选择在直线段上,通过试验段的铺筑,取得各种施工控制参数。

2. 施工过程中的质量检查及控制标准

1)施工过程中的材料检查内容及要求

施工中的材料检查是在每批材料进场时已进行过检查及批准的基础上,施工过程中再抽查其质量稳定性(变异性)。施工单位在施工过程中必须经常对各种材料进行抽样试验,材料质量应符合质量指标的要求。检查内容应符合现行《沥青路面施工技术规范》要求。

材料检查的另一项重要内容是矿料级配和油石比计量精度。目前较好的搅拌设备,可使集料的累加计量精度和矿粉的计量精度达到 ±0.5% 以上,沥青的计量精度达到 ±0.3% 以上,可以满足任何配合比的沥青混合料的质量要求,但对称量系统装置要经常进行检查标定。

2)施工过程中质量检查及控制标准

施工过程中的质量检查包括工程质量及外形尺寸两部分。其检查内容、频度、质量标准应符合现行《公路工程质量检验评定标准》的规定要求。当检查结果达不到规定要求时,应追加检测数量,查找原因,做出处理。对沥青混凝土和沥青碎石混合料,尤其应注意一下几点:

(1)在沥青混合料拌和厂必须对拌和均匀性、拌和温度、出厂温度及各个料仓的用量进行检查,取样进行马歇尔试验,检测混合料的矿料级配和沥青用量。

(2)混合料铺筑现场必须对混合料质量及施工温度进行观测,随时检查厚度、压实度和平整度,并逐个断面测定形成尺寸。

(3)施工厚度的质量控制,除应在摊铺及压实时量取,并测量钻孔试件厚度外,还应校验由每一天的沥青混合料总量与实际铺筑的面积计算出的平均厚度。

(4)施工压实度的检查以钻孔法为准。用核子密度仪检查时应通过与钻孔密度的标定关系进行换算,并增加检测次数。施工过程中钻孔的试件应编号,贴上标签予以保存,以备工程交工验收时使用。

(5)高速公路和一级公路沥青路面的施工宜利用计算机实行动态质量管理。

3. 热拌沥青混合料路面施工阶段质量控制要点

1)沥青路面施工基本要求

(1)沥青混合料的矿料质量及矿料级配应符合设计要求和施工规范的规定。

(2)严格控制各种矿料和沥青用量及各种材料和沥青混合料的加热温度,沥青材料及混合料的各项指标应符合设计和施工规范要求。沥青混合料的生产,每日应做抽提试验、马歇尔稳定度试验。矿料级配、沥青含量、马歇尔稳定度等结果的合格率应不小于90%。

(3)拌和后的沥青混合料应均匀一致,无花白,无粗细料分离和结团成块现象。

(4)基层必须碾压密实,表面干燥、清洁、无浮土,其平整度和路拱度应符合要求。

(5)摊铺时应严格控制摊铺厚度和平整度,避免离析,注意控制摊铺和碾压温度,碾压至要求的压实度。

2)沥青混凝土面层实测项目(如表7-6-1所示)。

沥青混凝土面层面层实测项目 表7-6-1

项次	检查项目		规定值或允许偏差		检查方法和频率	权值
			高速公路、一级公路	其他公路		
1	压实度(%)		试验标准密度的96% 最大理论密度的92% 试验段密度的98%		按有关方法检查,每200m测1处	3
2	平整度	σ(mm)	1.2	2.5	平整度仪:全线每车道按每100m计算IRI或σ	2
		IRI(m/km)	2.0	4.2		
		最大间隙h(mm)	—	5	3m直尺:每200m测2处×10尺	
3	弯沉值(0.01mm)		符合设计要求		按有关方法检查	2
4	渗水系统		SMA路面200mL/min; 其他沥青混凝土路面300mL/min		渗水试验:每200m测1处	2
5	抗滑	摩擦系数	符合设计要求		摆式仪:每200m测1处; 摩擦系数测定车:全线连续,按有关方法评定	2
		构造深度			铺砂法:每200m测1处	
6	厚度(mm)	代表值	总厚度:设计值的-5% 上面层:设计值的-10%	-8%H	按有关方法检查,双车道每200m测1处	3
		合格值	总厚度:设计值的-10% 上面层:设计值的-20%	-15%H		
7	中线平面偏位(mm)		20	30	经纬仪:每200m测4点	1
8	纵段高程(mm)		±15	±20	水准仪:每200m测4断面	1
9	宽度(mm)	有侧石	±20	±30	尺量:每200m测4断面	1
		无侧石	不小于设计值			
10	横坡(%)		±0.3	±0.5	水准仪:每200m测4断面	1

3)外观鉴定

(1)表面应平整密实,不应有泛油、松散、裂缝和明显离析等现象,对于高速公路和一级公路,有上述缺陷的面积(凡属单条的裂缝,则按其实际长度乘以0.2m宽度,折算成面积)之和不得超过受检面积的0.03%,其他公路不得超过0.05%。不符合要求时每超过0.03%或0.05%减2分。半刚性基层的反射裂缝可不记作施工缺陷,但应及时进行灌缝处理。

(2)搭接处应紧密、平顺,烫缝不应枯焦。不符和要求时,累计每10m长减1分。

(3)面层与路缘石及其他构筑物应密贴接顺,不得有积水或漏水现象。不符合要求时,每一处减1~2分。

4. 沥青贯入式路面质量控制要点

1) 沥青贯入式路面基本要求

(1) 沥青材料的各项指标应符合设计要求和施工规范。

(2) 各种材料的规格和用量应符合设计要求和施工规范,上拌沥青混凝土混合料每日应做抽提试验和马歇尔稳定度试验。

(3) 碎石层必须平整坚实,嵌挤稳定,沥青贯入应深透,浇洒应均匀,不得污染其他构筑物。

(4) 嵌缝料必须趁热撒铺,扫料均匀,不应有重叠现象。

(5) 上层采用拌和料时,混合料均匀一致,无花白和粗细分离现象,摊铺平整,接茬平顺,及时碾压密实。

(6) 沥青贯入式面层施工前,应先做好路面结构层与路肩的排水。

2) 沥青贯入式路面实测项目(如表 7-6-2 所示)。

沥青贯入式面层(或上拌下贯式面层)**实测项目** 表 7-6-2

项次	检查项目		规定值或允许偏差	检查方法和频率	权值
1	平整度	σ(mm)	3.5	平整度仪:全钱每车道连续按每100m计算 IRI 或 σ	3
		IRI(m/km)	5.8		
		最大间隙 h(mm)	8	3m 直尺:每200m 测 2 处×10 尺	
2	弯沉值(0.01mm)		符合设计要求	按有关方法检查	2
3	厚度(mm)	代表值	-8%H 或 -5mm	按有关方法检查,每200m 每车道1点	3
		合格值	-15%H 或 -10mm		
4	沥青总用质量(kg/m²)		±0.5%	每工作日每层洒布查1次	3
5	中心平面偏位(mm)		30	经纬仪:每200m 测4点	1
6	纵断高程(mm)		±20	水准仪:每200m 测4断面	2
7	宽度(mm)	右侧石	±30	尺量:每200m 测4处	2
		无侧石	不小于设计		
8	横坡(%)		±0.5	水准仪:每200m 测4断面	2

3) 外观鉴定

(1) 表面应平整密实,不应有松散、裂缝、油包、波浪、泛油等现象,有上述缺陷的面积之和不超过受检面积的 0.2%。不符合要求时每超过 0.2% 减 2 分。

(2) 表面无明显碾压轮迹。

(3) 面层与路缘石及其他构筑物应密贴接顺,无积水现象。不符合要求时,每处减 1~2 分。

5. 沥青表面处治施工质量控制要求

1) 沥青表面处治基本要求

(1) 在新建或旧路的表层进行表面处治时,应将表面的泥砂及一切杂物清除干净,底层必须坚实、稳定、平整,保持干燥后才可施工。

(2) 沥青材料的各项指标和石料的质量、规格、用量应符合设计要求和施工规范的规定。

(3) 沥青浇洒应均匀,无露白,不得污染其他构筑物。

(4)嵌缝料必须趁热撒铺,扫布均匀,不应有重叠现象,压实平整。

2)沥青表面处治实测项目,如表7-6-3所示。

沥青表面处治面层实测项目　　　　　　　表7-6-3

项次	检 查 项 目		规定值或允许偏差	检查方法和频率	权值
1	平整度	σ(mm)	4.5	平整度仪:全线每车道连续按每100m计算IRI或σ	2
		IRI(m/km)	7.5		
		最大间隙h(mm)	10	3m直尺:每200m测2处×10尺	
2	弯沉值(0.01mm)		符合设计要求	按有关方法检查	2
3	厚度(mm)	代表值	-5	按有关方法检查,每200m每车道1点	3
		合格值	-10		
4	沥青总用质量(kg/m²)		±0.5%	每工作日每层洒布查1次	2
5	中心平面偏位(mm)		30	经纬仪:每200m测4点	1
6	纵断高程(mm)		±20	水准仪:每200m测4断面	1
7	宽度(mm)	有侧石	±30	尺量:每200m测4处	2
		无侧石	不小于设计		
8	横坡(%)		±0.5	水准仪:每200m测4断面	1

3)外观鉴定

(1)表面平整密实,不应有松散、油包、油丁、波浪、泛油、封面料明显散失等现象,有上述缺陷的面积之和不超过受检面积的0.2%。不符和要求时每超过0.2%减2分。

(2)无明显碾压轮迹。不符合要求时,每处减1~2分。

(3)面层与路缘石及其他构筑物应密贴接顺,不得有积水现象。不符和要求时,每处减1~2分。

综合练习题

1. 沥青路面基本特征有哪些?
2. 沥青路面的分类是什么?
3. 如何选择道路石油沥青?
4. 沥青路面所用集料满足哪些要求?
5. 乳化沥青的分类是什么?各自的适用范围是什么?
6. 沥青路面基本特征有哪些?
7. 热拌沥青混合料的分类是什么?
8. 热拌沥青混合料有哪些特点?
9. 热拌沥青混合料对间歇式拌和机有哪些要求?
10. 拌制沥青混合料的工作要点有哪些?
11. 沥青混合料运输时有哪些注意事项?
12. 沥青路面压实时碾压步骤是什么?

13. 沥青路面接缝包括哪些类型？各自的施工要求是什么？
14. 冷拌沥青混合料的适用条件是什么？
15. 冷拌沥青混合料施工工艺及注意事项有哪些？
16. 沥青表面处治的适用条件是什么？
17. 沥青表面处治的目的是什么？
18. 沥青表面处治的影响因素有哪些？
19. 沥青表面处治的施工工艺及注意事项有哪些？
20. 稀浆封层和微表处的适用条件是什么？以及对材料的要求都包括哪些？
21. 沥青贯入式的适用条件是什么？
22. 沥青贯入式面层施工工艺及注意事项有哪些？
23. 透层和黏层的适用条件是什么？
24. 透层施工的注意事项有哪些？
25. 黏层施工工艺的注意事项有哪些？

学习情境 8

水泥混凝土路面施工

任务 8.1　水泥混凝土路面认知

学习目标

1. 了解水泥混凝土路面的概念；
2. 知道水泥混凝土路面的类型；
3. 分析分析水泥混凝土路面的特点及适用条件；
4. 根据《公路水泥混凝土路面施工技术规范》(JTG D40—2010)分析水泥混凝土路面材料要求；
5. 正确完成水泥混凝土路面类型的认知。

任务描述

通过对水泥混凝土路面基本概念的学习，掌握水泥混凝土路面的特点和对材料要求，能够分析判断水泥混凝土路面所属类型。

学习引导

本工作任务沿着以下脉络进行学习：

水泥混凝土路面基本概念 → 水泥混凝土路面的类型 → 水泥混凝土路面特点 → 水泥混凝土路面的适用条件 → 水泥混凝土路面的原材料要求

一、相关知识

水泥混凝土路面俗称白色路面,它是以水泥与水拌和成的水泥浆为结合料,以碎(砾)石、砂等矿质集料为骨料和填充料,经过拌和、摊铺、振捣、整平和养生后修筑的水泥混凝土板作面层的路面。总体由面层、基层、垫层(底基层)、路基、路肩和排水设施等组成,是高等级重交通公路路面的主要类型之一,属于刚性路面。

1. 水泥混凝土路面类型

按组成材料和施工方法不同,水泥混凝土路面有以下几种类型:

1) 普通混凝土路面

亦称无筋混凝土或素混凝土路面,是指除接缝处和边角外,板内不配筋的水泥混凝土路面。这是目前在公路、城市道路及机场道路中应用最为广泛的一种类型,通常采用常规的振捣方法进行铺筑。

2) 碾压混凝土路面

指水泥和水的用量较普通混凝土显著减少的水泥混凝土混合料经摊铺、碾压成型的无筋混凝土路面。这是近年来出现的新的施工工艺。

3) 钢筋混凝土路面

为防止混凝土板产生的裂缝缝隙张开而在板内配置纵、横向钢筋或钢筋网的水泥混凝土路面。

4) 连续配筋混凝土路面

指沿纵向配置连续的钢筋,除了在与其他路面交接处或邻近构造物处设置胀缝以及视施工需要设置施工缝外,不设横向缩缝的水泥混凝土路面。由于钢筋用量大,造价较高,目前在我国仅铺筑了试验路。

5) 预应力混凝土路面

对混凝土和钢筋施加预应力的无筋或钢筋混凝土路面。在我国曾修建过试验路,尚未推广应用。

6) 钢纤维混凝土路面

指在混凝土中掺入一些低碳钢或不锈钢纤维,形成一种均匀多向配筋的水泥混凝土路面。我国已铺筑过试验路。

7) 复合式混凝土路面

指由两层或两层以上不同强度或不同类型的混凝土复合而成的水泥混凝土路面。

2. 水泥混凝土路面特点

与其他类型路面相比,水泥混凝土路面具有以下优点:

(1) 刚度大、强度高、板体性好

水泥混凝土具有较高的刚度,弹性模量达$(25\sim40)\times10^3$MPa。路面用混凝土的抗弯拉强度达$4.0\sim5.5$MPa,抗压强度达$30\sim40$MPa。因而,混凝土路面具有较高的承载能力和扩散荷载的能力。

(2) 稳定性好

水泥混凝土路面的水稳性、热稳性均较好,特别是它的强度能随着时间的延长而逐渐提高,不存在沥青路面的那种"老化"现象,也不易出现沥青路面的某些稳定性不足的损坏(如车辙等)。

(3) 耐久性好

由于水泥混凝土路面的强度和稳定性好,所以它经久耐用,在保证设计和施工质量的情况下,可使用20~40年以上。

(4) 抗侵蚀能力强

水泥混凝土对油、大多数化学物质不敏感,有较强的抗侵蚀能力。

(5) 养护费用少

在正常设计、施工和养护条件下,水泥混凝土路面的养护工作量和养护费用均比沥青路面小,通常约后者的1/3~1/4。因此,从长远角度来看,选用混凝土路面,其经济效益是比较显著的。

(6) 有利于夜间行车

混凝土路面色泽鲜明,能见度好,对夜间行车有利。

但是,混凝土路面也存在一些缺点,主要有以下几个方面:

(1) 对水泥和水的需要量大

修筑0.2m厚、7m宽的混凝土路面,每1km要耗费水泥约400~500t和水约250t,尚不包括养生用水在内,这对水泥供应不足和缺水地区带来较大困难。

(2) 有接缝

由于混凝土的硬化收缩和热胀冷缩影响,水泥混凝土路面设有许多纵向和横向接缝。这些接缝一方面增加了施工的难度,另一方面又形成了路面的薄弱处,当施工和养护不当时,易于导致唧泥、错台和断裂等损坏。同时,接缝也容易引起行车跳动,影响行驶的舒适性。

(3) 开放交通较迟

除碾压混凝土外,其他混凝土路面需要一定的养生期,以获得足够的强度。因而,铺筑完工后需要隔一定时期(14~21d以上)才能开放交通。

(4) 修补困难

水泥混凝土路面出现损坏后,修补工作较沥青路面困难的多,且修补的整体强度稍差。

(5) 噪声大

混凝土路面使用的中后期,由于接缝变形,而使平整度降低,车辆行驶的噪声较大。

3. 水泥混凝土路面适用情况

由于水泥混凝土路面具有上述的特点,使其适用的场合与沥青路面有所不同。国内外对水泥混凝土路面的修筑技术一直进行不懈地研究和总结,使水泥混凝土路面在技术上日臻完善,得到了较为广泛的应用。总的概括来说,水泥混凝土路面适用于交通繁重和重载交通道路、天气炎热和严重冰冻、路基承载能力低,且无不均匀沉降、缺乏优质集料、沥青来源不足,而水泥和其他水硬性结合料资源充足、建设资金筹集无困难等情况。

4. 水泥混凝土原材料的要求

组成混凝土的原材料包括:水泥、细集料(砂)、粗集料(碎石或砾石)、水及外加剂。

1) 水泥

水泥是混凝土路面的重要组成材料,混凝土的性能(强度、收缩性、温度徐变等)很大程度上取决于水泥的质量和用量。水泥品种及强度等级的选用,必须根据公路等级、工期、铺筑时间和方法及经济性等因素综合考虑决定。通常情况下,应采用强度高、收缩性小、耐磨性强、抗冻性好的水泥。公路城市道路、厂矿道路应采用硅酸盐水泥或普通硅酸盐水泥(简称普通水泥),水泥强度等级不应低于32.5级。当条件受到限制时,亦可采用矿渣水泥,但其强度等级不应低于32.5级,并应严格控制用水量,适当延长搅拌时间,加强养护工作。民航机场道面和高速公路,必须采用强度等级不低于32.5级的硅酸盐水泥。

水泥进场时,应有产品合格证及化验单。并应对品种、强度等级、包装、数量、出厂日期等进行检查验收。不同强度等级、厂牌、品种、出厂日期的水泥,不得混合堆放,严禁混合使用。出厂期超过三个月或受潮的水泥,必须经过试验,按其试验结果决定正常使用或降级使用,已经结块变质的水泥不得使用。

2)细集料

混凝土中粒径在0.16～5mm范围的集料称为细集料。细集料一般宜采用天然砂与人工砂或石屑,其质地应坚硬、耐久、洁净,并具有良好的级配。其细度模数宜在2.5以上。

3)粗集料

集料粒径大于5mm的叫做粗集料。普通混凝土常用的粗集料有砾(卵)石与碎石两种。为满足混凝土高强、抗滑、耐磨及耐久性等方面的要求,所用粗集料(碎石或卵石)必须坚硬、耐磨耗、洁净,并符合一定级配。颗粒应接近立方体,最大粒径不应超过40mm。

4)水

一般饮用水均可用于水泥混凝土拌制和养护;对非饮用水,应经化验并符合下列要求:(1)硫酸盐含量(SO_4^{2-})不得超过$2.7mg/cm^3$;(2)含盐量不得超过$5mg/cm^3$;(3)pH值不得小于4。

5)外加剂

为改善混凝土的技术性质,如早强、大流动度、高耐久性、缓凝、速凝、降低水化热等,可以在混凝土的制备过程中加入适量的外掺剂。修建路面常用的外加剂有以下四类:

①改善混凝土拌和物流动性能的外加剂:包括减水剂、引气剂、泵送剂等;②调节水泥凝结时间、硬化性能的外加剂:包括缓凝剂、速凝剂、早强剂;③改善混凝土耐久性的外加剂:包括引气剂、防水剂、阻锈剂;④改善混凝土其他性能的外加剂:包括加气剂、膨胀剂、防冻剂、着色剂等。

所选用的外加剂的质量应符合现行的国家标准。并应在充分调查、试验和实地试用后,再决定其是否适用。

6)接缝材料

接缝材料主要包括填缝料和接缝板。

(1)填缝料

填缝料指为防止雨水及砂、石等杂物进入水泥混凝土路面面板各种接缝内部,在其上部灌入的材料。填缝料应具有与混凝土面板缝壁黏结能力强、弹性好、拉伸量大、不溶于水、不渗水、高温时不流淌、低温时不脆裂和耐久性好等性能。常用的填缝料按施工温度分为两种,一种是加热施工式填缝料,另一种是常温施工式填缝料。加热施工式填缝料的品种主要有聚氯乙烯胶泥、沥青橡胶类和沥青玛琋脂等。其技术要求应符合表8-1-1的规定;常温施工式填缝料的品种主要有聚氨醋焦油类、氯丁橡胶类、乳化沥青橡胶类等。其技术要求应符合表8-1-2的规定。

加热施工式填缝料的技术要求　　　　表 8-1-1

试验项目	低弹性型	高弹性型	试验项目	低弹性型	高弹性型
针入度(0.01mm)	<50	<90	流动度(mm)	<5	<2
弹性(复原率%)	>30	>60	拉伸量(mm)	>10	>15

常温施工式填缝料的技术要求　　　　表 8-1-2

试验项目	低弹性型	高弹性型	试验项目	低弹性型	高弹性型
黏结延伸率(%)	≥200	≥400	流动度(mm)	0	0
失黏时间(h)	6~24	3~16	拉伸量(mm)	≥15	≥25
弹性(复原率%)	≥75	≥90	与混凝土黏结强度(MPa)	≥0.2	≥0.4

（2）接缝板

接缝板指为防止水泥混凝土路面面板膨胀压屈，置放在胀缝板中的预制板。混凝土面层的各种伸缝均应设置接缝板。接缝板的品种主要有杉木板、泡沫橡胶板、泡沫树脂板和纤维板等。其技术要求应符合表 8-1-3。

接缝板的技术要求表　　　　表 8-1-3

试验项目	接缝板种类			备注
	木材类	塑料泡沫类	纤维类	
压缩应力(MPa)	5.0~20.0	0.2~0.6	2.0~10.0	
弹性复原率(%)	≥55	≥90	≥65	吸水后不应小于不吸水的90%
挤出量(mm)	<5.5	<5.0	<3.0	
弯曲荷载(N)	100~400	0~50	5~40	

7) 钢材

水泥混凝土路面所用的钢筋有传力杆、拉杆及补强钢筋等。各种钢筋必须符合现行国家标准的规定。但不作为加强混凝土板构造强度用的钢筋，如支架等所用的钢筋，不受此限制。

任务实施

现场参观学校周边的水泥混凝土路面，分析水泥混凝土路面的类型。

任务8.2 水泥混凝土路面接缝类型与构造认知

学习目标

1. 了解水泥混凝土路面的接缝类型;
2. 知道水泥混凝土路面接缝的形成原因;
3. 分析水泥混凝土路面接缝的作用及构造;
4. 根据《公路水泥混凝土路面施工规范》(JTG D40—2010)完成水泥混凝土路面接缝处理方案;
5. 正确分析水泥混凝土路面的类型并确定施工方法。

任务描述

通过对水泥混凝土路面接缝相关知识的学习,掌握水泥混凝土路面的接缝类型及其构造组成,能够正确判别水泥混凝土路面的接缝类型并确定合理的施工方法。

学习引导

本工作任务沿着以下脉络进行学习:

水泥混凝土路面接缝的基本概念 → 横缝的构造与布置 → 纵缝的构造与布置 → 拉杆和传力杆 → 水泥混凝土路面与其他构造的衔接 → 水泥混凝土路面的钢筋补强

相关知识

混凝土面层是由一定厚度的混凝土板所组成,它具有热胀冷缩的性质。由于一年四季气温的变化,混凝土板会产生不同程度的膨胀和收缩。而一昼夜中,白天气温升高,混凝土板顶面温度较底面为高,这种温度坡差会造成板的中部隆起。夜间气温降低,板顶面温度较底面为低,会使板的周边和角隅翘起。这些变形会受到板与基础之间的摩阻力和黏结力以及板的自重和车轮荷载等的约束,致使板内产生过大的应力,造成板的断裂或拱胀等破坏。

混凝土板由于温度变化而产生的伸缩变形和翘曲变形会因板的尺寸过大而产生较大的内应力。为了避免混凝土板的损坏,混凝土路面不得不在纵横两个方向设置许多接缝,把整个路面分割成较小尺寸的板块。

水泥混凝土路面的接缝按方向分为垂直于行车方向的横向接缝和平行于行车方向的纵向接缝。按它所起的作用又可分为缩缝、胀缝和施工缝。缩缝保证板因温度和湿度的降低而收缩时沿该薄弱断面断裂,从而表面产生不规则的裂缝。胀缝保证板在温度升高时能部分伸长,从而避免产生路面板在热天的拱胀和折断破坏,同时也能起到缩缝的作用。混凝土施工时,摊铺和振捣等机具有一定的操作宽度限制,每天的工作量有一定限度而必须中断以及因雨天或其他原因不能继续施工时,需要设置施工缝。

1. 横缝的构造与布置

横缝分为横向缩缝、横向胀缝和横向施工缝。

1)横向缩缝

横向缩缝间距即为混凝土板块的长度。随着板长增加,混凝土的收缩应力增大,特别是温度翘曲应力迅速增大。对现有路面的大量使用调查表明,当板长控制在 5~6m 以上时,出现横向断裂的坏板比例急剧增高。同时,板长愈短,温度变化引起的板长伸缩量越小,因而缝隙的变化量也越小。这对于保证接缝的传荷能力可以起重要作用,特别是对于靠集料嵌锁作用传荷的假缝作用更大。因此,目前都倾向于采用短板,其长度为 4~5m。横向缩缝通常都成等间距布置。为改善行驶质量,国外也有采用变间距布置,并倾斜于行车方向的布置方案。

横向缩缝一般采用假缝形式,不设传力杆。但在特重交通或地基水文条件不良的公路上,宜在板中央设置传力杆。其他各级交通的公路上,在邻近胀缝或路面自由端部的 3 条缩缝内,均宜加设传力杆。横向缩缝的槽口可采用锯切或压入的方式形成。横向缩缝的构造如图8-2-1。

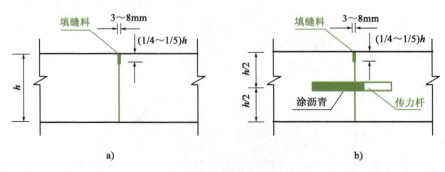

图 8-2-1 横向缩缝构造
a)假缝型;b)假缝加传力杆型

2）横向胀缝

横向胀缝处混凝土板完全断开，因而也称之为真缝。横向胀缝的构造如图 8-2-2。缝宽为 2.0~2.5cm，在缝隙上部 3~4cm 深度内浇灌填缝料，下部则设置富有弹性的嵌缝板，它可由油浸或沥青浸制的软木板制成。在板厚的中央设置传力杆，传力杆的一半以上应涂沥青或加塑料套，并加长 10cm 的小套子，套底和传力杆头之间留 3cm 的空隙（用纱头填），在同一条胀缝上的传力杆，设有套筒的活动端最好在缝的两边交错布置，如图 8-2-2a）。在与建筑物衔接处或其他公路交叉处的胀缝，当无法设置传力杆时，可采用边缘钢筋型或厚边型，其构造如图 8-2-2b）、c）。

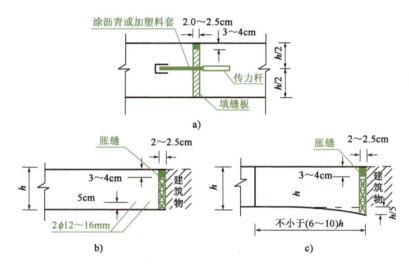

图 8-2-2 横向胀缝构造
a）传力杆（滑动）型；b）边缘钢筋型；c）厚边型

3）横向施工缝

每日工作结束或因临时原因而中断施工时，需设置横向施工缝。原则上，横向施工缝应尽量少设，如需设置，其位置宜在胀缝或缩缝处。设在胀缝处的施工缝，其构造如图 8-2-2a）所示；设在缩缝处的施工缝应采用平缝加传力杆，其构造如图 8-2-3。

在桥涵两端以及小半径平、竖曲线处应设置胀缝。胀缝是混凝土路面的薄弱环节，它不仅给施工带来不便，同时由于施工传力杆设置不当（未能准确定位），使胀缝处的混凝土常出现裂碎等病害；当雨水通过胀缝渗入地基后，易使地基软化，引起唧泥、错台等破坏；当砂石进入胀缝后，易造成胀缝处边板挤碎、拱胀等破坏。同时，胀缝容易引起行车跳动，其中的填缝料又要经常补充或更换，增加了养护的麻烦。因此，近年来国内外修筑的混凝土路面均有减少胀缝的趋势。我国现行混凝土路面设计规范规定，胀缝应尽量少设或不设；但在临近桥梁或固定建筑物处，或与其他类型路面相连接处、板厚变化处、隧道口、小半径曲线和纵坡变换处，均应设置胀缝。在其他位置，当板厚等于或大于 20cm 并在夏季施工时，也可不设胀缝。但是，采用长间距胀缝或无胀

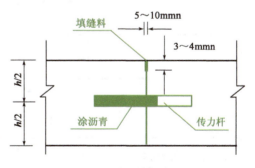

图 8-2-3 横向施工缝构造

缝路面结构时,需注意采取一些相应的措施,如增大基层表面的摩阻力以约束板在高温或潮湿时伸长的趋势;在气温较高时施工,以尽量减小水泥混凝土板的胀缩幅度;相对地缩短缩缝间距,以便减少板的温度翘曲应力,缩小缩缝缝隙的宽度以提高传荷能力,并增进板对地基变形的适应性。

2. 纵缝的构造与布置

纵缝分为纵向缩缝和纵向施工缝。纵缝间距为板宽,可按路面宽度和每个车道宽度而定,一般按 3~4.5m 设置,其最大间距不得超过 4.5m,这对行车和施工都较方便。

1) 纵向缩缝

当双车道路面按全幅宽度施工时,应增设纵向缩缝。纵向缩缝可做成假缝加拉杆形式,如图 8-2-4。

2) 纵向施工缝

当一次铺筑宽度小于路面宽度时,需设置纵向施工缝。纵向施工缝可采用设拉杆的企口缝或设拉杆的平缝形式。根据国内外的实践经验,企口缝易产生破坏。因此,纵向施工缝一般采用平缝,如图 8-2-5。

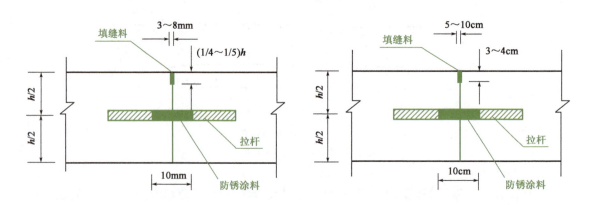

图 8-2-4　纵向缩缝构造　　　　　图 8-2-5　纵向施工缝构造

对多车道路面,应每隔 3~4 个车道设一条纵向胀缝,其构造与横向胀缝相同。当路旁有路缘石时,缘石与路面板之间也应设胀缝,但不必设置传力杆。

纵缝与横缝一般做成垂直正交,使混凝土板具有 90°的角隅。纵缝两旁的横缝一般成一条直线。实践证明,如横缝在纵缝两旁错开,将导致板产生从横缝延伸出来的裂缝,如图 8-2-6。

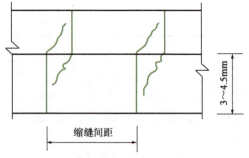

图 8-2-6　横缝错开时引起的裂缝

3. 拉杆和传力杆

1) 拉杆

拉杆是设在纵缝板厚中央的螺纹钢筋,其目的是为了防止板块横向位移。对拉杆中部 10cm 范围内应进行防锈处理。拉杆尺寸及间距可按表 8-2-1 选用。其最外边的拉杆距接缝或自由边的距离一般为 25~35cm,如图 8-2-7。

拉杆尺寸及间距　　　　　　　　　　表 8-2-1

板宽(m)	板厚h(cm)	直径d(mm)	最小长度(cm)	最大间距(cm)	板宽(m)	板厚h(cm)	直径d(mm)	最小长度(cm)	最大间距(cm)
3.00	≤20	12	60	90	3.75	≤20	12	60	70
	21~25	14	70	90		21~25	14	70	70
	26~30	16	80	90		26~30	16	80	70
3.50	≤20	12	60	80	4.50	≤20	12	60	60
	21~25	14	70	80		21~25	14	70	60
	26~30	16	80	80		26~30	16	80	60

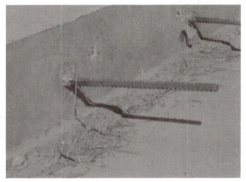

图 8-2-7　拉杆

2) 传力杆

传力杆主要用于横向接缝,一般采用光圆钢筋,其长度的一半再加 5cm 应涂沥青或加塑料套。胀缝处的传力杆应在涂沥青一端加一套子,内留 3cm 孔隙并填纱头或泡沫塑料,套子端宜在相邻板中交错布置。传力杆尺寸及间距可按表 8-2-2 选用。其最外边的传力杆距接缝或自由边的距离一般为 15~25cm,如图 8-2-8。

传力杆尺寸及间距　　　　　　　　　　表 8-2-2

板厚h(cm)	直径d(mm)	最小长度(cm)	最大间距(cm)
≤20	20	40	30
21~25	25	45	30
26~30	30	50	30

图 8-2-8　传力杆

4. 水泥混凝土路面与其他构造物的衔接

1) 水泥混凝土路面与沥青路面相接

在混凝土路面和沥青路面相接处,常出现沉陷、错台或沥青路面受顶推而拥起等破坏现象,因此,在相接处要采取合理技术措施进行处理。对高速公路和一级公路,应在沥青路面面层下埋设长度为 3m 的混凝土板,此板在混凝土路面相接的一端的厚度与混凝土面板相同,另一端不小于 15cm,如图 8-2-9。埋设的混凝土板与混凝土路面相接处的拉杆,应采用螺纹钢筋,直径一般为 25mm,长 70cm,间距 40cm。对于其他各等级公路,由于汽车行驶速度低,交通量不大,可采用径向连接或混凝土预制块过渡,过渡长度一般不小于 3m。

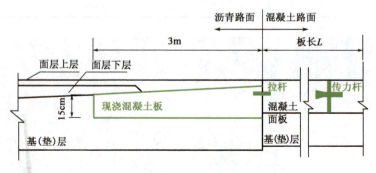

图 8-2-9 混凝土路面与沥青路面相接的处理

2) 混凝土路面与桥梁相接

在各等级的公路上,特别是在高等级的公路上,应设置桥头搭板。搭板与混凝土路面之间采用钢筋混凝土面板过渡,其长度不小于 5m。搭板与钢筋混凝土面板之间的接缝应设置传力杆,钢筋混凝土面板与混凝土面板之间应设置胀缝,如图 8-2-10。当桥梁为斜交时,在钢筋混凝土搭板与混凝土面板之间要设钢筋混凝土渐变板,渐变板的块数根据与桥梁斜交的角度而定:大于 70°时设一块;70~45°时设两块;小于 45°时设三块以上。渐变板的短边不得小于 5m,长边最大为 10m。搭板和渐变板角隅部分用发针钢筋或钢筋网补强。

3) 构造物横穿公路

为了防止横穿公路的涵洞、管线等构造物不因行车荷载下传的力而造成破坏,引起路面出现裂缝、错台和跳车现象,应对构造物顶部及两侧适当范围内的混凝土板采用钢筋网补强或用钢筋混凝土板。

箱状构造物顶面至混凝土板底的距离 $d < 30cm$ 或嵌入基层时,应采用双层钢筋网补强,如图 8-2-11a)。当 $d = 30 \sim 80cm$ 时,采用单层钢筋网补强,如图 8-2-11b)。

圆管涵或管线的顶部至底板的距离 $d < 30cm$ 时,采用双层钢筋网补强,可参照图 8-2-11a) 布置;当 $d = 30 \sim 80cm$ 时,采用单层钢筋网补强,如图 8-2-12。

5. 补强钢筋

混凝土面板的边缘和角隅是薄弱处,容易在行车荷载作用下应力过大而断裂破坏。当采用板中计算厚度的等厚式板时,或混凝土板纵、横向自由边缘下的基础有可能产生较大的塑性变形时,应在其纵横向自由边缘加设补强钢筋,角隅处加设发针形钢筋或钢筋网补强。

1) 边缘钢筋布置

边缘钢筋一般用两根直径 12~16mm 的螺纹钢筋或圆钢筋,设在板的下部板厚 1/4 处,且距边缘和板底均不小于 5cm,间距一般为 10cm,如图 8-2-13。纵向边缘钢筋一般只做在一块板内,不得穿过缩缝,以免妨碍板的翘曲;但有时亦可将其穿过缩缝,但不得穿过胀缝。为加强锚固能力,钢筋两端应向上弯起。在横向胀缝两侧板边缘以及混凝土路面的起终端处,为加强板的横向边缘,亦可设置横向边缘钢筋。

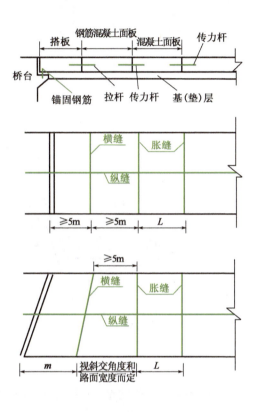

图 8-2-10 混凝土路面与桥梁相接的处理

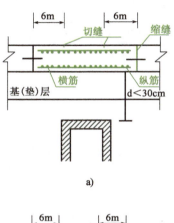

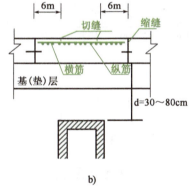

图 8-2-11 箱状构造物横穿公路的处理

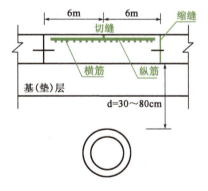

图 8-2-12 管状构造物横穿公路的处理

2) 角隅钢筋布置

设置在胀缝两侧板的角隅处,一般可用两根直径 12～16mm 的螺纹钢筋,布置在板的上部,距板顶不应小于5cm,距板边一般为10cm,如图8-2-14。

绊脚呈锐角时,亦可采用双层钢筋网补强,如图8-2-15。钢筋可选用直径6mm,布置在板的上、下部,距板顶和板底以 5～10cm 为宜。

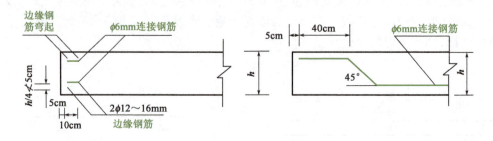

图 8-2-13　边缘钢筋布置

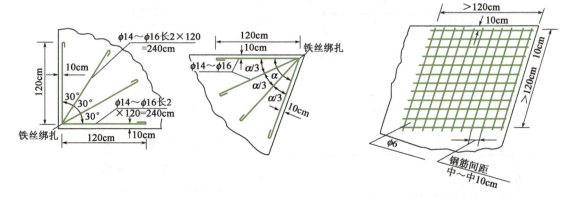

图 8-2-14　发针型钢筋补强布置　　　　　图 8-2-15　钢筋网补强布置

 任务实施

结合水泥混凝土路面施工图,分析水泥混凝土路面接缝的类型和构造,了解接缝的施工方法。

任务 8.3　水泥混凝土路面小型机具法施工

学习目标

1. 了解水泥混凝土路面小型机具法施工工艺流程；
2. 知道水泥混凝土路面小型机具法施工方法；
3. 分析水泥混凝土路面小型机具法施工的关键工艺流程；
4. 根据《公路水泥混凝土路面施工技术规范》(JTG F30—2003)指导水泥水泥混凝土路面施工；
5. 正确完成公路水泥混凝土路面小型机具法施工方案。

任务描述

通过对水泥混凝土路面小型机具法施工相关知识的学习，掌握水泥混凝土路面小型机具法施工的工艺流程和关键技术措施，能独立完成水泥混凝土路面小型机具法施工方案的编制。

学习引导

本工作任务沿着以下脉络进行学习：

水泥混凝土路面施工工艺流程 → 施工前的准备工作 → 混凝土的制备与运输 → 混凝土的摊铺与振捣 → 接缝施工 → 完成水泥混凝土路面小型机具法施工方案

基本知识

水泥混凝土路面的小型机具施工是指由机器拌和，人工摊铺，辅助配备一些小型机具，如插入式振捣器、平板振动器、振动梁、真空吸水设备、切缝机等，进行混凝土路面施工的方式。其施工工艺流程如图 8-3-1，图 8-3-2。

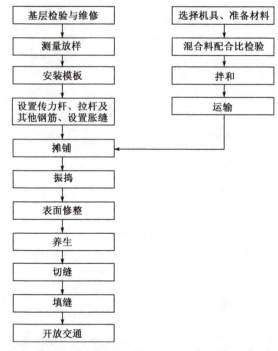

图 8-3-1 水泥混凝土路面的一般施工程序

图 8-3-2 小型机具施工

任务实施

1. 施工前的准备工作

施工准备工作是路面施工质量保证体系的重要一环，是保证路面施工顺利进行，按期完成任务的关键。因此，必须做好施工前的一切准备工作。

1) 编制施工组织设计

施工单位根据设计文件及施工条件,确定施工方案,编制施工组织设计,包括施工工艺、材料使用计划、劳动计划、机械选型及使用计划、临时设施、现场组织管理计划、安全措施等。

2) 选择混凝土拌和场地

拌和场地选择既要考虑交通便利、运距最短,又要考虑水电供应方便,并且有足够的场地堆放材料和搭建办公生活用房、工棚仓库和消防等设施,一般情况下宜设置在施工路段的中部,如图8-3-3。

3) 进行材料试验和混凝土配合比检验及调整

按公路等级的要求及工地的具体情况在现场建立工地试验室,并依据相应的试验规程和检测频率对混凝土面层所用的各种原材料进行检验,并根据检验结果调整混凝土的配合比和改善施工工艺。

4) 基层检查与整修

检查基层的宽度、高程、横坡、弯沉、平整度等是否符合要求。在混凝土摊铺施工前,应清理基层表面,并充分洒水湿润,以防混凝土底部的水分被干燥基层吸去,使混凝土变得疏松以致产生细小裂缝。

5) 模板安装

常用模板有木模和钢模。模板应平直,装、拆方便,而且加载后挠度小。同时其高度应与混凝土板厚相同。高速公路、一级公路混凝土路面施工,应采用钢模板,这样不仅保证工程质量,而且可多次重复使用。钢模板可用4~5mm厚钢板冲压制作,或用3~4mm厚钢板与边宽40~50mm的角(槽)钢组合构成。模板一般长为3m,接头处应设置牢固的拼装配件,如图8-3-4。

图8-3-3 混凝土拌和站

图8-3-4 模板安装

安装模板前,应根据设计图纸定出路面中心及路面边缘线,模板顶面应与路面设计标高一致。如果因基层局部低洼而造成模板下出现空隙,可在空隙处模板两边填入砂浆等材料。

模板两侧用铁钎打入基层以固定位置,接头处拼装应牢固紧密。安装完毕后,应再检查一次模板相接处的高差和模板内侧是否有错位和不平整等情况,高度差大于3mm或有错位和不平整的模板应拆掉重新安装。确认安装合格的模板其内侧表面应刷涂隔离剂,以利于拆模。两侧模板安装就位后,应横跨路面拉线,用直尺检测拉线至基层表面的距离是否满足混凝土板厚的要求,基层局部高出部分应予以铲除。

模板准确定位是保证混凝土路面质量的重要因素,因此,施工时必须经常检查,严格控制。

2. 混凝土的制备和运输

1) 混凝土的制备

混凝土混合料应采用机械搅拌,搅拌站位置应根据施工和运输工具选定,容量由工程量大小和施工进度确定。进行拌和时,掌握好混凝土施工配合比,严格控制加水量,应根据砂、石料的实测含水量,调整拌和时的实际用水量。混合料组成材料的计量允许误差为:水泥±1%;粗细集料为±5%;水为±1%;外加剂为±2%。搅拌机装料顺序宜为砂、水泥、碎(砾)石,进料后,边搅拌边加水。每锅混合料的搅拌时间取决于搅拌机的性能和混合料的和易性,一般为1.5~3.0min,干硬性混凝土搅拌时间略长一点,一般为2.0~4.0min。

常用的搅拌机械有自落式搅拌机和强制式搅拌机两大类。

自落式搅拌机是通过搅拌鼓的转动,将混合料提到一定高度后自由落下而达到拌和目的。其优点是能耗小,价格较便宜,但仅适用于搅拌塑性和半塑性混凝土。而对于干硬性混凝土,由于坍落度小,粒料容易粘附在叶片上,难以拌和均匀,出料也有困难,因而不宜使用。

强制式搅拌机是在固定不动的搅拌筒内,用高速旋转的多组搅拌叶片对筒内材料进行强制搅拌。它的优点是搅拌时间短、效率高、操纵系统灵活、卸料干净;缺点是需要较大的动力,搅拌叶片及搅拌筒磨耗大。它适用于搅拌干硬性混凝土及细粒料混凝土。强制式搅拌机从构造上分为立轴式和卧轴式,立轴强制式搅拌机由于其叶片、衬板磨耗量较大,其使用受到一定限制。双卧轴强制式搅拌机拌和均匀,轴和叶片更换方便、省电,有较好的技术经济指标。因此,水泥混凝土搅拌设备选型时应尽可能选用双卧轴强制式搅拌机。

2) 混凝土的运输

混合料宜采用翻斗车或自卸车运输,当运距较远时,宜采用水泥混凝土搅拌运输车运输。混合料从搅拌机出料后,运至铺筑施工现场进行摊铺、振捣、整平,直至铺筑结束的允许时间,可根据水泥初凝时间及施工气温确定,见表8-3-1。装运混合料,应防漏浆和离析,夏季和冬季施工,应有遮盖或保温设备,卸料高度不宜超过1.5m。若出现明显离析时,铺筑时应重新拌匀。

混凝土从搅拌机出料至浇筑完毕的允许最长时间　　　　　　　　表8-3-1

施工气温(℃)	允许最长时间(h)	施工气温(℃)	允许最长时间(h)
5~10	2	20~30	1
10~20	1.5	30~35	0.75

3. 混凝土的摊铺和振捣

1) 混凝土的摊铺

摊铺混凝土前,应对模板的位置、高度、支承情况及拉杆的放置再进行一次全面检查,确认满足要求后,即可进行混凝土的摊铺,如图8-3-5。

混凝土混合料由运输车辆直接卸在基层上。卸料时应不使混合料离析,且应尽可能将其卸成几小堆,以便于摊铺。如发现离析现象,应在铺筑时用铁锹拌均匀,但严禁第二次加水。

混凝土板厚度不大于24cm时可一次摊铺。大于24cm时宜分两次摊铺,下层厚度宜为总厚的3/5。摊铺时应考虑混凝土振捣后的下落高度,而预留一定厚度,松铺厚度通过现场试验确定,一般为设计厚度的1.1~1.15倍左右。

人工用铁锹摊铺时,应采用"扣锹"的方法,严禁抛掷和搂耙,以防止混合料离析。

2) 钢筋设置

当混凝土板中根据设计要求需要设置钢筋时,应配合摊铺工作一起进行。

安放单层钢筋网片时,应在其底部先摊铺一层混凝土,其高度按钢筋网片设计位置预加一定的下落高度。待钢筋网片就位后,再继续浇注混凝土。

安放双层钢筋网时,对厚度不大于 25cm 的板,上、下两层钢筋网可事先用架立筋扎成骨架后,一次安放就位;厚度大于 25cm 的,按单层网片的方法,上、下两层网片分两次安放,如图 8-3-6。

图 8-3-5 混凝土摊铺

图 8-3-6 钢筋网安装

钢筋网的接头应搭接,其搭接长度应为一个网格或者 20cm,搭接处应用细铁丝绑扎。

安放角隅钢筋时,先在角隅处处摊铺一层混凝土拌和物,摊铺厚度应按钢筋设计位置预加一定的下落度,角隅钢筋就位后,用混凝土拌和物压住。

安放边缘钢筋时,先沿边缘铺筑一条混凝土拌和物,拍实至钢筋位置,然后放置边缘钢筋,在钢筋两端弯起,用混凝土拌和物压住。

3) 混凝土的振捣

混合料摊铺后,应迅速振捣密实。常用振捣器有插入式振捣器、平板式振捣器和振动梁。对厚度不大于 24cm 的铺层,应先用插入式振捣器对边角及安置钢筋的部位依顺序振捣,然后再用不小于 2.2kW 的平板式振捣器纵横交错全面振捣。振捣器在每一位置振捣的持续时间以混合料停止下沉,不再冒气泡并泛出水泥浆为准,不宜过振,一般为 10~15s。水灰比小于 0.45 时,用平板振捣器,不宜少于 30s;用插入式振捣器时,不宜少于 20s,如图 8-3-7。

平板式振捣器作业完成后,再用带有振动器且底面平直的振动梁进一步拖拉振实并初步整平。振动梁移动的速度要缓慢均匀,一般以每分钟 1.2~1.5m 为宜,不允许中途停留。拖振过程中,多余的混合料随着振动梁的拖移而刮去。低陷处应及时人工填补,填补时应用较细的混合料,但严禁用纯砂浆。最后再用直径 130~150mm 的平直无缝钢管滚杠进一步滚揉表面,使表面进一步提浆

图 8-3-7 混凝土振捣

并整平。滚杠既可滚拉又可平推提浆赶浆,使混凝土表面均匀保持 5~6mm 左右的砂浆层,以利于密封和作面。

对采用两次摊铺的混凝土板(厚度大于 24cm),应特别注意上层混凝土拌和料的振

捣必须在下层拌和料初凝之前完成。另外,在振捣上层拌和料时,插入式振捣器应插入下层拌和料 5cm,以使两层很好融合。

在整个振捣过程中,要随时注意检查模板,如发现问题,应及时处理。

4. 接缝施工

接缝是混凝土路面施工的难点,接缝施工质量的好坏直接影响到混凝土路面的使用寿命和行车的舒适性,因此,需特别认真加以对待。

1) 胀缝施工

胀缝应与混凝土路面中心线垂直,缝壁垂直于板面,宽度均匀一致,缝中不得有粘浆或坚硬杂物,相邻板的胀缝应设在同一横断面上。胀缝传力杆的准确定位是胀缝施工成败的关键。为了保证传力杆位置的正确(平行于混凝土板面及路面中心线,其误差不得大于 5mm),可采用两种固定方式:顶头木模固定法和支架固定法。

(1) 顶头木模固定法

适用于混凝土一天施工终了时设置的胀缝。传力杆长度的一半穿过端头挡板,固定于外侧定位模板中,如图 8-3-8。在混凝土拌和料浇筑前先检查传力杆位置,浇筑时先摊铺下层拌和料,用插入式振捣器振实,并在校正传力杆位置后,再浇筑上层拌和料。第二天浇筑邻板前,拆去顶头木模,并及时设置胀缝板、木制嵌条和传力杆套管等。

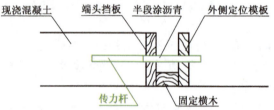

图 8-3-8 顶头木模固定传力杆安装图

(2) 支架固定法

适用于混凝土板连续浇筑过程中设置的胀缝。传力杆长度的一半穿过胀缝板和端头挡板,并用钢筋支架固定就位,如图 8-3-9,图 8-3-10。浇筑时先检查传力杆位置,再在胀缝两侧摊铺混凝土拌和料至板面,振捣密实后,抽出端头挡板,空隙部分填补混凝土拌和料,并用插入式振捣器振实,然后整平。

胀缝中嵌条的尺寸及拆除时间应把握好。嵌条尺寸应比设计接缝稍宽些,稍低些,最好做成上宽下窄的楔形,以便拔出。嵌条拆除时间以混凝土初凝前、泌水后为宜。嵌条取出后,再将缝槽抹平整。

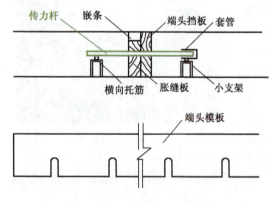

图 8-3-9 支架固定传力杆安装图

图 8-3-10 横向胀缝施工

2) 横向缩缝施工

横向缩缝一般采用锯切缝或压入缝。与压入缝相比,切缝法做出的缩缝质量较好,接缝处质量均匀。因此,缩缝施工应尽量采用切缝法。为防止切缝不及时可能出现的早期裂缝,也可每隔几条切缝做一条压缝。

(1)切缝

混凝土结硬后应及时用金刚石或碳化硅锯片切缝。

切缝时间的早晚一定要控制好,切得过早(混凝土抗压强度小于10MPa),粗集料容易从砂浆中脱落,不能切出整齐的缝;切得过迟,不但造成切缝困难,增加切缝刀片的消耗,而且会使因混凝土的温度下降和水分减少而产生的收缩因板较长而受到阻碍,导致收缩应力超出其抗拉强度而在非预定位置出现不规则的早期裂缝。目前施工中较多采用"温度—小时"法来控制切缝的合适时间。即混凝土浇筑到切割开始的间隔小时与气温的乘积一般控制在250~300"温度—小时"左右。当然,这只是一种粗略估算的方法。最佳切缝时间除与施工温度有关外,还与混凝土质量,特别是集料的质量、水泥类型及水灰比等因素有关,施工时应通过试切后确定。

切缝可采用一次切割成型或两次切割成型的方法,如图8-3-11和图8-3-12。一次切割成型的槽口窄而深,如图8-3-11a),进行嵌缝料施工不易填实,且当缝隙因板的伸缩稍有变化时,嵌缝料便会在深度上出现较大的起落,引起嵌缝料被挤出槽口外或槽口内嵌缝料不足。两次切割成型即先用薄锯片进行深锯切再用厚锯片作浅锯切以加宽上部槽口,如图8-3-11b),两次切割成型的槽口工作性能较一次切割成型的好。

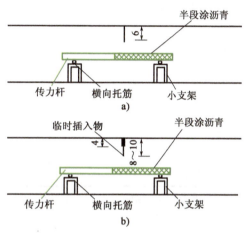

图8-3-11 切缝构造(加传力杆型)
a)一次切割法;b)二次切割法

图8-3-12 混凝土路面切缝

(2)压缝

为防止出现早期裂缝,每隔3~4条切缝做一条压缝。

压缝的做法是:当混凝土拌和料做面后,立即用振动压缝刀压缝,压至规定深度后提出压缝刀,用原浆修平缝槽,然后放入铁制或木制的嵌条,再次修平缝槽,待混凝土初凝前、泌水后,取出嵌条,便形成了缝槽。施工时应特别小心,尽量避免接缝两边的混凝土结构受到扰动,并应保证两边平整。如难以做到这一点,缩缝也可仅由切缝形成,但应保证不出现早期裂缝。

3)纵缝施工

纵缝一般为平缝加拉杆形式。纵缝施工应符合设计规定的构造,保持顺直、美观。拉杆可采用三种方式设置,如图8-3-13。其中:①根据拉杆的位置在模板上留孔,立模后在浇筑混凝土之前将拉杆穿在孔内。但拆模时较为费事;②事先将拉杆弯成直角,沿模板按设计位置放置,并将其一半浇筑在板内。在浇筑临板时再将拉杆扳直。当拉杆较粗时,采用此方法易损坏拉杆相接处的混凝土;③采用带螺丝的拉杆。一半拉杆用支架固定在基层上,然后浇筑混凝土,摊铺相邻板前将另一半带螺丝接头的拉杆接上。施工时应注意使拉杆螺纹接头端面紧靠板侧面,且套节的螺纹部分不能进入混凝土或砂浆(用黄油等材料封填),以免另一半拉杆无法接上。此方法在日本广泛使用,效果良好。

4)施工缝

施工缝宜设于胀缝或缩缝处,多车道路面及民航机场道面的施工缝应避免设在同一横断面上。传力杆一半锚固于混凝土中,另一半应涂上沥青,传力杆必须平行于板面,垂直于缝壁。

5)灌注嵌缝料

混凝土养护期满即可灌注嵌缝料,嵌缝料必须清洁、干燥,并与缝壁粘附紧密、不渗水,灌注高度一般比板面低2mm左右。当使用加热施工型嵌缝料时,应加热到规定的温度并搅匀,采用灌缝机或灌缝枪灌缝;气温较低时应用喷灯加热缝壁,使嵌缝料与缝壁结合良好,如图8-3-14。

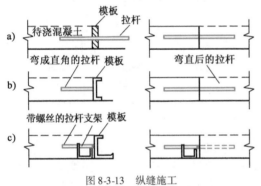

图 8-3-13 纵缝施工
a)模板穿孔;b)拉杆弯成直角;c)带螺丝拉杆

图 8-3-14 灌注嵌缝料

5. 表面修整

水泥混凝土终凝前必须用人工或机械抹平其表面,使表面磨耗层(2~4mm 的砂浆层)密实、平整。当采用人工抹光时,不仅劳动强度大、功效低,而且还会把水分、水泥和细砂带至混凝土表面,致使它比下部混凝土或砂浆有较高的干缩性和较低的强度(如图8-3-15)。而采用机械抹面时可以克服以上缺点。目前,国产的小型电动抹面机有两种装置,装上圆盘即可进行粗光,装上细抹叶片即可进行精光,如图8-3-16。

6. 养生

养生的目的主要是为了防止混凝土的水分蒸发过快而产生收缩裂缝和保证能充分进行水化作用。养生通常有两种方法。

1)湿治养生

当混凝土表面尚呈湿润但有一定硬度(用手指轻轻按上去没有痕迹)时,即应用湿草帘、湿麻袋覆盖。每天应均匀洒水数次,使其始终保持潮湿状态,至少持续14d,如图8-3-17。

图 8-3-15　人工表面修整图

图 8-3-16　机械修整

2）塑料薄膜养生

当混凝土表面不见浮水，用手指轻按无指痕时，即均匀喷洒塑料溶液，形成不透水的薄膜黏附于表面，从而阻止混凝土中水分的蒸发，保证混凝土的水化作用。喷涂时间应掌握恰当，不宜过早或过迟。过早会使薄膜粘结不牢，过迟则会影响混凝土的强度，还可能引起混凝土表面产生干缩裂缝，如图 8-3-18。

图 8-3-17　湿法养生

图 8-3-18　塑料薄膜养生

任务 8.4 水泥混凝土路面的真空作业施工

学习目标

1. 了解水泥混凝土路面真空作业的基本原理;
2. 知道水泥混凝土路面真空作业的工艺设备和施工程序;
3. 分析水泥混凝土路面真空作业施工的关键工艺流程;
4. 根据《公路水泥混凝土路面施工技术规范》(JTG F30—2003)完成水泥水泥混凝土路面施工;
5. 正确完成公路水泥混凝土路面真空作业施工方案。

任务描述

通过对水泥混凝土路面真空作业施工相关知识的学习,掌握水泥混凝土路面真空作业施工的工艺流程和关键技术措施,能独立完成水泥混凝土路面真空作业施工方案的编制。

学习引导

本工作任务沿着以下脉络进行学习:

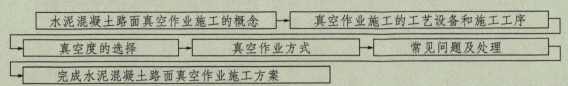

一、基本知识

在混凝土施工工艺中,密实成型是保证质量的一个重要环节。目前运用最广泛的是振动成型,其设备简单,操作方便,效果良好,但它噪声大、能耗多、机械磨损严重。混凝土真空作业法,既避免了振动成型的缺点,又能有效地排除混凝土中多余的水分,使混凝土拌和物得到密实,是一项很有发展前途的技术。

真空作业法,是借助于真空负压,将水从刚成型的混凝土拌和物中排出,同时使混凝土密实的一种成型方法。

按真空作业的方式,分为表面真空作业与内部真空作业两种。表面真空作业是在混凝土构件的上、下表面及侧表面布置真空腔进行。上表面真空作业适用于水泥混凝土路面、机场道面、楼面及预制混凝土平板的施工。下表面真空作业适用于薄壳、隧道顶板等结构。对于水池、桥墩、水坝等则可采用侧表面真空作业。有时,还可将上述几种方法结合使用。

内部真空作业,是利用插入混凝土内部的真空管进行的,在不能实现表面作业情况下可采用此法。对于一些没有预留孔道的构件或构筑物,如能直接利用结构的预留孔道,布置真空管进行内部真空作业则尤为适宜。一般说来,内部真空作业比较复杂,实际工程中应用较少。

1. 工艺设备

混凝土真空作业的主要设备有真空吸水机组、真空腔及吸水软管三部分。辅助设备有清洗槽、抹面机及振动机等。

真空吸水机组由真空泵、电动机、真空室、集水室、排水管及滤网等组成。真空泵启动后,在真空腔内形成一定的真空度,水便被挤压吸出,经吸水软管引入真空室,再由真空室进入集水室,最后从排水管排出。泵的吸口处设有滤网,以防止水泥颗粒进入泵内。这种轻型真空吸水机组十分轻巧,其质量一般只有100kg左右,安装在手推车上,移动灵活。

真空腔有刚性吸盘与柔性吸垫两种。刚性吸盘用金属板材做成,其底部为带孔钢板,外设滤网、滤布、沿吸盘周边有一条边框,边框下贴有橡胶垫以防止外界空气吸入。刚性吸盘能承受较大压力而不变形,作业后表面平整度较好,但吸盘下容易漏气。此外,它比较笨重,一般适用于预制构件的施工。瑞典研制的柔性吸垫,这种吸垫轻便、耐用。吸垫的过滤层,由透水纤维织物如尼龙做成,直接铺于新浇混凝土拌和物的表面,骨架层由柔性塑料网做成,用以形成真空区并作为吸水通道,密封层一般用致密的橡胶布或化纤织物类胶布做成,覆盖在骨架上起密封作用。用这种柔性吸垫,施工方便,效果良好,可广泛用于各种现浇混凝土的施工。

2. 施工程序

真空混凝土施工程序,如图8-4-1。

图8-4-1 真空混凝土的施工程序

为了保证真空作业的顺利进行,特别应防止真空系统的漏氯及空腔底部过滤层的堵塞。对于柔性吸垫,在真空处理将近完毕时,要掀开吸垫边缘,然后继续作一段时间的真空处理,以除去吸垫底层的残余水分,不使其回渗到混凝土拌和物内。

任务实施

1. 真空度的选择

由真空脱水密实的原理可知，真空作业采用的真空度越高，混凝土拌和物受到的附加作用力越大，其脱水密实的效果也越好。实际上，要达到较高的真空度，对设备的要求也相应提高，因而采用过高的真空度是不经济的。

对于不同厚度的构件，可采用不同的真空度，构件厚度越大，真空度也要相应提高，对薄壁构件可采用较小的真空度。

2. 真空作业时间

真空作业时间与构件厚度、所采用的真空度、环境温度、水泥品种以及混凝土的配合比（主是水泥用量、水灰比）等因素有关。

构件厚度越大，作业时间越长，构件厚度小于15cm时，两者关系近似线形。一般情况下，水泥用量越大，水灰比越大，真空作业的时间就越长。

3. 真空—振动作业方式

在真空作业过程中，附加适当的振动，可促使混凝土拌和物液化，减小脱水阻力，并有利于固相颗粒位置的调整和气泡的排出。采用合理的真空—振动制度，真空混凝土的强度，比普通振动成型的混凝土提高60%左右。

进行真空—振动作业时，应采用周期性的短时振动，振动的频率要高，而振幅要低，这可防止混凝土的分层离析和提高脱水密实效率。

振动时，真空腔内保持较高的真空度，会削弱振动的效果，对混凝土的强度也产生不利影响。

4. 真空作业施工中常见问题及对策

1)"弹簧层"现象

真空吸水作业完成后，踩在板面上感到像踩在弹簧上一样，这就是"弹簧层"现象。出现此现象可能是由于板体上下层脱水不匀所造成，也可能是吸垫搭接处理不当造成漏吸所致。因此在真空吸水过程中要经常检查密封情况，随时补漏，并应在两块吸垫之间搭接20cm。

2)裂缝

出现裂缝的原因之一是，开始阶段真空度提得过高，混凝土应负压差过大而产生收缩裂缝，因此，开泵吸水时，真空度应缓慢升高。原因之二是，真空吸垫搭接宽度不够或出现空位，在混凝土的干湿交接处出现收缩裂缝，故吸垫严禁留有空位，并至少保证搭接20cm。吸水完成后，若偶有裂缝，可用抹光机多抹一会，在混凝土有塑性时将缝抹平即可。

任务8.5 水泥混凝土路面轨道式摊铺机施工

学习目标

1. 了解水泥混凝土路面轨道式摊铺机施工的基本原理;
2. 知道水泥混凝土路面轨道式摊铺机施工的工艺设备和施工程序;
3. 分析水泥混凝土路面轨道式摊铺机施工的关键工艺流程;
4. 根据《公路水泥混凝土路面施工技术规范》(JTG F30—2003)完成水泥水泥混凝土路面施工;
5. 正确完成公路水泥混凝土轨道式摊铺机施工方案。

任务描述

通过对水泥混凝土路面轨道式摊铺机施工相关知识的学习,掌握水泥混凝土路面轨道式摊铺机施工的工艺流程和关键技术措施,能独立完成水泥混凝土路面轨道式摊铺机施工方案的编制。

学习引导

本工作任务沿着以下脉络进行学习:

水泥混凝土路面轨道式摊铺机施工的概念 → 轨道式摊铺机施工的工艺设备和施工工序

→ 施工前的准备 → 混凝土的拌合与运输 → 混凝土摊铺与振捣 → 表面整修 → 养护 → 接缝处理

→ 完成利用轨道式摊铺机进行水泥混凝土路面施工方案

一 基本知识

轨道式摊铺机施工是由支撑在平底型轨道上的摊铺机将混凝土拌和物摊铺在基层上。摊铺机的轨道与模板是连在一起的,安装时同步进行。轨模式摊铺机施工混凝土路面包括施工准备、拌和与运输混凝土、摊铺与振捣、表面整修及养护等工作。

二 任务实施

1. 施工准备

1) 材料准备及其性能检验

混凝土路面施工前的准备工作包括材料准备及质量检验、混合料配合比检验与调整、基层的检验与整修、施工放样及机械准备等。

根据混凝土路面施工进度计划,施工前应分批备好所需的各种材料,并在使用前进行核对、调整,各种材料应符合规定的质量要求。新出厂的水泥应至少存放一周后方可使用。路面在浇筑前必须对混凝土拌和物的工作性进行检验并作必要的调整。

2) 基层检查与整修

混凝土路面施工前,应对混凝土路面板下的基层进行强度、密实度及几何尺寸等方面的质量检验。基层质量检查项目及其标准应符合基层施工规范要求。基层宽度应比混凝土路面板宽 30~35cm 或与路基同宽。

3) 施工放样

施工放样是用轨模式摊铺机施工混凝土路面的重要准备工作。首先根据设计图纸恢复路中心线和混凝土路面边线,在中心线上每隔 20m 设一中桩,同时布设曲线主点桩及纵坡变坡点、路面板胀缝等施工控制点,并在路边设置相应的边桩,重要的中心桩要进行拴桩。每隔 100m 左右应设置一临时水准点,以便复核路面标高。由于混凝土路面一旦浇筑成功就很难拆除,因此测量放样必须经常复核,在浇捣过程中也要进行复核,做到勤测、勤核、勤纠偏,确保混凝土路面的平面位置和高程符合设计要求。

4) 机械配套及检修

混凝土路面施工前必须做好各种机械的检修工作,以便施工时能正常运行。用轨道式摊铺机施工时,主要工序是混凝土的拌和与摊铺成型,因此,应把混凝土摊铺机作为第一主导机械,搅拌机作为第二主导机械。选择的主导机械应能满足施工质量和工程进度要求。搅拌机与摊铺机应互相匹配,拌和质量、拌和能力、技术可靠性及工作效率等应能满足要求。在保证主导机械发挥最大效率的前提下,选用的配套机械要尽可能少。

2. 拌和与运输

1) 混凝土拌和

确保混凝土拌和质量的关键是选用质量符合规定的原材料、搅拌机技术性能满足要求、拌和时配合比计量准确。采用轨道式摊铺机施工时,拌和设备应附有可自动准确计量的供料系统;无此条件时,可采用集料箱加地磅的方法进行计量。各种组成材料的计量精度应不超过下列范围:水和水泥 ±1%;粗细集料 ±3%;外加剂 ±2%。拌和过程中加入外加剂时,外加剂应单独计量。最佳拌和时间应控制为:立轴式强制搅拌机为 90~180s;双卧轴强制式搅拌机为 60~90s,最短拌和时间不低于低限,最长拌和时间不超过高限的 3 倍。

2)混凝土运输

通常采用自卸汽车运输混凝土拌和物,拌和物坍落度大于5cm时应采用搅拌车运输。从开始拌和到浇筑的时间应满足下列要求:用自卸汽车运输时,不得超过1h;用搅拌车运输时,不得超过1.5h。若运输时间超过上述时间限制或在夏季浇筑时,拌和过程中应加入适量的缓凝剂。运输时间过长,混凝土拌和物的水分蒸发和离析现象会增加,因此应尽量缩短混凝土拌和物的运输时间,并采取措施防止水分损失和混合料离析。拌和物运到摊铺现场后倾卸于摊铺机的卸料机内,摊铺机卸料机械有侧向和纵向两种。侧向卸料机在路面摊铺范围外操作,自卸汽车不进入路面铺摊范围卸料,设有供卸料机和汽车行驶的通道;纵向卸料机在摊铺范围内操作,自卸汽车后退供料,施工时不能像侧向卸料机那样在基层上预先安设传力杆。

3. 摊铺与振捣

1)轨模安装

轨道式摊铺机的整套机械在轨道上前后移动,并以轨道为基准控制路面的高程。摊铺机的轨道与模板同时进行安装,固定在模板上,然后统一调整定位,形成的轨模既是路面边模又是摊铺机的行走轨道,如图8-5-1。轨道式水泥混凝土摊铺机结构如图8-5-2所示。轨道和模板的质量应符合表8-5-1规定的技术要求。模板应能承受机组的质量,横向要有足够的刚度。轨模数量应根据施工进度配备并能满足周转要求,连续施工时至少需配备三个全工作量的轨模。

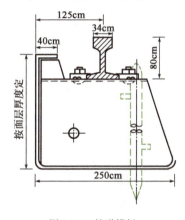

图8-5-1 轨道模板

轨道及模板的质量标准　　表8-5-1

纵向变形、顺直度	顶面高程	顶面平整度	相邻轨、板高差	相对模板间距误差	垂直度
≤5mm	≤3mm	≤2mm	≤1mm	≤3mm	≤2mm

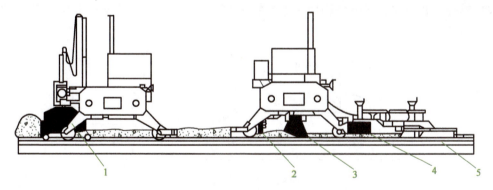

图8-5-2 轨道式水泥混凝土摊铺机结构
1-摊铺器(回转铲式);2-预平整刮板;3-振捣装置;4-修光器;5-轨模

轨模安装时必须精确控制高程,做到轨模平直、接头平顺,否则将影响路面的外观质量和摊铺机的行驶性能。轨模的安装质量和精度应符合表8-5-2的要求。

2)摊铺

轨道式摊铺机有刮板式、箱式或螺旋式三种类型,摊铺时将卸在基层上或摊铺箱内的混凝土拌和物按摊铺厚度均匀地充满轨模范围内。刮板式摊铺机本身能在轨道上前后自由移动,刮板旋转时将卸在基层上的混凝土拌和物向任意方向摊铺。这种摊铺机质量轻,容易操作,易于掌握,使用较普遍,但摊铺能力较小。箱式摊铺机摊铺时,先将混凝土拌和物通过卸料机一次卸在钢制料箱内,摊铺机向前行驶时料箱内的混合料摊铺于基层上,通过料箱横向移动按松铺厚度准确、均匀地刮平拌和物。螺旋式摊铺机由可以正向和反向旋转的螺旋布料器将拌和物摊平,螺旋布料器的刮板能准确调整高度。螺旋式摊铺机的摊铺质量优于前述两种摊铺机,摊铺能力较大。

轨道及模板安装质量要求　　　　　　　　　　　　　　　表 8-5-2

项目	纵向变形(mm)	局部变形(mm)	最大不平度(3m 直尺)	高度
轨道	≤5	≤3	顶面≤1	按机械要求
模板	≤3	≤2	顶面≤2	与路面厚度相同

摊铺过程中应严格控制混凝土拌和物的松铺厚度,确保混凝土路面的厚度和高程符合设计要求。一般应通过试铺来确定拌和物的松铺厚度。松铺系数与坍落度的关系参见表 8-5-3。

松铺系数与坍落度关系　　　　　　　　　　　　　　　表 8-5-3

坍落度(cm)	1	2	3	4	5
松铺系数	1.25	1.22	1.19	1.17	1.15

3) 振捣

摊铺机摊铺时,振捣机跟在摊铺机后面对拌和物作进一步的整平和捣实。振捣机的构造如图 8-5-3 所示,在振捣梁前方设置一道长度与铺筑宽度相同的复平梁,用于纠正摊铺机初平的缺陷并使松铺的拌和物在全宽范围内达到正确的高度,复平梁的工作质量对振捣密实度和路面平整度影响很大。复平梁后面是一道弧面振动梁,以表面平板式振动将振动力传到全宽范围内。拌和物的坍落度及集料粒径对振动效果有很大影响,拌和物的坍落度通常不大于 2.5cm,集料最大粒径控制在 40mm 以下。当混凝土拌和物的坍落度小于 2cm 时,应采用插入式振捣器对路面板的边部进行振捣,以达到应有的密实度和均匀性。振捣机械的工作行走速度一般控制在 0.8m/min,但随拌和物坍落度的增减可适当变化,混凝土拌和物坍落度较小时可适当放慢速度。

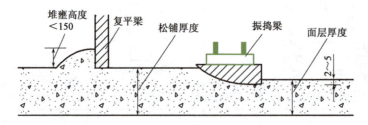

图 8-5-3　振捣机构造

4. 表面整修

振捣密实的混凝土表面应进行整平、精光、纹理制作等工序的作业,使竣工后的混凝土路面具有良好的路用性能。

1) 表面整平

振捣密实的混凝土表面用能纵向移动或斜向移动的表面整修机整平。纵向表面整修机工作时,整平梁在混凝土表面纵向往返移动,通过机身的移动将混凝土表面整平。斜向表面整修机通过一对与机械行走轴线成10°左右的整平梁作相对运动来完成整平作业,其中一根整平梁为振动梁。机械整平的速度决定于混凝土的易整修性和机械特性。机械行走的轨模顶面应保持平顺,以便整修机械能顺畅通行。整平时应使整平机械前保持高度为10～15cm的壅料,并使壅料向较高的一侧移动,以保证路面板的平整,防止出现麻面及空洞等缺陷。

2)精光及纹理制作

精光是对混凝土路面进行最后的精平,使混凝土表面更加致密、平整、美观,此工序是提高混凝土路面外观质量的关键工序之一。混凝土路面整修机配置有完善的精光机械,只要在施工过程中加强质量检查和校核,便可保证精光质量。

在混凝土表面制作纹理,是提高路面抗滑性能的有效措施之一。制作纹理时用纹理制作机在路面上拉毛、压槽或刻纹,纹理深度控制在1～2mm范围内;在不影响平整度的前提下提高混凝土路面的构造深度,可提高表面的抗滑性能。纹理应与路面前进方向垂直,相邻板的纹理应相互沟通以利排水。纹理制作从混凝土表面无波纹水迹开始,过早或过晚均会影响纹理质量,如图8-5-4。

图8-5-4 路面纹理

5. 养护

混凝土表面整修完毕,应立即进行湿治养护,使混凝土在开放交通时具有规定的强度,尤其在气温较高时,必须保持已浇筑的混凝土表面湿润,以免混凝土表面干裂。在养护初期,可用活动三角形罩棚遮盖混凝土,以减少水分蒸发,避免阳光照晒,防止风吹、雨淋等。混凝土泌水消失后,在表面均匀喷洒薄膜养护剂。喷洒时在纵横方向各喷一次,养护剂用量应足够,一般为20.33kg/m左右。在高温、干燥、大风时,喷洒后应及时用草帘、麻袋、塑料薄膜、湿砂等遮盖混凝土表面并适时均匀洒水。养护时间由试验确定,以混凝土达到28d强度的80%以上为准。在养护期间禁止车辆通行以保护混凝土路面,如图8-5-5。

图8-5-5 路面养护

6. 接缝施工

1)纵缝施工

纵缝施工应符合设计规定的构造,保持顺直、美观。纵缝为平缝带拉杆时,应根据设计要求,预先在模板上制作拉杆置放孔,模板内侧涂刷隔离剂,拉杆采用螺纹钢筋制作。缝槽顶面采用锯缝机切割,深度为3～4cm,并用填缝料灌缝。不切割顶面缝槽时,应及时清除面板上的粘浆。假缝型纵缝的施工应预先用门型支架将拉杆固定在基层上或用拉杆置放机在施工时置入。假缝顶面的缝槽采用锯缝机切割,深6~7cm,使混凝土在收缩时能从切缝处规则开裂。

2) 横缝施工

混凝土面板的横向缩缝一般采用锯缝的办法形成。混凝土结硬后应适时锯缝,合适的锯缝时间应控制在混凝土已达到足够的强度,而收缩变形受到约束时产生的拉应力仍未将混凝土面板拉断的时间范围内。经验表明,锯缝时间以施工温度与施工后时间的乘积为200~300个温度小时或混凝土抗压强度为5~10MPa较为合适。切缝的方法以调深调速的切缝机锯切效果较好。为减少早期裂缝,切缝可采用"跳仓法",即每隔几块板切一缝,然后再逐块锯。切缝深度一般为板厚的1/4~1/3,切缝太浅会引起不规则断板。

3) 胀缝施工

胀缝应与混凝土路面中心线垂直,缝壁垂直于板面,宽度均匀一致,缝中不得有粘浆或坚硬杂物,相邻板的胀缝应设在同一横断面上。胀缝传力杆的准确定位是胀缝施工成败的关键,传力杆固定端可设在缝的一侧或交错布置。施工过程中固定传力杆位置的支架应准确、可靠地固定在基层上,使固定后的传力杆平行于板面和路中线,误差不大于5mm。铺筑混凝土拌和物时严禁造成传力杆位移,否则,将导致混凝土路面接缝区的破坏。在传力杆滑动端安装长度为10cm的套筒,套筒内底与传力杆的间隙为1~1.5cm,空隙内用沥青麻絮填塞,滑动端涂二度沥青。

机械化施工混凝土路面时,胀缝可在连续铺筑混凝土拌和物的过程中完成,也可在施工终了时完成。

4) 施工缝

施工中断形成的横向施工缝应尽可能设置在胀缝或缩缝处,多车道路面的施工缝应避免设在同一横断面上。施工缝设在缩缝处应增设一半锚固、另一半涂刷沥青的传力杆,传力杆必须垂直于缝壁、平行于板面。

5) 接缝填封

混凝土养护期满即可填封接缝,填封时接缝必须清洁、干燥。填缝料应与缝壁粘附紧密、不渗水,灌注高度一般比板面低2mm左右。当使用加热施工型填缝料时,应加热到规定的温度并搅匀,采用灌缝机或灌缝枪灌缝;气温较低时应用喷灯加热缝壁,使填缝料与缝壁结合良好。

7. 提高表面功能的技术措施

水泥混凝土路面表面功能包括抗滑、耐磨、平整等方面的内容。

(1) 提高表面抗滑能力的技术途径有:确保粗、细集料的抗磨光和抗磨耗性能;采用不同的表面处理工艺形成粗糙耐久的表面构造,通常可采用拉槽、压槽、裸露、嵌屑等法。

(2) 提高耐磨性的主要措施有:采用抗压强度较高的混凝土;采用优质材料,严格控制砂、石中的含泥量。

(3) 提高表面平整度的措施:减少各种构造缝,采取优质填缝料;严格控制模板安装质量,防止模板变形;混凝土拌和及摊铺要均匀;混凝土振捣适当,提浆均匀,加强抹平;表面拉槽和压纹时采用平直的导梁;减少工作缝,缩缝尽量不用压缝。

任务8.6　滑模式摊铺机施工

学习目标

1. 了解水泥混凝土路面滑模式摊铺机施工的基本原理；
2. 知道水泥混凝土路面滑模式摊铺机施工的工艺设备和施工程序；
3. 分析水泥混凝土路面滑模式摊铺机施工的关键工艺流程；
4. 根据《公路水泥混凝土路面施工技术规范》(JTG F30—2003)完成水泥水泥混凝土路面施工；
5. 正确完成公路水泥混凝土滑模式摊铺机施工方案。

任务描述

通过对水泥混凝土路面滑模式摊铺机施工相关知识的学习，掌握水泥混凝土路面滑模式摊铺机施工的工艺流程和关键技术措施，能独立完成水泥混凝土路面滑模式摊铺机施工方案的编制。

学习引导

本工作任务沿着以下脉络进行学习：

水泥混凝土路面滑模式摊铺机施工的概念 → 滑模式摊铺机施工的工艺设备和施工工序 → 施工前的准备 → 混凝土的拌合与运输 → 混凝土摊铺与振捣 → 表面整修 → 养护 → 接缝处理 → 完成利用滑模式摊铺机进行水泥混凝土路面施工方案

一、基本知识

采用基线导向装置的摊铺机,沿混凝土的整个断面进行摊铺,通过挤压或找平完成振捣成型。滑模摊铺机上的短模板随摊铺机连续移动,因而不必安装模板。滑模摊铺要求混凝土在新拌条件下具有稳定的、垂直的边缘。滑模摊铺是大规模生产的施工工艺,对生产和供料的要求都很高。为达到最佳效果,必须尽可能地保持摊铺机匀速前进,避免走走停停。

滑模式摊铺机施工混凝土路面不需要轨模,摊铺机支承在四个液压缸上,两侧设置有随机移动的固定滑模,摊铺厚度通过摊铺机上下移动来调整。滑模式摊铺机一次通过即可完成摊铺、振捣、整平等多道工序,作业过程如图 8-6-1,图 8-6-2。铺筑混凝土时,首先由螺旋式布料器将堆积在基层上的混凝土拌和物横向铺开,刮平器进行初步刮平,然后振捣器进行捣实,随后刮平板进行振捣后的整平,形成密实而平整的表面,再使用搓动式振捣板对拌和物进行振实和整平,最后用光面带进行光面。整面作业与轨道式摊铺机施工基本相同,但滑模摊铺机的整面装置均由电子液压系统控制,精度较高。

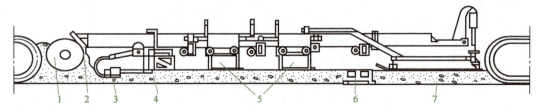

图 8-6-1 滑模式摊铺机摊铺工艺过程图
1-螺旋摊铺器;2-刮平器;3-振捣器;4-刮平板;5-振动振平板;6-光面带;7-混凝土面层

图 8-6-2 滑模式摊铺机摊铺

滑模式摊铺机比轨道式摊铺机更高度集成化,整机性能好,操纵方便,生产效率高,但对原材料混凝土拌和物的要求更严格,设备费用较高。

二、任务实施

1. 准备工作

滑模式摊铺机施工水泥混凝土路面的准备工作包括以下内容:

(1) 基层质量检查与验收

对基层的检验项目及质量验收标准与轨模式摊铺机施工相同。一般情况下滑模式摊铺机施工的长度不少于4km。基层应留有供摊铺机施工行走的位置,因此,基层应比混凝土面层宽出50~80cm。

(2) 测量放样,悬挂基准绳

滑模式摊铺机的摊铺高度和厚度可实现自动控制。摊铺机一侧有导向传感器,另一侧有高程传感器。导向传感器接触导向绳,导向绳的位置沿路面的前进方向安装。高程传感器接触高程导向绳,导向绳的空间位置根据路线高程的相对位置来安装。摊铺机摊铺的方向和高程准确与否,取决于导向绳的准确程度,因此导向绳经准确定位后固定在打入基层的钢钎上。

(3) 混凝土配合比与外加剂

滑模式摊铺机对混凝土拌和物的品质要求十分严格,集料最大粒径应小于30~40mm,拌和物摊铺时的坍落度应控制在4~6cm。为了增加混凝土拌和物的施工和易性,以达到所需要的坍落度,常需要使用外加剂。所掺外加剂品种、数量应先通过试验确定。

(4) 选择摊铺机类型

高速公路、一级公路宜选配一次能摊铺2~3个车道宽度(7.5~12.5m)的滑模摊铺机;二级及二级以下公路路面最小摊铺宽度不得小于单车道设计宽度。硬路肩的摊铺宜选配中、小型多功能滑模摊铺机,并宜连体一次摊铺路缘石。

2. 施工过程

滑模式摊铺机摊铺混凝土拌和物时,用自卸汽车将拌和物运至现场并卸在摊铺机料箱内;螺旋布料器前拌和物的高度保持在螺旋布料器高度的1/2~2/3,过低会造成拌和物供应不足,过高摊铺机会则因阻力过大而造成机身上翘。滑模式摊铺机工作速度应根据拌和物稠度、供料多少、和设备性能控制在0.8~3.0m/min之间,一般宜在1m/min左右。拌和物稠度发生变化时,应先调整振捣频率,后改变摊铺速度。混凝土强度初步形成后,用刻纹机或拉毛机制作表面纹理。混凝土路面的养护、锯缝、灌缝等施工方法与轨道式摊铺机施工相同。

使用纹理养生机对新铺水泥混凝土路面拉毛,并随后进行养生薄膜液体的洒布。纹理养生要在30min之内摊铺段完成。刷子应调整到低于水泥混凝土路面表面8~10mm。趁新铺水泥混凝土路面表面还发亮时,就应进行薄膜液体的喷洒。喷嘴应调整到距路面表40~50cm高度。

用洒布机在新铺路面喷洒薄膜材料应分两层进行。第一层是在混凝土路面精整并除去水泥浆后,当湿润的路面表面逐渐变得无光泽时进行;第二层是在第一次喷洒之后,过30~60min后进行。养生膜的总厚度应为0.4~0.7mm。

为了避免热天阳光直接照射,在第二层养生膜喷洒之后,给路面铺上一层厚度2~4cm的砂子,或洒布一层石灰浆。石灰浆装在洒布机的料罐里,由洒布机进行喷洒。

滑模式摊铺机摊铺混凝土路面板时,可能会出现板边塌陷、麻面、气泡等问题,应及时采取措施进行处理。塌陷的主要形式为边缘坍落、松散无边或倒边。造成塌边的主要原因是模板边缘调整角度不正确,摊铺速度过慢。边缘坍落会影响路面的平整度,横坡达不到设计要求;双幅施工时,会造成路面排水不畅。因此,应根据混凝土拌和物的坍落度调整出一定的预抛高,使混凝土坍落变形后恰好符合设计要求。造成倒边和松散无边的主要原因是集料针片状或圆状颗粒含量较多而造成拌和物成型性差、离析严重。此外,混凝土配合比不当、摊铺机的布料器将混凝土稀浆分到两侧也会导致倒边。为防止各种原因造成的倒边,应采用拌和质量好的搅拌机;施工过程中出现集料集中时,应将集料分散、除去或进行二次布料。麻面主要是由于混凝土拌和物坍落值过低造成的,混合料拌和不均匀也是原因之一。因此,应严格控制混凝土拌和物的坍落度,使用计量准确且拌和效果好的搅拌机,同时对混凝土的配合比作适当调整。

3. 钢筋混凝土路面滑模施工工艺

以人工或轨道式摊铺机摊铺钢筋混凝土结构时,采用分层摊铺方法,即先铺下层混凝土,再在下层混凝土上布设钢筋网,然后进行上层铺筑。这种方法若用于滑模摊铺,不但影响摊铺速度,而且布设的钢筋网往往不均匀,质量差。在大规模滑模摊铺施工时,分层布设钢筋网是不可能的,因为钢筋网的布设时间较长,特别是布设双层钢筋网会影响施工的正常进行。采用侧边布料可解决这一问题。

施工前一天在所需之处布设钢筋网,钢筋网要托在支架上,要保证支架在摊铺过程中保持一定的水平度。在摊铺前,安装好传力杆及其支座,紧接着铺设好横向的钢筋骨架,然后在现场捆扎纵向钢筋。采用机械布设钢筋网一般使用标准化网格。在布料机后,迅速把钢筋网压放在预定位置。钢筋网是从布料机牵引的一台小车上放下,铰接在摊铺机前面的压板将钢筋网压入混凝土混合料中,再由摊铺机上的螺旋分料器和计量闸门进行二次分料和刮平。

施工时,卸料汽车从摊铺带外侧车道倒车、卸料。布料机传送带架推动卸料汽车前进,实现边卸料边摊铺的施工。

受外侧送料皮带高度的影响,施工样线应设置在合理的高度。在实际施工时为便于卸料,有时要将样线放开。这时,让摊铺机停止摊铺,布料机传送带一侧的找平系统置于"手动"位置,人工控制布料厚度,在钢筋网上布料。布料过后收回传送带,架起样线再进行摊铺机摊铺。摊铺机在接近钢筋网时,适当将计量闸门和振捣棒提升到高于钢筋网 $3\sim5\mathrm{cm}$ 的位置,而不致在刮平、振捣时碰到钢筋网。

任务8.7 水泥混凝土路面施工质量控制与验收

学习目标

1. 了解水泥混凝土路面质量控制的概念;
2. 知道水泥混凝土路面质量控制的内容;
3. 分析水泥混凝土路面交工验收的方法;
4. 根据《水泥混凝土路面施工及验收规范》(GB J97—87)完成水泥水泥混凝土路面施工质量检查;
5. 正确完成公路水泥混凝土路面交工验收的技术方案。

任务描述

通过对水泥混凝土路面施工质量检查和交工验收的学习,掌握水泥混凝土路面施工质量控制的内容和方法,能独立完成水泥混凝土路面的交工验收工作。

学习引导

本工作任务沿着以下脉络进行学习:

水泥混凝土路面质量控制的概念 → 水泥混凝土路面质量控制的内容 → 水泥混凝土路面交工验收的方法 → 水泥混凝土路面交工验收的标准 → 完成水泥混凝土路面交工验收的方案

一、基本知识

混凝土路面施工质量应符合设计和施工规范要求。为此应加强施工前的原材料质量检验,施工过程中应对每一道工序进行严格的质量检查和控制。对已完成的混凝土路面进行外观检查,测量其几何尺寸,并根据设计文件进行校核。此外,还要查阅施工记录,包括原材料试验和试件强度资料、配合比及隐蔽构造(各种钢筋位置)等,以检查结果作为评定工程质量的依据。

二、任务实施

1. 施工质量控制

1) 原材料质量检验

施工前应对各种原材料进行质量检验,以检验结果作为判定材料质量是否符合要求的依据。在施工过程中,当材料规格和来源发生变化时应及时对材料进行质量检验。采料质量检验的内容包括材料质量是否满足设计和规范要求,数量供应能否满足工程进度,材料来源是否稳定可靠,材料堆放和贮存是否满足要求等。质量检查时以"批"为单位进行,通常将同一料源、同一次购进的同品种材料作为一批,取样方法按试验规程进行。混凝土所用的水泥、粗细集料、水、外加剂、钢材、接缝材料等原材料的质量检查项目和标准应符合本章所述的有关要求。

2) 施工过程中的质量控制

在混凝土路面施工过程中,应检查混凝土拌和物的配合比是否符合设计要求,对拌和、摊铺、振捣的质量等进行检查,并作好记录。混凝土的抗折强度以养护28d龄期的小梁试件测定,以试验结果计算的抗折强度作为评定混凝土质量的依据。强度试验应按下列规定进行:

(1) 用正在摊铺的混凝土拌和物制作试件;若施工时采用真空脱水工艺,则试件亦采用真空脱水工艺成型。

(2) 每台班或每铺筑200m^3混凝土,应同时制作两组试件,龄期分别采用标准养生7d和28d。每铺筑1000~2000m^3混凝土拌和物需增制一组试件,用于检查后期强度,龄期不少于90d。

(3) 当普通硅酸盐水泥混凝土在标准养护条件下养生7d的强度达不到28d强度的60%,应分析原因,并对混凝土的配合比作适当调整。

(4) 铺筑完毕的混凝土路面,应抽检实际强度、厚度。可采用现场钻取圆柱试件测定,并进行圆柱劈裂强度试验,以此推算小梁抗折强度。

2. 交工验收

混凝土路面施工完毕,施工单位应将全线以1km作为一个检查段,按随机取样的方法选择对每一检查段的测点,按混凝土面层质量验收和允许偏差的规定进行自检,并向监理部门和建设单位提供全线检测结果及施工总结报告。施工质量监理单位应会同施工单位一起按随机抽样的办法选择一定数量的检查段进行抽样检查,抽样总长度不宜少于全程的30%,检查的内容和频度应符合规范规定。检查指标的评定标准为:对于高速公路和一级公路,可考虑$a_1=95\%$的保证率;对于其他等级公路可考虑$a_2=90\%$的保证率。检查段应不少于3个,每段长度为1km。

混凝土路面完工后，应根据设计文件、交工资料和施工单位提出的交工验收报告，按国家建设工程竣工验收的办法组织验收。验收时应提交设计文件和交工资料、交工验收报告、混凝土强度试验报告、材料检查及材料试验记录、基层检查记录、工程重大问题处理文件、施工总结报告、工程监理总结报告等。高速公路和一级公路水泥混凝土路面的工程质量验收检查内容和允许偏差应符合表 8-7-1～表 8-7-3 的规定，路面外观应无露石、蜂窝、麻面、裂缝、啃边、掉角、翘起和轮迹等现象。

水泥混凝土面层质量验收和允许偏差　　　表 8-7-1

检查项目		质量标准和允许偏差	检查要求		检验方法
			范围	点数	
抗弯拉强度		不小于规定强度	每台班或每200m³	2组	小梁抗折试验或钻芯取样实测
纵缝顺直度		15(10)mm	100m缝长	1	拉20m细线量取最大值
横缝顺直度		10mm	20条缝宽	2条	沿板宽拉线，量取最大值
板边垂直度		±5mm,胀缝无误差	100m	2	沿板边垂直拉线量取最大值
平整度	平整度仪	2.5(1.8)	抽一车道连续检查		平整度仪，按每100m计σ
	3m直尺 h	5(3)mm	半幅车道每检查段	10处	用3m直尺，每处连量10尺
相邻板高差		±3(2)mm	每条胀缝	2点	用尺量
			每检查段纵横各10条	20点	每条、处侧2点
纵坡高差		±10(5)mm	20m	1	用水准仪测量
横坡	其他	±0.25%	每检查段	10	用水准仪测量
	高速公路	±0.15%	每检查段	20	用水准仪测量
板厚度		±10(5)mm	每车道每检查段	10处	用尺量，必要时钻芯取样测
板宽度		±20mm	100m	2	用水准仪测量
板长度		±20(10)mm	100m	2	用尺量，两缩缝间板长
板面纹理	拉毛压槽深度	1～2mm	100m	2块	用尺量
	纹理深度	≥0.6mm	100m	2块	用砂铺法，每板测2点

注：①表中括号内数值为高速公路允许偏差指标值。
②表中 σ 为平整度仪测定的标准偏差，h 为3m直尺与板面的最大间隙。

填缝料施工质量与验收标准　　　表 8-7-2

检查项目	质量及允许偏差	检查方法
高度	±1mm	用钢尺量
平整度	30cm 直尺 ±1mm	用钢尺量
黏结度	与混凝土黏结良好，没完全黏结部分≥1%	用眼睛观察、手剥离和尺子丈量
外观	不起泡，不析油，手感软硬均匀一致，用手剥离与混凝土黏结良好	

接缝板制作与施工质量验收标准　　　表 8-7-3

检查项目	允许偏差	检查方法
厚度	±5%	用钢尺量
平面尺寸	±2mm	用钢尺量
平整度	不大于1mm	用1m直尺和钢尺量
垂直度	90°±0.5°	用框架水平尺量
外观检查	无裂纹，无硬边缺角，无麻面	

综合练习题

1. 小型机具施工的工艺流程是什么？
2. 水泥混凝土路面都有哪些常见的接缝？如何施工？
3. 滑模式摊铺机施工方法及注意事项？
4. 三辊轴机具法施工工艺。
5. 参观附近水泥路面施工现场，并写出所采用的施工方法。
6. 水泥混凝土面层质量验收标准有哪些？

学习情境 9

公路常见病害及防治

任务 9.1　路基常见病害及防治措施

学习目标

1. 了解路基常见病害对行车的影响；
2. 知道路基常见病害的类型；
3. 分析路基常见病害出现的原因；
4. 根据《公路路基施工技术规范》(JTG F10—2006)完成施工过程中路基路面病害预防方案；
5. 正确完成路基常见病害处治方案。

任务描述

通过对路基常见病害及其出现原因和防治措施的学习，能够在施工组织中预防公路路基病害的发生，对已经发生病害制定合理的防治措施。

学习引导

本工作任务沿着以下脉络进行学习：

路基常见病害 → 病害出现的原因分析 → 病害的防治措施

相关知识

路基因经受各种自然因素的长期影响,承受车辆荷载的反复作用,并且由于路基所经过地区的地形、地质及水文地质等条件的影响,路基在使用过程中常产生各种病害,常见的有:沉陷、翻浆、边坡的滑塌、坍方等。

1) 路基的沉陷

路基的沉陷是指路基在垂直方向产生较大的沉陷,从而引起局部路段的破坏,影响交通。路基沉陷有两种:一是路基本身下沉;一是地基的沉陷,如图 9-1-1 所示。

图 9-1-1 路堤的沉陷
a) 路基本身下沉;b) 地基沉陷

路基本身下沉是因为填料选择不当,填筑方法不合理,压实不足,在荷载、水温的综合作用下,堤身可能向下沉陷。

地基沉陷是因为原地面为软弱上层,如泥沼、流沙或垃圾堆积等,浇筑前未经填土或压实,发生地基下沉,侧面剪裂凸起,引起路堤下沉。

2) 翻浆

翻浆是指在冻胀性土的路段,在冬季、地下水分连续向上聚集、冻结成冰、导致春融期土基含水率过大,强度急剧降低,在行车作用下路面发生弹簧、裂缝、鼓包、冒泥等现象。根据翻浆的破坏程度可分为三个等级,如表 9-1-1 所示。

路 基 翻 浆 分 级   表 9-1-1

翻浆等级	路面变形破坏程度
轻型	路面龟裂、湿润、车辆行驶时有轻微弹簧
中型	大片裂纹、路面松散、局部鼓包、车辙较浅
重型	严重变形、翻浆冒泥、车辙很深

(1) 翻浆形成原因

由于降水或灌溉的影响,地面水下渗、地下水位升高,使路基水分增多,为冬季水分积聚提供了必要条件。

根据导致翻浆水分来源的不同可分为 5 类,如表 9-1-2 所示。

冬季路基开始结冰,不断向深处发展,上下层形成温度偏差。在负温区,土中的毛细水、自由水首先结冻,薄膜水逐渐移向冰晶体而结冻,土中温度高处的水分便向上移动,补充低温处土粒薄膜水的转移。在正温度区内,下层水分向冷度等温线附近移动,气态水由于冷出比暖处气压小而移向冰晶体,凝成液态水而结冰;毛细水通过毛细作用上升移向冰晶体,部分冻结,部分转向薄膜水以补给负温区的水分转移,从而造成大量水分积累在土基上层。

导致翻浆的水分来源及分类　　　　　　表9-1-2

翻浆类型	水分来源
地面水类	受季节性水、结冰融水、排水不良造成的路旁积水和路面渗水
地下水类	受土层滞水、泉水、渗水等地下水的影响，土基经常处于潮湿状态
土体水类	雨季施工或过湿填土路堤，造成路基土含水率过大
气体水类	冬季温差较大，土中水主要以气态水或分存于路基顶部和路面结构层
混合水类	受地面水、地下水、土体水和气态水等两种以上水类综合作用

春季气温回升到0℃以上，土基开始解冻，路面下的路基先于路肩下的融化，路基下残余未化的冻土形成凹槽，水分不易侧排出，土基上层便呈现过湿状态。当融解到聚冰层时，土中的湿度有时会超过液限。土基承载力较低，在车辆驶过时，稀软的泥浆会沿着汗裂的路面缝隙挤出或形成较深的车辙和鼓包，此即为翻浆现象。

（2）影响翻浆的因素

①土质

粉性土是最容易翻浆的土，这种土毛细水上升速度快且高，土中水分增多时温度降低很快，容易失去稳定。

黏性土毛细水上升很高，但上升速度慢，因此，只有在水源供给充足并且在土基冻结速度缓慢的情况下，才能形成比较严重的翻浆。

砂性土在一般情况下会发生翻浆，这种土透水性强，毛细水上升高度小，在冻结过程中水分聚流现象极轻。因此，这种土即使含有大量水分也能保持一定的强度。

②水文

地面排水困难，路基填土高度不足，边沟积水或利用边沟作农田灌溉，路基靠近坑塘，地下水位较高的路段，为水分积聚积聚提供充足的水源。

③温度

一定的冻结深度和一定的冷量（冬季各月负气温的综合）是形成翻浆的重要条件。在同样的冻结深度和冷量的条件下，冬季负气温作用的特点和冻结速度的大小对形成翻浆的影响也很大。此外，春天气温的特点和化冻速度对翻浆也是有影响的，如春季化冻时，天气骤暖，土基急速融化，会加重翻浆的程度。

多雨的秋天、暖和的冬天、骤热的万春、春融期降雨等都是加剧湿度偏高和翻浆现象的不利气候。

④行车

公路翻浆是在行车荷载作用下形成和暴露出来的。当其他条件相同时，在翻浆季节，交通量大，车辆超载超限，则加速翻浆发生。

⑤养护

不及时排泄路基积水，修补裂缝、坑槽，会促成或加剧翻浆的形成。

3）边坡滑塌

路基边坡滑塌是最常见的路基病害，根据边坡土质类别，破坏原因和规模的不同，可分为溜方和滑坡两种情况。

①溜方：通常指的是边坡上表面薄层土体沿土质边坡向下移动所形成，如图9-1-2a）、b）。主要是由于流动水冲刷边坡或施工不当而引起的。

②滑坡:一部分土体在重力作用下沿某一滑动面滑动,如图9-1-2c)。主要是由于土体的稳定性不足所引起的。

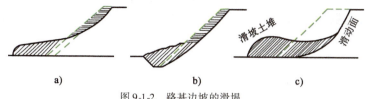

图9-1-2　路基边坡的滑塌

路堤边坡坡度过陡,或边坡坡脚被水冲刷淘空,或填土层次安排不当是路堤边坡发生滑坡的主要的原因。

路堑边坡滑坡的主要原因是边坡高度和坡度与天然岩土层次的性质不相适应。粘性土层和蓄水的砂石层交替分层蕴藏,特别是有倾向于路堑方向的斜坡层理存在时,就容易造成滑动。

4) 坍方

路基的坍方是山区常见的路基病害,根据其形成的条件及原因一般可分为:剥落、碎落、滑塌等形式。

①剥落。边坡表土层或风化岩表面,在湿热的作用下,表面发生涨缩现象,从而引起零碎薄层从边坡上脱落下来。

②碎落。碎落是岩石碎块的一种剥落现象,其范围较剥落严重。碎落产生的原因,路堑边坡度较陡(大于45℃),岩石破碎和风化严重,在震动及水的侵蚀和冲刷下,块状粉末沿破面向下滚动。

③滑塌。路基边坡主体或岩石,沿着一定的滑动而向下滑动的现象。产生的主要原因:边坡较高,大于10~21m;边坡坡度较陡,陡于50°;填土不严密,缺少应有的支撑与加固;岩层倾向公路路基,岩层倾角为50°~70°,岩石风化严重。

④崩塌。路基边坡上的主体或岩层在自重作用塌落下滚的现象。产生的主要原因:山坡岩层较硬交错,风化程度不同;边坡较陡、较高;边坡下部或坡脚被掏空或挖空,使上部土石失去支撑;大爆破震松了岩层;边坡上部水流的浸入,使边坡土体失去了平衡。

5) 不良地质和水文条件造成的路基破坏

公路通过不良地质条件(如软土、溶洞等)或遭受较大的自然灾害(如地震、泥石流及特大暴雨等)作用,均可能导致路基的大规模破坏。

任务实施

1. 路基沉陷的处治方法

路基沉陷一般可用换土法、粉喷桩法、灌浆法等进行处治。

(1) 换土法

换土法是先将路基一定范围内的松软土挖去,然后回填分层夯实的砂砾石或素土等强度较高的填土材料。其主要施工要点如下:

①基坑开挖。

②选用良好的填料、严禁用腐蚀土或有草根的土块,应分层填筑、分层夯实。

③填石路基应从下而上,应用由大到小的石块按序填筑,并用石渣或石屑填筑空隙。

④设置路基排水设施。

⑤原地面为软弱土层时,路堤高度较低且中断行车时,应挖除换上良好的土料然后按原高度填平夯实,路堤高度较高,且又不能中断行车时,可采用打砂桩、凝土桩或松木桩。

(2) 粉喷桩

粉喷桩法的施工要点如下:

①放样定位。

②移动钻机、准确对孔。对孔误差不得小于50mm。

③利用支腿油缸调平钻机,钻机主轴垂直度误差应不大于1%。

④启动电动机,根据施工要求,按Ⅰ、Ⅱ、Ⅲ档逐级加速的顺序。正转预搅下沉钻至接近设计深度时,应用低速慢钻。钻机应原位钻动1~2min。为保持钻杆中间的送风通道的干燥,从预搅下沉开始直到喷粉为止,应在钻杆内连续输送压缩空气。

⑤粉体材料及掺和量:除水泥外,还可用石灰、石膏及矿渣等,也可使用粉煤灰等作为掺合料。在国内工程中普通硅酸盐水泥,其掺合料为$180 \sim 240 g/m^3$。

⑥提升喷粉搅拌。在确认加固料已喷至孔底时,按0.5m/min的速度反转提升。当提升到设计停灰高程时,应慢速原地搅拌1~2min。

⑦重复搅拌。为保证粉体搅拌均匀,须再次将搅拌头下沉到设计深度。提升搅拌时,其速度控制为0.5~0.8m/min。

⑧为防止空气污染,在提升喷粉距地面0.5m处应减压或停止喷粉。在施工中,孔口应设喷灰防护装置。

⑨提升喷灰过程中,须有自动计量装置。该装置为控制和检验喷粉桩质量的关键,应予以足够的重视。

⑩钻具提升至地面后,钻机移位对孔,按上述步骤进行下一根桩的施工。

(3) 灌浆法

灌浆法的主要施工要点如下:

①钻孔。较浅的软土,可采用螺旋结,较深则宜采用回转式钻机。为防止冒浆,孔径小一些,一般为75~110mm,垂直偏差小于1%。

②制浆。根据材料试验确定配比,选择浆体,按程序加料,准确计量,掌握制浆性能,控制浆量。浆液应进行充分搅拌,并坚持灌浆前不断搅拌,防治再次沉淀,影响浆液质量。

③灌浆。灌浆是通过灌浆设备、输浆管路,将浆液注入到目的的层中。自下而上式孔口封闭灌浆法,这种工序一次成孔,孔口由三角楔止浆塞封口,分段自下而上灌浆,灌浆高度为1.5~2m,该方法对于粘性土层较多或地层下部有少量中粗粒砂土层的软弱土层较为适宜;自上而下式孔口封闭灌浆法,这种方法一次只钻成一段灌浆孔,孔口由三角偰止浆塞封口,分段自上而下灌浆,灌浆高度为1.5~2m。该方法适用于上部中粗砂土层较多的软弱土层较为适用。

在开始灌浆前,应进行现场灌浆试验,确定单孔灌浆量,然后按照所采用的灌浆工艺施工。在灌浆顺序上,先施工边缘帷幕孔,再施工加固孔,并宜按序次施工,即先施工第一序次孔,再注第二序次孔,其次注第三序次孔。当灌浆达到设计要求时可终止灌浆。边缘帷幕孔孔距应为一般流浆孔孔距的1/2,以确保灌浆工程的质量。

在边缘帷幕孔施工后,应根据处治段水文地质情况决定是否施工排水孔。在地下水位较高地区,应在处治范围内用钻机钻成 1~3 个排水孔,目的是将边缘帷幕孔所围范围内的地下水随灌浆施工排出,以便更有效地保证灌浆质量。当排水孔周围灌浆孔施工时,排水孔内见到灌浆浆液时,可将该排水孔用灌浆浆液灌实,并封孔。

在灌浆过程中,当地面隆起或地面有跑浆现象时,应停止灌浆,分析其原因,对下一个灌浆孔宜减少灌浆量,并检查封孔装置、灌浆设备等,如仍有地面隆起或地面跑浆应结束该孔灌浆施工。

2. 翻浆防治措施

路基一旦发生翻浆,可选用适当地方法处治,其主要处治方法如下(表 9-1-3):

(1)挖填土

把翻浆路段上的土挖出来,挖到稳定土层,然后把挖出的土摊在路肩翻晒后再回填,或换铺一层水稳定性较佳的土壤,此法适用于翻浆严重的地段。

路基翻浆的处治措施的参考选用　　　　　　　　　表 9-1-3

编号	防治措施种类	翻浆类型	翻浆等级	适用地区或条件
1	路基排水	①、②、③	轻、中、重	平原区、丘陵区、山区
2	换土	①、②、③、⑤	中、重	产沙砾、水稳定性良好的地区
3	砂填层	①、②、⑤	中、重	产砂砾地区
4	掺石灰	①、②、③、⑤	轻、中、重	缺沙石地区
5	煤渣石灰土	①、②、③、⑤	中、重	缺沙石地区,煤渣供应良好
6	透水性隔离层	②、⑤	中、重	产砂、石地区
7	不透水隔离层	①、②、③、④、⑤	中、重	沥青、油毡纸、塑料薄膜供应良好
8	盲沟	①、②、④、⑤	轻、中、重	地下水位较高地段
9	提高路基	①、②、⑤	轻、中、重	平原区、洼地、平地

注:①地面水类;②地下水类;③土体水类;④气态水类;⑤混合水类。

(2)掺石灰

在翻浆路段上,撒铺石灰,并用木棍或木榔头捣夯,此法适用于路基应经翻浆破坏了的路段。

(3)摊铺粒料

挖除稀泥填以碎石、碎砖或炉渣等粒料,表面整平后直接通车,或在下面填一层干土,再铺土粒料,此法适用于翻浆严重地段。

(4)挖渗水沟

在翻浆路段的中心线上,顺路向每隔 4~6m 挖一个圆坑,其直径为 30~40cm,坑深要挖到冻土层一下 10cm 左右,以便把融化的冰水引聚到坑内,再加以掏除。此法适用于土路基层渗透性较好的地段,但要设立交通安全标志,以便行车安全。

(5)提高路堤

根据实际情况加高路堤,使路基上部土层远离地下水或地表积水,路基加高的数值,应根据当地冻土程度、路基土质和水文情况,以路基最小填土高度或临界高度的方向确定,以确保路基处于干燥状态。此法适用于平原区的土路和其他地区取土较易的路段。

(6)设置不透水隔离层

用经过沥青结合料处理过的土做成厚 2~3cm 的不透水隔离层,用油毛毡则为 2~3 层,或用不易老化的特别塑料薄膜铺在路基全宽上,做贯通式,或只做到路面边缘50~60cm处的不贯通式。

3. 路基边坡滑塌的防治措施

(1) 排水

滑坡体上及其以上的地表水,应拦截引流,可采用截水沟、明沟、渗沟等排水沟造物;地下水可采用支持渗沟、边坡渗沟及截水渗沟等措施。

(2) 减重

在滑坡体后缘挖除一定数量的土体,以将少的下滑力,此法常与其他方法配合使用,减重的弃土,应尽量堆填在滑坡边缘,以稳定滑坡,减重的坡面,应注意整平、排水和渗水。

(3) 支挡措施

根据滑坡的性质,可采用干砌石垛、重力式防护挡土墙、锚杆及加筋挡土墙等构造物进行处理,具体可参照挡土墙施工。

4. 坍方的主要防治措施

(1) 加固边坡

对于土质路堤,可种草或植树,对于风化的软弱岩层,可修建干砌或浆砌片石护墙,同时,还应注意排除滑塌的土石方。

(2) 拦截构造物

在小型崩塌地段,若基岩严重破坏,可采用落石平台、落水槽、揽石堤、拦石墙等构造物。

(3) 支挡构造物

支挡构造物主要防治公路上方的危岩、危石等,应根据地形和岩层的具体情况,采用嵌补、支顶、支护、支撑等构造物进行加固。

(4) 不良地质条件下路基病害的预防

不良地质条件地区,可采用修筑截水沟、边坡渗沟等排水工程,并植树造林,必要时设置支挡工程等方法预防路基病害的发生。必要时,也可采用桥梁、涵洞、明洞、渡槽等结构物的形式跨越不良地质区域。

任务9.2 路面常见病害及防治措施

学习目标

1. 了解路面常见病害对行车的影响;
2. 知道路面常见病害的类型;
3. 分析路面常见病害出现的原因;
4. 根据《公路沥青路面施工技术规范》(JTG F40—2011)、《公路水泥混凝土路面施工技术规范》(JTG F30—2003)完成施工过程中路基路面病害预防方案;
5. 正确完成路面常见病害处治方案。

任务描述

通过对路面常见病害及其出现原因和防治措施的学习,能够在施工组织中预防公路病害的发生,对已经发生病害制定合理的防治措施。

学习引导

本工作任务沿着以下脉络进行学习:

路面常见病害 → 病害出现的原因分析 → 病害的防治措施

一、相关知识

1. 沥青路面常见病害及防治

（1）裂缝

裂缝是沥青路面最常见的破损类型之一。裂缝常见的表状有：发裂、线状裂缝、纵向裂缝、横向裂缝、反射裂缝和龟裂六种类型。

①施工基层碾压不实，或新旧接缝处理不当形成裂缝。

②面层以下含水率逐年积聚，在不利季节引起路面强度降低而产生裂缝。

③混合料质量差，碾压温度不当，引起的碾压裂缝。

④混合料摊铺时间过长，由于基层温度、湿度的变化，结构发生胀缩而产生裂缝。

⑤结合料老化，面层性能退化，路面整体强度不足。

（2）松散、麻面、坑槽

松散、麻面、坑槽的表状为沥青路面表层矿料松动，表层局部不平凹陷。

①嵌缝料粒径不当，用料比例不合适，或初期养护嵌缝料未回归而松散。

②低温季节施工，工序衔接不好，油与料结合不良，矿料飞散，轻则出现麻面，重则出现坑槽。

③表面用油量偏少，结合料加温过度，失去粘结力而松散，形成麻面、坑槽。

④雨季施工，矿料潮湿或用酸性矿料未作处理而散失成麻面、坑槽。

⑤由于基层压实度不够，强度不均，基层不平，面层渗水，局部先破损而形成坑槽。

（3）啃边

啃边是指路面边缘的破裂破坏。

①由于交通量大，路面宽度不足，或由于不设路缘石而未作边部加固，而引起啃边。

②路面与路肩衔接不顺，路肩横坡度过大，或因路肩坑槽积水而导致啃边。

③路面平面交叉道口处，未设必要的平台，边缘已被压坏。

（4）沉陷

路面下沉，有均匀沉陷、不均匀沉陷和局部沉陷三种类型。

①基层局部强度不足或水稳性不良引起沉陷。

②超载重的大型车通过。

③面层混合料质量差。

④土基压实度不足或路基局部隐患未处理好。

（5）泛油、油包

泛油是指高温时沥青渗出面层表面的现象。油包是指路面面层零散分布疙瘩状突起物的现象。

①单位面积用油量过大或矿料不足，或因低温施工，加大用油量而造成泛油。

②用油量偏高，黏滞度低，或路拱偏大，气温高，面层受行车拥挤成包。

③初期养护处治泛油时，用料过细而形成油包。

（6）拥包

在行车水平力作用下，沥青面层材料抗剪强度不足，产生推挤，路面局部垄起。

①所用的沥青稠度偏低，用量偏多。

②混合料中矿料级配不好，细料偏多。
③面层较薄，面层与基层的黏结较差。

(7) 搓板、波浪

搓板是指路面表层呈现洗衣搓板的破损现象。波浪是指面层纵向产生波浪状的破损现象。

①面层铺设于原有波浪或搓板的路面上而产生反射变形。
②路基和基层未曾全面压实，或压实度不够，通过车辆荷载作用而变形，造成波浪。
③施工时基层浮土清除不干净或石灰土养生期不足即铺筑面层而形成搓板。
④沥青撒布不均形成油垄，沥青多的地方矿料厚，沥青少的地方矿料薄，经行车撞击而形成搓板或波浪。
⑤交叉口、停车站、陡坡路段因行车水平力较大、振动而形成搓板和波浪。

(8) 脱皮

脱皮是路面表层成块剥落的破损现象。
①面层与基层之间有黏结不良的地方。
②上拌、下贯两层之间或罩面与原路面之间结合不好而成层脱皮。
③面层矿料质量差、含土、潮湿，或施工过碾，而成层脱皮。

(9) 弹簧翻浆

弹簧翻浆是指路面成弹簧状或冒水翻浆。
①基层结构不密实，水稳性不良，含水率增大，聚水冻融而翻浆。
②基层强度不够，灰土拌和不均，碾压不实，含水率大，低温施工，灰土未能成形而冻融翻浆。
③在中湿或潮湿地带，地下水未处理好，或有地下潜流等而造成弹簧翻浆。

2. 水泥混凝土路面常见病害

(1) 裂缝

水泥混凝土路面裂缝包括纵向裂缝、横向裂缝、斜向裂缝和交叉裂缝。纵向、横向、斜向裂缝是指通底的裂缝，将板块分割为两块或三块，初期可能未贯通板面；交叉裂缝是裂缝相互交叉，将板分割为三块以上（又称破碎板）。

①重复荷载应力，翘曲应力及收缩应力等综合作用。
②水的侵入及过大的竖向位移的重复作用，使基层受到侵蚀产生脱空。
③土基和基层强度不够。
④接缝拉开后，丧失传递荷载的能力，在板的周边产生过大的荷载应力。
⑤水泥质量差、性质不稳定；粗细集料质量差。
⑥施工操作不当，养生不好。

(2) 板角断裂

板角断裂是一条垂直通底且与板角两边接缝相交的裂缝，从板角到裂缝两端点间的距离分别等于或小于两端点所在板长的一半。

板角断裂通常是由于板角处受连续荷载作用，基础支撑强度不足和翘曲应力等因素综合作用造成。

(3) 接缝材料破损

水泥混凝土路面的接缝材料分为纵缝和横缝接缝料。横缝又分为胀缝和缩缝(假缝)两种,胀缝在使用中随气温而变化,气温上升时填缝料会被挤出;当气温下降时,填缝料不能恢复,使缝中形成空隙,泥、砂、石屑等杂物进入,成为再次胀伸时的障碍,且雨雪水也能沿此空隙渗入,损坏基层和垫层,造成路面板接缝处的变形和破坏。缩缝的变化较小,但经过若干次收缩,能把假缝折断成真缝,填缝料自身老化形成的破损类似于胀缝。施工养护不规范,切缝、清缝不及时或没有达到规定深度,也是造成接缝破损的原因。

(4)边、角剥落

水泥混凝土路面的边、角剥落是指接缝两侧各60cm宽度内或板角15cm范围内的碎裂。

①接缝落入坚硬的杂物,板在膨胀受到应力过大,边缘被硬物挤碎。

②重交通荷载重复作用。

③传力杆设计或施工不当。

④接缝处混凝土强度降低。

(5)错台

错台是指接缝处相邻面板产生垂直高差。

①路面板在车辆轴载的作用下,造成接缝处板块不均匀下沉。

②在温度和湿度的梯度下,板在接缝处产生翘曲。

③横缝处未设传力杆。

④施工操作不当。

(6)唧泥

唧泥是指车辆在通过板接缝处时基层细料和水被挤出的现象。唧泥容易导致路面基础逐渐失去支撑能力,在荷载的重复作用下,最终将产生断板现象。

唧泥产生的主要原因是填缝料损坏、雨水下渗、路面排水不良等。

(7)拱起

拱起是指混凝土面板中部发生明显抬高的现象。主要是因为接缝被硬物阻塞,或胀缝设置不当,板体不能自由伸缩。

任务实施

1.沥青类路面病害处治

1)沥青路面裂缝的处治

对于宽度较小的裂缝,治理的方法过去一直延用40~70号热沥青灌缝,近年来也有不少单位用乳化沥青灌缝,由于灌缝材料是液体材料,可灌至裂缝深处,乳化沥青灌入后经过破乳、水分蒸发后,原灌满的裂缝又出现一定空隙,经过6~10次反复灌注直至灌满。但桥头横向裂缝上下贯通,无论采用热沥青还是乳化沥青均不可取,灌入的沥青沿着缝隙一直滴落到桥底,对下部结构造成污染。因此建议采用热熔型密封胶进行灌缝,这样不仅能保证路面的防水性能,进而可以防止造成不必要的污染。

宽度在6mm以上的裂缝宜采用开槽法处理。不仅可以改善沥青混凝土路面裂缝密封效果,而且还能有效提高密封寿命和路面使用寿命,是一种较好的路面养护手段。具体步骤如下:

(1)开槽:开槽机的锯片应调整到适当高度,确保切入深度在1.5~2cm以内,开槽时必须沿着裂缝的走向进行切缝,槽口应保持规则形状。

(2)清槽:开槽扩缝后应进行清缝处理,最好使用鼓风机并配合钢丝刷把槽口内的灰尘和松散的碎料清理干净,以提高粘结力。

(3)烘槽:必要时须用火焰枪对槽口进行烘烤,烘烤时注意对温度的控制,一般不得超过70℃。

(4)备料:密封胶的加热温度应控制在200℃~210℃之间,出料温度应高于180℃,温度过高或过低均对处理效果不利。

(5)灌胶:胶体灌入时应控制好灌缝机的走向,在灌好第一遍的5min后再进行一次找平灌缝,并使裂缝表面形成T形密封层。注意控制灌入胶体的高度,如在气温相对较高的季节,胶体应该略高于路面(高出0.5~1mm),气温低的季节,胶体应该略低于路面(0.5~1mm)。

(6)开放交通:施工结束后开放交通时间一般为30min后,但如果在胶体表面撒上砂子或石粉,防止开放交通后车轮带走灌缝料,这样大约10min便可开放交通。

开槽法禁止在路面潮湿或温度低于4℃的环境下施工,否则将会降低密封胶的粘合力,易造成脱落,影响施工质量。

2)路面麻面、松散的处治

(1)对因沥青稠度低用量偏少,嵌缝料散失出现的麻面或松散,可将松散矿料收集起来,吹净路面杂物、灰尘,待气温升至15℃以上时,按0.8~1.0kg/m²的用量喷洒沥青,再均匀撒上3~6mm石屑或粗砂(5~8m³/1000m²),最后用轻型压路机压实。

(2)对因油温过高,沥青老化失去黏结力而造成的松散,应将松散部分全部挖除,重作面层。

(3)对因沥青与酸性石料黏附不良而造成的散松,应挖除松散部分,重作面层,其矿料应选用碱性石料,掺入剥离剂、增粘剂或用消石灰、水泥等作为填料的一部分,以提高沥青与矿料的粘附力和混合料的水稳性。

(4)对麻面或松散路面处理后,也可进行稀浆封层处治。

(5)因土基或基层软化变形造成的松散,应先处理土基或基层后,再重作面层。

3)啃边的处治

基层宽度不够时,应加宽基层,每边不小于25cm,或增设路缘石;若是由于路肩强度不足引起,应采用矿料加固路肩,并注意保持路肩与路面的衔接处平顺和排水畅通。

4)泛油、油包的处治

(1)对于含油量高的严重泛油路段,一般在高温季节撒料强行碾压,先撒10~15mm或更粗的碎石,用重型压路机强行压入,达到基本稳定后,再分次撒5~12mm的碎石,引导行车碾压成形。

(2)对于泛油较严重的路段,根据情况可先撒5~12mm的碎石,待稳定后,再撒3~5mm石屑或粗砂,引导行车碾压成形。

(3)轻度泛油路段,可撒3~5mm石屑或粗砂,通过车辆碾压至不粘轮为度。

(4)撒料必须先撒粗料再撒细料,撒料要均匀,无堆积、无空白、均匀压入。

5)拥包的处治

在气温较高时(或用加热器烘烤发软后)铲除,然后找补平顺,用烙铁烙平。面层较厚、拥包范围较大、气温较低时,可用路面铣刨机铣平。已趋稳定的轻微拥包,可在高温时直接铲平。

6)搓板、波浪处治

搓板、波浪一般情况下采用挖铺法。有时也可在波谷撒适当粒径的矿料和沥青材料,并分层捣实找平。

7）坑槽的处治

测定破坏部分的范围和深度，按"圆洞方补"的原则，划出大致与路中心线平行或垂直的挖槽修补轮廓线，然后将破坏部分挖除，将坑内清扫干净，喷撒热沥青或乳化沥青，然后用新的沥青混合料填补并碾压平整。也可采用沥青混合料预制块修补，此时轮廓线应为预制块尺寸的整倍数。

8）脱皮的处治

先将脱皮部分清理干净，再用和面层材料相同的沥青混合料修补，碾压密实。

9）弹簧翻浆的处治

轻微翻浆，晴天干燥时，清理后修补平整。重型翻浆，可挖除翻浆段土基，换填天然级配砂砾；局部可打石灰梅花桩或水稳砂砾桩；基层水稳定性不良或含水量过大，应挖除后，换填砂砾；另外，还可采取挖横沟、小盲沟等方法。

2. 水泥混凝土路面病害处治

1）裂缝的处治

当路面板块被几条裂缝分割成三块以上的破碎板时，且有沉降影响行车安全的，必须将整块板凿除，治理好基层后重新浇筑混凝土板；当裂缝宽度小于3mm时，在未通车前，可用聚硫环氧树脂材料等直接灌注。

2）面板断裂、断角等的处治

面板脱空断裂、断角等损坏，影响行车安全时，凿除损坏部分，处理好基层后再用同种材料或不同材料进行修补。

《公路养护技术规范》（JTG H10—2009）规定，混凝土路面断板可以采用局部条块锯除罩面修复法。要求横向切开表面≥7mm深（非全厚度的修补），平行断板两侧各15cm宽（两条切缝的距离应视断板裂缝的弯曲程度确定），在垂直断板方向上加长30cm，最小直径12mm，间距不大于20cm，平行断板横向绑扎最小直径6mm，2～3根的螺纹钢筋网。然后，在凿开的7～12cm深以及清理干净的表面上，涂低水灰比的水泥浆或树脂粘结剂，再浇筑同颜色高强补偿收缩混凝土，表面修整成与路面平整度及抗滑构造相同。根据此规定，视板面断裂损坏程度不同分三种方式修补：

（1）轻微断裂的处理。对于轻微断裂，裂缝有轻微剥落的，先画线放样，按画线范围开凿成深约5～7cm的长方形凹槽，刷洗干净后，用快凝小石子混凝土填补。

（2）较宽裂缝的处理方法。对于轻微断裂，但裂缝较宽且有轻微剥落的断板，应按裂缝两侧至少各20cm的宽度放样，按画线范围开凿成深至板厚一半的凹槽，此凹槽应与中线垂直，刷洗干净凹槽，在凹槽底部裂缝的两侧用冲击钻，沿与中线平行方向，间距30～40cm，打眼贯通至板厚达基层表面，然后再清干净凹槽和孔眼，在孔眼安设Ⅱ形钢筋，冲击钻钻头采用30规格，Ⅱ形钢筋采用螺纹钢筋制作，钢筋安设完成后，用高强度水泥砂浆填塞孔眼至密实，最后用与原路面相同强度等级的快凝混凝土浇筑至与路面齐平。

（3）彻底的处理方法。较为彻底的办法是将凹槽凿至贯通板厚，在凹槽边缘两侧板厚中央打洞，深10cm，直径4cm，水平间距30～40cm。每个洞应先将其周围润湿，插入一根直径18～20cm、长约20cm的钢筋，然后用快凝水泥砂浆填塞捣实，等砂浆干硬后浇筑混凝土捣实至与路面齐平即可。

3）脱空板的处理

水泥混凝土路面脱空板的常采用压浆处治,此法是借鉴后张法预应力构件的孔道压浆原理,在混凝土面板底部有脱空处钻孔,通过孔洞利用高强压力将流质材料压入脱空空隙,流质材料凝固后产生一定的强度,对面板产生均匀承托的作用,进而达到稳固板块的目的。

4)错台的处治

(1)对于轻微错台,可采用机械磨平法。

(2)接缝部分、裂缝部分、水泥混凝土路面与沥青类路面之间、水泥混凝土路面与路肩之间的错台可采用沥青砂或密级配沥青混凝土罩法。

(3)基础过软引起的错台可采用板底砂浆抬高法。

5)拱起的处治

面板拱起但未出现裂缝时,先用切割机将拱起两端的各2~3条横缝切宽、切深,然后切开拱起端,将板块恢复原位,最后封填接缝。

6)对于出现局部性龟裂、剥落、磨光等破损时,可将路面板表面破损凿除到一定深度,而后在其表面做薄层表面处治。

综合练习题

1. 什么是翻浆,影响翻浆的因素有哪些?
2. 路基沉降的处理方法有哪些?
3. 路基边坡塌方如何处置?
4. 简述开槽法处理沥青路面病害的施工工艺。
5. 水泥混凝土路面板角断裂及板底脱空如何处理。

参 考 文 献

[1] 中华人民共和国行业标准.JTG D20—2006 公路路线设计规范.北京:人民交通出版社,2006.
[2] 中华人民共和国行业标准.JTG B01—2003 公路工程技术标准.北京:人民交通出版社,2004.
[3] 中华人民共和国行业标准.JTG D30—2004 公路路基设计规范.北京:人民交通出版社,2004.
[4] 中华人民共和国行业标准.JTJ E40—2007 公路土工试验规程.北京:人民交通出版社,2008.
[5] 中华人民共和国行业标准.JTJ F10—2006 公路路基施工技术规范.北京:人民交通出版社,2007.
[6] 中华人民共和国行业标准.JTG F80/1—2004 公路工程质量检验评定标准.北京:人民交通出版社,2004.
[7] 中华人民共和国行业标准.JTJ 034—2000 公路路面基层施工技术规范.北京:人民交通出版社,2000.
[8] 孙家驷.道路勘测设计[M].2版.北京:人民交通出版社,2010.
[9] 俞高明,杨仲元.公路施工技术[M].北京:人民交通出版社,2010.
[10] 王卓娅.路面基层施工[M].北京:人民交通出版社,2010.
[11] 于国锋.路基工程施工[M].北京:人民交通出版社,2009.
[12] 李林军.公路施工[M].成都:西南交大出版社,2011.
[13] 夏连学,赵卫平.路基路面工程[M].北京:人民交通出版社,1999.
[14] 邓学钧.路基路面工程[M].北京:人民交通出版社,2003.
[15] 中华人民共和国行业标准.JTG F30—2003 公路水泥路面设计规范.北京:人民交通出版社,2001.
[16] 王斌刚,郑木莲.水泥混凝土路面设计与施工[M].北京:人民交通出版社,2004.
[17] 中华人民共和国行业标准.JTG D50—2006 公路沥青路面设计规范.北京:人民交通出版社,2004.
[18] 中华人民共和国行业标准.JTG F40—2004 公路沥青路面施工技术规范.北京:人民交通出版社,2004.
[19] 中华人民共和国行业标准.JTG E20—2011 沥青及沥青混合料试验规程.北京:人民交通出版社,2011.
[20] 中华人民共和国行业标准.JTG E60—2008 公路路基路面现场测试规程.北京:人民交通出版社,2008.
[21] 交通部公路工程定额站,湖南交通厅.公路工程工程量清单计量规则.北京:人民交通出版社,2005.
[22] 殷岳川.公路沥青路面施工[M].北京:人民交通出版社,2000.
[23] 于国锋.道路工程技术[M].沈阳:东北大学出版社,2006.
[24] 欧阳伟.道路工程施工技术[M].沈阳:东北大学出版社,2006.